소유와 자유

CFE 자유기업원

자유주의시리즈 76

소유와 자유

2020년 6월 15일 초판 1쇄 인쇄
2020년 7월 1일 초판 1쇄 발행

저자_ 리처드 파이프스
역자_ 서은경
발행자_ 최승노
디자인_ 인그루출판인쇄협동조합
발행처_ 자유기업원
주소_ (07236) 서울시 영등포구 국회대로62길 9 산림비전센터 7층
전화_ 02-3774-5000

ISBN 978-89-8429-171-3 93320
정가: 25,000원

자유주의시리즈 76

소유와 자유

리처드 파이프스 지음　서은경 옮김

CFE 자유기업원

PROPERTY AND FREEDOM

by

Richard Pipes

Copyright ⓒ Richard Pipes, 1999

All rights reserved

Korean Translation Copyright ⓒ 2020 by Center for Free Enterprise.
Published by arrangement with Richard Pipes c/o The Wylie Agency
(UK) LTD

이 책의 한국어판 저작권은 The Wylie Agency를 통해 Richard Pipes와의
독점계약으로 자유기업원에 있습니다.
저작권법에 의해 한국 내에서 보호를 받는 저작물이므로
무단전재와 복제를 금합니다.

추천사

재산을 소유한 자들만이
권력의 압제로부터 자유로울 수 있다

복거일 (소설가, 사회평론가)

재산과 자유의 관례를 다룬『소유와 자유』

　많은 사람들이 연구해서 정설이 나온 주제에서 개척적 연구가 나오기는 무척 힘들다. 재산과 재산권은 이미 많은 연구자들이, 특히 경제학자들과 진화생물학자들이 깊이 연구해온 주제다. 그런데도 재산과 자유와의 관계를 다룬 리처드 파이프스(Richard Pipes)의『소유와 자유(Property and Freedom)』은 1999년 나오자마자 바로 '고전'의 반열에 올랐다.

　나는 이 책을 저자 파이프스의 자서전『나는 살았다(Vixi)』에서 처음 만났다. 자서전에 대한 서평에서 파이프스가 러시아 역사를 전공한 역사학자이면서 1980년대 초엽에 미국 레이건 행정부에서 대소련 전략을 수립한 실무 책임자였다는 얘기를 읽었다. 냉전에서 미국 대통령을 보좌해서 대소련 전략을 수립한 참모라면 정치학자, 외교관 또는 군사 지휘관이라는 것이 나의 선입견이었다. 그래서 그가 하버드 대학교의 역사학 교수라는 점이 내 마음을 묘하게 끌어당겼다(파이프스 교수는 하버드에서 오래 가르쳤고, 그의 제자들 가운데 한 사람이 러시아사학계 원로인 이인호 교수다).

로널드 레이건 대통령이 "악의 제국"이라 부른 소련과의 치열한 대립에서 미국이 끝내 이긴 일을 중심적으로 다룬 그 자서전에서 나는 많은 것들을 배웠다. 초강대국의 정책 결정 과정에 직접 참여했던 사람들의 얘기들은 모두 흥미롭고 교육적이었지만, 내 마음에 특히 선연하게 남은 것은 레이건 대통령에 대한 파이프스의 평가였다.

원래 영화 배우였던 레이건은 지식인의 풍모를 지닌 사람은 아니었다. 그는 지식을 드러내기보다는 농담을 좋아했고, 사람들은 그에게서 너른 지식이나 깊은 통찰을 기대하지 않았다. 그러나 정작 소련의 본질을 통찰하고 소련의 취약함을 확신한 것은 레이건이었다. 덕분에 소련과의 적극적 대결 정책을 추진하고 끝내 소련의 붕괴를 부를 수 있었다. 당시 CIA가 소련의 안정성과 능력에 대해 터무니없이 높이 평가한 것을 생각하면, 그의 통찰은 놀랍다. 파이프스는 레이건의 이런 통찰이 그의 도덕성에서 나왔다고 진단했다. 레이건의 깊은 도덕성이 그에게 사악한 체제의 근본적 취약성을 꿰뚫어 보도록 만들었다는 것이다. 깊이 음미할 만한 얘기다.

무솔리니와 히틀러의 민족사회주의(National Socialism)가 우파 이념이라는 그른 견해가 널리 퍼진 상황에 대해서도 잘 알게 되었다. 하이에크가 『노예의 길』에서 소상히 밝힌 것처럼, 파시즘이나 나치즘은 자유주의와 시장경제에 적대적 이념이고(민족사회주의의 '사회주의'는 결코 장식이 아니다), 무솔리니와 히틀러도 원래 열렬한 공산주의자들이었다. 그들이 우파 이념을 따르는 우파 세력이라는 견해는 그들이 공산주의를 막겠다고 나선 데서 비롯했다. 당시 러시아에서 공산주의자들이 집권하자 서유럽에선 공산주의에 대한 두려움이 커졌고, 많은 사람들이 무솔리니와 히틀러를 공산주의의 확산을 막는 방파제로 여겼다. 제2차 세계대전에서 파시즘과 나치즘 세력이 패퇴한 뒤에도 소련의 비밀정보기관 KGB가 그런 오해를 확산시켰고, 무솔리니와 히틀러가 우파라는 견해는 더욱 널리 퍼졌다. 나는 KGB의 그런 공작에 대해서 그 책에서 처음 알게 되었다.

재산권에 대한 새로운 인식

　그러나 내가 얻은 가장 큰 깨달음은 재산권에 대한 새로운 인식이었다. 재산권이 확립되지 못한 동유럽에서 자라난 파이프스에게 서유럽의 재산권은 경이로운 제도였다. 그러나 서유럽의 학자들은 재산권을 당연한 것으로 여기고 별달리 주목하지 않았다. 그래서 그는 정치권력과 재산 사이의 관계를 연구하기 시작했고 사유재산 제도가 자유롭고 풍요로운 사회의 진화에 결정적 요소라는 것을 발견했다. 국가 형성기에 사유재산 제도가 있었던 영국은 자유롭고 발전된 사회를 이루었고, 사유재산 제도가 없었던 러시아는 위치, 인종 및 종교에서 유럽에 속함에도 불구하고 정치권력이 지나치게 방대해져 서유럽의 나라들에 비해 훨씬 억압적이고 뒤떨어진 사회에 머물게 되었다. 그리고 그런 생각을 『소유와 자유』에서 펼쳤다고 했다.

　재산과 재산권을 주로 경제학자들과 진화생물학자들의 연구들을 통해서 공부했던 나에게 그런 역사적 접근은 새로웠고 흥미로웠다. 나는 바로 『소유와 자유』를 구했고, 거기서 나의 이념적 체계를 보다 정교하게 만들 수 있는 역사적 지식들을 많이 얻었다.

　『소유와 자유』의 제1장은 고대부터 20세기까지 재산이라는 개념이 형성되는 과정을 살폈다. '재산'이라는 말은 우리 마음에서 물질적 사물들을 불러내지만, 실제로는 훨씬 너른 뜻을 지녔으니, 특히나 저작권과 같은 지적 재산들도 포함한다. 17세기 이후 유럽에선 재산의 범위가 더욱 확대되어 생명과 자유를 핵심으로 한 사람이 자신의 것이라고 자연스럽게 주장할 수 있는 것들 모두를 가리키게 되었다. 현대의 '인권'이란 개념은 그처럼 넓게 정의된 '재산'에서 도출되었다.

　재산에 대한 반감은 일찍부터 표출되었다. 고대 스파르타에서 이미 지배 계급은 재산을 공유하는 관행이 나왔고, 플라톤은 그런 사회를 선망했다. 근대 유럽에선 재산의 평등을 추구하는 이념이 두드러졌다. 원래 기회의 평등을 뜻했고 자유의 한 측면으로 여겨졌던 '평등'은 프랑스 혁명을 거치면서 결과의 평등으로 변질되었다. 이런 변질을 주동한 사람들 가운데 두드러진 이는 프랑수아 노엘 바뵈프였다.

개인의 성격 형성에 필수적인 '재산의 소유'

제2장에선 재산을 제도의 측면에서 살폈다. 동물들의 영역성(territoriality), 어린애들의 소유욕, 그리고 원시 사회들의 관행을 통해 재산이 생명의 본질에 맞는 삶의 근본적 제도임을 드러냈다. 아울러 재산을 소유하는 것이 성격의 형성에 결정적 중요성을 지닌다는 점도 밝혔다. 모든 것들을 공유하는 키부츠에서 자라난 이스라엘 젊은이들이 다른 사람들과 사귀는 일에 무척 서투르다는 사실을 제시하며, 재산의 소유가 개인의 성격 형성에 필수적임을 드러냈다.

재산권이 확립된 것은 고대 그리스와 로마에서였다. 기원전 8세기 내지 7세기경에 그리스에선 이미 토지의 사유가 시작되었고, 그것이 민주주의를 가능하게 했다. 반면 동양에선 재산권이 확립된 적이 없었고, 모든 나라들에서 절대 왕정이 표준적 권력 구조가 되었다. 이처럼 재산권의 유무가 서양과 동양 사회들의 성격을 근본적으로 규정했다. 고대사가 모제스 핀리가 지적한 대로, '자유(그리스어의 eleutheria 그리고 라틴어의 libertas)'라는 말은 히브리어 같은 고대 근동의 언어들이나 극동의 언어들로 번역할 수 없다. 동양에서 자유라는 말은 19세기에 일본사람들이 번역 과정에서 새로 만들어냈다. 이것은 우리가 속한 전통에 대한 성찰에 긴요하다. 어떤 이념은 그것을 가리키는 낱말과 같이 진공 속에서 생기는 것이 아니라 서로 논의해야 할 만큼 절실해야 비로소 나타난다. 우리 전통 문명에 '자유'라는 말이('자유주의'라는 말은 말할 것도 없고) 없었다는 사실은 우리 전통 사회에 대해 많은 것을 말해준다.

물론 재산권의 확립은 산업 발전의 바탕이다. 법이 재산을 지켜주지 않는 상태에선 누구도 자기 재산을 보다 낫게 만드는 일에 투자하려 하지 않는다. 서양에서 과학혁명과 산업혁명이 일어나고 근대 문명이 융성한 것은 궁극적으로 사유재산 제도에서 찾을 수 있다.

영국의 의회 민주주의

제3장은 영국에서 의회민주주의가 발생한 사정을 살폈다. 인류 문명에 대한 영국의 가장 큰 공헌이라고 평가되는 의회민주주의가 서유럽의 다른 나라들이 아니라(예컨대 영국보다 크고 부유했던 프랑스가 아니라) 영국에서 자라난 까닭은 무엇인가? 파이프스가 든 여러 요인들을 살피면(영토의 협소, 외국의 침입이나 내전의 희소, 상대적으로 작은 국왕의 재산, 거대한 상비군의 불필요 따위) 우리는 민주주의가 얼마나 큰 요행의 산물인가 깨닫게 된다. 그래서 우리가 지금 의회민주주의를 누린다는 사실에 새삼 감사하게 된다.

이어 제4장은 영국의 경험과 대척적인 러시아의 경험을 살폈다. 러시아는 시민들이 권리와 자유를 거의 누리지 못한 사회다. 1991년 공산주의 체제가 무너진 뒤에도, 러시아 사람들은 시민으로서의 권리와 자유를 유럽의 다른 나라들보다 훨씬 적게 누린다. 파이프스는 러시아 사람들이 재산권을 지니지 못했다는 사실에서 그런 사정을 찾는다. 토지가 원칙적으로 국가에 속하고 군주가 마음대로 세금을 거둘 수 있어서, 귀족 계급조차 권리를 제대로 누리지 못했다. 19세기 러시아 역사학자 세르게이 솔로비에프가 지적한 대로, 서유럽에선 귀족들이 자신들의 정체성을 자신들의 소유지들과 연관시켰지만 (예컨대, 영국의 of, 프랑스의 de, 그리고 독일의 von처럼), 러시아에선 그런 관행이 없었다.

동시에 자유롭고 평등할 수 있는 길은 없다

제5장은 20세기의 재산을 다루었다. 파이프스는 역사상 20세기가 사유재산에 가장 적대적이었던 시기라고 단언한다. 그리고 그렇게 된 경제적 및 정치적 이유들을 살폈다. 공산주의와 민족사회주의 같은 전체주의 이념이 가장 창궐했던 시기이고 복지국가를 위한다는 명분으로 엄청난 세금이 부과되며 정부의 규제가 점점 심해져서 개인들의 자유와 재산권이 크게 위축되었다는 사실을 떠올리면, 그의 단언이 이내 이해가 된다.

마지막 '전조들'에서 파이프스는 낙관적이지 못한 전망을 내놓았다. 하긴 지금 누가 사유재산과 자유민주주의의 앞날에 대해 선뜻 낙관적 전망을 내놓을 수 있겠는가? 결과의 평등을 내세우는 이념과 세력이 점점 기승을 부리는 세상에서, 한 세기 전 월터 배저트가 한 얘기가 새삼 아프게 닿는다. "사람들이 동시에 자유롭고 평등할 수 있는 길은 없다."

이 책을 다 읽고 나자, 나는 바로 '자유기업원'에서 출판을 관장했던 최승노 박사에게 전화를 했다. 이 책에 대해 간략히 설명하고 번역판을 출간해 줄 것을 요청했다. 최 박사의 노력 덕분에 이 소중한 책은 이내 『소유와 자유』라는 이름으로 나왔다. 원제의 property를 소유로 옮긴 것은 정확한 번역은 아니지만, 자유라는 말과 운이 맞아서, 멋진 제목이 되었다. 자기 재산을 소유한 자들만이 권력의 압제로부터 자유로울 수 있다.

역자 서문

인류의 역사는 소유와 자유, 그리고 평등을 쟁취하기 위한 끊임없는 투쟁으로 점철되었다. 그 과정에서 다양한 정치적, 경제적 제도가 시도되고 발전되었다. 그리고 21세기에 들어와서도 여전히 이 거대담론은 거의 모든 사회적 논쟁의 중심에 서 있다.

소유란 무엇인가?
모든 것을 공유할 것인가 아니면 사적 소유를 인정할 것인가?
소유가 없는 세상에선 어떤 일이 벌어질까?
소유가 없는 자유, 그리고 자유가 없는 소유란 가능한가?

러시아 역사, 특히 노동사 분야의 대학자로 국내에도 잘 알려진 하버드 대학의 리처드 파이프스 교수가 1999년에 발표한 《소유와 자유》는 이러한 근본적이지만 너무나 어려운 질문에 대해 정치, 경제학은 물론 심리학, 동물행동학 등 다양한 학문의 개념을 도입하고 고대 그리스부터 중세 유럽, 근대사회와 20세기 복지국가에 이르기까지 역사적 근거와 통찰력을 토대로 하여 그 대답을 찾고 있다.

특히 소유의 존재와 부재가 자유와 민주주의의 발전에 어떤 영향을 미치는가에 초점을 두고 상반된 지리적 환경과 정치역사를 가진 영국과 러시아를 비교분석함으로써 소유와 자유의 관계를 증명해 보이고 있다.

그의 주장에 따르면 농지가 희박한 영국의 경우 일찍부터 사적 소유의 개념이 발달했으며 영국 국왕은 재정마련을 위해 의회의 존재를 인정하고 의회에 상당한 정치권한을 넘겨주었다. 그 결과 영국은 세계에서 가장 먼저, 그리고 가장 발달된 의회민주주의를 실현할 수 있었다.

반면 거대한 러시아 대륙에선 소유제도의 부재로 자유가 발전하지 못했으며 그 결과 전제정권이 장기간 통치했다. 사회는 증가하는 경제적 능력을 개인의 자유를 보장하는 안전장치로 활용하지 못했다. 모든 정치적, 행적적 수단이 전제군주의 손에 있었기 때문이다. 러시아의 경험은 자유란 법만으로 보장되는 것이 아님을 시사한다. 자유는 소유와 법과의 긴밀한 관계 속에서 서서히 성장해야 한다. 취득성은 인간의 본능이지만 다른 사람의 소유와 자유에 대한 존중은 그렇지 않기 때문이다. 소련은 단 몇 주 만에 전쟁도 없이 붕괴되었다. 사적 소유의 부재가 결정적 요인이었다.

뿐만 아니라 파이프스는 소유가 자유를 증대한다는 가설을 토대로 20세기 미국에서 사회적, 경제적 평등을 추구하는 복지국가의 노력 뒤에 숨은 자유에 대한 위협을 강조했다. 그에 따르면 사적 이익은 공동선을 지키는 정부보다 훨씬 똑똑하다. 후자가 얻는 것보다 전자가 잃는 게 더 많기 때문이다. 하지만 소유권은 근대 복지국가가 사회평등을 추구하는 바람에 약해졌다.

사회복지란 명분하에 부를 재분배하고 시민권을 위해 계약의 권리를 침해함으로써 소유권이 약화되자 대부분의 선진 민주국가에서 자유가 흔들리고 있다. 자유가 없으면 반드시 불평등과 부정의가 초래되어 결국 독재정치로 이어진다는 영국의 철학자 칼 포퍼의 말을 인용하면서 파이프스는 평등의 실행이 자유는 물론 평등 자체마저 파괴한다고 주장한다. 20세기 후반에 생겨난 복지국가란 개념은 그 자체가 개인의 자유와 양립할 수 없다.

인류 역사상 헤시오도스의 "황금시대"와 플라톤이 꿈꾼 "모든 것을 공유하는" 이상향의 시도는 번번히 좌절되고 말았다. 오히려 전제정권과 경제의 비효율성이라는 부작용을 낳았을 뿐이다. 20세기 공산주의의 몰락과 자본주의의 승리라는 역사적 사건은 사적 소유를 인간사회의 필수요소로 인정한 아리스토텔레스의 가설이 현실세계에서 보다 진리에 가깝다는 것을 증명해 주었다.

그러나 인류는 이제 복지국가라는 새로운 형태의 방해물을 만났다. 정부의 시장개입이 광범위하게 행해지고 있고, 또 더욱 확대되고 있는 지금, 파이프스의 저서는 매우 소중한 경고문이 될 것이다.

새로운 책을 번역할 때면 난 시공(時空)을 뛰어 넘어 또 다른 미지의 세계로 여행을 떠난다. 그곳에서 수많은 사람들과 만나 그들로부터 다양한 이야기를 듣다 보면 어느새 지루한 일상마저도 활기를 얻는다. 또 그렇게 몇 개월이 흘러갔다.

이 책이 나오기까지 여러모로 애써주신 자유기업원과 관계자 여러분께 깊은 감사를 드린다. 또 늘 부족한 나를 사랑과 이해로 감싸주시는 가족에게 감사한다. 마지막으로 일에 엄마를 빼앗겼으면서도 여전히 엄마를 제일 좋아하는 여섯 살된 딸 소영이에게 이 책을 바치고 싶다. 소영아, 사랑한다.

2008년 6월
서 은 경

서 문

> 소유권만큼이나 그처럼 보편적으로 인간의 상상을 자극하고 애착을 누린 것은 없다.
> - 블랙스톤(Blackstone), 《논평집》(Commentaries)[1]

> 소유는 단 한번도 철폐된 적이 없으며 앞으로도 절대로 사라지지 않을 것이다. 단지 누가 가지고 있느냐의 문제일 뿐이다. 지금까지 고안된 가장 공정한 제도는 아무도 가지지 않은 것보다 모두가 소유주인 사회이다.
> - 윌슨(A. N. Wilson)[2]

이 책은 내가 그동안 주로 러시아의 과거와 현재를 연구하면서 다루었던 주제와 거리가 있다(난 근대유럽과 관련해 대학교재도 집필한 적이 있다). 하지만 이전의 연구들은 훌륭한 모태가 되었다. 러시아에 대해 상당한 관심을 갖게 되면서 러시아 역사가 다른 유럽국가와 근본적으로 다른 차이점 중 하나는 바로 소유권이 매우 취약했다는 사실이라는 걸 깨닫게 되었다. 서양의 철학가나 정치이론가들과 달리 역사학자들은 소유를 당연하게 여겼기 때문에 거의 관심을 보이지 않았다. 하지만 소유는 삶의 모든 모습과 직접적인 관련이 있으며 서양사상사에 지대한 영향을 미쳤다.

미국인의 의식 추이를 다룬 책에서 소유(property)란 단어는 색인에서 거의 찾아볼 수 없을 것이다. 색인목록을 쭉 내려가다가 progress(발전), prohibition(금주법)을 지나면 property란 단어는 나오지 않고 바로 prostitution(매춘)으로 넘어간다.[3]

러시아의 경우 정반대로 소유의 부재가 당연시 되었다. 지난 2천5백 년 간 서양의 주요 정치이론 주제 중 하나는 사유재산의 장단점에 대한 논쟁이었다. 그러나 러시아에선 사유재산이 모든 악의 근원이라는 의견에 거의 만장일치로 동의했기 때문에 지식인들은 이 주제에 대해 거의 논의하지 않았다.

우리는 "소유"란 단어를 말할 때 흔히 부동산, 은행계좌, 주식과 채권 등과 같은 물리적 개체를 떠올린다. 그러나 사실상 그 의미는 훨씬 광범위하다. 이제는 신용, 특허권, 저작권 등과 같은 무형자산까지 확대되고 있다. 나중에 설명하겠지만 17~18세기에 서양에서는 삶과 자유와 같이 자신의 것이라고 주장할 수 있는 모든 것을 포함할 정도로 상당히 총체적 의미에서 소유란 단어가 사용되었다. 인권과 관련된 근대사상은 소유의 확대해석 때문에 매우 복잡해졌다. 2백 년 전 제임스 매디슨(James Madison)은 소유에 대해 다음과 같이 정의했다.

> 소유는…그것의 특정 적용에서는 "어떤 사람이 외부의 것에 대해 다른 이를 배제한 채 자신의 권리를 주장하고 그 지배를 행사하는 것이다." 보다 확대되고 정당한 의미로 누군가 가치를 부여하고 권리를 가지는 모든 것을 포함한다. 이는 다른 모든 사람에게도 똑같이 이롭다. 특정 적용의 의미로 그가 소유한 토지, 상품, 화폐 등은 그의 소유라고 부른다. 광의의 의미에서 보면 그는 자신의 의견과 이를 자유롭게 표현할 권리를 소유하고 있다. 종교적 의견에 특이한 가치를 소유하며 그에 따른 신앙고백과 행동의 자유를 가진다. 자신의 소중한 안전과 자유에 대해 소유권을 가진다. 자신의 재능을 자유롭게 사용하고 이를 어디에 사용할지 그 대상을 마음대로 고를

수 있는 평등한 소유권을 가진다. 한마디로 요약하자면 누군가 자신의 소유물에 권리를 가지고 있다는 것은 그의 권리에 소유권을 가지고 있다고 말하는 것과 같다.[4]

약 40년 전 나는 소유가 협의의 의미와 광의의 의미 모두 자유를 보장하는 정치적, 법적 제도의 탄생에 열쇠를 제공했다는 생각을 하게 되었다. 이 아이디어는 러시아 정치역사에 대한 내 연구에 전제가 되었고 이를 토대로 1974년에 《제정 러시아》를 완성했다. 이 책에서 나는 소련에서 전성기를 누렸던 전체주의가 러시아 역사에서 거의 내내 지배적이었던 정부의 "세습적" 시스템에 뿌리를 두고 있다고 주장했다. 이 시스템은 국가의 통치권과 소유권을 전혀 구분하지 않았으며 그 결과 차르는 러시아의 군주이자 동시에 주인이 되었다.

자유가 소유와 연결되어 있다는 생각은 전혀 놀라운 일이 아니다.

이는 이미 17세기에 등장해 18세기에 보편화되었다. 그러나 내가 알기로는 아직까지 역사적 증거를 토대로 그 관계를 증명해보려는 시도는 없었다. 각각의 주제에 대한 문헌연구는 매우 방대하다. 소유를 다룬 저서는 수백 혹은 수천 권에 이르며 자유에 관한 연구도 그만큼 인기가 있다. 하지만 두 주제는 각기 다른 길을 걸어왔다. 자유에 관한 저서들은 자유란 개념의 발달과 이를 보장해주는 정치제도에만 집중할 뿐 모두 경제적 토대는 무시하고 있다. 소유의 역사에 관한 전형적인 경제학 논문들은 그 정치적, 문화적 측면을 무시했다. 소유를 다룬 법학 논문 역시 철학적, 경제적, 정치적 요소를 무시했다. 그 결과 역사적 사실에 근거해 어떻게 소유가 자유를 유발했는지, 또 소유의 부재가 어떻게 전제정권을 가능하게 했는지에 대한 설명이 충분하지 않다.

바로 그 빈 틈을 채우는 것이 이 책의 목적이다. 우선 소유권에 대한 공적 보장과 개인의 자유 사이에는 긴밀한 관계가 있다는 가설이 나의 출발점이다. 즉, 자유가 없어도 어떤 형태이든 소유가 가능하지만 그 반대는 상상할 수 없다.

　가설검증을 위해 난 인류역사의 모든 기록을 거슬러 올라가 소유와 정치제도 간의 관계를 살펴보았다. 처음엔 이 도전이 얼마나 어려울지 상상도 못했다. 소유가 다양한 사회에서 시대에 따라 매우 다양한 형태로 발전했다는 사실은 알고 있었지만 그처럼 많은 것들이 소유기록이 전혀 없고 또 이론상 그저 점유하고 있는 것이, 즉 물리적 소유가 사실상의 소유인 경우가 그렇게 많을 줄은 미처 예상하지 못했다. 다양한 모습의 소유를 정치와 연결하는 것 역시 그처럼 어려울 줄 몰랐다. 특히 비서구사회의 경우 발표된 논문이 거의 없는 데다가 2차문헌마저 찾기 힘들었다. 고대 중국과 고대 그리스, 메소포타미아와 멕시코, 중세 프랑스와 근대 영국 등의 경제가 각 나라의 정치발달에 미친 영향을 연구하려면 수십 명의 역사학자들이 필요했다. 하지만 비현실적으로 보이는 이 방대한 프로젝트를 이대로 포기할 수는 없었다. 대신 범위를 줄이고 주제를 선별해 심도 깊은 연구를 하기로 결심했다. 체계적이거나 총체적인 분석을 포기하는 대신 경제와 정치라는 두 주요 세력간의 관계를 몇몇 역사적 사례를 통해 증명하고자 했다.

　처음 제1, 2장은 소유의 개념과 제도의 발달사를 다루고 있다. 제3, 4장은 영국과 러시아의 사례를 통해 소유와 정치 사이의 관계를 분석하고 있다. 너무나 상반된 두 국가의 비교연구는 내가 지적하고 싶은 핵심을 제대로 보여준다. 결론에 해당하는 제5장에서는 20세기의 미국을 조명하고 사회적, 경제적 평등을 추구하는 복지국가의 노력 뒤에 숨은 자유에 대한 위협을 강조하고 있다.

　비록 범위를 제한하긴 했지만 그래도 이 책은 나의 전공분야를 훨씬 뛰어넘는 부분이 너무 많아서 약간 두렵기도 하다. 러시아에 관한 장과 소유개념의 역사를 다룬 장 중 일부분을 제외하고 대부분의 정보는 종종 서로 의견이 상반되는 2차 문헌연구에 의지했다. 따라서 각 분야의 전문가들은 이런저런 사실이나 해석에 대해 비난할 게 분명하다. 하지만 역사의 목적이 이해에 있다면 역사학자는 자신의 전문분야 밖으로 나가 자신의 지식이 도출된 분야에 도전해야만 한다는 사실을 모두 알고 있을 거라고 믿는다. 자콥 부르크하르트(Jacob Burckhardt)의 말로 나의 입장을 대변하고자 한다.

취미로 하는 그림은 예술계에서 크게 무시당하고 있다. 예술은 완벽함을 요구하기 때문에 이에 평생을 바치는 대가가 아니라면 그 무엇도 아니다.
그러나 학문의 경우 한정된 분야만을 숙달하더라도 이른바 전문가가 될 수 있다. 그러나 일반적 개요를 정리하고 이를 존중할 수 있는 능력을 없애고 싶지 않다면 가능한 한 많은 분야를 어쨌든 개인적으로 조금이라도 알고 있어야 한다. 그래야 자신의 전문지식을 강화하고 다양한 역사적 관점을 익힐 수 있다. 그렇지 않으면 자기 전공 이외의 분야에 대해선 문외한이 될 것이고, 그런 상황에서는 대체적으로 야만인에 불과하다.[5]

1998년 10월
케임브리지, 메사추세츠주
리처드 파이프스

용어 정의

- **점유**(possession)란 유형, 무형자산을 공식적 권리가 없이 물리적으로 통제하는 것을 말한다. 즉, 법적 소유가 아니라 사실상의 소유를 말한다. 점유는 오랫동안 사용하거나 선조로부터 물려받음으로써 관습적으로 정당화되며 영국법에서는 이를 "관습에 따른 권리"(prescription)라 부른다. 물리적 힘과 공동체의 암묵적 지지를 통해 그 권리를 주장한다. 점유한 물건을 매매할 수는 없지만 사실상 항상 점유자는 후손에게 이를 물려줄 수 있으며 이런 방식을 통해 소유재산으로 바뀐다. 인류역사 대부분의 기간 동안, 그리고 오늘날 세계 곳곳에서 자산은 점유란 형식으로 존재했다.

- **소유**(property)란 한 명이나 여러 명의 소유주가 배타적으로 자산을 이용하고 매매나 다른 방법으로 처분할 수 있는, 공식적으로 정부당국으로부터 인정받은 권리를 의미한다. "소유가 단순한 임시적 점유와 다른 점은 사회나 국가, 관습이나 관례, 법에 의해 집행되는 권리라는 점이다."[6] 실제로 소유는 어떤 형태이든 공공의 권위를 요구한다. 이 개념은 고대 로마시대에 생겨났는데, 당시 법학자들은 우리가 "소유"라고 이해하는 것을 '도미니움'(dominium)[7]이라고 불렀다.

  소유는 그 종류가 두 가지다. 땅, 자본과 같이 더 많은 소유를 창출할 수 있는 생산적 소유와 집, 옷, 무기, 보석 등 오로지 사용을 위해서만 존재하는 개인적 소유가 있다. 대개는 이런 의미로 통용된다. 하지만 보다 광범위하게 중세시대 말부터 발달된 서양 이론의 용어법으로 볼 경우 "소유"는 목숨과 자유를 포함해 개인(라틴어로는 suum)에게 고유하게 속해 있는 모든 것을 포괄한다. 소유 "자산"(propriety)의 포괄적 정의는 17세기 영국에서 사용하기 시작해 식민지 미국으로 건너가 소유와 자유 사이의 철학적 연결고리를 제공했다.

마르크스의 영향으로 일부 근대 이론가들은 "소유"를 "사물"에 대한 권리로서보다는 협의의 전통적 의미에서 "사물에 대해 사람들간의 관계"로서 정의하기를 더 선호했다.[8] "소유권은 물리적 점유란 사실로 정의되어서는 안 된다.…소유권은 소유주와 사물 간의 관계가 아니라 그 사물과 관련해 소유주와 다른 사람 간의 관계이다."[9] 하지만 이 같은 정의는 "소유"가 "사물"에 대한 권리 이상을 의미하는 한 전혀 만족스럽지 않다.

소유에는 공동소유와 사적 소유, 두 종류가 가능하다. 공동소유는 모든 구성원들에게 권리가 있지만 그 공동체는 이를 처분하지 못하며 오늘날의 조합아파트처럼 집단적 권리를 갖지 않는다. 사적 소유는 개인, 친족, 혹은 개인으로 이루어진 협회 등에 속한다. "소유"가 사법(私法)의 영역에 속하는 한 "공산주의 소유"란 말은 모순이 있다. 공산주의하에서 공공기관인 정부는 주권자로서 통치하는 영토의 모든 생산적 자산의 배타적 소유주다.

일상생활에서 점유와 소유의 법적 구분을 유지하는 게 매우 어렵다는 사실을 독자들에게 먼저 주지하고 싶다. 따라서 이 책에서는 달리 특별히 언급하지 않는 한 "점유"와 "소유"가 서로 호환되어 사용될 수 있다.

- **자유**(freedom)란 용어는 이 책에서 다음과 같이 네 가지 주제로 나뉜다. ⑴ **정치적 자유**. 다시 말해 개인이 자신이 사는 나라의 정부관료들을 선출하는 데 참여할 수 있는 권리를 말한다. ⑵ **법적 자유**. 즉, 다른 사람과 국가와의 관계에서 법에 따라 제3자로부터 공정한 판결을 받을 수 있는 권리를 말한다. ⑶ **경제적 자유**. 자신의 자산을 마음대로 사용하고 처분할 수 있는 권리이다. ⑷ **사적 자유**. 개인이 자신의 인생과 자유를 주장

할 수 있는 권리, 그리고 타인의 자유와 권리를 침해하지 않는 한 자기가 하고 싶은 것을 할 수 있는 권리, 즉 강압이 존재하지 않는 상태를 말한다. 자유와 사적 권리는 정치적 민주주의에 반드시 포함되는 것은 아니다. "개인의 자유와 민주주의 통치가 반드시 연결되어 있는 것은 아니다."[10] 따라서 고대 아테네 시민들은 정치적 자유를 즐겼으나 인권은 보장받지 못했다. 한편 일부 계몽된 전제군주는 특권귀족층에게 개인적 자유는 허용했으나 정치적 자유는 허락하지 않았다.

자유는 이른바 공공 안전과 지원 – "필요로부터의 자유"(freedom from want)나 "집을 가질 권리"(the right to housing)와 같은 정치적 슬로건은 이러한 개념을 함축하고 있다 – 에 대한 "권리"는 포함하지 않는다. 왜냐하면 타인이 그 비용을 부담해야 하는데, 그럴 경우 타인의 권리를 침해할 수 있기 때문이다. 이 같은 "권리"는 기껏해야 도덕적 주장에 불과하며 최악의 경우 공권력에 의해 강제로 집행된다면 이는 노력 없이 얻은 특권으로 전락할 수 있다.

차 례

추천사   5
역자 서문   11
서문   14
용어 정의   19

제1장   소유의 의미   25

    1. 고대의 소유제도   27
    2. 중세시대   37
    3. "고결한 야인"의 발견   43
    4. 초기 근대사회   51
    5. 17세기 영국: 소유의 신성화   56
    6. 18세기 프랑스: 소유에 대한 본격적 공격이 시작되다   67
    7. 사회주의, 공산주의, 무정부주의   73
    8. 20세기   89

제2장   소유제도   97

    1. 동물의 소유   98
    2. 아이의 소유욕   106
    3. 원시인의 소유   111
    4. 수렵채집사회   121
    5. 사유토지의 등장   124

6. 농경사회　128
7. 정치조직의 발달　130
8. 고대의 사적 소유　133
9. 봉건유럽　142
10. 중세 도시　144
11. 초기 근대 유럽　149
12. 요약　155

제3장　영국과 의회민주주의의 탄생　　　　　　　　　　161

1. 노르만 정복 이전의 시대　163
2. 노르만 왕조　166
3. 보통법(common law)의 역할　171
4. 조세제도　174
5. 튜더 왕조　175
6. 초기 스튜어트 왕조　178
7. 잉글랜드 공화국　190
8. 후기 스튜어트 왕조　190
9. 명예혁명　193
10. 유럽대륙　195

제4장　세습 러시아　　　　　　　　　　　　　　　　　205

1. 무스코비 왕조 이전의 러시아　207
2. 노브고로트 공국　216
3. 무스코비 왕조　220
4. 러시아의 도시　230
5. 러시아의 시골　233
6. 피터 대제　236

7. 예카테리나 여제　240

8. 농노해방　251

9. 화폐경제의 탄생　256

10. 결론　259

제5장　20세기의 소유　263

1. 공산주의　265

2. 파시즘과 민족적 사회주의　273

3. 복지국가　281

4. 현대의 기업과 소유　290

5. 조세제도　294

6. 국가권력의 성장　297

7. 환경보호와 사적 소유　306

8. 몰수　312

9. 권원(entitlement)　315

10. 계약　319

11. 고용차별 철폐조치　326

12. 고등교육기관의 인종 및 성차별 금지　334

13. 버스통학 혼합학군제(school busing)　340

14. 결론　341

맺음말　345

NOTES　357

찾아보기　403

제1장

소유의 의미

 소유는 개념과 제도라는 각기 다른 두 관점에서 연구할 수 있다. 두 접근방법은 매우 상이한 결과를 초래한다. 인류사상사에서 소유는 엇갈린 명성을 누려왔다. 때로는 번영과 자유로, 때로는 도덕적 부패나 사회적 불공평, 전쟁으로 동일시되었다. 대개 유토피아적 판타지는 그 비전의 핵심에 "내 것"과 "남의 것"이라는 구분의 철폐를 두고 있다. 심지어 소유를 찬성하는 많은 사상가들조차 이를 피할 수 없는 악으로 바라보곤 했다. 한편 가장 원시적 사회부터 가장 발달된 사회에 이르기까지 모든 사회의 역사는 소유권의 보편성을 보여준다. 또 소유가 존재하지 않는 공동체를 설립하려고 했던 모든 시도는, 자발적이건 강압적이건 간에 실패로 끝나고 말았다.

 따라서 인류가 원한다고 생각하는 것과 실제로 행동을 통해 판단되는 인류가 선호하는 것에는 상당한 괴리가 존재한다. 루이스 멈퍼드(Lewis Mumford)의 설명에 따르면 인간은 동시에 두 개의 다른 세계에 살고 있기 때문에 이 같은 괴리가 생겨난다. 즉, 이상과 소망, 이미지로 이루어진 세계와 가혹하고 피할 수 없는 현실의 세계가 따로 존재한다. "물리적 환경이 지구라면 이상의 세계는 천국이라 할 수 있다."[1])

이에 따라 논의를 크게 두 부분으로 나누고자 한다. 이 장에서는 소유에 대한 서양의 철학자, 신학자, 정치학자의[2]) 시각을 다룰 예정이다. 다음 장은 역사, 심리학, 인류학, 사회생물학 등의 관점에서 소유제도에 집중하려고 한다. 이는 물론 인위적 구분으로 오직 설명을 좀더 쉽게하기 위한 시도일 뿐이다. 실제로 이념과 사건은 항상 상호작용을 했다. 앞으로 지적하겠지만 소유에 대한 태도의 모든 변화는 정치적 혹은 경제적 발전으로 설명할 수 있다.

플라톤과 아리스토텔레스로부터 현재에 이르기까지 소유에 대한 논의는 정치학, 윤리학, 경제학, 심리학 등 크게 네 분야에서 이루어졌다.

1. 소유를 옹호하는 정치학 이론가들은(지나치게 불공평한 방식으로 분배되지 않는 한) 소유가 사회의 안정을 조장하며 정부의 권력을 제한한다고 주장한다. 반면 소유에 반대하는 정치적 주장은 소유와 반드시 동반하는 불평등이 사회를 불안하게 만든다고 지적한다.
2. 도덕적 관점에서 볼 때 소유는 정당하다고 말한다. 왜냐하면 모든 사람이 자신의 노동에 대한 대가를 받을 권리가 있기 때문이다. 한편 이에 반대하는 사람들은 많은 소유주가 아무런 노력도 하지 않고 자신이 소유한 것을 얻었다면서 모든 사람에게 소유할 수 있는 동일한 기회를 주어야 한다고 주장한다.
3. 경제적 논리로 보면 소유는 부를 생산하는 가장 효율적 수단이다. 그러나 반대편에선 사적 이윤의 추구를 위한 경제활동이 결국 낭비적인 경쟁을 초래한다고 말한다.
4. 심리학에서 소유를 옹호하는 사람들은 소유가 개인의 정체성과 자긍심을 강화시켜준다고 말한다.

위의 네 가지 관점은 지난 3천 년간 이어져온 소유에 대한 찬반 논쟁의 범위를 거의 포괄한다. 가장 근본적인 차원에서 보면 이 논란은 도덕적 관점과 실용주의적 관점의 대결로 요약된다.[3]

1. 고대의 소유제도

최근까지 논쟁을 주도해왔던 소유에 대한 윤리적 접근은 "황금시대"(Golden Age)에 대한 폭넓은 믿음에 반대해 생겨났다. 가장 익숙한 형태의 황금시대는 유대인과 그리스도인, 이슬람인들이 말하는 지상낙원, 즉 에덴 동산이다. 하지만 명칭만 다를 뿐 모든 문명에는 이 같은 개념이 보편적이다. 이 신화적 세계의 핵심은 사적 소유의 부재이다. 황금시대에 모든 것은 공동소유였으며 "내 것"과 "네 것"이란 단어는 존재하지 않았다. 다음 장에서 설명하겠지만 어떤 형태의 소유도 존재하지 않았던 사회란 없었기 때문에 소유가 없는 이상적인 세계에 대한 비전은 집단적 기억이 아니라 집단적 소망에 근거를 두고 있는 게 틀림없다. 그 비전은 지위와 부의 불평등이 "비자연스러운" 것이라는 믿음에서 출발했다. 이는 신이 만든 것이 아니라 사람이 만든 것이다. 왜냐하면 모든 존재는 똑같이 태어나며 죽을 때도 똑같이 흙으로 돌아가지 않는가?

황금시대에 대해 알려진 가장 오래된 설명은 호머와 동시대 사람인 헤시오도스의 《노동과 나날》(Works and Days)을 들 수 있다. 기원전[4] 7세기 초 그리스 시인인 헤시오도스는 인류역사를 네 개의 "금속"시대로 구분해 각각 황금, 은, 동, 철의 시대라고 불렀다. 제일 먼저인 황금시대는 거인 크로누스가 지배하던 시기로 모든 재화가 넘쳐날 정도로 풍요롭고 평화로웠다. 헤시오도스는 자신이 살고 있던 세상을 철의 시대라고 부르면서 폭력과 "부끄러운 탐욕"이 정의보다 앞서는 시기라고 규정했다.[5] 이처럼 더없이 행복했던 초기 인류사회에 대한 이미지는 그리스와 로마 문학의 주류가 되었다. 나중에 설명하겠지만 황금시대에 대한 이상은 르네상스 시기의 유럽사상에 지대한 영향을 미쳤으며 신대륙 발견을 위한 항해를 자극하고 그 발견에 대한 사람들의 시각에도 영향을 주었다.

소유에 대한 최초의 이론적 공격은 플라톤의 《국가론》(Republic)에서 찾아볼 수 있다. 이 책은 이후 모든 유토피아에 대한 논의에 영향을 미쳤다. 그의 《국가론》과 후기작인 《법률》(Laws)은 소유를 사회분쟁의 원인으로 보고 이를 없앨 수 있는 방법을 찾기 위한 최초의 시도는 아니었다. 하지만 플라톤 이전의 사상가들이 쓴 글은 남아 있는 게 없으며 오직 구전으로만 전해내려 온다. 플라톤이 글을 쓸 당시 그리스는 혼돈에 빠져 있었다. 그리스 도시국가들은 내부의 심각한 사회적 마찰로 몸살을 앓았으며 동시에 다른 도시국가들과 전쟁을 벌였다. 그는 스파르타의 사례를 듣고 큰 감명을 받은 것으로 알려졌다. 스파르타는 매우 중앙집권적인 국가로 정부는 소수의 엘리트에게 부가 집중되는 것을 금지했다.

한편 26년이나 지속된 펠레폰네소스 전쟁에서 스파르타는 마침내 아테네를 무찌르고 그리스를 평정했다. 스파르타의 승리에 중요한 역할을 한 것은 스파르타의 아버지로 불리는 리쿠르구스가 제정한 헌법이었다. 이 헌법은 무역과 산업을 금지시켜 시민들이 전쟁에만 전념할 수 있도록 했다. 스파르타인들은 물리적 재화는 물론이고 심지어 아내와 자식조차 소유할 수 없었다. 스파르타 남자들은 더 건강하고 튼튼한 아이를 낳을 수 있는 아내를 다른 사람과 공유했다. 아이들은 7세가 되면 부모를 떠나 국가로부터 군사훈련을 받았다. 스파르타 제도에 대한 그리스 역사학자들의 견해를 요약한 플루타르크는 리쿠르구스가 스파르타의 귀족들에게 소유재산을 모두 포기하도록 명령했다고 지적했다. 또 금과 은을 모두 국가에 바치도록 하고 대신 철동전을 나누어주었다. 그 결과 사치, 절도, 뇌물, 소송이 사라졌다. 빈부격차는 사라지고 모두가 평등해졌다. 국가의 요구에 전적으로 헌신하는 평등한 사회는 자기가 살던 아테네가 야심과 욕망으로 무너지는 모습을 지켜본 플라톤에겐 너무나 매력적으로 보였을 것이다. 다음 장에서 설명하겠지만 아테네의 사적 소유제도는 고도로 발달했다. 이 사실은 철학자들이 이에 대해 얼마나 관심을 쏟았는지를 보면 알 수 있다.

플라톤은 《국가론》의 5~7권에서 소크라테스의 입을 빌려 자신의 유토피아적 공산주의를 그렸다. 그의 목적은 지배계층인 엘리트가 이기심을 자제하고 공익을 위해 헌신하는 사회적 질서를 만드는 것이었다. 이를 위해 소유권은 사라져야 했다. 당시 정치적 격변에 대해 언급하며 소크라테스는 다음과 같이 말했다.

> 이 같은 차이는 대개 "내 것"과 "내 것이 아닌 것," "그의 것"과 "그의 것이 아닌 것" 등의 용어사용에 대한 의견의 불일치에서 발생한다.…수많은 사람들이 "내 것"과 "내 것이 아닌 것"이란 용어를 똑같은 것에 대해 똑같은 의미로 사용하는 곳이야말로 최상의 국가가 아닐까?[6]

플라톤의 이상국가는 두 개의 계급으로 이루어졌다. 공동체에서 가장 나이가 많고 현명한 구성원들이 "수호자"(Guardians)라고 불리는 지배계층을 구성하고 나머지는 이들의 지배를 받았다. 국가를 통치하는 수호자들은 엄격한 시험을 통과해야 그 지위를 얻을 수 있다. 집이나 토지는 물론 그 어떤 것도 소유할 수 없었다. 그래야 '나의 것'과 '나의 것이 아닌 것'에 대한 상반된 의견으로 도시를 산산이 해체시키지 않는다.[7] 플라톤은 소유와 미덕은 양립할 수 없다고 믿었다. "돈과 미덕은 저울의 양 추에 매달려 있어서 하나가 올라가면 다른 쪽은 내려가기 마련"이라고 했다.[8] 수호자는 스파르타인들처럼 공동체를 이루어 살며 아내와 자식을 공유했다. 이들의 기본적인 물질적 필요는 평민들에 의해 제공되었다. 플라톤은 평민에 대해선 명확히 정의를 내리지 않았지만 이들은 가족과 재산 소유가 허용되었던 것 같다. 그 결과 지배계층 내부에서 경쟁이 사라졌다. 더 이상 폭력에 의존하거나 다투거나 아첨해야 할 이유가 없어졌다. 이처럼 소수의 엘리트가 사심을 버리고 오직 국가를 위해서만 전념하는 이상적 세계는(어쨌든 이론상으로) 2천5백년 후 공산당과 나치당에 의해 실현되었다.

후기작인 《법률》에서 플라톤은 보다 현실에 맞는 국가를 설계하기 위해 가족을 없애고 국가가 아이들의 교육을 책임져야 한다는 이전의 주장을 철회했다. 하지만 이전의 평등주의적 유토피아에 대한 이상은 그대로 유지했다. 사적 소유는 인정했지만 그래도 국가가 빈부의 지나친 격차를 막아주기를 원했다. 특히 땅의 분배에 중점을 두었다. 소유가 없는 세계에 대한 이상은 버리지 못했다.

> 국가와 정부, 법에서 제일가는 이상형은 "친구는 모든 것을 나눠 갖는다"는 고대의 격언이 가장 지배적인 경우이다. 사적인 것과 개인적인 것은 모두 인생에서 추방하고, 눈, 귀, 손처럼 본질적으로 사적인 것도 함께 보고 듣고 행동한다는 의미에서 공유하고, 모든 사람이 똑같은 경우에 칭찬이나 비난을 하며 기쁨이나 슬픔을 느끼고, 어떤 법이든지 간에 도시를 최대한 통합하는, 이와 같이 여성과 아이, 재산을 현재 어디서나 미래에 공유하는 곳이 있든지 없든지 간에, 즉 그것이 가능하든 아니든지 간에, 난 어느 누구도 다른 원칙에 따라 이보다 더 진실되거나 더 좋거나 미덕이 더 고양된 국가를 만들 수 없다고 생각한다.[9]

이상 사회에 대한 플라톤의 비전은 아리스토텔레스의 저서 《정치학》으로부터 도전받았다. 아리스토텔레스는 부의 분배에서 지나친 불평등이 사회적 갈등으로 이어진다는 스승인 플라톤의 주장에는 동감했다.[10] 하지만 소유란 제도는 파괴할 수 없으며 오히려 긍정적 요인이라고 생각했다. 아리스토텔레스가 판단하기에 플라톤은 정치체(body politic)를 구성하는 다양한 요소들 – 가정, 커뮤니티(마을), 국가 – 을 혼동해 이들을 모두 하나로 다루었다. 플라톤의 실수는 국가를 마치 하나의 가정으로 다루어 부의 통제권한을 국가에게 위임한 데 있었다.[11] 소유는 사실 가정의 속성일 뿐 커뮤니티나 국가의 특징은 아니다. "국가는 소유가 필요하지만 소유는…국가의 부분이 아니다."[12]

아리스토텔레스는 논리적 근거뿐만 아니라 원칙적인 공리주의적 관점에서 공동소유를 반박했다. 어느 누구도 자신의 소유가 아닌 것을 제대로 관리하지 않기 때문에 공동소유는 비현실적이다. "인간이 무엇인가 자신의 것이라고 느낄 때 그 기쁨은 얼마나 측정할 수 없을 정도로 큰가. 왜냐하면 확실히 자신에 대한 사랑은 천성적 감정이기 때문이다.…"[13] 따라서 자기애의 만족감은 좋은 사회의 근간이 된다. 아리스토텔레스는 공동소유가 사회의 불화를 없애준다는 플라톤의 주장을 반박했다. 오히려 반대로 공동으로 사물을 소유한 사람들은 개인적으로 소유한 사람들보다 분쟁에 휩싸일 확률이 더 높다. 그는 사회 불화의 원인이 소유를 위한 투쟁에 있는 것이 아니라 인간의 본성에 있다고 보았다. "재산이 아니라 인간의 욕망이 평등화되어야 한다"고 그는 말했다.[14] 따라서 불화는 사적 소유를 철폐하기보다는 오히려 이를 강화함으로써 가장 확실히 해소할 수 있다. 아리스토텔레스에 따르면 소유는 인간에게 관대해질 수 있는 기회를 제공함으로써 인간이 더 높은 윤리적 수준으로 올라설 수 있도록 해준다. "자유는 소유의 사용에서 나온다."[15] 이 주장은 중세시대 기독교 신학자들에게 상당한 영향을 미쳤다. 아리스토텔레스는 플라톤과 달리 골고루 분배된 자산을 소유한 중산층이 중심이 된 국가를 선호했다.[16]

두 아테네 철학가의 견해차이는 그후 2천5백 년 동안 소유에 대한 논의를 지배했다. 윤리적 이데올로기와 실용주의적 현실주의 사이에 논쟁이 끊임없이 이어졌다. 서양사상사에서 소유에 관해 글을 쓴 이론가들은 대략 플라톤 아니면 아리스토텔레스 편에 서서 소유의 철폐로 인한 잠재적 장점을 강조하거나 소유를 인정할 경우 가능한 보상을 강조했다.

플라톤과 아리스토텔레스가 죽고 난 뒤 기원전 4세기에 소유의 논쟁은 스토아학파의 자연법이 소개되면서 한 단계 높이, 보다 추상적 수준으로 격상되었다. 스토아철학은 아마도 유대인의 일신교 다음으로 서양지성사의 형성에 가장 많이 기여했을 것이다. 일신교가 전지전능하고 모든 것을 포괄하지만 비물질적인 신의 통치라는 혁명적 개념을 전 세계에 전파했다면 자연법 이론은 신의 세계가 이성적인 것으로 인간의 지성으로 이해할 수 있다고 단정했다. 다른 대부분의 개념과 마찬가지로 자연법 역시 아리스토텔레스에 의해 시작되었지만 그가 죽은 후 마케도니아 통치기의 그리스와 로마에서 성숙해졌다.

플라톤과 아리스토텔레스는 오직 인종과 종교, 문화가 모두 동일한 시민들로 구성된 소규모 커뮤니티인 도시국가를 배경으로 했다. 이곳에서 정치는 법보다는 관습의 문제였다. 따라서 플라톤의 이상적 사회에는 법령이 존재하지 않았다(플루타르크에 따르면 리쿠르구스는 자신이 스파르타를 위해 제정한 법을 글로 남기지 못하도록 했다). 그러다가 법의 문제가 갑자기 4세기에 발생했다. 마케도니아의 필립왕과 그의 아들 알렉산더 대왕은 고대 그리스 도시국가인 폴리스(polis)를 없애고 대신 처음에는 민족국가(national state)를, 얼마 후에는 다민족제국(multinational empire)을 도입했다. 마케도니아제국은 에게해부터 시작해 인더스 강을 넘어 아라비아 반도까지 영토를 확장하며 전성기를 누렸다. 그리스인은 물론이고 아르메니아인, 박트리아인, 유대인, 이집트인, 인도인, 파르티아인, 소그디아인 등 언어와 종교가 다른 수많은 민족들이 마케도니아의 통치를 받았다. 이들은 법도 달랐다. 마케도니아 정치가들은 제국의 단합과 행정적 효율성을 위해 이 같은 법률적 차이를 조정해야만 했다. 한편 근본적인 철학적 문제가 제기되었다. 민족이나 국가의 수만큼이나 정의에 대한 개념도 다수인가? 다시 말해 옳고 그른 것에 대한 전 세계적 기준은 존재하지 않는가? 아니면 다양한 법적 규범과 절차는 단지 똑같은 보편적 법을 지역의 현실에 맞게 개조한 것에 불과한가?

이 질문은 마케도니아제국과 같은 시기에 생겨난 스토아학파가 대답해주었다. 이성적 세계질서에 대한 핵심개념은 이미 초기 그리스 과학에서 시작되었다. 당시 고대 그리스 철학자들은 변화무쌍한 자연현상의 무한한 모습 속에서 그 기저에 깔린 자연을 지배하는 법이 존재한다고 믿었다. 이러한 생각은 인간사에도 적용되었다. 아리스토텔레스는 《니코마커스 윤리학》(Nicomachean Ethics)에서 정의를 "법적"인(전통적인) 것과 "자연적"인 것으로 구분했다.[17] 법적 정의는 실증법이란 표현을 통해 특정 사회의 특정 요구에 맞게 발달해 나라마다 다른 반면 후자의 경우 모든 인류에게 똑같이 적용된다고 말했다.

아리스토텔레스는 단일민족 사회에서 살고 있었기 때문에 이 생각을 더 이상 발전시킬 필요가 없었다. 스토아학파의 아버지인 제노(Zeno)가 그 개념을 확장시켰다. "스토아 윤리학과 정치학의 기본원칙은 전 세계적으로 보편적인 법이 존재한다는 것으로 이는 자연과 인간 모두에게 이성과 일치한다.…"[18] 물질적 세계에 보편적이며 영원한 법이 있듯이 인간도 그렇다는 것이다. 스토아 철학에 내포된 혁명적 요소는 사회질서의 근본적 원칙이 변화의 대상이 아니라는 주장이었다. 왜냐하면 그 원칙은 자연질서에 내장되어 있기 때문이다. 이 질서 안에서는 남자와 여자, 자유인과 노예를 막론하고 모두가 평등하다. 자유는 자연의 법에 따라 삶을 구성하는 요인이다.

아리스토텔레스에서부터 키케로가 등장하기까지 3백 년 동안 자연법사상은 지중해 연안국가에서 광범위하게 확산되었다. 하지만 이 사상이 절정에 이른 것은 한참 후인 16~17세기 유럽이었다. 그제서야 법학자와 정치학자들이 비로소 신학으로부터 분리되어 나왔다. 플라톤과 아리스토텔레스 이후로 어느 이론가도 사적 소유가 "자연적"인가를 논의하지 않고 그 주제에 대해 글을 쓸 수 없었다고 한다.[19] 사실 18세기 말까지도, 그리고 어떤 면에선 오늘날까지도 소유에 대한 논의는 그것이 "자연"에 속하는 것인지, 아니면 "관습적" 질서에 속하는 것인지가 화두이다. 이 이슈는 도덕적 접근방식과 실용적 접근방식 차이의 논쟁에서 핵심을 이루고 있다. 소유가 관습의 문제라면 이는 없앨 수 있는 것이지만 만약 자연의 영역에 속해 있다면 이는 바꿀 수 없는 삶의 사실이기 때문이다.

스토아 철학과 자연법은 그 개념이 생겨난 그리스보다 로마시대에 더 큰 영향을 미쳤다. 고대 로마인들은 추상적 사고에 익숙하지 않았다. 사적 소유의 장단점에 대해 논쟁을 벌이지도 않았고 상상 속의 이상적 커뮤니티를 만들어내지도 않았다. 그러나 실용주의에 자신감을 가진 사람은 종종 이상주의자가 닦아 놓은 길을 따라가곤 한다. 로마의 시인들은 모든 것이 공동소유였던 황금시대라는 그리스의 개념을 받아들였다. 황금시대가 끝난 뒤 탐욕이 승리하고 그 결과 불공평과 다툼이 난무하는 세상이 되었다고 믿었다. 버질(Virgil)은 황금시대에 대해 다음과 같이 읊었다.

> 어느 누구도 소유하지 않았고 심지어 토지에 자기 영역이라고 표시하는 것조차 잘못이었다.
> 남자들은 함께 일해서 창고를 채워 넣었고,
> 땅은 자발적으로 더 많은 수확량을 내주었다.[20]

오비드(Ovid)는 철의 시대에 대해 다음과 같이 묘사했다.

> 지구는 그 전에 공기와 햇살과 같았다.
> 모두 공유했던 재물은 이제 줄이 그어졌고
> 사람들은 경계를 나타내는 푯말과 담장으로 평가되고 표시되었다.[21]

로마시대 최고의 스토아 학자였던 세네카(Seneca)는 당시 "양심의 가책을 느끼는 백만장자"로 불렸지만 소유를 극찬하는 데 주저하지 않았다.[22] 그는 "가난과 공정한 계약을 해본 사람이 부자"라고 친구인 루치리우스에게 말했다.[23]

탐욕이 사회를 괴롭히고 가난을 불러들이기 전까지 사회적 가치는 순수했고 침해되지 않았다. 인간은 무엇인가를 자신의 것이라고 부르면서 모든 것을 잃고 말았다.… 관대한 자연을 모두가 나눠갖고 무차별하게 사용했던 원시시대는 얼마나 행복했을까? 탐욕과 사치가 없었기 때문에 인간은 흩어지지 않았고 서로를 잡아먹으려 하지도 않았다. 모든 자연을 공유했으며 공공의 부를 소유할 수 있었다. 가난한 사람이 단 한 명도 없었으니 이들이야말로 모든 인류 중 가장 부자가 아니었을까?[24]

스토아학파의 사회적 평등에 대한 찬양은 종교적 색채를 띠고 있었기 때문에 초기 기독교의 형성에 많은 영향을 줄 수 있었다.

로마는 법적인 면에서 소유의 사상에 기여했다. 로마의 법학자들은 최초로 도미니움(dominium)이라 부르는 절대적 사적 소유의 개념을 체계화해 부동산과 노예에 적용했다. 이 개념은 그리스시대에는 존재하지 않았다. 어떤 대상을 도미니움으로 인정받기 위해선 네 가지 기준을 만족해야 했다. 합법적으로 취득해야 하며, 배타적이어야 하고, 절대적이어야 하며, 영원해야 한다.[25] 도미니움에 대한 가장 잘 알려진 로마법 정의는 "법이 허용한 대로 자신의 것을 사용하고 소비할 수 있는 권리"(jus utendi et abutendi re sua quatenus iuris ratio patitur)라고 말한다.[26] 로마의 법률체계는 소유권에 대해 모든 가능한 뉘앙스를 명시할 정도로 자세했다. 어떻게 취득하고 어떻게 잃으며 어떻게 이전하고 어떻게 팔아야 하는지를 모두 법으로 정했다.[27] 도미니움에 함축된 권리가 워낙 완전무결했기 때문에 고대 로마인들은 토지 수용권이란 걸 몰랐다.[28]

실용주의를 위해 로마의 법학자들은 철학적 근거를 찾아야 했다. 마케도니아처럼 처음엔 도시국가로 출발했다가 민족국가로, 후엔 제국으로 영토가 확장되면서 자신의 것과 전혀 다르고 또 서로 매우 상이한 법적 기준과 절차를 당황스러울 정도로 수없이 받아들여야 했기 때문이다. 로마가 이탈리아 반도의 지배자가 되기 이전에도 이미 이 같은 혼란은 존재했다. 로마 법정은 초기부터 사업을 하러 로마에 오거나 로마인과 결혼한 외국인을 상대해야 했다. 로마의 시민법(jus civile)은 오직 로마시민에게만 한정된 것으로 외국인에게는 적용되지 않았다. 따라서 로마의 법학자들은 외국인들과 관련해 다양한 법적 제도 속에서 기저에 깔린 공통원칙을 찾아야만 했다. 로마의 영토가 지중해 연안주변으로 확장되자 법학자들은 그들이 알고 있는 모든 국가가 공유하는 규정을 종합해 유스 겐티움(jus gentium)이라 불리는 만민법 혹은 국제법을 체계적으로 세웠다. 스토아 철학의 영향을 받아 만민법은 점차 자연법(jus naturale)과 합쳐졌다. 3세기 초에 법의 통합이 완료된 후 로마 시민권은 로마제국의 모든 속국에 확대되었다.[29] 그 결과 서양사상의 기본원리가 형성되었다. 옳고 그름은 임의적 개념이 아니라 자연에 뿌리를 둔 기준으로 모든 인간에게 구속력을 가진다. 또 윤리적 문제는 자연법에 따라 해결할 수 있다. 자연법은 이성적이며 개별 사회의 시민법을 우선한다. 자연법의 핵심요소 중 하나는 인간의 평등으로 특히 법 앞의 평등을 중시했다. 또 소유권을 포함해 인권 역시 자연법으로 국가보다 우선하며 국가로부터 독립적이다.[30] 1500년 후 이러한 개념들은 서양 민주주의에 철학적 초석이 되었다.

처음에 로마의 철학자와 법학자들은 사적 소유를 자연법이 아닌 만민법으로 다루었다. 그러다가 두 개념이 혼합되면서 결국 자연법에 뿌리를 두게 되었다.[31] 하지만 자연법적 관점에서 사적 소유를 옹호하는 이론적 설명은 16, 17세기에 와서야 장 보댕과 휴고 그로티우스에 의해 이루어졌다. 그러나 로마인들이 사적 소유를 중시했다는 사실은 정부는 사적 소유를 보호하기 위해 만들어진 조직이므로 정부가 사적 소유를 간섭해서는 안 된다는 키케로의 주장에 잘 나타나 있다.[32]

2. 중세시대

교회 신부들은 사적 소유의 주제를 다루는 데 있어서 상당한 곤혹을 느꼈다. 복음서에 따르면 예수는 부자들에게 자신의 소유물을 가난한 사람들과 나눠 쓰라고 말했다. 왜냐하면 부는 구원을 받는 데 걸림돌이 되기 때문이다. 예수 자신은 물론 제자들도 소유를 거부했다. 복음서를 비롯해 성경의 다른 부분들은 모두 부에 대한 비난과 이의 포기에 대한 칭찬으로 가득하다. "부자가 하나님의 나라로 들어가기란 낙타가 바늘구멍을 통과하기보다 더 어렵다"는 경구가 이를 잘 말해준다.[33] 하지만 인간으로서의 예수는 금욕주의자가 아니었다. 소유와 부를 걷어차지 않았고 부잣집에 가서 대접도 받았다.[34] 하나님의 나라가 임박했다는 기대 때문에 성경은 "소유에 대한 그 어떠한 분명한 이론도 담지 않았던 것 같다."[35]

일부 역사학자들은 예수가 정말로 사회개혁 프로그램을 주창했는지 의문을 제기한다. 이 분야에서 최고의 권위자에 따르면 예수의 사회개혁은 "현재 세계질서의 틀 안에서 다가오는 하나님의 나라에 대비하라는 주문"에 불과했다.[36] 어쨌든 초기 기독교인들은 예수의 가르침을 자신들에게만 적용했다.

> 새로운 사회질서는…기독교 커뮤니티에 한정되었다. 이는 일반적으로 대중적인 사회개혁 프로그램이 아니었다. 교회 안에서 가능한 유일한 공산주의는 다른 모든 형태의 공산주의와 다르며 오직 종교적인 "사랑의 공산주의"(Communism of Love)라 말할 수 있다. 즉, 여기에서는 재산을 한 데로 합치는 것이 사랑과 종교적 희생정신의 증거로 여겼다. 기독교 공산주의는 오직 소비자로만 구성되며 구성원이 관대함과 희생을 실천할 수 있으려면 개인기업을 통해 계속해서 돈을 벌어야 한다는 가정에 토대를 두고 있다. 무엇보다 여기에 평등이론은 전혀 존재하지 않는다. 재산을 공유하는 절대적 평등도 없으며 다양한 구성원들이 자신의 능력과 서비스에 따라

전체의 삶에 기여하는 상대적 평등도 없었다.···마지막으로···진정한 공산주의를 가로막는 걸림돌에 대한 적대감, 즉 개인기업과 긴밀하게 연결된 가족제도에 대한 반대가 실질적으로 없었다.[37]

초기 기독교 교회는 사적 소유를 피할 수 없는 인생의 현실로 받아들였으며 교인들에게 최대한 기부를 많이 하도록 장려하는 데 집중했다. 소유물은 오직 이기적으로 사용될 때에만 악으로 여겨졌다.[38]

그러나 자기 부정을 외치던 교회는 오래지 않아 거대한 세속적 권력으로 부상했으며 막대한 토지와 부를 소유하게 되었다. 또 이를 이용해 종교적, 세속적 임무를 수행했다. 한편 교회는 예수가 암묵적으로 받아들이긴 했지만 더욱 독실한 기독교인들이 오해하곤 하는 현실에 직면하게 되었다. 수백만 명에 이르는 교인들에게 물질적 재화는 필수적이었다. 모든 사람이 가난을 서약하고 신부나 사제, 수녀가 되어 자신의 평생을 기독교 신앙에 바칠 수 없었으며 모두가 독신으로 살 수는 없었다.

결국 기독교적 이상과 세속적 현실 사이에 타협이 필요했다.

결국 해법을 찾았고 이는 상당히 만족스러웠다. 기독교 신학자들은 소유가 자연법이 아니라 관습법(실정법)으로부터 비롯되었고, 그러한 것으로서 존중해야 한다고 생각했다. 소유는 잠재적으로 영혼을 더럽히고 죄로 이어질 수 있는 가능성을 가진 악이라고 여겼다. 하지만 성 아우구스티누스에 따르면 소유가 없는 사회는 오직 천국에서만 가능하다. 왜냐하면 인류의 타락 이후 대부분의 인간이 따라갈 수 없는 종류의 완벽함[39]이 요구되었기 때문이다.[40] 더구나 소유물은 윤리적으로 중립적이며 오직 탐욕으로 발전할 때에만 악이 된다. 아우구스티누스는 남용을 유발한다고 해서 사물을 비난할 수는 없다고 말했다. "금은 나쁜 것인가?"라고 묻고서는 "물론 금은 좋은 것이다. 그러나 악마는 좋은 금을 악의적으로 사용하며, 착한 사람은 좋은 금을 선한 용도로 사용한다"고 대답했다.[41] 아우구스티누스에 따르면 재산을 포기하라는 예수의 말은 명령이 아니라 충고였다.[42] 우리가 알고 있는 세계에서 재물을 포기하는 것은 오직 소수의 선택된 자만이 따를 수 있다. 아우구스티누스는 소유를 권리에 대한 보장보다는 책임으로 생각했다. 공익을 위해 개인이 보유하는 일종의 "의무"라고 했다.

소유의 허용을 지지하기 위해 기독교 신학자들은 신성한 허가를 의미하는 히브리 성경에 있는 구절을 근거로 들었다. 도둑질을 하지 말라는 여덟 번째 계명은 확실히 소유의 신성함을 의미한다. "네 이웃의 것을 탐하지 말라"는 열 번째 계명 역시 마찬가지다. 아브라함과 롯은 부족민들간의 분쟁을 종결시키기 위해 목초지를 둘로 나누어 가졌고 이를 통해 각자 소유권을 세웠다(《창세기》13장). 이스라엘의 왕 아합의 이야기도(I Kings 21) 있다. 아합은 나봇의 포도원이 탐나 다른 포도원과 바꾸거나 돈을 주고 사겠다고 제안했다. 나봇이 이를 거절하자 아합의 아내 제저벨은 모략을 꾸며 신성모독죄를 뒤집어 씌우고 결국 포도원을 빼앗은 후 나봇을 돌로 쳐 죽게 했다. 이에 분노한 하나님은 선지자 엘리야를 통해 아합과 그의 아내를 불명예스럽게 죽이겠다고 위협했다. 이 이야기는 탐욕이 죄로 이어지는 사례를 보여주며 동시에 소유의 불가침성을 확인해주기도 한다.

유대인의 법 전통에 따르면 정직하게 얻은 부는 축복으로 여겨졌다. 랍비들은 사람들에게 자신의 부를 공짜로 나눠주거나 지나친 자선에 빠질 경우 사회에 짐이 될 수 있다며 이를 금지했다.[43] 기독교 복음서와 달리 히브리 성경은 가난이나 가난한 사람을 칭찬하지 않았다.[44] 또 부자의 부정을 비난하고 자신의 이웃뿐만 아니라 이방인과 심지어 동물들에게까지도 자선과 도움을 베풀라고 명령했다.[45] 이 명령을 실천하기 위해 유대인들은 고대사회에서 아마도 유일했을 복지제도를 개발했으며 히브리 성경에 따라 "이방인, 고아, 과부"를 위해 십일조를 거두었다.[46]

소유에 대한 가톨릭교의 관점은 토마스 아퀴나스의 《신학대전》(Summa Theologica)에 의해 집대성되었다. 아퀴나스는 이 주제를 정의의 관점에서 접근해 "그의 것임을 서로에게 인정하는 영원하며 지속적인 의지"로 정의했다.[47] 모든 것이 하나님에게 속해 있고 하나님 자녀들의 공동소유이므로 어떤 의미에서는 "인간이 외부의 것을 소유하는 게 자연스럽지 않다"고 인정했다.[48] 하지만 아리스토텔레스의 《정치학》으로부터 영향을 받은 아퀴나스는 공동소유가 효율성이나 화합을 조성하기보다는 오히려 불화만 키울 뿐이라고 주장했다. 정신적으로 자신을 완전하게 만들려면 인간은 안정감이 필요한데, 이는 오직 소유만이 줄 수 있다. 아퀴나스는 또 재산이 있어야 기독교인의 의무인 자선을 할 수 있다는 아리스토텔레스의 주장에 동의했다. 자선은 소유의 필연적 결과이며 부자는 남아도는 부를 모두 가난한 사람에게 나눠 줄 도덕적 의무가 있다.[49] 부로 인해 초래되는 어떠한 과잉도 사회에 의해 통제되어야만 한다.

이 주제에 대한 기독교 신부들의 일반적 견해는 다음과 같이 요약된다.

> 초기 교회 신학자들은 그 본질상 인간의 삶에 규율이 필요하며 강압에 의해 집행되는 질서가 필요하다고 인식했다. 그래서 인간의 원시적 상태라고 여겼던 이상과 실제 모습의 현실을 구분했다. 이상적으로 볼 때 인간은 가장 진정한 본성에 따라 이성과 정의의 법에 순종하기 때문에 그처럼 강압적 규율은 없어도 된다. 하지만 현실에서는 진정한 본성과 천성이 계속해서 저급한 본성에 눌리기 때문에 오직 엄격한 규율을 통해서만이 무질서와 혼돈으로부터 자신을 지킬 수 있다.…사적 소유는 워낙 불평등이 심하기 때문에 원시적이고 자연스러운 제도로 받아들이기 어렵다. 원시적이거나 자연스러운 상태에서 소유권은 단지 인간이 필요한 것을 사용할 권리에 지나지 않는다. 하지만 인간 본성의 실제상황은 전혀 다르기 때문에 사용할 권리의 행사에 대해 공식적 규제가 필요하다는 사실을 깨닫게 되었다. 사적 소유는 정말로 인간의 악의적 성향을 통제하고 중화시키려는 목적의 또 다른 규율제도이다.[50]

널리 알려진 잘못된 인식과는 정반대로 교회는 공산주의를 보급하기는

커녕 묵과하지도 않았다. 그런 이유로 교회 신부들의 설명은 공산주의를 옹호한 근거로서 인용할 수 없다.[51] 러시아 철학자인 블라디미르 솔로비에프(Vladimir Soloviev)가 1세기 전 지적했듯이 기독교는 신도들에게 부를 기부하라고 간곡히 타이른 반면 사회주의자들은 다른 사람의 부를 몰수하고 배분할 것을 요구했다. 기독교 교회의 경제적 교리는 개인의 부에 대한 자발적 포기 이상을 넘어서지 않았다. 따라서 교회가 가난을 설파한 12세기 발도파나 후에 공산주의를 시도했던 재세례 교도와 같은 집단을 이단으로 규정한 것은 모순이 아니다. 일반적으로 "가난의 숭배"는 이단적 운동의 표어로 제도권 교회와는[52] 거리가 멀었다. 13세기 말과 14세기 초에 프란체스코회 내부에서 모든 소유물의 포기를 주창한 이른바 "영성파"(Spirituals)와 교회가 얻은 상당한 자산을 계속 보유하고 싶어하는 "컨벤추얼회"(Conventuals) 사이에 격렬한 논쟁이 벌어졌다. 교황 요한 22세 당시 교회는 영성파를 무너뜨리고 백 명이 넘는 영성파 교인들을 화형에 처했다. 1323년 교서에서 교황은 그리스도와 제자들이 소유물을 가졌었다는 사실을 부인하는 것이 이단이라고 선언했다.[53] 60년 후 다른 교서에서 요한 22세는 자신의 소유물에 대한 인간의 권리는 하나님이 우주에 대해 가지는 소유와 다르지 않으며 하나님이 자신의 형상에 따라 만든 인간에게 그 권한을 넘겨주었다고 주장했다. 따라서 소유는 인간법에 우선하는 자연의 권리라고 했다.[54]

개신교의 아버지들은 소유를 묵인한 가톨릭 교회보다 훨씬 적극적이었다. 루터와 칼뱅 모두 소유를 노동과 연관시켜 이를 단호하게 기독교적 의무로 인정했다. 루터 신부는 독일의 농민 폭도들을 지주의 토지를 빼앗으려는 "미친 개"라고 맹렬히 비난했다. 루터의 주장에 따르면 복음서는 다른 사람의 재물을 공동소유로 만들거나 자신의 소유물에 집착할 것을 요구하지 않았으며 기독교인들에게 자신이 가진 것을 자유 의지에 따라 포기하라고 가르쳤다.[55] 칼뱅주의자들은 소유에 대해 더욱 긍정적 견해를 가졌다.

칼뱅은 공업과 무역을 인정하고 이를 통해 얻은 큰 이익을 장려했으며 고리대금을 금지한 중세시대의 법을 비난하고 돈과 신용의 장점을 받아들였다.[56)] 역사학자들은 칼뱅주의가 자본가적 정신을 고양시키는 데 상당한 기여를 했다는 데 대부분 동의한다.

중세시대 후반기에 가톨릭 교회는 소유를 후회스럽지만 피할 수 없는 현실이라며 소극적으로 방어하던 자세에서 태도를 바꾸어 이를 원칙적으로 옹호하기 시작했다. 이 같은 변화는 교회의 막대한 부에 대한 비종교적 당국의 공격에 대응해 이루어졌다. 이 이슈는 '공정(公正)왕'으로 알려진 프랑스 국왕 필리프 4세가 14세기 초에 영국과 전쟁을 선포하면서 필요한 전쟁자금을 모집하기 위해 성직자에게 세금을 부과하고 교황의 수입을 포함해 귀금속의 수출을 금지하면서 촉발되었다. 성직자의 소유물을 국왕에게 빼앗기지 않기 위해 신학자들은 이제 소유를 양도할 수 없는 권리로 인정하기 시작했다. 이는 주로 교회재산을 의미했지만 일반적 소유도 함축했다. 이 논쟁에서 신학자들은 국가의 권위가 다른 모든 면에서 아무리 절대적이라 하더라도 국민의 소유까지 확대되지 않는다는 교리를 세웠다. 이는 후에 프랑스의 사상가인 보댕과 네덜란드의 법학자인 휴고 그로티우스(Hugo Grotius)와 같이 저명한 비종교적 학자들에 의해 발전되었다. 이 논의는 12세기 초부터 이탈리아 대학에서 재발견되어 가르치기 시작했던 로마법을 근거로 더욱 보강되었다.

소유에 대한 이 새로운 신학이론의 대표적 옹호자는 토마스 아퀴나스의 제자인 콜로나가의 에기디우스 로마누스(Aegidius Romanus)였다. 그는 소유권이 국가의 권리에 앞서고 이를 초월하기 때문에 필리프 4세가 교회의 재산을 강제로 몰수할 권한이 없다고 주장했다. 교회와 로마교황은 속세의 모든 것에 대해 통치권을 가지고 있으며 세계에 있는 모든 자산의 궁극적 주인이라고 했다. 봉건시대 용어를 빌려 왕은 "우월한 지배권"이 있지만 봉신들의 소유물에 대한 권한은 없다고 주장했다.[57)]

에기디우스 로마누스와 당대의 맞수였던 파리의 존(John of Paris)은 필리프 4세를 옹호하며 사적 소유는 왕이 하사한 것으로 교회가 보유한 재산 역시 왕이 하사한 것이라고 말했다. 그러나 소유권은 왕이든 교황이든 간에 어느 누구도 침해할 수 없는 것이라는 주장엔 동의했다.[58] 이 논의에서 로마법은 상당한 영향력을 행사했다. 파리의 존은 다음과 같이 말했다.

> 개인은 개인 자격으로서 그 자체에 권리와 권한, 진정한 통치권을 가지고 있으며 누구나 다른 사람에게 해를 미치지 않고 마음대로 자신의 소유를 배열하고 처분하며 나눠주고 보유하고 양도할 수 있다. 왜냐하면 그 자신이 주인이기 때문이다.…따라서 왕이나 교황, 그 어느 누구도 여기에 대해 통치권이나 분배권이 없다.…[59]

중세시대 말에 교황과 국왕 사이의 논쟁은 사적 소유의 지위를 강화시키는 결과를 가져왔다. 양측 모두 소유에 대한 법적 정당성의 근거가 달랐지만 소유란 신성불가침의 영역으로 교황청과 왕궁 모두 침해할 수 없는 것이라는 데 의견을 같이 했다.[60]

3. "고결한 야인"의 발견

인간이 순수했고 소유란 걸 몰랐던 황금시대의 신화는 중세 유럽에서 여전히 살아남았다. 어떤 사람들은 심지어 자신의 시대에도 어딘가 먼 곳에서, 종종 지구 끝에 있는 섬에 지상낙원이 존재하고 있을 거라고 믿었다. 원죄 때문에 대부분의 인간은 그런 천상의 세계에서 추방되었지만 험난한 고난을 이겨낼 수 있는 영웅과 성인만이 그곳에 갈 수 있을 거라고 생각했다.[61] 교회 신부들은 지상에 이 같은 지상낙원이 여전히 존재하는지의 여부에 대해 수세기 동안 논쟁을 벌였다.[62] 이 신화는 콜럼버스가 신대륙 발견의 항해를 감행하게 된 여러 요인 중 하나였다. 일부 역사학자들은 콜럼버스가 첫 탐험을 떠나기 전 사실상 불멸의 세계에 사는 상춘국 사람들의 행복한 나라를 그린 다이이(d'Ailly) 추기경의 《세계의 상》(Imago Mundi)을 읽었다고 믿고 있다.[63]

콜럼버스가 카리브 해 원주민들을 처음 만났을 때 익살스러울 정도로 과장되게 차려 입은 그와 그의 동료들은 이들의 벗고 있는 모습에 깜짝 놀랐으며 곧 에덴동산의 아담과 이브를 연상했다.[64] 콜럼버스는 원주민들이 "교활하지 않고, 달라고 요구한다면 자신이 소유한 모든 것을 절대로 거절하지 않았으며, 오히려 모두에게 나눠 쓰자고 했다.…"[65] 원주민이 사유재산을 가지고 있는지는 알 수 없었지만 "누군가의 것을 모두가 나누고 특히 먹는 것을 나누는 모습"에 깊은 인상을 받았다.[66] 콜럼버스는 항해일지 여기저기에서 아메리카에 대해 다음과 같이 적고 있다.

> 영원한 봄이었다. 나이팅게일이 노래를 부르고 꽃들이 만발하고 숲은 푸르렀으며 강물은 굽이쳐 흐르고 산은 높았다. 주민들은 순진하고 행복했다.[67]

이 같은 첫인상은 그후 5백 년간 이어진 유토피아적 문학의 토대가 되어 불완전한 인간이라 해도 "고결한 야인"의 방식을 선택할 경우 완전해질 수 있다는 그럴듯한 증거를 제공했다.[68] 부끄러움에 대한 무지 이외에 야인의 삶에서 가장 큰 특징은 바로 소유에 대한 무지였다. 한 프랑스 문학사가(文學史家)는 콜럼버스의 신대륙 발견에 대해 쓴 편지가 250년 후 소유가 모든 사회악의 근원이라고 선언한 루소의 《인간 불평등 기원론》(Discourse on the Origin of Inequality, 1755)으로 이어졌다고 주장했다.[69]

콜럼버스와 비슷한 신대륙에 대한 인상은 15세기 초에 출판된 두 권의 여행일지를 통해 유럽의 지성인들에게 전달되었다. 이들 여행일지는 고결한 야인이라는 이미지를 형성하는 데 상당한 영향을 미쳤다.

이탈리아의 지리학자이자 탐험가인 아메리고 베스푸치는 – 아메리카는 그의 이름에서 유래되었다 – 1505~1506년에 출판한 《여행기》(Voyage)에서 신대륙 인디언들을 매력적으로 묘사했다. 그에 따르면 그들은 "우두머리"가 없었으며 자유롭게 살았다. 전쟁은 약탈이나 지배를 위해서가 아니라 친족의 죽음을 복수하기 위해 했다. 종교도 몰랐고(이에 대해서 베스푸치는 이들을 꾸짖었다) 법이나 결혼이라는 제도도 없었다. 장사를 하지 않았고 금이나 귀금속에 가치를 부여하지 않았다.[70] 그들은 지상낙원에 살고 있었다.

피터 마터 앙기에라(Pietro Martyr de Anghiera)라는 스페인에서 활동하던 이 탈리아인은 1516년 《신세계》(De Orve Novo)를 발표했다. 여기서 그는 콜럼버스가 본 것을 다음과 같이 재정리했다.

> 그들에게 토지는 태양과 물처럼 공동의 것이다. 모든 해악의 근원인 내 것과 네 것의 구분이 없다. 너무나 적은 것에도 만족하기 때문에 그처럼 광활한 나라에서 부족함 없이 모든 게 넘쳐난다. 그래서…그들은 고생 없이 황금세계에서 살고 있으며 이들의 열려진 정원은 제방도, 울타리도, 벽도 없다. 법이나 장부, 판사 없이도 남과 거래를 한다.[71]

얼마 후 무역을 하거나 정착하기 위해 아메리카 대륙으로 온 유럽인들은 원주민에 대해 전혀 다른 시각을 갖게 되었다. 이들과 오랫동안 접촉하면서 유럽인들은 이들이 경멸스러운 야만인으로 노예나 어울린다고 생각하기 시작했다. 사적 소유에 대한 무지는 이제 이들이 열등하다는 증거가 되었다.[72] 1525년에 어느 도미니크회의 수도사는 다음과 같이 썼다.

> 본토 원주민들은 인육을 먹는다. 심지어 비역질도 한다. 그들에게 정의란 없다. 그들은 모두 벗고 다닌다. 사랑이나 순결에 대한 존중도 없다.…유인원보다 더 멍청하며 그 어떤 개선도 거부한다.[73]

제1장 소유의 의미 45

여행문학 출판가인 영국의 사뮤엘 퍼차스(Samuel Purchas)는 1625년 글에서 아메리카 인디언들을 야생동물보다 더 동물적인 비인간적 존재라고 했다.[74] 일부 프랑스 작가들은 개인적 경험을 토대로 인디언들을 야만스러운 짐승으로 묘사했다.[75] 인간 제물이나 고문과 같은 불쾌한 관습을 직접 목격한 사람들을 통해 신대륙 원주민들에 대한 환상에 금이 가기 시작했다. 얼마 지나지 않아 아메리카의 "고결한 야인"은 악마로 바뀌었다.[76] 하지만 초기의 환상은 흔적을 남겼다. 많은 유럽인들과 일부 미국인들은 오늘날까지도 신대륙 발견 당시 탐험가들이 아메리카 원주민을 바라보았던 낭만적 시각을 여전히 가지고 있다.

인디언에 대한 인상이 훼손되자 유럽인들은 또 다른 지상낙원을 찾아 남태평양으로 눈길을 돌렸다. 18세기에 유토피아는 아메리카에서 호주로 옮겨졌다. 선택된 땅은 타히티였다. 17세기 초 포르투갈인들에게 발견된 이곳은 150년간 잊혀졌다가 영국과 프랑스인들에 의해 재발견되었다. 타히티는 프랑스 탐험가 루이스 드 부겐빌(Louis de Bougainville)의 1768년 항해일지에서 지구상의 에덴이란 명성을 얻었다. 그는 단순히 원주민을 좋게만 말하지 않았다. 전쟁에선 매우 잔인하며 이방인의 돈을 훔치는 못된 버릇이 있다고 강조했다(자국민의 돈을 훔칠 경우 교수형을 당했다). 하지만 물질에 대한 무관심은 높이 샀다.

> 사람이 집에 있든지 없든지 간에, 낮이나 밤이나 항상 문이 열려 있다. 아무 나무에서나 과일을 따서 근처에 있는 어느 집이나 들어가 먹는다. 삶을 유지하는 데 절대적으로 필요한 것들조차 사적 소유가 없는 것 같으며 이에 대해 모두가 동등한 권리를 갖고 있는 것 같다.[77]

공동소유는 여자에게까지 확대되었다. 부겐빌과 그의 동료들은 타히티 여성들이 너무 쉽게 마음에 드는 아무 남자하고나 잠자리를 같이 하고 심지어 공공장소에서조차 성교를 즐기는 모습에 충격을 받았다. 부겐빌은 타히티를 그리스 신화에서 아프로디테(혹은 비너스) 여신을 숭배해 사람들이 바친 섬의 이름을 따서 "신키테라"(New Cythera)라고 불렀다. 디드로(Diderot)는 부겐빌의 항해에 대해 논평하면서 그의 험담은 무시하고 타히티 사람들의 성적 방탕함을 강조했다.[78] 그 결과 고결한 야만인의 "성애화"(erotization)가 이루어졌고 이는 아마도 앙시앵레짐(ancient régime, 프랑스혁명 이전의 절대왕정기) 말기 성적 도덕관의 해이에 영향을 미친 것 같다.

1769년 필리베르 코메르송(Philibert Commerson)은 환상적인 타히티 섬에 대해 책을 썼다. 그는 루소의 긍정적 관점을 통해 이전 사람들이 비판했던 도둑질이 주민들 사이에 소유란 개념이 존재하지 않기 때문에 생겨난 현상이라며 이를 정당화했다.[79]

우리는 주로 신대륙 발견 항해의 효과를 정치와 경제적 측면에서 생각하는 경향이 있다. 하지만 이는 서양의 사회이론에도 상당한 영향을 미쳤다. 아메리카와 남태평양 섬들의 발견은 유토피아적 이상주의를 부추겼고 이는 당시 기독교 신학의 실용주의적 이상주의와 자연법 이론의 부활로 촉발된 새로운 조류의 사상들과 충돌했다.

이 같은 유토피아적 이상주의의 원형은 토마스 모어의 《유토피아》(Utopia)였다. 탐험가들의 항해일지는 모어의 작품에 지대한 영향을 미쳤으며 당대 일부 사람들은 1516년에 출판된 이 책이 신세계를 정확히 서술하고 있다고 믿었다.[80] 근대학자들은 플라톤과 로테르담의 에라스무스의 영향을 더 강조하고 있지만 모어는 이들 항해일지를 읽고서 영감을 얻은 게 분명하다. 하지만 지상낙원에 대한 그의 견해는 흥미로운 변형을 보였다. 탐험가들의 공통주제는 "고결한 야인들"이 누구로부터도 구속받지 않고 자유롭게 살며 정부와 법을 모른다는 것이었다. 모어의《유토피아》는 그후 발표된 모든 가상의 공화국들에 대한 글과 마찬가지로 엄격한 규율이 지배적 주제이다.[81]

중세 신학자들과 마찬가지로 유토피아 작가들도 인간이 부패했다고 생각했지만 그들과 달리 인간을 이성의 지배에, 필요할 경우 강제적으로, 굴복시킴으로써 완벽하게 만들 수 있다고 믿었다. 이성의 삶이란 모범적 평등의 삶을 의미했다. 유토피아 작가들에게 지상선은 자유가 아니라 평등이었다.[82] 현재상태에서 인간은 열정의 먹이가 되어 이성보다는 이기심에 따라 행동하기 때문에 자신을 위해서 냉혹한 지배에 순종해야 한다. 유토피아 작가들에게 공통적으로 나타나는 이 개념은 – 인간은 부패하지만 기본적으로 착하며 법과 교육의 힘을 빌려 선해질 수 있는 능력이 있다 – 매우 반동적인 교리를 낳았다. 유토피아 작가들은 인간의 열정과 야심을 구속하기 위해 가공의 커뮤니티를 고안했다. 그들이 그린 유토피아의 삶은 아메리카나 타히티의 (상상에 따른) 즐거운 원주민들과 정반대였으며 오히려 우울한 스파르타인과 비슷했다.

모어의 가상의 섬은 암울한 곳으로 모든 도시가 똑같은 계획에 따라 지어지고 시민들은 비슷한 옷을 입고 있다. 주택은 모든 사람들에게 개방되며 10년마다 추첨을 통해 서로 교환한다. 프라이버시란 존재하지 않는다. 주민들은 공동시설에서 노예가 만든 음식을 같이 먹는다. 어느 누구도 허락 없이 여행하지 못한다. 이를 두 번 이상 어길시에는 노예가 된다. 여성은 18세 전까지, 남성은 22세 전까지 결혼하지 못한다. 혼전관계는 엄격한 처벌을 받으며 간통은 가혹한 강제노동의 벌을 받는다. 시민들은 정부의 일에 간섭해서는 안 되며 만약 개인적으로 "공동의 관심사를 조언해줄 경우" 사형을 당한다. "흥청거리거나 게으른" 게 아니라면 원할 때 일을 관두고 자유시간을 가질 수 있다. 물론 사적 소유에 대해선 아무것도 모른다. 돈은 유통되지 않으며 오직 외국과 무역할 때만 사용된다. 모어는 돈을 없앨 경우 인류를 괴롭히는 모든 악이 사라질 거라고 믿었다.

유토피아에서 돈에 대한 모든 탐욕은 돈의 사용이 사라지면서 동시에 완전히 사라진다. 그렇다면 얼마나 많은 문제들이 함께 사라지겠는가! 모든 범죄가 완전히 뿌리째 뽑힐 것이다. 또 끊임없는 처형에도 통제되기는커녕 복수만 조장하는 사기, 절도, 약탈, 싸움, 혼란, 말싸움, 선동, 살인, 반역, 독살 등이 돈을 파괴함으로써 사라진다는 사실을 누가 모르겠는가? 두려움, 불안, 걱정, 고생, 잠 못 이루는 밤도 돈과 함께 사라진다는 사실을 누가 모르겠는가? 무엇보다 만약 돈이 모든 곳에서 완전히 사라져버린다면, 돈이 가난을 만들기 때문에, 가난 역시 점차 줄어들어 없어질 것이다.[83]

금과 은은 침실용 변기와 노예를 묶는 데 필요한 사슬을 만드는 데 사용된다.[84] 그 결과 마음의 평화와 지적 추구에 매진할 수 있는 기회를 얻는다. "《유토피아》만큼 오해를 많이 받는 책은 거의 없다"는 챔버스(R. W. Chambers)의 평가는 정확했다.

이 책 덕분에 영어에 공상적이며 비실제적인 것을 의미하는 "유토피안"(Utopian)이란 단어가 생겨났다. 그러나 모어의 《유토피아》에서 놀라운 사실은 실제로 실현되었거나 아니면 매우 현실적 정치로 여겨지고 있는 사회적, 정치적 개혁을 암시하고 있다는 사실이다. 《유토피아》는 매우 정의롭고 청교도적 국가로 묘사된다. 여기선 인간이 행복을 느끼기 어렵다. 그러나 우리는 "유토피아"란 단어를 너무 행복하고 이상적이어서 실현 불가능한 게 유일한 단점인, 여전히 편안한 낙원을 의미하는 단어로 사용하고 있다.[85]

토마스 캄파넬라(Tommaso Campanella)가 1602년에 쓴 《태양의 도시》(City of the Sun)에 나오는 또 다른 유토피아 역시 비슷했다(이 책은 35년이 지나서야 출판되었다).[86] 캄파넬라는 도미니크회 수도사로 종교적 광신도였으며 종교재판에서 이단으로 몰려 27년이나 감옥에서 지내야 했다. 그는 지성의 산물을 포함해 모든 것을 공유하는 사회를 꿈꾸었다. 태양의 도시는 벽으로 둘러쳐져 있으며 호(Hoh, "형이상학")라고 불리는 사제가 세 명의 왕자와 함께 통치한다. 이 중 한 명의 왕자는 "사랑"이다. "사랑"은 성관계를 감독하며 이성을 짝지어주어 가장 건강한 후세가 태어날 수 있도록 한다. 태양의 도시는 아이의 교육도 지배한다. 가족은 캄파넬라가 보기에 사람들이 재물을 탐하는 이유이기 때문에 없애야 한다. 따라서 물론 사적 소유도 없애야 한다. 예술, 명예, 쾌락까지도 "모든 것을 그들과 함께 공유한다." 그 결과 이기주의가 사라지고 오직 국가에 대한 사랑만이 남는다. 선동은 사형으로 처벌한다. 태양의 도시에 사는 주민들은 공동생활을 한다. 모어의 유토피아와 달리 여기에는 노예가 없다. 왜냐하면 모든 일이 고귀하기 때문이다. 사람들은 폭식과 폭음을 모르며 통풍이나 감기 같은 질병도 걸리지 않는다. 캄파넬라의 공동체적 환상은 모어의 것과 함께 레닌에게 영향을 미쳤다.[87]

이 두 개의 초기 유토피아는 수도원을 이상세계로 믿었던 성직자가 썼다는 점에서 닮았다. 하지만 수도원은 자발적으로 세속의 삶을 포기한 사람들이 있는 곳인 반면 유토피아적 공동체는 국가에 의해 모든 국민에게 강요되는 것이었다. 따라서 구속받지 않는 자연인의 이상적 세계가 개인주의를 전혀 용납하지 않고 모든 것을 침투하는 규칙을 어길 경우 엄격한 처벌이 뒤따르는 통제의 조직으로 변모했다. 개인의 소유와 가족은 사라지고 선을 위해 모든 유토피아는 선택을 없앴다. 나중에 하이에크의 말을 통해 설명하겠지만 사람들은 좀처럼 합의하지 못하며 최소한 수준 이상으로 합의를 이끌어내기 위해선 강압이 필요하기 때문에 이런 일이 일어나지 않을 수 없었다.

암울하고 냉혹한 유토피아적 사고방식은 당시 서유럽에서 등장하기 시작한 개인주의와 기업가 정신의 용솟음치는 기운과 정면으로 충돌했다.

4. 초기 근대사회

유럽 역사에서 "초기 근대"라고 애매하게 이름 붙인 시기에 소유에 대한 태도에 획기적 변화가 일어났다. 중세시대 말에 시작해 신대륙 발견 이후 가속화된 상업의 급격한 확장 덕분이었다. 이전까지 "소유"는 본질적으로 토지를 의미했다. 토지는 주권과 뗄 수 없는 관계에 있었기 때문에 소유에 대한 논의는 왕권 혹은 교황의 권위에 도전하는 것이었다. 그러나 상업의 발달로 유럽 일부 지역에서 소유는 점차 자본도 포함하게 되었다. 자본은 정치와의 관계에서 자유롭고 사적 자산으로 취급되어 특별한 자격조건 없이도 소유할 수 있었다. 지난 천 년 동안 이론적 논의에서 소유는 피할 수 없는 악으로 다루어졌으나 이제는 긍정적 재화로 여겨졌다. 매우 획기적인 사고방식의 변화였다. 이러한 태도는 18세기까지 이어졌으나 후반에 가서 평등주의적 정서가 소유제도를 다시 공격하기 시작했다. 이번에는 전례가 없을 정도로 타협이 전혀 없었다.

또 다른 두 요인이 소유의 발전에 기여했다.

하나는 개인주의의 출현이다. 공동체는 점차 개인으로 이루어진 추상적 개념으로 여겨지기 시작했다. 공동의 복지는 개인의 번영을 모두 합친 총계로 인식되었다. 그리고 개인의 번영은 합리적 삶에 대한 보상으로 여겨졌다. 초기 피렌체 학파로 인본주의자인 레오나르도 브루니(Leonardo Bruni, c.1370~1444)는 부자를 "고결한" 존재라고 칭송하며 활발한 공공의 삶을 위해 없어서는 안될 존재라고 했다. "결국 우리는 실행을 위해 많은 물질적 재화가 필요하며 우리의 덕행이 더 훌륭해지고 더 뛰어날수록 우리는 그러한 수단에 더 많이 의존하게 된다."[88] 르네상스 시대의 더 유명한 이탈리아 인본주의자인 레온 바티스타 알베르티(Leon Battista Aalberti, 1404~1472)는 "부르주아"의 도덕심을 선전했으며 3백 년 후 벤자민 프랭클린(Benjamin Franklin)도 이와 비슷한 주장을 펼쳤다.

선해져라. 그러면 행복해질 것이다. 이것이 바로 [두 사람의] 삶의 화두이다. 선은 경제적 효율성이다. 선하게 한다는 것은 몸과 영혼을 돌보는 것을 의미한다. 그렇기 때문에 절제를 해야 한다. 알베르티에게 가장 큰 덕목은 "절제"(sobrietá)였으며 프랭클린은 "검소"(frugality)였다.…현자의 목적은 삶의 행동을 완전히 합리화하고 경제화하는 것이다.[89]

16세기와 17세기 문학은 이전에 보기 어려웠던 개인의 이해를 추구하는 것을 절대적으로 인정하는 많은 사례를 보여준다. 칼뱅은 앞서 얘기했고 스피노자 역시 《윤리학》(Ethics)에서 이를 인정했다.

> 개인이 자신에게 유용한 것을 추구하고, 즉 자신의 것을 지키려고 노력하고 그럴 수 있다면 그는 더 많은 미덕을 갖게 될 것이다. 반대로 자신에게 소용이 있는 것을 무시한다면…그는 권력을 탐하게 된다.[90]

마지막으로 스토아학파의 자연법 사상의 재등장에 대해 언급할 필요가 있다. 중세시대에 이 개념이 완전히 사라진 것은 아니었지만 당시에는 성서에 나온 하나님의 의지와 동일시되었다.[91] 세속적 권한을 정당화하기 위해 성서보다 더 합리적인 근거를 찾던 르네상스 이론가들은 로마시대의 문학과 법전에 관심을 갖기 시작했다.[92] 자연법이 실정법에 우선하며 국가란 인간을 보호하기 위해 세워진 것이므로 모든 인간은 정부가 침해할 수 없는 고유의 권리를 가진다는 사상이 다시 살아났으며 여기에는 혁명적 잠재력이 상당히 내포되어 있었다.

이탈리아에서 상업활동이 융성하기 시작했지만 이탈리아의 도시국가들은 자본주의를 정당화해줄 경제교리를 만들지 못했다. 하지만 알베르티의 가족에 대한 뛰어난 논고에서 상업의 발달이 가져온 태도의 변화를 찾아볼 수 있다. 부유한 가정에서 태어난 사실을 자랑스럽게 여긴 알베르티는 전형적 르네상스 시대 사람으로 부를 찬양하는 데에 전혀 거리낌이 없었다. 대화형식으로 쓴 그의 논고는 (정직하게 얻은) 물질적 번영을 미와 동일시했다. 대담자인 잔노초(Giannozzo, 베르너 좀바르트는 그를 "자본주의 영혼"을 대표한 선구자 중 한 사람으로 보았다)는 제조업과 무역으로 돈을 벌어 도시나 시골에 멋진 집을 사는 사람들을 칭찬했다.[93] 부를 적절하게 관리하는 것은 – 즉, 탐욕을 부리거나 낭비하지 않고 신중하게 사용할 경우 – 가족의 행복에 필수적이며 명성을 가져다 주고 국가를 도울 수 있는 기회를 의미한다. 부는 개인의 자유와 위엄을 보장하기 위한 전제조건이다.

> 우리의 필요를 만족시키기 위해 다른 사람에게 구걸하고 부탁해야만 한다면 이는 노예와 다를 바 없다. 그런 이유에서 우리는 부자들을 비난하지 않는다. 우리는 풍요와 풍족함 속에서 자유롭고 행복하게 살면서 자신을 다스리고 우리의 욕망을 억누르는 방법을 배운다.[94]

비록 반대는 있었지만 소유와 부에 대한 이 긍정적 시각은 17세기와 18세기 서양사상을 지배하게 되었다.

소유를 정당화하기 위해 자연법 이론에 의존한 초기 사례는 장 보댕(Jean Bodin)의 《국가론 6권》(Six Books of the Commonwealth, 1576)에서 찾아볼 수 있다. 이 책은 근대 최초의 체계적 정치학 논문이었다.[95] 보댕의 목적은 왕의 특권을 정당화하는 것으로 이를 위해 그는 주권을 "권력, 책임, 시간 등에 제한받지 않는" 권한으로 숭고하게 정의했다.[96] "권력"에 제한받지 않는다는 것은 인간의 의지나 인간이 만든 법(아리스토텔레스의 "관습법")에 구속받지 않는다는 것을 의미했다. 그러나 군주는 언제 어디서나 신성한 자연법에 종속된다. 따라서 "모든 인간은 자신의 권리를 갖는다"는 토마스 아퀴나스의 주장을 근거로 군주는 계약을 존중하고 백성들의 소유를 소중히 여겨야 한다. 정부가 생겨난 이유는 인간이 자연상태에서 자신의 소유에 대한 필요성을 느껴 정치적 협정을 맺었기 때문이다.

국가의 토대는 재산을 소유한 가정이다. 주권(imperium 혹은 potestas)은 소유권(dominium 또는 proprietas)과 절대로 혼동해서는 안 된다. 보댕은 "왕에겐 모든 사람을 통치할 권력이 있지만 소유는 개인의 것"이라는 세네카의 말을 인용했다.[97] "내 것"과 "네 것"의 구분이 없는 플라톤의 이상국가는 보댕에게 "아무것도 사적인 게 없다면 공적인 것도 없다"는 점에서 모순으로 여겨졌다. 모두가 왕이라면 진짜 왕은 없는 것과 마찬가지듯이 말이다.[98] 따라서 절대권력을 가진 군주라 해도 백성의 것을 유용할 수 없다. 군주는 백성의 자산을 강제로 몰수해서도 안 되며 백성들의 동의 없이 몰수와 다름없는 전횡적인 세금을 부과해서도 안 된다. 왜냐하면 신의 법은 "어느 누구도 다른 사람의 소유를 약탈해서는 안 된다"고 명시하고 있기 때문이다.[99] 왕실 소유의 영토 일부를 마음대로 양도할 수도 없다. 그 땅은 다른 사람이 국왕에게 소유하라고 준 것이 아니라 단지 사용만 하라고 준 것이기 때문이다.[100]

보댕의 논고는, 이미 중세시대 말에 교회 자산에 대한 국왕의 소유권 주장으로 논의가 시작된 바 있는, 서양의 정치이론과 실행에서 정부가 사적 소유에 아무런 권한이 없다는 기본원칙을 심어주었다.

자연법을 근거로 한 소유의 신성함에 대한 주장에서 보댕 다음으로 영향을 미친 이론가는 네덜란드의 법학자인 휴고 그로티우스였다. 그로티우스의의 선구자적 저서인 《전쟁과 평화의 법》(On the Law of War and Peace, 1625)은 주권국가들간의 관계를 주로 다루고 있어서 국제법의 토대를 마련했다고 널리 인정받고 있다. 하지만 이 책은 그 과정에 시민권에 대한 논의도 포함하고 있었다.[101] 그로티우스는 네덜란드 법을 다룬 또 다른 저서에서도 대부분을 소유에 할애했다.[102] 그의 주요 전제는 인간에겐 "사회적 평화를 유지할" 의무가 있으며 "평화로운 공동체를 위한 핵심조건은 다른 사람의 권리에 대한 존중"이라는 것이었다.[103] 여기서 다른 사람의 권리란 주로 소유권을 말한다.

그로티우스는 《전쟁과 평화의 법》제2권의 앞부분에서 소유의 주제를 다루고 있다. 여기서 그는 전쟁의 정당한 원인을 규명하려고 애썼는데, 가장 먼저 개인의 소유에 대한 방어와 회복을 첫 번째 이유로 꼽았다. "우리의 재산을 보호하기 위해서라면 필요할 경우 이를 빼앗으려는 사람을 죽여도 합법적이다."[104] 이 말에서 출발한 그로티우스는 소유의 법적 기원과 기반에 대해 논의했다. 원래 모든 것은 미국 인디언들처럼 공유의 대상이었다. 하지만 자연이 준 하사품은 영원히 고갈되지 않는 것이 아니다.

> 전지전능한 하나님은 인류를 위하여 물질적이며 감지할 수 있는 모든 것을 창조했다.…하지만 창조물 가운데 어떤 것은 모든 인간이 사용할 수 있을 정도로 충분하다. 태양과 달, 별, 하늘 등이 여기에 속하며 공기와 바다도 어느 정도까지는 충분하다. 한편 모든 사람들이 똑같이 누릴 정도로 충분하지 않은 것도 있다. 이 중에는… 당장 혹은 시간이 흐르면서 소비되어 사라지는 것들이 있다. 고기와 술은 먹고 마시면 당장 없어진다. 이러한 것들은 속성상 모두가 공동으로 계속 즐길 수 있는 게 아니다. 누군가 그 중에 일부분을 소비하는 순간 이는 다른 사람이 아닌 오직 그 사람의 생명만을 유지해줄 뿐이다. 여기서 우리는 이미 소유라는 것을 보게 된다. 소유는 자연의 법과 일치하는 행동으로부터 발생한다.[105]

인구 증가와 야심과 탐욕의 영향으로 사람들은 "최초의 점유권리"(Right of First Occupancy)에 따라 자신의 가축과 목초지, 경작지에 대해 소유권을 주장하게 되었다. 이는 국가가 생겨나기 전에 이미 존재했다.

보댕과 마찬가지로 그로티우스 역시 주권과 소유가 별개의 것이라는 세네카의 말을 인용했다. 또 군주의 권한 혹은 주권이란 어떠한 외부통제에도 굴복하지 않지만 자연법에는 종속한다고 정의했다. 법은 "심지어 신조차 바꿀 수 없는 것"이라고 했다.[106]

제1장 소유의 의미 55

이에 따라 17세기가 지나면서 서유럽에서는 합리적이며 변하지 않고 변할 수도 없으며 인간의 실정법을 초월하는 자연법이 존재한다는 인식이 널리 확산되었다. 자연법의 한 가지 특징은 사적 소유의 불가침성이다. 군주는 비록 백성들이 국정에 참여할 권리를 거부할지라도 그들이 가진 것을 존중해야만 한다. 사실 백성들이 자신의 재산을 아무로부터도 방해받지 않고 사용할 권리를 인정함으로써 군주는 그들에게 정치적 권리를 거부할 수 있는 정당성을 확보할 수 있었다. 호혜주의 원칙에 따라 소유권을 인정받은 백성은 군주에게 국정을 운영할 전권을 양보해야 한다는 논리가 기저에 깔려 있었다. 찰스 1세가 교수대에 서서 바로 이런 생각을 하며 다음과 같이 말했던 것 같다.

> 국민들의 해방과 자유에는 정부가 있어야 한다. 그들의 삶과 재화가 대부분 그들의 것이라는 법이 있어야 한다. 여러분, 그렇다고 해서 정부에 대해 지분을 갖는 것은 아니다. 정부는 국민에게 부속되지 것이 아니다.[107]

5. 17세기 영국: 소유의 신성화

17세기에 자연법과 관련된 모든 복잡한 사상은 영국에서 크롬웰 혁명과 명예혁명의 형태로 나타났다. 이 주제에 대해서는 제3장에서 자세히 다루겠지만 17세기 영국의 정치에 대해 간단히 짚고 넘어가고자 한다. 바로 이 때에 영국 학자들에 의해 소유에 대한 새로운 사상과 정치적 권력과의 관계가 탄생했기 때문이다.

18세기 전반부에 영국에선 왕과 의회 간에 권력다툼이 계속 이어졌다. 특히 의회의 동의 없이 국왕이 세금을 부과할 수 있는 권리가 논쟁의 화두가 되어 결국 1649년에 청교도혁명으로 찰스 1세가 참수형을 당하는 최악의 사태가 벌어졌다. 군주제가 막을 내리고 공화정이 세워졌고 왕의 주요 수입원이었던 영지를 모두 몰수했다. 그 결과 영국은 새로운 시대를 맞이했다. 왕이 없어지고 왕의 모든 영토는 국가의 손에 넘겨져 상당부분은 개인에게 매각되었다. 이 유례없는 상황은 새로운 정치적 사상을 고무시켜 소유와 자유 간의 관계가 처음으로 연구되기 시작했다.

이 질풍노도의 시기에 "소유"란 단어는 혁명적 변형을 겪었으며 단순히 물질적 객체를 뛰어넘어 개인이 자신의 것이라고 주장할 수 있는 자연적 권리를 가진 모든 것으로 확대되었다. 이 개념은 중세사상에서 이미 예견되었는데 "숨"(suum)이란 개념은 타고난, 혹은 "자연적" 권리에 의해 인간에게 속한 모든 것을 포함하며, 세속적 재화는 물론이고 포괄적으로 개인의 인생과 자유까지도 의미했다.[108] 플라톤이 라틴어로 옮긴 '각자에게 그의 것을 주라'(Suum cuique tribuere)란 말은 후에 키케로에 의해 유명해졌으며 토마스 아퀴나스는 이를 인용해 정의를 "각자에게 그의 것을 주려는 영원하며 지속적인 의지"로 규정했다.[109] 17세기에 토마스 홉스는 이 문구를 "각자에게 그의 것을 주는 것"으로 해석하며 숨을 "자산"(propriety)으로 번역했다.[110]

그로티우스의 글에는 이 개념이 암시되어 있다. 그는 "개인에게 속한 것"을 "양도가능한 것"과 "양도할 수 없는 것"으로 구분했다. 전자는 "그 성격상 그와 그 외의 사람들에게 모두 속할 수 있는 것"인 반면 "양도할 수 없는 것은 목숨, 육체, 자유, 명예와 같이 본질적으로 그에게만 속해 있어 다른 사람에게 속할 수 없는 것"이라고 했다. 이는 인간 존재의 특징으로 자연법에 의해 신성시된 것이다. 이러한 구분을 토대로 그로티우스는 인간에겐 다른 사람들을 노예로 만들어 그들의 자유를 포기하도록 할 수 있는 권리가 없다고 잘라 말했다.[111] 이 글은 그가 1618년에서 1621년 사이에 반체제적 사상으로 수감되어 있는 동안 쓴 것으로 인류 지성사에서 최초로 자유가 "양도 불가능한" 소유라는 이론을 내세워 양도 불가능한 권리라는 개념이 발전하는 데 토대가 되었다.

17세기 영국에서 이러한 사상은 정치에 직접적 영향을 미쳤다. 국왕과 의회 사이의 갈등이 시작되면서 영국인의 "생득권"(birthright)이 논쟁의 주제가 되었다. 이 단어는 16세기에 처음 나타났지만 당시에는 단지 세습을 의미하는 정도였다. 즉, 왕위를 계승받을 권리와 같이 특정한 권리를 가진 가족에게서 태어남으로써 자신의 것임을 주장할 수 있는 것을 의미했다. 그러나 17세기에 들어서면서 그 개념은 보다 확대되어 아무리 비천한 평민이라 하더라도 사람이라는 사실만으로 누릴 수 있는 특권을 의미하게 되었다. 1621년에 영국 하원은 의회의 특권이 "고대부터 전해 내려온, 의심할 여지 없는, 영국 국민들의 생득권이자 유산"이라고 주장했다.[112]

1640년에 영국 국왕이 당시 비합법적 세금으로 여겨졌던 "선박세" 부과를 명령하면서 시작된 논쟁에서 어느 하원의원은 왕의 백성이 "왕국의 법에 생득권을 가지고 있다"고 선언했다.[113] 60년 후 급진적 평등주의자였던 수평파(Leveller)의 어느 운동가는 "모든 인간은 태어나면서부터 모두 똑같이 재산, 해방, 자유를 좋아한다"고 주장했다.[114] "양도 불가능한 권리"란 개념은 17세기 영국 급진주의자들에 의해 유행되기 시작했고 종교는 물론 심지어 아내에 대한 독점적 권리 등 "합리적으로 원하는 모든 것"을 의미하게 되었다.[115] 숨이란 개념과 더불어 이는 근대 인권사상에 기초가 되었고, 이러한 사상은 당시 서양문명이 유일했다.

국왕의 특권은 여러 학자들로부터 공격받았는데, 그 중 가장 잘 알려진 사람이 토마스 홉스(Thomas Hobbes)다. 홉스의 주요 저서는 1640년에서 1651년에 등장했는데, 이 시기는 찰스 1세의 통치기간과 그가 형장의 이슬로 사라진 직후였다. 홉스에 따르면 그는 어떤 근거로 사람들이 무엇인가를 자신의 것이라고 주장할 수 있는지를 자문하기 시작하면서 "자연적 정의"(natural justice)를 연구하게 되었다. 그는 소유가 자연이 아닌 동의로부터 나오는 것이며, 자연상태란 당시 다른 대부분의 사람과 마찬가지로 재화가 아무에게도 속하지 않는 상태로 이에 대한 경쟁은 "만인의 만인에 대한 전쟁"(war of all against all)을 초래한다고 주장했다.[116] 자기 보존의 본능에 따라 끝없는 갈등으로부터 벗어나기 위해 인간은 자신의 자연적 권리를 국가에 양도함으로써 자제하고자 했다.

이에 따라 국가는 사회보다 앞서며 보댕과 그로티우스가 말하듯이 사회로부터 비롯되지 않는다. 국가가 생기기 이전엔 오직 서로 투쟁하는 개인들만이 존재했다. 홉스는 자유가 "사적 유산" 혹은 "생득권"이라는 주장을 비웃었다. 그에게 자유는 주권에 의해 증여되는 것이었다.[117] 사적 소유는 국가가 소유주를 다른 사람의 침해로부터 보호하기 위해 만든 작품이다. 주권은 절대적이며 유일한 대안은 무정부상태로 영원한 투쟁이라는 인간의 원초적 상태로의 회귀를 의미한다. 왕이 소유를 가능하게 만들기 때문에 그는 이에 대해 정당한 권리를 갖는다. 따라서 왕은 백성의 동의 없이 세금을 부과하고 재산을 몰수할 수 있다.

홉스의 공론적 선언은 튜더 왕조 이후 영국에서 생겨난 소유관계의 발전을 완전히 무시했다. 왕권과 백성, 그리고 그들의 재산에 대해 보다 현실적 설명은 홉스와 같은 시대를 살았던 정치신학자 제임스 해링턴(James Harrington)의 《오시아나 공화국》(Oceana)에서 찾아볼 수 있다.[118] 정치사회학의 선구자적 작품인 《오시아나》는 영국 왕정의 와해를 형이상학적이나 도덕적 관점에서가 아닌 현실적 관점에서 설명하려고 했다. 해링턴은 사물을 관념적 측면이 아닌 있는 그대로의 모습으로 서술해야 한다고 믿었는데, 이런 점에서 마키아벨리와 비슷했다. 그는 정치적 발전이 권력이 아닌 소유, 즉 토지의 분배에 의해 결정된다고 주장했다. 그의 기본전제는 "모든 정부는 세력으로 가장 지배적인 세력이 정부의 토대 혹은 구성을 제공한다"는 것이었다.[119] 그는 정치권력을 경제의 부산물, 보다 정확히 말하면 국가와 국민 간의 소유분배에 의해 생겨난 부산물로 바라본 최초의 정치학자였다. 그는 군주와 백성들 간에 소유권이 "평등"하다고 주장했다. 이 사상은 기계과학의 시대에서 상당한 인기를 끌었다. 그의 가설은 단순하면서 혁신적이었다.

국가의 부를 통제하는 사람이 정치를 통제한다. 왜냐하면 정치권력은 군사적 힘에 달려 있고 군인들에게는 보수를 줘야 하기 때문이다. 정치와 사회적 안정이라는 측면에서 볼 때 1640년대 격변의 시대를 경험한 그에게 가장 중요한 가치였을 것이다. 최악의 상황은 왕과 귀족, 그리고 국민이 국가의 자산을 절반씩 소유하는 경우로 이 같은 부의 분배는 지배계층이 무한한 권력을 추구하고 백성은 자유를 원함에 따라 지속적 불안을 낳으며 심지어 내전으로 이어질 수도 있다.[120] 이 세 개의 사회집단 중 하나가 "지배권"을 쥐어야만 안정이 가능하다. 절대군주제는 군주가 토지로 대변되는 부의 전부, 혹은 적어도 ⅔ 이상을 소유할 때 생겨난다. 귀족이 그만큼의 부를 소유할 경우 귀족정치가 된다.[121] 주권의 중심은 결국 부의 분배를 따르게 마련이다.[122]

해링턴은 1649년 군주제가 몰락한 주요 원인이 초기 튜더 왕조의 토지개혁 때문이라고 지적했다. 이 정책은 왕과 귀족을 희생시키고 자작농들을 우대했다. 헨리 7세는 대규모 영지를 소지주들에게 나눠주었고 헨리 8세 역시 이를 이어받아 교회로부터 몰수한 토지를 이들에게 배분해주었다. 해링턴에 따르면 엘리자베스 여왕이 집권할 무렵 영국의 토지 균형은 왕과 귀족에서 평민에게로 확실히 기울었다. 여기서 평민이란 신사계급과 소지주들을 말한다.[123] 이들 새로운 지주계급은 왕보다 더 큰 규모로 군사를 모집해 내전에서 승리를 거두었다. 이들은 정부에 참정권을 요구했고 결국 목적을 달성했다. 근대학자들은 그 당시 대다수의 영국 국민들이 어떤 면에서 소유주였다는 해링턴의 추정에 동의한다.[124]

해링턴의 뒤를 이어받아 헨리 네빌(Henry Neville)이 1681년《플라톤의 부활》(Plato Redivivus)을 발표했다.[125] 하지만 해링턴의《오시아나》가 출판된 지 2년이 지난 1658년에 이미 네빌은 하원 연설에서 소유관계의 극적인 변화에 주목했다.

헨리 7세까지 평민들은 단 한번도 부정적 목소리를 내지 못했다. 모두 귀족에게 의존했다. 당시에는 여기 하원에서 그처럼 많은 수의 지주들을 찾기 어려웠을 것이다. 신사계급은 이제 귀족에게 의존하지 않는다. 결정권은 신사계급에게 있다. 이들이 모든 토지를 소유하고 있다.[126]

네빌은 모든 곳에서 항상 "통치권은 소유에 의해 세워지며" 정부는 통치자와 백성 간의 소유분배에 의해 결정된다는 해링턴의 가설을 따랐다.[127] 군주가 "모든 영토의 절대적 소유주"인 페르시아, 앗시리아, 오토만과 같은 아시아 제국들과는 달리(만약 알고 있었다면 러시아도 여기에 포함시켰을 것이다) 영국의 왕은 거의 가진 게 없었다. 네빌의 추정에 따르면 1660년 스튜어트 왕조의 부활 이후 왕은 영토의 약 ¹⁄₁₀ 정도만을 소유했으며 나머지 ⁹⁄₁₀ 는 신하들의 손에 넘어갔다.

그 결과 우리 정부의 자연적 부분인 권력은 토지소유로 인해 사람들의 손에 있다. 인위적 부분, 혹은 정부의 형태가 적힌 문서는 그 구조로 남아 있다.

왕자들이 "자신의 상속권을 양도했기 때문에"

왕은 사람들의 지갑에서 나오는 불안정한 세금에 수입을 의존해야만 한다. 평화시에는 생계유지를 위해 의회에 신세를 지고 있다.…이것만으로도…왕이 신하와 백성들에게 의존하고 있음을 충분히 알 수 있다.…[128]

이 같은 제도 덕분에 영국 국민들은 "자신의 삶과 재산, 사람에 대해 완전한 자유를 누렸다."[129] 반면 프랑스에서는 왕이 신하와 백성들에게 재정을 의존하지 않았기 때문에 전제군주가 될 수 있었다.

해링턴과 그보다는 약간 뒤처지긴 하지만 네빌 역시 영국과 미국에 지대한 영향을 미쳤다.¹³⁰⁾ 비록 그들이 의도했거나 예상한 결과는 아니지만 말이다. 정치인들은 이들의 이론을 빌려와 유권자와 입법자 모두 소유할 자격이 있음을 정당화했다.¹³¹⁾

소유 개념의 발달이라는 측면에서 볼 때 존 로크(John Locke)의 대표작인 《정부론 2편》(Two Treatises of Government)은 퇴보를 가져왔다. 정치사회학보다는 자연법이라는 기계적 개념에 의존했기 때문이다. 로크는 로버트 필머(Robert Filmer)의 《가부장권론》(De Patriarcha)을 반박하는 게 목적이었다. 《가부장권론》은 17세기 초에 완성되었으나 1680년에 처음 출간되었으며, 이 책에서 필머는 토마스 홉스와 유사한 사상을 발전시켰다. 《정부론 2편》은 제임스 2세가 폐위당하고 메리와 윌리엄 공이 즉위한 지 2년 후인 1690년에 익명으로 출판되었다. 이 책은 오랫동안 명예혁명을 정당화하기 위해 씌어진 것으로 오해를 받았는데, 사실은 명예혁명 이전에 씌여졌다.¹³²⁾

로크의 저서는 모든 정부의 원천이자 존재이유로서 소유를 조명하고 있다. 많은 논평가들은 로크가 어떤 때는 물질적 자산("재산")이라는 협의의 의미에서, 그리고 다른 때는 좀더 광범위한 의미로 자연법에 기초한 일반적 권리로 "소유"를 사용하고 있다고 평가한다. 그러나 좀더 자세히 살펴보면 로크가 일관되게 후자의 의미, 즉 광의의 의미에서 소유를 얘기했다는 사실을 알 수 있다. 그는 언젠가 "내가 말하는 소유란 다른 곳에서와 마찬가지로 여기서도 인간이 가진 재화는 물론 자신에게 있는 것, 즉 삶, 자유, 그리고 재산까지도 의미한다"고 말한 적이 있다.¹³³⁾ 이는 라틴어로는 suum, 영어로는 propriety로 불리며 여기에서 모든 인간은 주권자이다.¹³⁴⁾ 보댕, 그로티우스, 해링턴과 마찬가지로, 그리고 홉스와 필머와는 반대로, 로크는 소유가 주권보다 앞선다고 여겼다. 따라서 홉스의 생각처럼 자연상태는 먹고 먹히는 야생의 정글이 아니라 자유와 평등이 보장되는 행복한 상태라고 여겼다.

만약 그렇다면 왜 인류는 그 축복받은 자연상태를 버리고 사회적, 정치적 계약을 하게 되었을까? 로크에 따르면 이는 (항상 광의의 의미로) 소유를 위해서다.[135] 무역의 발달과 화폐의 고안으로 탐욕과 불화가 생겨났다. 사람들은 구속받지 않는 자유와 평등을 포기하고 대신 자신의 인격과 재산을 지키고 싶어했다. 그리하여 국가가 생겨났다. 이는 지금도 국가의 주요 기능이다. "정치권력은…소유를 규제하고 보전하는 데 필요한 법을 제정할 권리"[136]이며 "인간이 단결해 국가를 이루고 정부의 통치에 굴복하는 주요 목적은 자신의 소유를 지키기 위해서이다."[137] 이렇게 탄생한 국가는 이 궁극적 책임을 수행할 수 있는 능력에 따라 융성하거나 쇠퇴한다. 로크는 군주가 이 목적을 수행하지 못할 경우 백성들이 반기를 들 권리가 있다고 주장했다.

로크는 물질적 소유의 근원이 노동에 있다는 개념을 처음 소개했다. 이는 주민들이 주로 자작농, 장인, 소매상인들로 구성된 국가에 매우 매력적인 개념이었다. 로크에 따르면 소유는 개인이 어느 누구에게도 속하지 않는 객체에 노동을 적용할 경우 존재하게 된다. 우리가 우리 자신을 "소유"한다는 사실은 논란의 여지가 없으며 이를 더 확장할 경우 우리가 생산한 모든 것을 소유하기 때문이다.

> 지구와 모든 열등한 피조물은 모든 인간에게 공통의 것이지만 그래도 모든 개인은 자신에 대해 소유권을 가진다. 어느 누구도 자신 이외의 것에 대해 권리를 갖지 않는다. 신체의 노동과 손의 일은 당연히 그의 것이다. 자연이 제공해서 남겨둔 상태로부터 떼어내 이를 자신의 노동과 섞고 자신의 것에 더한다면 이는 자신의 소유가 된다. 이는 자연이 원래 놔두었던 공동의 상태로부터 그에 의해 분리되며 노동에 의해 여기에 무엇인가 추가되어 다른 사람들의 공동권한을 배제한다. 이 노동은 노동한 사람의 의심할 여지없는 소유이기 때문에 그 이외의 어느 누구도, 한때 공동의 것이었던 것에 대해 권리를 가질 수 없는데, 적어도 충분히 존재하고 다른 사람을 위해 충분히 남겨져 있는 곳에서는 그렇다.[138]

"나는 생각한다, 고로 존재한다"는 데카르트의 명언을 빌려 로크는 "나는 존재한다, 고로 나는 소유한다"고 말했다. 즉, 나는 나 자신을 소유하며 여기서 나 자신이란 내가 창조한 모든 것을 말한다. 즉, 우리의 기본적 소유는 우리 자신, 다시 말해 우리의 인격과 육체라는 개념은 소유가 반드시 자유를 포함하고 있다는 것을 의미한다. 우리가 "우리 자신을 소유하고 있다"는 말은 곧 "우리가 우리 자신의 "소유"라는 뜻으로 우리가 우리 자신을 마음대로 할 수 있다고 말하는 것과 같다. 이는 자유를 의미한다.

매력적이고 심지어 자명해 보이지만 소유의 노동이론은 양날의 칼을 가졌다. 왜냐하면 소유를 공격하는 데 사용할 수 있기 때문이다. 개인적 노력이 필요 없는 유산은 어떻게 정당화할 것인가? 농장의 일꾼들과 공장의 근로자들이 그들이 생산한 것을 소유하지 못하는 사실은 또 어떻게 설명할 것인가? 나중에 다시 논의하겠지만 로크 이론의 반소유적 암시는 19세기 사회주의자와 무정부주의자들에게 좋은 구실이 되었다. 이들은 자본주의의 생산방식에서는 대부분의 노동자가 자신의 노동의 결실을 얻지 못하기 때문에 모든 생산적 자산은 국유화해야 한다고 주장했다.[139]

그러나 로크의 정치적 메시지는 분명하고 명백하다. 왕은 백성이 소유한 그 어떠한 것이라도 침해해서는 안 되며 만약 그럴 경우 백성과 "전쟁"을 하게 된다. 백성은 왕을 배신해도 좋다.[140]

17세기 영국에서 사적 소유가 신성한 것이라는 원칙이 널리 확산되었지만 이에 반대하는 목소리도 있었다. 가장 급진적 반대세력은 이른바 디거파(Diggers)라고 불리는 사람들로 이 운동의 창시자이자 지도자인 제랄드 윈스탠리(Gerrard Wwinstanley)는 1648년에서 1652년까지 활동하며 소수의 추종자들에게 당시 영국 토지의 상당부분을 소유하고 있던 서민들을 "찾아내라"고 말했다. 이 운동은 결국 정부와 농민들의 합세로 흐지부지되고 말았다. 하지만 윈스탠리는 이 같은 불법적 행동을 뛰어넘어 공산주의 이론을 발전시켰다. 이 중 하나는 토지나 토지의 생산물은 시장에서 판매되는 상품이 될 수 없다는 것이다.[141] 특히 흥미로운 것은 지적 소유권에 대한 그의 적대감이다. 그는 학문을 독점한 석학들이 토지를 독점한 지주들만큼이나 사악한 존재라고 주장했다. 그는 모든 사람들이 열심히 일하고 그렇지 않은 사람은 채찍질과 참수형을 당하는 가혹한 독재를 꿈꾸었다.[142]

17세기에 혁명적 메시지를 전파했던 소유의 신성함이라는 개념과 그 정치적 결론은 18세기에 들어와 적어도 영국에서 보수적 의미를 갖게 되었다. 이제는 정치가 소유의 한 기능이므로 오직 소유주만이 정치에 참여할 수 있는 정당한 권리를 가진다는 생각이 지배하게 되었다. 모든 국민의 참정권을 보장하는 보통선거권을 요구한 급진적 수평주의자들의 주장을 반박하면서 올리버 크롬웰의 사위인 헨리 아이어턴(Henry Ireton)은 아슬아슬한 불합리한 추론으로 아래와 같이 발언했다.

> 나는 우리 모두가 모든 국민이 선거권을 가져야 한다는 당신의 주장이 무엇인지 생각해보길 바란다. 이것은 자연의 권리인가? 만약 그렇다고 주장한다면 당신은 소유도 부정해야만 한다고 난 생각한다.⋯모든 사람이 자신을 지배할 사람을 선출할 수 있는 동등한 권리를 가진다는 게 자연의 권리라면 똑같은 권리로 인간은 보고 만지고 마시고 입고 하는 모든 재화를 자신의 생계를 위해 마음대로 취하고 사용할 수 있는 동등한 권리를 가진다.[143]

어느 휘그당 대변인은 이 주장을 보다 논리적으로 발전시켰다.

> 모든 정부는 인간에 의해 만들어졌고 또 정부가 관할하는 영토의 소유주들에 의해 세워져야만 한다는 사실은 인정한다. 마찬가지로 영국의 자유보유권자가 영국 영토의 소유주이며 따라서 그들이 원하는 정부를 세울 자연적 권리가 있다는 사실도 인정해야만 한다.[144]

이 같은 주장은 두 가지 결과를 초래했다. 먼저 정치적 권한을 지주에게 의존하게 만들었다. 또 아테네의 경우에서 볼 수 있듯이 토지를 소유하지 않은 사람은 정치참여를 거부당했다. 토지가 희소한 영국에서 이 같은 원칙의 적용은 참정권의 상당한 제약을 의미했다. 북아메리카 식민지의 여러 주에서는 영국식 모델에 따라 토지소유를 참정권의 필수조건으로 정했지만 워낙 토지가 방대했기 때문에 영국만큼 제약이 심하진 않았다.[145]

18세기 말에 소유에 대한 새로운 접근방식이 등장했다. 왕권에 대항해 자연법 이론에 의존했던 영국 자유주의자들은 일부 급진적 프랑스 철학자들이 이 이론을 이용하는 것을 보고 깜짝 놀랐다. 그 결과 일부 자유주의자들은 공리주의적 주장으로 소유를 합리화하기 시작했다. 이들에 따르면 소유의 도덕적 결함에 상관없이 소유는 그 어떤 다른 대안보다 선호된다. 왜냐하면 사회 전반의 번영을 가져다 주는 가장 확실한 방법이기 때문이다. 이러한 접근방식의 선두에는 데이비드 흄(David Hume)이 있었다. 그는 소유를 사람들이 자신에게 유리하기 때문에 존경하는 단순한 "약속"이라고 묘사했다. "인간의 소유란 무엇인가?"라고 물으면서 그는 다음과 같이 답변했다.

> 무엇이든 인간에게 합법적이며 그 혼자서 사용할 수 있는 것이다. 하지만 어떤 규정으로 우리는 이를 구분할 수 있는가? 여기서 우리는 법령, 관습, 전례, 유추, 그리고 백 가지가 넘는 다른 상황들에 의존해야만 한다. 이 중 어떤 것은 지속적이며 바뀌지 않고, 다른 것은 변화하고 임의적이다. 하지만 궁극적으로 이 모든 것이 결국 끝나는 지점은 인류사회의 이익과 행복이다.[146]

"이익과 행복"이 무엇으로 이루어져 있는지는 당대 최고의 경제학자였던 아담 스미스가 대답해주었다. 스미스가 보기에 사적 소유는 생산성을 강화함으로써 그 가치를 증명했다. 이러한 근거를 토대로 그는 노예노동이 너무 비싸서 엄두도 낼 수 없다고 주장했다. "아무 재산도 얻을 수 없는 사람은 가능한 실컷 먹고 가능한 한 적게 일하려는 것 이외의 이익을 가질 수 없기" 때문이다.[147] 뒤에서 다시 언급하겠지만 2백 년 후 소유를 도덕적 논리로 정당화하는 게 너무나 힘들었기 때문에 이 공리주의적 주장은 대부분의 경쟁이론들을 물리쳤다.

6. 18세기 프랑스: 소유에 대한 본격적 공격이 시작되다

사적 소유에 대한 찬양이 영국에서 절정에 달해 상당수의 개인 소유주로부터 지지받았다고 한다면 프랑스 앙시앵레짐에서는 처음으로 전면공격이 이루어졌다.[148] 그 최전방에는 고대 작가들과 먼 곳을 탐험하고 돌아온 근대 여행가들의 글에 자극받아 지상낙원의 설계도를 그려보려고 시도했던 지식인들이 있었다. 이들의 노력은 비유럽인들의 삶을 이상화한 이국주의라는 전혀 새로운 조류를 탄생시켰다.[149] 여기서 주목할 만한 특징은 태평스러운 야만인들에게는 "내 것"과 "네 것"이란 구분이 없다는 막연한 전제이다.[150] 이는 인류가 소유란 제도에 의해 타락했으므로 그 부패적 영향을 없앤다면 바로 그 순간 행복을 얻을 수 있음을 시사한다.

영국에서 소유의 근원과 성격에 대한 논의는 매우 실용적인 사고방식으로부터 – 국왕의 전제적 권한, 특히 조세분야에서 왕권을 제한하려는 목적으로 – 탄력을 받았지만 프랑스에선 세계에 대한 철학적 혐오감이 계기가 되었다. 프랑스 철학자들은 현실세계를 진정한, 혹은 이상적 세계가 왜곡된 것으로 보았고 반드시 바꿔야 하며 그럴 수 있다고 믿었다. 제임스 보스웰(James Boswell)은 당시 프랑스에서 소유에 대한 비판적 여론에 가장 큰 영향을 미친 루소를 만난 적이 있는데, 그때 루소는 이렇게 말했다. "난 이 세상을 좋아하지 않습니다. 난 판타지의 세계에서 살고 있습니다. 난 지금 있는 그대로의 세계를 견딜 수 없습니다.…사람들은 나를 혐오합니다."[151] 루소는 까다롭지만 매우 솔직한 사람이었다. 유토피아는 항상 염세적 감정을 표출할 수 있는 분출구 역할을 했다.

모든 정치적, 사회적 개념에서 사회적, 경제적 원인을 찾아보는 게 재미있긴 하지만 18세기 프랑스에서 지식인들의 소유에 대한 반감은 그 이유를 찾기 어렵다. 대부분의 국민들이 사회적, 경제적 상황에 불만을 가지고 있었지만 소유를 반대해서가 아니라 오히려 소유를 더욱 원했기 때문이다. 철학적 사회주의는 트롤로프의 말을 빌리자면 "지금까지 이룩한 게 거의 없고 많은 것을 의심하게 된 사람들"이 앞장선 순수한 지적 운동이었다. 이들의 사상에서 인간의 물질적 개념은 중요한 부분을 차지했다. 로크의 지식에 대한 이론은 《인간오성론》(The Essay on Human Understanding, 1690)에 자세히 설명되어 있는데, 여기서 그는 인간에게 "타고난" 생각이란 없으며 오로지 감각적 인식을 통해서만 개념을 갖게 된다고 주장했다. 그의 이론은 영국에서 정치적 의미를 갖지 못한 채 난해한 인식론적 교리로만 남았다. 하지만 프랑스에서는 이를 정치에 적용해 모든 사상의 유일한 근원인 인간의 환경을 적절하게 조성할 경우 인간의 행동을 이상사회에 맞도록 유도하는 게 가능하다는 확신에 이론적 근거가 되었다. 플라톤이 꿈꾸었듯이 이상적 사회는 평등해야 한다고 믿었다.

이에 따라 18세기 초부터 인간 본성에 대한 전통적 시각이 갑자기 무너지기 시작했다. 1300년 전 기독교의 승리 이후 인간은 에덴동산에서 쫓겨난 후 완벽해질 수 있는 능력을 상실했으며, 부패한 존재로 변했기 때문에 타락의 길로부터 빠져 나오기 위해서는 엄격한 규율이 필요하다고 믿었다. 이러한 기독교적 시각은 보수적인 것으로 인간의 본성을 바꿀 수 없다고 보았다. 하지만 새로운 견해가 생겨나 얼마 후 서양사상을 지배하게 되었다. 원죄의 교리를 정면으로 반박하고 나서며 인간의 본성과 같은 것은 존재하지 않는다고 주장했다. 오직 인간의 행동만이 있을 뿐이며 이는 사회적, 지적 환경에 의해 형성된다고 했다. 철학자는 인간이 타락하지 못하도록 사회적 제도를 설계해야 할 의무가 있다. 이러한 전망이 받아들여지자 - 이는 1세기 후 사회학자와 자유주의자들 사이에 통념으로 굳어졌다 - 인간의 완벽함을 추구하는 데 있어서 사회와 지적 환경을 교묘하게 조작하는 데 이론적 제약이란 없었다.

엘베시우스(Helvétius)를 필두로 프랑스 철학자들은 인간의 태도와 행동을 규정짓는 결정적 요인이 "교육"이라고 주장했다. 여기서 교육은 공식적 학교교육은 물론이고 인간의 사회적 환경과 법까지도 포함한다. 이들은 사적 소유를 선한 삶을 가로막는 주요 장애물로 보았다. 사적 소유가 인격을 더럽히고 견딜 수 없을 정도로 심각한 사회적 불평등을 낳는다고 생각했다.

18세기 프랑스의 반소유 사상을 보여주는 대표적 문학작품 중 《자연의 법전》(Code de la nature)이 있다. 이 책은 모렐리(Morelly)란 필명을 가진 작가가 1755년에 출판한 책으로 이 작가의 신상에 대해선 아직까지 알려진 게 없다. 모렐리는 인간을 있는 그대로 받아들여야 한다는 주장을 거부했다. 그는 인간이 과거에 의해 타락에 빠졌다고 믿었다. 인간의 진정한 본성은 사회제도, 특히 사적 소유로 인해 타락했다고 그는 주장했다. "자연적" 인간은 공동으로 수렵생활을 하고 개인의 소유에 대해선 아무것도 모르는 미국 원주민들에게서나 발견할 수 있다고 말했다. 현대인은 소유물에 대한 갈망으로 완전히 비뚤어졌다.

> 우주에서 내가 아는 유일한 악은 바로 탐욕이다. 다른 모든 악은, 그 이름이 무엇이든지 간에 정도나 형태만 다를 뿐 모두 탐욕이다. 이는 다른 모든 악의 근원이자 도구로 프로테우스, 머큐리신이라 할 수 있다. 허영, 자만, 교만, 야심, 기만, 위선, 흉악 등을 분석해보라. 대부분 겉으로 번지르르한 선(善)을 나눠보면 이 모든 것은 소유하고 싶은 욕망이라는 미묘하고 간악한 요소에 녹아있음을 알 수 있다.…[152]

모렐리는 인간이 어떻게 "자연"에 따라 살아야 하는지를 정리한 일종의 헌법을 만들었다. 이 헌법은 다음과 같이 시작한다. "사회에서 그 어떤 것도 누군가에게 유일하게 속하거나 소유되지 않는다."[153] 소유를 철폐함으로써 모렐리는 "인간이 타락하거나 사악해지는 게 거의 불가능한 상황"을 만들 수 있다고 생각했다.[154] 모렐리가 꿈꾼 미래의 사회는 다른 유토피아적 비전과 마찬가지로 매우 엄격하고 조직화된 삶을 강요했다.

하지만 프랑스에서 반소유 정서를 자극하는 데 가장 큰 기여를 한 작품은 모렐리의 과장된 논고가 아니라 장 자크 루소(Jean Jacques Rousseau)의 《인간 불평등 기원론》이었다. 이 책은 디종 아카데미의 논문공모에 응모한 것으로 "인간 사이의 불평등의 기원은 무엇이며 이것이 자연법에 의해 정당화되는가"란 질문에 최고의 대답으로 알려져 있다. 루소의 논문은 분량이 심사기준을 초과했다는 이유로 공모에서 낙선했다. 이 논문의 첫 문단은 비록 고대의 유명한 사상가들의 생각들을 그대로 담아 독창적이진 않았지만 많은 인용으로 유명세를 얻었다.

> 작은 구획의 땅에 울타리를 친 최초의 사람은 이것은 내 것이라고 믿게 되었고 다른 사람들이 그의 말을 단순히 믿어주었다. 그가 바로 시민사회의 진정한 설립자이다. 누군가 나서서 울타리를 뽑아내거나 도랑을 메꾸고 동료들에게 다음과 같이 외쳤다면 범죄, 전쟁, 살인, 고통, 공포 등은 피할 수 있었을 것이다. "이 사기꾼의 말을 듣지 말라. 이 땅의 열매가 모든 사람에게 속하며 지구는 어느 누구의 것도 아니라는 사실을 잊는다면 당신은 지게 된다."[155]

역사적 증거에 기초한 이 수사적 분출은 알면 알수록 더 이해하기 어렵다는 루소의 독특한 방법론을 잘 표현하고 있다. 루소는 인간의 원래 상태를 연구하기 위해서는 모든 사실을 버리고 "가설적" 혹은 "조건적" 추론에 의존해야 한다고 주장했다.[156] 《인간 불평등 기원론》에서 루소는 태초의 평등이 어떻게 사적 소유로 대체되었는지, 또 이러한 변화가 질투와 시기, 노예와 전쟁으로 이어졌는지 장황하게 설명했다. 그는 기존의 부의 불평등을 악으로 묘사했지만 놀랍게도 소유를 없애야 한다고 주장하지는 않았다. 소유 자체보다는 불평등한 분배가 해악의 원인이라는 뜻이다. 루소는 정직한 노동을 통해서 얻은 소유는 바람직하다고 보았다.

같은 해에 《정치경제론》(The Discourse on Political Economy)을 발표한 루소는 비일관적인 글로 유명했지만 소유권에 대해선 "모든 시민권 중 가장 신성하며 어떤 면에선 자유보다 더 중요하다"고 못박아 말했다. 소유권은 "시민사회의 진정한 토대"라고 했다.[157] 그러다가 그의 유명한 저서 《사회계약론》(The Social Contract, 1762)에서 사회가 소유를 신성시하는 한 "자기 자신의 가게에 대한 개인의 권리는 항상 모든 것에 대한 공동체의 권리에 종속된다"고 했다.[158] 그의 반소유적 견해는 – 소유는 "인위적"인 것이며 공산주의는 "자연적"이고, 또 국가가 그 용도를 규제할 수 있는 정당한 권리가 있다는 개념 – 서양사상사에 가장 큰 영향을 미쳤다.[159] 이러한 생각은 그 자신과 마찬가지로 "있는 그대로의 세상을 받아들이고" 싶어하지 않는 지성인들의 관심을 끌기 위해 귀족적 정서와 화려한 수사법, 혼란스런 사고, 그리고 현실에 대한 무시 등이 적절하게 혼합된 결과물이었다. 로베스피에르(Robespierre)는 루소의 《사회계약론》을 매일 읽었다고 한다.[160]

프랑코 벤추리(Franco Venturi)에 따르면 "18세기 중반 이후 소유의 철폐가 인간사회의 토대를 바꿀 수 있으며 기존의 모든 도덕심과 과거의 모든 정치적 형태를 없앨 수 있다는 생각은 이제 다시 사라지지 않았다." 공산주의는 산업자본주의와 그로 인한 사회적 불평등이 심화되기 이전인 "18세기 중반쯤에" 탄생했다.[161] 순수한 지적 구성으로 황금시대를 되돌아본 사상가들의 상상 속에서 만들어진 작품이었다. 공산주의는 자신의 개인적 문제를 자신이 살고 있는 사회에 전가시키고 싶어했던 지식인들에게 거부할 수 없는 매력이 있었다. 물질적 자산이 완전하게 평등화된 사회에서 우월한 사회적 지위와 그에 따르는 권력은 자신들이 타고났다고 믿은 지적 능력에서 파생되기 때문이다.

반소유 정서는 18세기 프랑스에서 지배적이었지만 소유의 장점을 믿었던 실용주의자들도 있었기 때문에 완전한 독점을 누리진 못했다. 실용주의자들 중 가장 영향력 있던 사람들은 중농주의파로 이들은 자연법 사상을 고수하고 소유를 자연법의 핵심요소로 여겼다. 대표적 중농주의자인 메르시에 드 라 리비에르(Mercier de la Rivière)는 로크의 사상을 되풀이했다. "모든 사람은 자연으로부터 자신의 인격은 물론 자신의 노력과 노동을 통해 얻은 모든 것에 대해 배타적 소유를 인정받았다."[162] 또 "소유가 나무라면 사회제도는 거기서 자라난 나뭇가지에 불과하다."[163] 중농학파에 따르면 토지는 가장 진정한 형태의 소유이다. 오직 농사만이 기존의 부에 가치를 더하기 때문이다. 국가는 유일하게 조상의 땅을 소유한 지주가 지배해야 한다. 조상의 땅(fatherland 혹은 patrie)과 세습재산(patrimony 혹은 patrimoine)은 같은 말이다.[164]

중농주의자들은 소유를 신성한 제도로 인정한 프랑스의 혁명적 약속에 지대한 영향을 미쳤다. 1789년 5월 프랑스의 3부회(Estates General, 승려·귀족·제3신분으로 이루어진 프랑스혁명까지의 신분제 의회)는 소유와 더불어 자유를 국가가 의무적으로 지켜야 하는 신성한 권리로 규정한 카예 데 돌레앙스(Cahiers de doléances)를 제정했다.[165] 소유의 신성화는 봉건권리의 철폐를 정당화했다. 혁명론자들은 봉건권리를 소유가 아닌 특권으로 인식했다. 같은 해 8월 프랑스 입법의회는 인간과 시민의 권리선언(Declaration of Rights of Man and the Citizen)을 채택하고 소유를 "인간의 자연적이며 불가침의 권리" 중 하나로 규정했다.[166] 1793년 의회가 채택한 헌법 제2조는 "평등, 자유, 안전, 소유"가 인간의 근본적이며 양도 불가능한 권리에 속한다고 명시했다. 1804년 나폴레옹 헌법(Code Civil) 역시 비슷한 개념을 도입했으며 봉건시대로부터 남아 있는 소유에 대한 모든 제한을 철폐하고 사실상 소유에 대한 로마의 정의를 있는 그대로 인정했다.

> 소유는 법이나 규정이 금지한 용도로 사용하지 않는 한 가장 절대적인 방식으로 물체를 즐기고 처분할 수 있는 권리다. 어느 누구도 공익을 위해서, 공정하고 사전에 배상을 받지 않는 한 자신의 소유를 포기하도록 강요받아서는 안 된다.[167]

비록 귀족정치를 타파하고 그들의 특권을 없애기 위해 사적 소유원칙을 내세웠지만 프랑스 혁명가들은 입법 실행에서 이를 항상 준수한 것은 아니었다. 교회와 망명한 왕당파의 재산을 보상 없이 압류했으며 유산을 국가가 규제하도록 했다. 이들은 소유가 국가에 의해 만들어진 것이므로 국가는 공공의 이익을 위해서 이를 규제할 권리가 있다는 논리로 이 같은 조치를 정당화했다. 1791년 의회에서 시민들이 유언장을 통해 자신의 재산을 처분할 자유가 있는가에 대한 토론이 벌어졌을 때 미라보(Mirabeau)는 소유권이 사회의 창조물이며, 따라서 사회는 법을 통해 이를 보호할 뿐만 아니라 그 용도도 결정할 수 있다고 선언했다. 이는 홉스와 필머의 반동적 사상을 반영한 것으로 단지 "국가"가 "사회"로 가장했을 뿐이다. 보다 급진적 공산주의자들이었던 자코뱅 당원들은 사적 소유에 대해 정면으로 반박했다.

이 같은 추세는 소유에 대한 향후의 논쟁을 예견했다. 사적 소유가 양도 불가능하다는 개념은 곧 반소유적 열정의 공격으로 후퇴하게 된다. 이 반소유적 열기는 19세기 중반에서 20세기 말에 이르기까지 사상논쟁을 지배했다.

7. 사회주의, 공산주의, 무정부주의

19세기에 들어와 소유에 대한 지배적 태도와 소유관계의 현실은 더욱 어긋나게 되었다. 새롭게 형성된 막대한 규모의 자금이 개인에게 집중되면서 유럽에선 소유가 절정에 달했다. 소유는 불가침제도의 지위를 얻었으며 헌법에 의해 국가로부터, 또 민법에 의해 동료들로부터 침해받지 못하도록 보호받았다. 한편 일반대중은 점점 더 소유에 대해 적대적 태도를 보였다. 역사상 처음으로 상당수의 지식인들이 소유의 국가 규제와 심지어 철폐까지도 요구하기에 이르렀다. 이전까지는 토마스 모어, 캄파넬라, 윈스탠리와 같은 소수의 반대파들은 소유의 남용, 즉 분배의 불평등과 그로 인한 탐욕을 지적했다. 하지만 이제는 소유란 제도 자체가 본질적으로 비도덕적이란 이유로 공격받게 되었다. 자연법에 기초한다는 전통적 합리화는 이제 비판적 검증을 거치게 되었다.

> 소유가 자연적 권리라는 개념에서 일부 예상치 못한 결과가 초래되어 결국 그 개념의 토대마저 흔들리게 되었다. 만약 소유가 인간의 자연적 자유의 발전에 반드시 필요한 것이라면 소수만이 즐기는 증오스러운 특권이 되어서는 안 된다. 모두가 소유주여야만 한다. 개인의 소유를 신성화하고 이를 위해 봉건주의의 성곽을 무너뜨렸던 자연적 권리라는 이론이 이제는 이른바 공산주의라는 반대개념을 낳았다.…따라서 개인주의의 전적인 부정은 개인의 이익이라는 개념으로부터 논리적으로 발전한 것이다.[168]

무정부주의의 아버지 중 한 명인 피에르 조셉 프루동(Pierre Joseph Proudhon)의 말을 들어보자.

> 만약 인간의 자유가 신성한 것이라면 이는 모든 인간에게 동등하게 신성해야 한다.…만약 이를 위해 소유가 필요하다면, 즉 자유로운 삶을 위해 소유가 필요하다면, 물질은 모든 사람에게 동등하게 할당되어야 한다.…[169]

민주주의의 확산은 확실히 이러한 의견의 변화와 관련이 있다. 참정권이 확대되고 결국 모든 사람에게 허용되면서 정부는 일반 유권자에게 의존하게 되었다. 거의 가진 게 없는 이들은 정부에 국가의 자원을 보다 공정하게 나눠줄 것을 요구했다. 이 요구는 결국 상속세와 누진세, 세금을 재원으로 한 사회복지 프로그램 등 다양한 장치를 통해 민주주의 국가에서 만족되었다. 한편 전제주의 정권의 경우 생산적 자산을 모두 몰수하거나 정부가 규제하도록 함으로써 조건적 소유제를 채택했다. 두 경우 모두 소유권의 침해는 개인 소유주를 희생시키고 통치자의 권한을 강화하는 데 사용되었다.

반소유 정서를 자극한 또 다른 요인은 소유의 성격변화이다. 무역과 제조업, 그리고 이를 통한 부의 증가는 아주 오래 전부터 존재해왔고, 또 중세시대 후반부터 경제적 부가 서양 경제에서 중요한 요소가 되었지만, 19세기까지도 실제로 "소유"는 토지를 의미했다. 18세기와 19세기 초반에 산업혁명이 한창이었던 영국에서조차 소유에 대한 논쟁은 토지에 집중되었다. 1867년 개혁법(Reform Act)이 제정되기 전까지 참정권은 오직 특정 액수의 가치를 지닌 도시나 시골의 토지를 소유하거나 임대한 사람과 특정 수준 이상의 소득을 버는 사람에게만 제한되었다. 농업이 공업에게 밀려나기 시작했던 빅토리아 왕조시대의 절정기에 쓴 트롤로프의 소설에서 소유는 사랑과 함께 핵심주제였으며 여기서 소유는 무엇보다 토지와 여기에서 얻은 수입을 의미했다. 자본이 부동산을 대신해 부의 주요 형태가 되었다는 사실을 일반대중이 깨닫기까지는 상당한 시간이 소요되었다.

지주와 소작농 혹은 농장 노동자 사이의 관계는 이제 제조업자와 고용인과의 관계와 매우 다른 특징을 갖게 되었다. 전자의 경우 물리적 근접성과 자연의 변덕에 대한 똑같은 위험노출은 성격상 준정치적 연대감을 조성했다. 이는 개인적 관계로 때로는 여러 세대에 걸쳐 내려온 것으로 빈부격차의 효과를 보다 "자연적"으로 만들어 계급화 현상이 그다지 심하지 않다.

반면 후자의 관계는 비인간적이다. 근로자는 주어진 일을 하고 고용주는 그에게 임금으로 보상하며 여기서 관계는 끝난다. 더 이상 필요 없을 경우 근로자는 해고된다. 공업화 초기에는 노사간 관계가 농민과 지주처럼 가부장적 관계인 경우도 있었지만 완전히 성숙한 자본주의 경제에서 고용주는 근로자를 위해 도덕적, 사회적 책임을 지지 않는다. 이 같은 책임은 필요할 경우 국가의 몫이다. 공장 근로자를 해고하는 것보다 소작농을 내보내는 게 훨씬 어렵다. 따라서 빈부의 격차는 더욱 심해지고 반감을 불러일으켰다.

19세기 초반에 자본가들은 마음껏 부를 부풀려나갔고 이에 맞서 적대감도 커져갔다. 처음엔 과거처럼 부자에 대한 적대감은 불평등에 뿌리를 두고 있었다. 하지만 19세기 후반이 되면서 소유제도 자체에 대한 전면적 공격으로 바뀌었다. 고전적 자유주의는 점점 더 수세에 몰렸고 대신 대부분의 정치운동과 사상은 – 무정부주의나 공산주의와 같은 급진적 사상에서 자유주의와 심지어 국수주의에 이르기까지 – 정도는 다르지만 사적 소유에 대해 비판적 태도를 취했다.

뒤돌아보면 그처럼 공세가 맹렬했던 이유는 자본주의와 산업주의가 사회의 평등과 안전을 무너뜨리고 있으며 인류를 더 심각하고 영원한 빈부의 격차로 몰아넣고 있다는 불안감 때문이었던 게 분명하다. 이러한 확신은 마르크스의 "궁핍화"(pauperization) 이론에서 가장 분명히 나타났다. 이 이론에 따르면 자본주의는 노동자 계급을 잔인할 정도로 가난하게 만들어 결국 이들이 폭동을 일으켜 가난을 없애는 수밖에 없다. 사회주의 이론가들은 이 과정에서 두 가지 요소를 간과했다. 먼저 18세기 말에서 19세기 초까지 산업화가 시작되어 가속화되던 시기에 자본주의 산업화의 선두주자였던 대영제국에서 하층민의 상황은 그다지 절망적이지는 않았다. 사망률이 하락하고 인구가 꾸준히 증가했다는 사실이 이를 증명한다.[170] 둘째, 사회주의 이론가들은 새로운 경제에 의해 형성된 부가 시간이 지나면서 결국 국민 전체에 확산되어 모든 국민을 이롭게 한다는 것을 무시했다. 이에 따라 19세기 말이 되면서 "궁핍화" 개념과 선진공업국가에서 사회혁명이 불가피할 거라는 주장은 웃음거리가 되었다. 20세기에 사회혁명은 정반대로 공업과 자본주의가 발달하지 못해 소유권 개념이 약하고 경제성장이 저조한 농경국가에서만 일어났다.

프랑스 철학자들의 태도에서 우리가 알 수 있는 사실은 공산주의란 이름하에 소유에 대한 이론적 공격은 먼저 프랑스에서 일어났으며 바로 이때 소유는 자유의 토대로서 가장 큰 입법적 승리를 자축하고 있었다. 1790년대 자크 피에르 브리소(Jacques Pierre Brissot)를 비롯한 여러 프랑스 혁명가들은 지배적 여론을 무시하고 소유를 "절도"행위라고 비난했다.[171] 자코뱅당은 독재정권 말기에 망명자의 토지를 빈곤자에게 무상배포한다는 공산주의에 가까운 방토즈법(ventose 法)의 제정을 고려했다.[172] 로베스피에르의 동료인 루이 드 생쥐스트(Louis de Saint Just)는 대규모 토지를 몰수하는 계획안을 마련했다. 방토즈법은 또 "혁명의 적으로 지명된 사람들의" 재산을 몰수 대상에 포함시켰다. 자코뱅당은 이 급진적 개혁을 실천에 옮기지 못했다. 이 토지개혁 아이디어는 혁명으로부터 혜택을 받았지만 이제는 부유계급과 이해관계가 같아진 소규모 소유주들을 겁먹게 만들었고 결국 자코뱅당은 몰락을 자초했다.

근대 공산주의의 시조는 모렐리의 추종자로 그라쿠스란 별명을 얻은 프랑스인 프랑소와 노엘 바뵈프(François Noël Babeuf)였다. 그는 두 가지 측면에서 역사적으로 중요하다. 먼저 그는 소유를 비판하는 사람들이 대개 요구했던 개인 소유주들 사이의 동등한 배분 대신 모든 경제자원의 공동소유를 주장했다.[173] 둘째로 그는 15여 년 전 윈스탠리가 제기했던 소유에 대한 반감을 행동으로 옮겼다. 바뵈프는 자코뱅의 몰락 이후 프랑스를 지배했던 집정부(Directory)를 전복시킬 음모를 꾸미다가 발각되어 사형당했다. 1828년 그의 동료인 필리포 부오나로티(Filippo Buonarroti)는 "평등을 위한 음모"

란 이름으로 강령을 출판했는데, 이것이 최초의 공산당 선언이다.[174] 백 년 후 레닌이 그랬듯이 바뵈프와 그의 추종자들은 프랑스혁명이 절반의 성공이었다는 자코뱅당원들의 생각을 부활시켰다.[175] 정치에 국한한 혁명으로 자유에 평등을 더해줄 사회적 혁명이 뒤따라야 했다며 아쉬워했다. 바뵈프는 지구가 파렴치한 사기꾼들이 판치는 살아있는 지옥이라면서 이를 무너뜨리고 공산주의 공화국으로 교체해야 한다고 주장했다.

> 우리는 공동소유 혹은 재화의 공동체를 목표로 한다.…어느 개인도 땅을 소유하지 않는다. 지구는 어느 누구에게도 속하지 않으며 그 열매는 모두에게 속한다.[176]

평등은 "자연의 첫번째 맹세"이며 "인간의 첫번째 욕구"이지만 지금까지는 단지 공허한 메아리에 불과했다. "우리는 진정한 평등이 아니면 차라리 죽음을 원한다"며 "우리는 어떤 값을 치르더라도 진정한 평등을 이루고야 말겠다"고 했다. "진정한" 평등이란 공동소유에 의존한 상태를 의미했다. "그토록 저항하는 그에게 화가 있을진저!" 만약 필요하다면 모든 예술은 사라져도 좋다. 바뵈프에 따르면 이 같은 정권을 세우려면 오랜 기간 동안 독재가 필요하다. 바뵈프가 꿈꾸었던 세계는 기피자를 엄격하게 처벌하는 금욕주의적 공동체였다.

바뵈프주의자들의 계획에서 "평등"은 새로운 의미를 얻었다. 로크와 프랑스혁명을 이끈 관념론자들은 이제까지 기회의 평등을 말했다. 로크는 평등을 자유의 한 단면으로 보고 "다른 사람의 의지나 권한에 종속되지 않고 모든 사람이 자신의 자연적 자유를 가질 수 있는 동등한 권리"라고 정의했다.[177] 바뵈프와 공산주의자들은 보상의 평등을 주장했다. 이는 20세기 복지철학의 기조가 되었다.

프랑스에 바뵈프가 있다면 영국에는 윌리엄 가드윈(William Godwin)이 있다. 초기 페미니스트인 메리 울스톤크래프트(Mary Wollstonecraft)의 남편이자

메리 셜리(Mary Shelley)의 아버지였던 윌리엄 가드윈은 영국에 프랑스의 극단주의를 소개했다. 그의 글은 별로 독창성이 없으며 좀 이상하기도 하다. 대표적 작품으로 에드먼드 버크(Edmund Burke)의 《프랑스혁명에 대한 회고》(Reflection on the French Revolution)에 응하여 1793년 프랑스혁명이 절정에 이르렀을 때 출판한 《정치적 정의에 관한 고찰》(An Enquiry Concerning Political Justice)이 있다.[178] 당시 지식인들로부터 극찬받았던 이 책은 워스워드(Wordsworth), 콜리지(Coleridge), 사우디(Southey) 등의 생각을 바꾸어놓았고 이들은 한때 공산주의 사회 건설을 추구하게 되었다. 가드윈은 프랑스의 급진적 문학과 비슷하게 사적 소유의 비판을 다시 고쳐서 소유와 가족은 인간에게 들이닥친 모든 악의 근원이라고 결론지었다. 정의를 위해선 이 세계의 자원을 동등하게 분배해야만 한다. 불평등은 부자들을 타락시키고 가난한 사람들을 삶의 보다 고귀한 것들로부터 멀어지게 만들었다.[179] 일단 소유가 사라지면 인류는 전혀 새로운 세상을 경험하게 될 것이다. 범죄가 사라지고 전쟁도 없어질 것이다. 정신이 물질을 이기고 의지가 궁핍을 이길 것이다. 인간은 불멸의 존재가 될 것이다. "아프고 죽는 이유는 일반적으로 말하자면 우리가 이러한 일에 동의했기 때문이다!"[180] 자신의 이론에 예상되는 비판을 누그러뜨리기 위해 가드윈은 재치있게 자신의 가설이 "가능한 추측"일 뿐이라면서 "이 책에 담긴 대부분의 논의는 진실이나 허위와는 전혀 무관하다"고 발뺌했다.[181]

생시몽(Saint Simon), 푸리에(Fourier), 로버트 오웬(Robert Owen), 루이스 블랑(Louis Blanc) 등 19세기 초반에 활동했던 저명한 사회학자들은 소유에 대해 본질적으로 엘베시우스(Helvétius), 루소, 모렐리, 마블리, 바뵈프, 가드윈 등과 비슷한 입장을 취했기 때문에 다시 반복할 필요는 없을 것 같다.[182] 모두 사적 소유를 완전히 없애자고 말하진 않았지만 이를 규제해야 한다고 주장했다.

이 주제에 대한 좀더 신선한 생각은 프루동(Proudhon)의 글에서 찾을 수 있다. 프루동은 "소유란 무엇인가? 바로 도둑질이다"라는 선언으로 유명한 철학자이다.[183] 그는 이 정의를 너무나 자랑스럽게 여겨서 몇 번이고 반복했다. 볼셰비키당은 이를 이용해 1917~1918년에 "약탈품을 강탈하자"는 슬로건으로 모든 사유재산을 몰수하자며 러시아 소작농과 노동자를 선동했다. 프루동은 상당한 설득력으로 소유를 찬성하는 모든 주장이 동시에 이를 반대하고 있다고 지적했다. 만약 어느 누구의 것도 아닌 토지를 처음으로 소유한 사람이 이를 토대로 소유권을 주장한다면 나중에 오는 사람은 어떻게 해야 하는가? 소유가 기본적 권리라면 모두가 이에 대해 동등한 접근을 보장받아야 한다. 하지만 평등은 소유의 부정이다. 로크가 소유권을 정당화했던 노동이란 근거는 모든 생산적 자원을 누군가 선점할 경우 아무런 의미가 없다. 프루동은 사적 소유를 반대한 게 아니라 자본가가 임대료, 이자 등의 수단 등을 통해 아무런 도덕적 권리도 없는 자산을 유용할 수 있도록 허용한 자본주의 제도하에서의 남용을 경고했다. 하지만 그는 사후에 출판된 《소유의 이론》에서 불평등보다 권위를 더 경멸했다. 그는 소유와 가정이 독재에 대항하는 유일한 효과적 방패라고 설명했다.

1840년대까지 소유에 반대하는 사상은 기본적으로 도덕적 성격을 지녔다. 하지만 이제는 소유를 역사적 탈선, 혹은 이른바 "자본주의"라는 특정한 경제적 삶의 조직과 관련된 과도기적 현상으로 규정하는 새로운 논리가 등장했다. "과학적 사회주의"의 시조로 불리는 칼 마르크스와 프리드리히 엥겔스는 소유를 다룰 때 윤리적 기준은 무시한 채 오로지 과학적이라고 주장하는 "몰가치적"(value free) 개념으로 접근했다.

이들은 인류가 원시상태에서는 토지에 대해 사유개념을 알지 못했다고 전제했다. 사적 소유는 근대에 나타난 현상으로 자본주의 생산방식의 부산물이라고 주장했다.[184] 이러한 믿음은 초기에 "변증법"이라고 불리는 철학적 구조에 기초했다. 하지만 19세기 중반이 되면서 농지 역사학자들이 제공한 증거에 의존하기 시작했다. 이 중 한 사람인 게오르그 한센(Georg

Hanssen)은 1835~1837년에 출간된 에세이에서 고대 독일에서 농경지는 공동소유였다고 주장했다.[185]

이러한 발견은 1840년대 러시아에서 프러시아 농지 전문가인 아우구스트 폰 학스타우젠(August von Haxthausen)이 실시한 연구조사에서도 증명되었다. 학스타우젠은 미르(mir)라는 자치적 공동체의 존재를 밝혀내 세계를 놀라게 했다. 그에 따르면 오래 전 러시아 농민들은 토지를 공동으로 소유했으며 종종 가족 수의 변화에 따라 토지를 재분배했다. 학스타우젠은 미르가 고대에서 기원한 것으로 한때 세계 전체에 확산되었던 제도의 살아 있는 유적이라고 믿었다.[186]

그후 10년 동안 독일의 법학자이자 사학자인 게오르그 폰 마우러(Georg von Maurer)가 쓴 두 권의 책이 발표되었다. 여기서 마우러는 독일의 고대 부족들이 땅에 대해 소유개념을 모르고 있다가 로마제국의 영향을 받은 후 이를 발전시키기 시작했다고 주장했다.[187] 마우러의 견해는 독일의 민족주의자와 사회주의자를 모두 만족시켰기 때문에 인기를 얻었다. 원시공동체란 개념은 영국 법학자이자 사학자인 섬너 마인(Sumner Maine)이 1875년 그 증거를 인도에서 발견한 후 더욱 강화되었다. 마인은 그의 발견을 일반화시켜 모든 원시사회에서 토지는 공동으로 소유되었다고 주장했다.

> 혈연관계로 합쳐지거나 서로 하나라는 믿음이나 가정으로 뭉친 일단의 사람들이 토지를 공동으로 소유했다는 사실은 이제 규명된 원시시대의 현상이라는 자격을 가지게 되었다. 이러한 공동체가 인류 전체의 보편적 특징이 되면서 그 문명과 우리의 문명 사이에는 분명한 연결 혹은 유사성이 존재한다.[188]

따라서 사적 소유를 알지 못했던 유목민족의 시대와 개인 혹은 가족의 소유권을 토대로 한 완전히 정착한 농업사회 사이에는 집단 토지소유 혹은 원시적 공동체의 과도기적 단계가 존재했다고 믿게 되었다.[189]

하지만 이러한 확신을 믿는 사람들은 여전히 어떻게, 그리고 왜 집단소유가 사적 소유로 바뀌었는지를 설명하지 못했다. 여기에서 미국 인류학자인 루이스 모건(Lewis Morgan)의 미국 인디언들에 대한 연구가 빛을 발했다. 1877년에 발표된 모건의 《고대사회》(Ancient Society)는 엥겔스가 그의 이론을 발전시키는 데 이 책을 참고하면서 역사적 의미를 얻게 되었다. 모건에 따르면 인류 진화의 가장 낮은 단계인 "야만인" 상태에서 인간은 무기나 그릇, 옷과 같은 개인 소지품을 제외하고는 사적 소유 개념이 없었다. 또 소유에 대한 열정이나 "이윤을 향한 탐욕"도 알지 못했다. 토지는 부족이 공동으로 소유했으며 주거지는 마을사람들의 공동소유였다. 소유의 개념은 매우 천천히 발달했다. 부족에게 속한 토지는 처음엔 씨족들에게 쪼개져 분배되었으며 나중엔 개인에게 넘어갔다. 이러한 발전의 이유는 인구증가와 기술혁신이라는 객관적 요인에 있다. 모건은 자신이 살던 시대에 소유가 심각한 사회분열을 조장해 인류가 자기 파멸의 위기에 직면해 있다고 믿었다. 오직 유일한 대안은 고대의 경제적 평등, 즉 소유가 없는 세상으로 되돌아가는 것이었다.

"과학적 사회주의"를 주창한 사상가들의 이론에서 사적 소유는 가장 중요한 위치를 차지한다. 1848년 《공산당 선언》(Communist Mani-festo)에서 마르크스와 엥겔스는 "공산주의 이론은 사적 소유의 철폐라는 단 한마디로 요약된다"고 말했다.[190] 하지만 이들은 사적 소유의 기원에 대한 이해에는 별로 기여하지 못했다. 과학적 방법론이라고 주장했지만 이들 역시 생각이 비슷했던 선배들과 마찬가지 방식으로 이 문제를 다루었다. 즉, 소유가 생겨나기 이전 사회의 이론적 모델을 구성한 뒤 소유가 어떻게 발전하기 시작했는지를 설명했다. 인류학이나 역사학은 잘 몰랐기 때문에 거의 무시했다.[191] 비록 경제학, 사회학, 심리학 등의 전문용어를 사용함으로써 이전 이론들보다 훨씬 과학적으로 보이긴 했지만 이들이 그린 그림 역시 여전히 추상적("형이상학적")이었다. 이들의 견해는 경험적 증거가 아닌 "인류형제애"

라는 로마시대 이상에 바탕을 두었다. 이들의 파토스는 실러의 가곡 〈환희의 송가〉(Ode to Joy)였다.

마르크스와 엥겔스가 소유를 반대한 주요 이유는 소유가 사람을 비인간화하며 인간을 자신으로부터 "소외"시켜 자신의 존재를 돈에 종속시키기 때문이다(이 개념은 루드비히 포이에르바하와 모세스 헤스로부터 가져왔다). 그러나 소유를 "현상의 세계에서 자신을 실현시키는 인간의 자유"로 규정했던 헤겔과 달리 마르크스와 엥겔스는 정반대로 "소유는 인격의 실현이 아니라 인격의 부정"[192]이라고 생각했다.

소유는 어떻게 생겨났을까?

마르크스와 엥겔스는 초기 저서에서부터 원래 모든 것은 공동소유였다고 전제했다. 이들은 학스타우젠, 마우러, 마인, 모건 등의 글이 세상에 나오기 이전에 이미 이러한 가정을 세웠다. 부족의 구성원은 이동가능한 자산이나 이동 불가능한 자산을 처분할 때 이들은 공동체에 종속되어 있었기 때문에 근대자본주의의 특징인 "소외"를 겪을 필요가 없었다. 마르크스와 엥겔스는 한참 후에야 마우러와 모건의 글에서 자신들의 선험적 믿음에 대해 지원 받았다.

마르크스에 따르면 고대 그리스에서 가장 경제가 발달된 폴리스에서조차 공동체 사회가 지배적이었다. 사적 소유는 존재했지만 대개는 "공동소유에 종속된 예외적 형태"일 뿐이었다. 왜냐하면 사회가 고대의 사회적, 경제적 질서에 필수적이었던 노예제도를 강요했기 때문이다.[193] 봉건시대 소유 역시 "부족이나 공동체 소유와 마찬가지로 공동체에 기초"했으며 이는 소작농을 착취하는 구속적 요인이 되었다.[194]

엥겔스는 사적 소유의 등장을 설명하면서 모건의 주장에 의존했다. 그의 저서 《가족, 사적 소유 및 국가의 기원》(The Origin of the Fami-ly, Private Property, and the State, 1884)에서 엥겔스는 수렵인들의 무리에서 가족이 어떻게 생겨났는지, 그와 동시에 소유가 어떻게 나타나게 되었는지 밝혀내려고 했다. 그는 소유를 분업으로 설명했다.

> (사적 소유는) 먼저 (고대 원시공동체에서) 이방인과의 물물교환을 통해 생겨났으며 그후 상품의 형태를 갖게 되었다. 공동체가 생산한 물건이 상품의 성격을 갖게 될수록 생산자가 자신이 직접 사용하기보다는 교환의 목적을 위해 생산되었고 그 결과 원래의 자연적 분업은 공동체 내부의 교환으로 대체되었다. 또 공동체 개인 구성원들마다 소유의 차이가 벌어졌고 토지의 공동소유제도는 더욱 흔들리게 되었다.…사적 소유가 발달한 곳은 어디나 생산관계의 변화와 교환으로 생산이 증가하고 교역이 증대되면서 이러한 일이 발생했다. 즉, 경제적 요인에 의한 결과로 이 과정에서 강압이란 전혀 없었다.[195]

이는 사적 소유의 근원에 대해 너무나 잘못된 견해를 보여준다. 바로 최근까지도 – 엥겔스가 살아 있던 시대까지도 – 소유의 주요 형태는 토지에 집중되어 있었다는 기본적 사실을 간과하고 있기 때문이다. 토지는 대부분의 인류역사에서 일반적 의미의 "상품"이 아니었으며 분업과 전혀 관계가 없었다.

진정한 사적 소유 – 다시 말해 마르크스와 엥겔스의 말대로 사회적 제약으로부터 완전히 분리된 소유 – 는 자본주의에서 가장 먼저 나타났다. 하지만 자본가는 부가 주는 형식상의 그 모든 자유에도 불구하고 그가 착취하는 프롤레타리아 계급만큼이나 노예상태에 놓여 있다. 여기서 핵심개념은 "소외"(alienation)이다. 자본가는 부를 축적해야 하기 때문에 만족을 거부한다. 다시 말해 자신의 재산을 즐길 수 있는 권한을 스스로 박탈한다. 1844년에 쓴 《경제학·철학 초고》(Economical Philosophical Manuscripts)에서 마르크스는 자본을 소외된 자아라고 부르며 이를 추구하려면 "금욕적"으로 행동해야 한다고 주장했다.

저축한 돈은 지연된 소비이므로 그 내재적 가치는 아직 사람이 실현하지 않았기 때문에 돈에 그대로 남아 있다. "적게 먹고 마시고, 적게 책을 사고, 적게 극장이나 무도회, 술집을 갈수록, 그리고 적게 생각하고 이론화하며, 적게 노래를 부르고 그림을 그리며 펜싱을 할수록, 더 많이 저축할 수 있으며 당신의 부는 더 늘어날 것이다. 당신의 자본은 녹이 슬거나 이끼가 끼지 않는다. 적게 삶을 즐길수록 더 많이 가질 수 있으며 소외된 삶도 커지고 소외된 존재의 구원도 커진다."[196]

자본가의 "실용적 금욕주의"는 생산수단을 자본가에게 빼앗긴 노동자의 피할 수 없는 자기 부정과 대조를 이룬다. 그 결과는 궁핍과 비인간화이다. 두 적대적 계급은 결국 "변증법적" 관계에 봉착하게 된다.

프롤레타리아트와 부는 정반대 관계이다. 이렇게 완전히 다른 두 집단이 하나의 전체를 구성한다. 두 계급 모두 사적 소유 세계의 형태이다.…부자들은 사적 소유를 계속 유지하고 마찬가지로 반대세력인 프롤레타리아트도 계속 존재하도록 한다.… 한편 프롤레타리아트는 자신은 물론 반대 계급인 부자까지 없애려고 한다. 또 프롤레타리아트 계급의 존재조건인 사적 소유도 없애려고 한다.[197]

궁극적으로 소유하지 못한 자는 소유한 자를 전복시키며 그 과정에서 가난이 모두 사라진다. 경제적 자산은 먼저 국영화된 후 공유재가 된다. 그 결과 모든 사람들이 자신의 능력에 따라 기여하고 필요한 만큼 받는 이상적 형태의 공산주의가 탄생한다.

마르크스와 엥겔스가 꿈꾸었던 새로운 공산주의 세계는 원래의 공동소유와 자본주의가 이룩한 상당한 생산성 향상을 혼합한 것이다. 마르크스는 공장기계가 일을 단순화시켜 노동자들은 특별한 기술이나 반복적 동작이 필요 없게 될 거라고 믿었다. "근대산업은 그 성격상 다양한 노동, 유연한 기능, 노동자의 세계적 이동을 필요로 한다."[198]

공산주의 사회에서…사회는 총체적 생산을 규제하기 때문에 난 오늘 이것을 하고 내일 다른 것을 할 수 있다. 오전엔 사냥을, 오후엔 낚시를, 저녁엔 가축을 돌보고 밥을 먹은 후엔 비평을 할 수 있다. 그러면서 사냥꾼이나 어부, 양치기, 비평가가 되지 않아도 된다.[199]

미래의 사회는 생산자들의 자유롭고 동등한 연합이라는 무정부적 이상세계가 될 것이다. 국가가 감독하지 않아도 되며 개인은 여기서 완벽한 자아성취를 이룰 수 있다.[200] 개인은 더 이상 공동체로부터 소외되어 "원자화"되지 않는다.

이 낭만주의적 이론은 논거가 매우 희박하며 그마저도 후에 대부분 반박당했지만 그래도 사회주의 문학을 비롯해 상당히 광범위한 문학분야에서 화두가 되었다. 그러나 그 당시에도 저항에 부딪쳤다. 원시적 공동사회라는 반소유 문학의 핵심가설에 대한 비판은 당대 사상가들에 의해 흔들렸고 20세기에 들어와서 문화인류학자들에 의해 무너지고 말았다.

1850년대에 러시아 학자인 보리스 치체린(Boris Chicherin)은 슬라브족 숭배자들(Slavophiles)로 알려진 러시아 낭만주의 민족주의자들이 제공하고 학스타우젠에 의해 서방에게 알려진 미르의 해석에 도전장을 냈다. 치체린은 미르가 자본주의 이전의, 소유욕이 없는 공동체적 정신을 구현한 고대의 제도가 아니라 차르시대 국가의 산물로 16세기 말 농노제를 실시하면서 집단책임이라는 방편을 통해 소작농들이 그대로 남아 세금을 납부하도록 하기 위해 생겨난 것이라고 주장했다.[201]

다음은 마우러 차례였다. 1883년 미국의 덴만 로스(Denman W. Ross)는 독일 부족들간에 원시공동체가 존재했었다는 이론은 이 주제에 대한 주요 자료인 타키투스와 카이사르의 글을 잘못 해석한 데서 출발했다는 사실을 증명했다. 카이사르에 따르면 초기 독일농민들 사이에 경계가 존재하지 않았다는 이유는 당시 토지를 공동소유해서가 아니라 토지가 아예 구분되지 않앉기 때문이었다. "공동으로 가지고 있는 것과 공산주의적 소유는 신중하게 구별해야 한다. 이는 매우 다른 것이다. 공동으로 소유하는 것에 대해서는 과거 기록이 많이 있지만 공산주의적 소유에 대해서는 전혀 없다."[202] 로스에 따르면 이러한 기존 기록이 전무하다는 사실은 과거 독일 공동체가 구성원의 토지에 대해 권리를 가지고 있었다는 것을 의미한다. "공동체는 토지소유 법인으로 존재한 게 아니었다." 토지분쟁은 공동체가 아니라 분쟁당사자들이 결투를 통해 해결했기 때문이다.

고대 공산주의 이론에 대한 맹공은 저명한 프랑스 사학자인 퓌스텔 드 쿨랑지(Fustel de Coulanges)가 앞장섰다. 그는 그의 저서 《고대도시》(The Ancient City)에서 고대시대에 사적 소유의 등장을 가족과 가정을 중심으로 한 종교적 집단의 필연적 결과로 설명했다. 1889년 쿨랑지는 장문의 논문을 발표했는데 이는 후에 책으로 출판되었다. 여기서 그는 원시 공산주의 이론을 참고자료의 해석이 잘못되었다는 로스와 같은 이유로 반박했으며, 더 나아가 심지어 고대 독일인들에게 토지의 공동소유란 아예 존재하지 않았다며 이 이론을 부정했다.[203] 그는 마우어를 주로 공격했다. 타키투스와 카이사르는 마우어의 이론에 아무런 근거도 제공하지 않았다. "독일 법은 사실상 소유가 최고의 권위를 가진다."[204] 토지의 공동소유는 정기적 재분배를 필요로 했는데, 그러한 증거가 독일 고대 역사에는 없다. 그는 원시 공산주의에 대한 일반적 믿음이 역사적 증거가 아닌 19세기 유럽에서 지배적이었던 사상의 조류에서 나왔음을 발견했다.

> 인간의 상상을 사로잡은 현재의 사상 가운데 루소로부터 배운 것이 있다. 이는 소유가 자연에 반하며 공산주의가 자연적이라는 것이다. 이 사상은 워낙 영향력이 커서 학자들은 무의식적으로 이에 굴복하고 있다.[205]

이 같은 주장은 당시 여론을 흔들지 못했다. "자연적 공산주의"를 선호하는 선입견이 지배적이었을 뿐만 아니라 중세시대 중반부터 자유주의자들조차 빈부격차의 심화에 대해 걱정하기 시작했기 때문이다. 대표적 예가 존 스튜어트 밀(John Stuart Mill)이다. 그는 《정치경제학의 원리》(Principles of Political Economy, 1848)에서 자유주의 이데올로기를 사회주의에 보다 가까이 옮겨놓았다.[206] 밀은 공산주의가 정당하며 실현가능하고 자유와도 조화를 이룰 수 있다고 믿었다. "소유의 법은 아직까지 단 한번도 사적 소유를 정당화하는 원칙과 합치된 적이 없었다."[207] 그가 사적 소유를 선호했던 이유는 사적 소유가 자유를 보장해주었기 때문이 아니라 노동생산성을 향상시켜주었기 때문이다.

대중에게 가장 잘 알려진 《자유론》(On Liberty, 1859)에서 그는 소유에 대해 거의 언급하지 않았다. 밀은 두 가지 면에서 이 주제에 대한 전통적인 자유주의적 시각으로부터 탈피했다. 먼저 소유주의 자손이 그 유산에 대해 무조건적 권리를 가져야 하는지에 대해 의문을 제기했다. 이상적으로는 "상속할 수 있는 금액을 제한해서는 안 되지만" 일종의 최고치 기준을 정해 "상속이나 증여를 통해 획득할 수 있는 재산을 제한해야 한다"고 주장했다.[208] 둘째, 밀은 토지를 단순히 다른 형태의 소유와 동일하게 취급해야 하는지에 대해 문제를 제기했다. 먼저 어느 누구도 토지를 만들지 않았으며 이동가능한 부의 경우 동료가 비슷한 부를 축적할 기회를 박탈하지 않아도 되지만 토지의 경우는 다른 사람을 배척해야만 하기 때문이다.[209] 따라서 지주의 소유권은 국가에 종속되며 국가는 소유주가 이를 개선하지 못할 경우 (정당한 보상을 주고) 몰수할 권리를 가져야 한다. "토지의 경우 어느 개인도 긍정적 재화를 생산할 수 있는지는 증명할 수 없으므로 배타적 권리를 가질 수 없다."[210]

밀은 자유주의를 사회주의 사상에 주입시킨 초기 자유주의자 중 한 명으로 생산적 부의 동등한 분배가 가장 중요하다고 강조했다. 그의 사상은 영국에서 "신자유주의"의 발생을 자극했다. 신자유주의는 사회주의에 대한 두려움과 현재상태에서는 한때 많은 사람들이 믿었던 것처럼 아무리 열심히 일하고 절약해도 가난을 없애지 못한다는 깨달음으로부터 탄생했다. 세기가 바뀌면서 가난, 음주, 절도가 그 희생자의 잘못이 아니라 자본주의의 탓이라는 철학사상 조류가 생겨났다. 자본주의가 사람들을 그렇게 행동하도록 만든다는 것이다.[211] 이는 "제도" 안에 내재되어 있다. 비사회적, 파괴적 행동이 왜 자본주의가 등장하기 훨씬 이전부터 존재했고 또 비자본주의적 사회에도 존재하는지 그 이유는 설명하지 않은 채 이 이론을 주장한 사상가들은 국가가 운이 나쁜 시민들을 보호하기 위해 개입할 것을 주장했다. 이 같은 생각은 20세기에 들어와 복지국가의 탄생을 이끈 사회개혁의 이론적 토대를 제공했다.

따라서 20세기가 시작되기 전 자유주의자들은 사적 소유에 대한 규제를 받아들이기 시작했다. 소유권을 사회정의의 시험에 종속시키고 국가에 공공선을 위해 절대적 소유권을 제한할 수 있는 도덕적 권한을 허용했다. 소유권은 사적 권리일 뿐만 아니라 동시에 사회적 기능으로 인식되었다. 소유주가 자신의 책임을 다할 경우 사회는 그의 소유를 보호해주지만 그렇지 못할 경우 사회는 소유가 제 역할을 할 수 있도록 정당하게 개입해 강요할 수 있다.[212] 여기에서 국가는 유일한 심판이었다.

8. 20세기

사회주의적 관심에 의해 촉발된 반소유 정서는 심리학의 새로운 사조에 의해 더욱 강화되었다. 19세기 후반에 인간도 동물과 마찬가지로 본능의 지배를 받는다는 다윈의 가설로부터 영향을 받아 윌리엄 제임스(William James)는 문화적 조건보다는 본능이 인간의 행동을 결정한다는 심리학 이론을 발전시켰다. 제임스에게 "취득성"(acquisitiveness) 역시 이러한 본능이었다.[213] 이 접근방식에서 가장 큰 영향력을 미친 사람은 윌리엄 맥도갈

(William McDougall)로 영국에서 태어난 그는 하버드와 듀크대학에서 강의했으며 《사회심리학 개론》(Introduction to Social Psychology, 1908)이라는 저서로 유명하다. 그는 이 책에서 싸움, 증오, 호기심, 호전성, 그리고 취득성 등과 같은 본능을 포함해 "인간의 주요 본능과 감정"을 모두 나열한 리스트를 만들었다. 진화적 사회학을 개척한 프랑스 인류학자 찰스 르투르노(Charles Letourneau)는 취득성을 자기보존 본능의 한 형태로 분류했다.[214]

20세기 초에 "본능"이란 개념과 그 토대인 "인간 본성"은 저항에 직면했다. 1920년대에 이들 개념은 이 분야에서 완전히 사라졌다. 이 같은 반전의 원인은 맥도갈처럼 모든 행동을 본능과 이를 수반한 감정으로 설명하는 것이 무리가 있었던 데다가 그 정치적 의미에 대한 반대도 있었다. 인간행동에 대한 생물학적 접근방식은 인종차별의 목적에 이용당할 수 있었고 실제로 흑인과 유대인들이 이로 인해 차별받았다. 미국 문화인류학의 아버지인 프란츠 보아스(Franz Boas)는 생물학적 접근방식에 대한 반대운동을 이끌었다. 독일에서 이민 온 진보적 유대인 가정에서 자란 보아스는 인종차별주의를 정당화한 이론들을 타파하는 데 일생을 바쳤다. 이를 위해 그는 인류학에서 생물학적 결정주의를 모두 없애버리고 대신 문화적 조건으로 대체했다. 그의 가장 강력한 주장은 미국으로 이민 온 다양한 인종과 민족의 아이들이 새로운 고국에서 비슷한 신체적 특징을 가진 어른으로 성장했다는 증거로 이들이 지적, 심리적 특징도 비슷하다는 것이다. 《원시인의 마음》(The Mind of Primitive Man, 1911)에서 그는 이른바 "야만인"들이 문명화된 사람들과 정신능력 면에선 큰 차이가 없었다고 주장했다. 그와 그의 제자들은 사회학을 생물학에서 떼어낸 뒤 "본능"과 "인간 본성"이란 단어를 아예 추방시켜버렸다. 보아스는 인간 본성과 같은 것은 존재하지 않는다고 했다. 단지 문화에 의해 형성된 인간의 행동만이 있을 뿐이다. 마가렛 미드(Margaret Mead)의 말을 빌리자면 보아스와 그의 추종자들은 인간을 "본능이나 유전적으로 물려받은 특정한 소질에 의존하지 않으며 끊임없이 빌려오

고 재적응하며 혁신하는 가운데 서서히 획득한 삶의 방식에 의존하는" 것으로 보았다.[215]

1920년대에 보아스의 문화인류학적 견해는 미국 심리학자인 존 왓슨(John B. Watson)이 주창한 "행동주의" 심리학으로부터 지지받았다. 왓슨 역시 인간행동에서 생물학적 요인을 제거하고 이를 단지 외부자극에 대한 반응으로 축소했다. 공격성, 지배, 소유욕 등은 생물학적 현상이 아닌 문화적 현상으로 다루어졌다.

제2차 세계대전 이후 무게중심은 완전하게는 아니지만 다시 반대방향으로 이동했다. 문화인류학과 비슷한 분야인 행동주의 심리학은 양 대전 사이에 학계에서 거의 독보적 지위를 얻었지만 이후 현저한 모순을 겪었다. 행동주의 심리학 추종자들은 다윈의 생물 진화론을 결정적으로 증명된 것으로 받아들였다. 이 이론에 따르면 인간은 비록 모든 동물 중에 가장 진화하긴 했지만 그렇다고 유일무이한 존재는 아니다. 진화론은 동물의 행동이 인간행동을 이해하는 데 의미가 있다는 것을 시사했다. 하지만 보아스, 왓슨 등 문화인류학자와 행동주의 심리학자들은 생물학이 인간행동에 아무런 의미도 갖지 않는다고 믿었다. 그래서 생물학적으로는 동물과 관계가 있을지 모르지만 심리학적으로(행동적으로) 인간은 독특하다. 인간이 동물의 한 종이 아니라 독특한 피조물이라는 주장을 받아들이지 않았던 사람들조차 지능과 행동의 측면에서 인간이 독특하다는 주장에는 동의했다. 왜냐하면 "본능"이 없을 경우 인간만이 문화적 환경에 반응하기 때문이다.[216] 그러나 유전학자인 테오도시우스 도브잔스키(Theodosius Dobzhansky)는 생물학적 진화와 문화적 진화를 별개로 다루는 것은 옳지 않다고 지적했다. 인간과 동물 간의 행동적 연관성을 부인한 근대 문화인류학자들은 인간과 동물 사이의 생물학적 관련성 인정을 거부했던 다윈의 반대파들과 비슷했다.[217] 어빙 할로웰(A. Irving Hallowell)의 말을 들어보자.

19세기 인간 진화론에 반대했던 사람들은 인간과 원시 조상을 이어주는 연결고리가 없다는 사실을 강조했지만 20세기 문화인류학자들은 형태학상 진화를 얘기하면서 문화를 인간의 주요 차별화 요소라고 강조하며 사실상 우리 자신과 우리와 가장 가까운 친척간의 행동은 전혀 관련이 없음을 시사했다.[218]

이 같은 불일치는 1930년대에 새로 등장한 동물행동학자와 사회생물학자들의 공격대상이 되었다. 이들은 본능을 다시 강조했다. 이 주제는 다음 장에서 자세히 다루고자 한다.

고대부터 그랬듯이 제2차 세계대전이 끝난 후 소유에 대한 지배적 견해는 주로 당대의 사건으로부터 영향받았다. 하지만 일부 학자는 소유를 오직 도덕적 측면에서 다루었던 과거 전통에서 벗어나지 못했다. 그 중 존 롤스(John Rawls)의 《정의론》(A Theory of Justice)[219]이 가장 대표적이다. 이 책에서 롤스는 "공평"하고 "질서가 잘 잡힌 사회"의 원칙들을 소개했으나 심리적, 정치적, 경제적 현실은 물론 역사 기록과 인류학 연구에서 발견된 사실들을 모두 무시했다.[220] 어떻게 그 원칙들을 실현해야 할지에 대해서도 전혀 언급이 없었다. 이런 면에서는 오히려 인간을 있는 그대로 받아들였던 성직자들보다 더욱 추상적이었다. 완벽한 정의를 추구했던 롤스는 "아무리 효율적이고 체계적이라 하더라도 불공평한 법과 제도는" 개혁하거나 없애야 한다고 주장했다.[221] 불공평함의 핵심은 불평등이다. 롤스의 이상은 모든 사회적 유토피아가 그렇듯이 완벽한 평등주의였다. 소득과 부는 똑같이 배분되어야 했다. 하지만 "불평등한 배분이 모든 사람에게 유리하지 않는 한"이란 약간은 당혹스러운 조건을 붙였다.[222] 롤스는 사회가 "모두가 자신의 능력에 따라 기여하고 필요에 따라 모두에게 분배하는" 원칙에 토대를 두어야 한다는 공산주의 격언을 찬성했다.[223]

이 책이 상대적으로 기이했던 이유는 평등의 원칙을 물질적 재화뿐만 아니라 지능과 타고난 재능에까지도 적용해야 한다는 주장 때문이었다. 후자의 이점은 자연의 "제비뽑기" 덕분에 아무 노력 없이 얻은 것이므로 그 능력을 보유한 사람이 이로 인해 특별한 혜택을 누려서는 안 된다. 롤스에 따르면 재능과 능력의 배분은 "도덕적 관점에서 임의적인" 것으로 바라보아야만 한다. 그는 "능력과 재능의 자연적 배분으로 부와 소득의 배분이 결정"되는 것에 반대했다.[224] 재능은 "공동의 자산"이며 이를 보유한 사람은 "오직 패배한 사람들의 상황을 개선하는 조건에서만" 그것으로부터 혜택 받아야 한다.[225] 필요할 경우 완벽한 평등을 얻기 위해선 효율성도 희생해야만 한다.[226] 롤스는 가장 급진적인 공산주의 이론을 넘어서 타고난 재능마저 사회화하고 보다 유능한 사람들이 자신의 뛰어난 능력으로부터 얻을 수 있는 혜택을 누리지 못하도록 막아야 한다고 주장했다. "기회의 평등"은 본질적으로 불공평하다며 반대했다. 왜냐하면 "영향력과 사회적 지위를 추구하는 데 능력이 부족한 사람이 뒤처질 수 있는 동등한 기회를 의미"하기 때문이다.[227] 보다 유능한 사람의 능력은 공동선을 위해 사용되어야만 하며 그럴 경우 이는 "공동자산"이 된다. 이런 방식을 통해 불평등뿐만 아니라 질투도 사라진다."[228]

이 같은 주장은 역사나 경제학에 거의 의존하지 않고 주로 정의라는 이상에 매달린 것으로 특히 철학자와 심리학자들에게 인기가 많다.[229] 소유의 주제를 도덕화한 대표적 예로 정신분석학자인 에리히 프롬이 있다. 그는 수많은 저서에서 현대인의 고통에 대해 썼으며 이 중 《소유냐 존재냐》(To Have or to Be?)가 가장 잘 알려져 있다.[230] 프롬의 설명에 따르면 이 책의 제목이 말해주듯 소유와 존재의 이분법적 사고방식은 정신분석학자로서의 경험에서 얻은 것으로 그는 "소유와 존재는 경험의 두 가지 근본적 형태"라고 했다.[231] "신인간"(New Man)의 등장은 그에게 필수적이었다. 인류가 살아남기 위해서는 "모든 형태의 소유를 포기하고 완전한 존재가 되어야" 하기 때문이다.[232] 이 같은 생각은 인간이 존재하기 위해선 소유해야만 한다는 사실을 고려할 때 완전히 현실을 배제하고 있다.

20세기 후반 소유이론에서 가장 중요한 변화는 윤리학보다는 경제학과 더 관련이 깊었다. 과거에 경제학자들은 소유권에 대해 별로 관심을 보이지 않았다. 주로 자본형성이나 기술혁신과 같은 경제성장에 필요한 물질적 요인들을 연구했다. 하지만 새로운 세대의 경제사학자들은 경제의 법적 기반, 특히 사적 소유제도에 대해 관심을 갖기 시작했다. 데이비드 흄에 의해 처음 체계를 갖게 된 공리주의 이론을 더욱 발전시키며 이들 경제사학자들은 자연법이나 국가의 근원에 대한 추측에 근거해 소유를 주창하는 과거의 이론들을 모두 구석으로 치워버리고 대신 부에 대한 기여로 소유를 정당화했다. 제1차 세계대전 이후 수많은 논문에서 자주 인용되곤 했던 알프레드 마샬(Alfred Marshall)의 말을 들어보자.

> 신중한 경제학 연구의 경향은 소유권의 근거를 추상적 원칙에서 찾지 않고 대신 소유가 견실한 성장과 불가분의 관계에 있다는 과거 경험에서 찾고 있다. 그러므로 책임감 있는 사람이라면 사회적 삶의 이상적 조건에 부적절해 보이는 소유권조차도 이를 폐기하거나 변경하는 데 신중하고 망설이는 태도를 가져야 한다.[233]

이러한 접근방식은 부의 불평등을 조장하며 상속을 통해 불공평을 확대시킨다는 근거로 소유를 반대해왔던 전통적 주장을 교묘히 피해나갔다. 대신 평등이 진보의 정수라는 18세기 프랑스 콩도르세의 주장에 정면으로 도전했다.[234]

새로운 사조는 제2차 세계대전 이후 공산주의와 시장경제가 공개적으로 경쟁하기 시작하면서 본격화되었다. 추축군에 대한 연합군의 승리는 유례없는 상황을 만들어냈다. 사상 처음으로 정반대의 경제체제 – 국가, 정확히 말하면 공산당이 경제를 독점하는 체제와 민간기업에 의존한 체제 – 가 정면격돌을 벌였으며 치열한 정치적 경쟁도 수반되었다.[235] 이러한 대치구도는 지금까지는 이론적 공방에 머물렀던 공적 소유와 사적 소유의 원칙을 정면충돌로 몰아넣었다. 20세기가 끝나가면서 사적 소유가 모든 전선에서 승리했다는 사실이 자명해졌다. 동독과 서독, 남한과 북한, 대만과 중국 본토 등의 경제력 차이는 해가 갈수록 더 분명해졌다. 국가경제의 부와 시민의 개인적 안전 역시 마찬가지였다. 1989~1991년 소연방의 붕괴와 후임 정부의 민간기업 인정은 그 기원이 고대 그리스까지 거슬러 올라가는 소유에 대한 공방에 종지부를 찍었다.

민간기업이 대세가 되면서 일부 경제학자들은 그 토대인 사적 소유에 관심을 갖기 시작했다. 이제까지 사적 소유는 철학자와 정치학자들의 전통적 영역이었다. 경제학자들은 "소유권의 경제학"이라는 새로운 이론을 개발해 소유를 경제성장의 핵심요소로 다루기 시작했다. 이 학파의 주장에 따르면 사적 소유는 "자연선택과 비슷한 과정을 통해 효율성을 높이려는 충동에 의해" 존재하게 되었다.[236]

경제사학자인 더글라스 노스(Douglass North)와 토마스(R. P. Thomas)는 이 이론을 과거에 적용해 사적 소유를 확실히 보장한 사회가 경제발전을 이룩할 가능성이 가장 높다고 주장했다. 경제성장의 결정요인은 기업을 운영하는 개인에게 그 노동의 대가를 보장해주는 법적 제도에 있다.

> 효율적 경제조직이 성장의 열쇠이다. 서유럽의 융성은 효율적 경제조직이 뒷받침하고 있다.
> 효율적 조직이란 제도적 틀과 소유권을 수립함으로써 개인적 수익률을 사회적 수익률에 가깝게 만드는 활동에 개인의 경제적 노력을 집중시키도록 한다.[237]

따라서 소유의 보증은 매우 중요하다. "소유권이 사회적으로 생산적인 활동을 그만큼 가치 있게 만들 경우 경제는 성장한다."[238] 노스는 특히 영국에서 특허권의 도입으로 발명가들이 자극을 받아 자신의 발명품을 공개했으며 그 덕분에 산업혁명이 촉발되었다고 주장했다.[239]

20세기가 막을 내리면서 사적 소유가 자유와 부에 미치는 긍정적 영향은 비로소 거의 2백 년 만에 처음으로 인정받기 시작했다. 북한과 쿠바처럼 공산당이 아직까지 정권을 쥐고 있는, 가난을 계속 이어나가는 소수의 고립된 국가를 제외하고, 또 아직도 상당수를 차지하고 있지만 점점 수가 줄어들고 있는 학자들의 마음 속을 제외하고, 공동소유에 대한 이상은 이제 전 세계 어디에서나 후퇴하고 있다. 1980년대 이후로 "민영화"는 그 어느 때보다 빠른 속도로 세계를 휩쓸고 있다. 아리스토텔레스가 플라톤을 이긴 것이다.

제2장

소유제도

　서양철학과 정치이론 역사에서 소유에 대한 논의의 핵심을 차지했던 소유가 "자연적"인 것인지 관습의 작품인지의 문제는 단순히 사실을 의도적으로 무시하고 오직 "가상적" 혹은 "조건적" 추론에만 의존했던 루소의 "판타지"나 "그 진위와 전혀 무관하다"는 윌리엄 가드윈의 "추측성" 사고방식에 의존해서는 답을 찾을 수 없다. 그 답은 반드시 증거가 필요하다. 소유가 단순히 인간 진보의 특정 시기에 나타난 사회적 관습일 뿐이라고 주장하는 사람은 아이들에게 습득의 충동이 없으며 사회는 소유를 몰랐다는 것을 증명할 수 있어야 한다. 취득성이 인간의 본성에 내재되어 있다고 주장하는 사람은 그 보편성을 증명하는 데이터를 보여줘야 한다.
　이 주제는 소유가 취할 수 있는 형태가 워낙 다양하기 때문에 매우 방대한 연구과제이다. 세계역사를 뒤져 최근까지 소유의 주요 형태였던 토지의 사적 소유만을 연구하는 것도 불가능하다. 이 같은 시도는 19세기에 에밀 드 라블리(Emil de Laveleye)[1]를 포함해 여러 학자들이 도전했다. 하지만 여행가와 인류학자들의 인상에 근거한 설명은 오늘날 기껏해야 골동품에 불과하다.[2] 이 주제를 연구하는 학자들에게 가장 큰 장애물은 기록이 없다는 사실이다. 대부분의 국가에서 소유는 점유의 형태를 가지므로 소유권은 대개 문서화된 법적 권리증서가 없이 단지 장기간의 보유에 의존했으며, 이는 관습에 의해 소유권의 증거로 인정받았다. 영국 역사학자 홉하우스(L. T. Hobhouse)는 희박한 데이터와 법과 현실 구분의 어려움 때문에 – 아무리 영국처럼 기록문화가 잘 발달된 나라조차도 – 소유에 대한 역사를 쓰는 게 불가능하다며 포기했다.[3]

이 장에서 나는 취득성이 동물은 물론 인간에게도 보편적이라는 가설을 지지할 생각이다. 또 단지 물리적 객체를 통제하려는 욕망 이상을 의미하며 자기 정체성과 자신감을 고취시킨다는 점에서 인성과 긴밀한 관계에 있다. 소유가 없는 "자연인"의 세계란 환상은 단지 허상일 뿐이며 루이스 멈포드의 "천국"과 같은 것이다.

1. 동물의 소유

동물들이 자기 것으로 만들려고 하는 주요 대상은 영토와 영역으로 이는 "영토학"(territorology)이라든지 근접학(proxemics)과 같은 이상한 이름의 새로운 학문영역을 탄생시켰다.[4]

야생동물에 대해 연구하는 "동물행동학"(ethology)은 역사가 얼마 되지 않았다. 그 기원은 19세기 말로 거슬러 올라가지만 본격적 연구는 제1차 세계대전이 끝난 후 콘라드 로렌즈(Konrad Lorenz)와 니콜라스 팀버겐(Nikolaas Timbergen)에 의해 가속화되었다. 제2차 세계대전 후 동물행동학 연구는 급속도로 발전해 사회생물학이라는 새로운 분야를 낳았다. 사회생물학은 동물과 유추를 통해 인간의 행동을 진화론과 긴밀히 연결시켜 생물학적 측면에서 설명하려는 학문이다. 이들 분야의 연구결과는 20세기 초반에 지배적이었던 심리학과 사회학에 심각한 의문을 제기했다. 이들 이론은 인간과 동물의 행동은 완전히 다르다며 동물은 본능에 따라 행동하지만 인간은 주로, 혹은 심지어 완전히 문화에 의해 결정된다고 주장했다. 새로운 학문분야는 이전까진 오직 인간만의 특징으로 문화로부터 영향을 받는다고 여겨 왔던 취득성이 모든 살아있는 생물에게 해당되는 보편적 특징임을 밝혔다.

야생동물들은 생존을 위해 물리적 환경에 전적으로 의존한다. 작물을 재배하거나 물건을 만들 수 없기 때문에 자연이 주는 것을 먹고 살아간다. 이 같은 이유로 먹을 것을 얻고 번식할 수 있는 정해진 영역에 대한 접근을 방해받지 말아야 한다. 영역의 규모는 종의 고유한 필요에 따라 다르다. 동물들 사이에서 소유는 무엇보다 영토에 적용된다. "영토적 요구"(territorial imperative)라는 개념은 지금은 잘 알려져 있지만 사회학자와 심리학자는 그 정치적 함의 때문에 이를 인정하지 않고 있다.[5]

"자연상태의 자유"에서 사는 동물은, 우리가 아는 한 자연에 대한 감상적 견해와 달리 단 한번도 경계 없이 비제약적 자유를 누린 적이 없다. 떼지어 살건 주로 혼자서 지내건 간에 모든 동물은 마음대로 아무렇게나 움직일 자유가 없다. 이미 조직을 통해 생존에 필요한 조건을 제공하는 주어진 제한된 공간에서 살아야만 한다. 영역이 꽤 넓고 필요한 조건들이 한결같이 잘 제공되는 경우라 하더라도 여기에 사는 동물은 자유롭게 이동할 수 없다. 대신 분포구역이라고 불리는 하나 이상의 작은 구역으로 제한된다. 불가피한 경우가 아니고서는 대개 그 지역을 떠나지 않는다. 이 분포구역 안에서조차 마음대로 움직이지 못한다. 오직 특정 경로를 따라 상당히 고정된 스케줄로 움직인다.[6]

동물들은 자신의 영역에 대한 접근과 지배를 주장하는 동시에 다른 종뿐만 아니라 같은 종으로부터도 거리를 유지한다. 이러한 공간적 "막"은 종마다 다르지만 일반적으로 큰 동물일수록 안전함을 느끼는 데 필요한 거리는 멀어진다. 이 임계거리를 다른 동물로부터 침범당할 경우 도망가거나 공격한다. 하지만 어떤 동물들은 같은 종과 가까이 살고 싶어한다.[7] 대개 물가에서 살며 물고기를 잡아먹거나 강, 호수, 바다에서 나오는 다른 산물을 먹고 사는 동물들은 육지로만 둘러 싸인 곳에 사는 동물보다 군집생활을 더 잘 버틴다. 그래서 바다오리, 펭귄을 비롯해 강둑이나 바닷가에 살며 먹을 것을 구하기 위해 멀리 가지 않아도 되는 새들은 놀라울 정도로 군집생활이 잘 발달되어 있다.

동물의 영역에 대한 선구자적 연구는 제1차 세계대전 당시 영국의 아마추어 조류학자인 엘리엇 하워드(Eliot Howard)에 의해 이루어졌다. 하워드는 새들 사이에서 특정 필요와 상관없는 소유적 본능을 발견하지 못했다. 새들의 영역권은 짝짓기와 직접 관련이 있었다. 그는 연구대상이었던 바다오리가 겨울에 무리지어 산다는 사실을 알아냈다. 하지만 봄이 오면 이들의 행동은 갑자기 확 바뀐다. 암컷과 번식지를 차지하기 위한 경쟁이 시작되는 것이다.

> 겨울에 들판을 돌아다니고 있는 수많은 바다오리떼를 관찰해보라. 비록 각기 다른 종류의 새들로 구성되어 있지만 먹을 것의 조달이라는 하나의 동기로 모두 조화를 이루고 있다.…하지만 이른 겨울에 일어나는 어떤 내부기관(器官)의 변화에 따라 개성이 드러나 상황을 바꾸어 놓는다. 하나씩 수컷들은 암컷을 유혹하기 위한 포지션을 취하며 이때 제한된 구역을 차지한 채 다른 새들과 거리를 둔다. 그후 들판은 더 이상 작든 크든 새떼를 볼 수 없다. 수 에이커의 농지는 이제 비어있다. 하지만 산울타리와 덤불이 수많은 영역으로 나뉘어 각각 주인이 차지하고 있음을 볼 수 있다.… 어떤 유전적 성질에 따라 선천적인 게 아니라면, 이처럼 평소 행동과 전혀 다른 모습은 세대에 걸쳐 그처럼 매우 다양한 형태로 나타날 수 없으며 계절이 돌아올 때마다 여전히 그렇게 한결같이 일어나지 않을 것이다.…[8]

하워드는 이 같은 영역확보를 다음과 같이 설명했다. 서로 가까이 사는 새들은 먹을 것을 찾기 위해 멀리 날아가야 하고 그러면 추위에 매우 민감한 새끼들이 위험에 빠지게 된다.[9] 이 같은 이유로 새들은 공격적으로 자신의 영역을 방어한다. 새들이 지저귀는 소리는 수컷들이 자신의 영역임을 선포하고 다른 수컷들에게 떨어져 있으라는 경고의 표현이다. 하워드는 조류의 영역확보 행동이 "본능," 즉 "의식적 경험이 아니라 순전히 생물학적 조건에 의존한다"고 결론내렸다.[10]

이후에 나온 연구논문들은 하워드의 결론을 뒷받침해주었다. 영역 점유는 가장 원시적인 형태의 원생동물부터 가장 발달한 영장류에 이르기까지 거의 모든 동물들에게 나타나는 보편적 현상임이 밝혀졌다.[11] 어니스트 비글홀(Earnest Beaglehole)은 소유에 대한 연구에서 상당히 긴 장을 할애해 곤충의 소유적 행동에 대해 설명했다.[12] 예를 들어 잠자리는 자신이 알을 낳은 구역에 다른 잠자리가 접근할 경우 상대를 공격한다.[13] 마찬가지 행동이 해양동물에게도 관찰되었다. 큰가시물고기의 경우 자신의 번식지를 온 힘을 다해 방어한다.[14]

이 같은 사례는 무한히 가능하다. 동물들은 시각, 청각, 또는 후각의 기능으로, 때로는 이 모두를 다 합쳐서 자신의 것이라고 지정한 구역을 표시하며 때로는 함께, 혹은 혼자서 침입자를 막아낸다. 그러나 인간과 달리 동물들은 도전받을 경우 목숨을 위협하는 폭력에 의존하지 않고 신호나 다른 시위적 행동 – 피를 거의 흘리지 않는 경쟁을 포함해 – 으로 자신의 구역을 방어한다. 이 사실을 보면 왜 인간의 악랄한 행동을 "짐승과 같다"고 하는지 이해할 수 없다.

이러한 발견들은 동물들이 포식동물을 피하고 자기와 자식들을 먹여 살리기 위해서 뿐만 아니라 번식하기 위해 자기 영역이 필요하다는 것을 알려준다.

영토적 동물의 경우 대부분 암컷은 영토가 없는 수컷에게 성적으로 반응을 보이지 않는다. 일반적 행동 패턴으로 영토적 동물들 사이에서 그동안 암컷을 차지하기 위해 벌여왔던 것으로 알려졌던 수컷간의 경쟁은 사실상 영토 싸움이었다.[15]

1903년 어느 아일랜드 조류관찰자는 같은 종의 새들이 늘 일정한 수로 특정 지역에서 서식하는 것을 보고 오직 새끼를 낳고 키우는 데 필요한 영역을 차지한 새만이 번식한다고 설명했다.[16] 다시 말해 영토적 제약조건은 인구조절의 효율적 수단이 되었다.

일부 영장류는 배타적 영역권을 행사하기 위해 물리적으로 그 영역을 차지하거나 그 위에 "앉아버린다."[17] 독일어로 소유한다는 의미의 동사는 "besitzen"이며 명사는 "Besitz"로 말 그대로 어디 위에 앉다, 혹은 형용해서 말하면 정착한다는 뜻이다. 폴란드어인 "posiadać"(소유하다), "posiadlść"(소유) 역시 어원이 같다. 이는 라틴어 "possidere"도 "sedere"를 어근으로 가지며 여기서 프랑스어인 "posséder"와 영어의 "possess"가 파생되었다.[18] "nest"(둥지)란 단어는 앉다는 뜻의 "nisad" 또는 "nizdo"에서 나왔다.[19] 왕관을 쓴 군주는 "권좌에 앉아 있는 상징적 행동 이외에는 아무것도 하지 않는" 것으로 묘사되었다.[20]

동물행동학자들은 영토의 점유와 그로 인한 익숙함이 먹을 것을 구하고 번식을 하는 데 중요할 뿐만 아니라 동물의 생존에 직결된다는 사실을 밝혀냈다.

> 동물은 특정 영토를 점유하고 나면 그 환경에 대해 자세히 알게 될 뿐만 아니라 동시에 그 특징과 자극에 대해 반사적 반응의 리스트 – 유리한 지점과 숨을 곳 등 – 를 개발해 위험과 공격에 빠르고 효과적으로 대응할 수 있다. 심리적 장점과 더불어 이는 이른바 "홈그라운드" 효과가 있어서 약한 동물들도 자신의 영역 안에선 더 강한 적과 맞설 수 있다.[21]

많은 경우 특정 종들은 생존과 번식에 필요한 영역을 꽤 정확하게 만들 수 있다는 게 증명되었다. 대개 육식동물들은 초식동물보다 영토가 10배 이상 더 필요하다.[22] 또 당연한 사실이겠지만 동물들은 영토가 줄어들수록 더 필사적으로 이를 방어한다.[23] 과밀현상이 일어날 경우 동물들은 평소와 달리 매우 호전적인 행동을 보이며 심할 경우 신경과민을 보이기도 한다. 먹을 것이 충분히 있어도 과밀화는 심리적 변화를 일으켜 전멸에 이르기도 한다.[24]

사회생물학자의 창시자 중 한 명인 에드워드 윌슨(Edward O. Wilson)은 거의 모든 척추동물과 대부분의 고등무척추동물은 토지점유, 공간배치, 지배라는 정확한 규칙에 따라 살며" 서로간에 특징적이며 정확한 거리를 유지한다.[25] 개미처럼 사회적 동물은 자신들의 영토인 개미탑을 지나칠 정도로 방어하며 늘 전쟁상태에서 산다고 한다.[26] 다른 동물들은 자신의 영토를 공격적으로 보호하지만 경계가 분명하지 않은 주변지역에서는 침입자를 공격하지 않고 그냥 놔둔다.

로렌즈와 팀버겐 등 다른 동물행동학자들은 동물과 인간의 호전성을 "영토적 본능"에서 찾고 있다. 호전성이란 타고나는 것으로 지울 수 없는 본성이라는 이 주장 때문에 학계가 발칵 뒤집혔다.[27] 이 주장을 무너뜨리려는 반대파들의 노력은 때로 지나칠 정도였다. 일부 학자는 인간의 행동이 본능과 학습의 혼합이라고 인정했지만 다른 학자들은 생물학적 요소를 아예 부정했다. 문화인류학자인 애쉴리 몬테규(Ashley Montagu)는 인간의 호전성에 대한 로렌즈와 알드레이의 이론이 아무런 가치가 없다며 아예 무시해버렸다.

인간은 본능이 없고 모든 것을 문화와 인간이 만든 환경, 다른 인간들로부터 배우고 습득했기 때문에 인간인 것이다.[28]

팀버겐은 동물의 행동으로부터 배운 내용을 인간행동에 그대로 옮겨 확대해석하는 것은 옳지 않다고 경고했다. 왜냐하면 인간은 환경을 통제하고 지식을 전수하는 능력에서 볼 수 있듯이 우수한 지능을 가지고 있기 때문이다. 놀라울 정도로 많은 심리학자와 인류학자들은 이 경고를 무시한 채 동물행동학이나 사회생물학과 조금도 타협하지 않았다. 기껏해야 이 새로운 학문분야의 연구결과를 "지나친 단순화"라고 비판했고 심한 경우 이들을 배척하고 독설을 퍼부었다. 사회생물학이 인간행동에 의미를 갖는다고 주장한 에드워드 윌슨은 욕설만 들은 게 아니라 폭행까지 당했다.[29] 스테판 제이 굴드(Stephen Jay Gould)는 《인간에 대한 오해》(The Mismeasure of Man)에서 정치적 근거로 "생물학적 결정주의"에 도전했다. 관찰자의 기준으로 인간이 무엇이고 무엇을 할 수 있는가에 대한 견해가 사실상 인간의 존재와 인간이 하는 일을 결정한다는 얘기이므로 "본질적으로 한계이론"(a theory of limits)이기 때문에 생물학적 결정주의는 옳지 않다고 했다.[30] 굴드는 생물학적 결정주의가 인종차별주의, "파시즘"은 물론 심지어 대량학살까지 정당화해준다는 사실에 주목했다.[31]

이 같은 논리에 근거해 사회생물학자들은 문화조건을 주창하는 사람들이 사회공학을 촉진시켜 결국 공산주의와 스탈린의 굴라크(Gulag)를 탄생시켰다고 비난할 수 있었다. 이 논쟁에 직접 관여하지 않은 사람들은 생물학이 정치적 목적에 이용당할 수 있는지(분명히 가능한 얘기이며 실제로 그래왔다)보다는 동물의 행동이 인간에 대해 무엇을 말해주는지 더 궁금해한다.

프란츠 보아스 이론과 관련해 앞서 보았듯이 상당수의 학자들이 사회생물학에서 발견한 증거들을 인정하지 않으려는 이유는 결국 정치와 관련이 있다. 어느 사회생리학 비판가는 인간의 호전성의 기원에 대한 로렌즈의 견해가 과학적으로 빈약할 뿐만 아니라 "정책적 함의"를 담고 있기 때문에 이를 받아들일 수 없다고 했다.[32] 인간은 무한하게 마음대로 만들 수 있는 존재로 법과 교육(그리고 사상주입)을 통해 사회적으로 바람직하지 못한 특징들 - 무엇보다 취득성과 호전성 - 을 없애고 비슷한 사람들 속에서 행복하게 사는 사회적 존재로 변모할 수 있다는 믿음은 자유주의, 사회주의, 공산주의 이론에서 핵심을 차지한다.

어느 저명한 미국 진보주의자는 인간의 "완전해질 수 있는 가능성"을 민주주의의 선결조건이라고 단언했다.[33] 이 전제는 사회주의자와 공산주의자들의 야망에 더욱 필수적이다. 이 비전은 인간의 행동이 오직, 혹은 거의 오직 환경("문화")에 의해서만 결정된다고 해석해야만 지지할 수 있다. 인간 행동의 원인을 생물학에서 찾을 경우 이를 바꿀 수 있는 가능성은 반드시 제한될 수 밖에 없다. 이러한 상황에서 기대할 수 있는 거라곤 기껏해야 훈련, 체벌, 사회의 비난 등과 같은 장치만이 바람직하지 못한 사회적 행동을 규제할 수 있다는 것이다. 이러한 제어장치가 느슨해질 경우 언제라도 인간의 타고난 취득성과 호전성이 되살아날 수 있는 위험이 있다.

따라서 근본적으로 사회를 개조하고 싶어하는 모든 사람에게 이는 매우 중요한 이슈이다. 바로 그렇기 때문에 "자연과 교육" 간의 논쟁은 감정적 싸움으로 변질되었으며, 또 과학적 증거를 객관적으로 관찰하고 분석할 수 있는 완벽한 능력을 가진 사람들조차 인간 본성에 관한 주제에 대해 얘기할 땐 흥분을 감추지 못하는 것이다. 이 경험은 인간이 모든 가능한 주제에 대해 과학적 공평함을 가지고 연구할 수 있지만 자기 자신에 대해서만큼은 예외라는 것을 보여준다. 아무리 객관적 연구를 하려고 해도 인간행동 분석에 관한 한 이를 어떻게 구조적 채널로 설명할 것인지의 문제가 끼어든다. "구조적 채널"에 대한 개념이 인간의 동기를 바라보는 시각에 반드시 영향을 미친다. 과학적 용어와 심지어 수학공식까지 동원해 마치 이를 몰가치한 주제로 다룬다면 결국 추론에 불과하며 정치적 선입견에 의해 좌우될 것이다.

2. 아이의 소유욕

  취득성이 문화적 환경의 작품이라는 것을 증명하려면 아이들이 처음엔 소유적 행동에 낯설어하다가 자라서 어른들의 영향을 받아야만 이를 습득하는지를 알아야 한다. 사실 유아심리학자들이 수집한 증거자료들을 보면 오히려 정반대로 유아들은 지나칠 정도로 소유적이며 자라면서 배워야만 남과 나눠가질 수 있다.

  동물의 경우와 마찬가지로 인간의 취득성은 주로 경제적 요인과 생물학적 요인에서 기인한다. 즉, 생명을 부지하고 번식하는 데 영토와 물질을 필요로 한다. 모든 인간행동은 "특정 장소나 특정한 지리적 배경에서 발생한다." 그 이유는 "장소화"(localization)가 인간사회에서 가장 기본적인 특징 중 하나이기 때문이다.[34] 하지만 소유에서 미묘한 심리적 특징은 소유한 물체를 자신의 확대된 일부로 생각하게 만든다. 헤겔은 이미 소유의 긍정적인 심리학적 효과를 강조한 바 있다. "오직 소유와 지배를 통해서만이 인간은 자신의 의지를 외부 물체에 주입할 수 있으며 자신의 존재에 대한 주관성을 뛰어넘을 수 있다."[35] 윌리엄 제임스(William James) 역시 이 주제에 대해 매우 뛰어난 통찰력을 보였다.

> 우리 모두의 경험적 자아(empirical self)는 "나"라는 이름으로 불리고 싶어하도록 한다. 하지만 인간이 "나"라고 부르는 것과 "내 것"이라고 부르는 것 사이에 분명한 선을 긋기란 쉽지 않다. 우리는 우리 자신에 대해 느끼고 행동하는 것과 매우 비슷하게 우리의 것에 대해 느끼고 행동한다. 우리의 명성, 자식, 작품 등은 신체만큼이나 우리에게 소중하며 만약 공격당할 경우 똑같은 복수심을 갖게 되고 똑같은 행동을 취하게 된다.…가장 가능한 한 광의의 의미에서…인간의 자아는 자신의 몸과 정신력뿐만 아니라 옷, 집, 아내, 자식, 조상, 친구, 명성, 일, 토지, 말, 요트, 은행계좌 등 자신의 것이라고 부를 수 있는 모든 것을 다 합친 총합이다. 이 모든 것들은 그에

게 똑같은 감정을 준다. 모두 빛나고 번성할 경우 그는 승리감에 도취된다. 반대로 시들고 사라져버리면 좌절감에 빠진다.…

본능적 충동에 의해 우리는 소유물을 모은다. 이렇게 수집된 것들은 정도마다 다르지만 우리의 경험적 자아의 일부가 된다.… [소유한 것을 잃을 경우] 항상 자신이 초라해짐을 느끼며 아무 존재도 아니라고 생각하게 된다.…[36]

모든 주요 유럽 언어에서 – 그리스어, 라틴어, 독일어, 영어, 이탈리아어, 프랑스어 등 – "소유"(property)란 단어는 두 가지 관련된 의미로 사용되고 있다. 사람이나 사물의 속성과 누군가에게 속한다는 의미이다.[37] 적절하다는 의미의 "proper"와 "appropriate"는 property와 같은 어원을 갖는다. 다시 말해 소유란 단어는 속하다는 것을 결정적 특징으로 다루고 있다. 바로 이런 이유에서 플라톤의 공화국에서 이스라엘의 급진적 형태의 공동체인 키부츠에 이르기까지 모든 공동체적 체제는 개인의 개성이 완전한 평등을 얻는 데 방해가 된다고 보고 이를 없애기 위해 노력한다. 초기 소연방에서 이에 집착한 일부 이론가들은 시민들의 이름을 암호나 번호로 바꿀 것을 주장할 정도로 인간의 개성을 없애려고 했다.[38]

소유의 심리학적 측면은 상당히 중요하다. 소유권을 반대하는 사람들이 하나같이 이를 무시하기 때문이다. 영국 사학자이자 사회학자인 리처드 타우니(Richard Tawney)는 일반인들이 나이가 들거나 아팠을 때를 대비해 그동안 자신이 저축해 둔 재산을 잃지 않으려고 자본주의와 관련된 불평등과 착취를 참고 있다는 주장을 반박했다. 이는 잘못된 생각이라고 그는 말했다. "소유는 도구이며 안전은 목적이다. 실제로 후자를 제공할 수 있는 대안적 방법이 있다면 전자의 부재로 인해 확신이나 자유, 독립성을 상실하지는 않는 것 같다."[39] 하지만 경험이 증명하듯이 소유에 대한 집착은 부정적이기도 하지만 긍정적이기도 하다. 그 동기는 단순히 상실에 대한 두려움에만 있는 것이 아니라 이윤에 대한 희망에도 있다. 이러한 사실을 인식하지 못했기 때문에 사적 소유를 철폐한 공산주의 사회들이 그처럼 경제적 재앙을 겪게 된 것이다.

제임스의 통찰력은 어린이를 상대로 한 임상실험 연구에 의해 증명되었다. 영국의 유아심리학자인 위니콧(D. W. Winnicott)은 영아들이 집착하는 담요와 곰인형을 "과도기적 물건"(transitional objects)이라 이름붙였다. 이러한 물건은 엄마를 대용하며 동시에 유아가 엄마에게 덜 의존하고 외부의 것, 즉 "내 것"이 아닌 물건들을 인식함으로써 자아를 갖게 되는 계기가 된다.[40] 유아 발달에 대한 연구 덕분에 취득 충동의 형성과정을 파악할 수 있게 되었다. 두 명의 심리학자는 부모들이 이미 잘 아는 사실을 찾아냈다. 즉, 18개월된 아기들이 인형이나 담요 등 무엇인가 자신에게 친밀한 물건이 곁에 없으면 잠드는 데 어려움을 느끼며 또 어떤 물건이 누구에게 속하는지 잘 알고 있다는 점이다. 두 살이 되면 아이들은 "가능한 한 많은 것을 소유"하려고 하며 "강한 소유의 감정을 보이며, 특히 장난감에 대해 소유의식이 강하다. '이건 내꺼야'라는 말을 몇 번이고 반복해서 말한다." 아이들은 자라면서 공유하는 법을 배운다. 하지만 소유의식은 여전히 강하게 남아 있으며 모아두려는 욕구 또한 마찬가지다. 아홉 살이 되면 돈에 대해 상당한 관심을 보이며 가능한 한 많이 가지고 싶어한다.[41] 이 증거는 소유가 인간의 개성발달을 촉진시킨다는 제임스의 견해를 뒷받침한다. 두 살짜리의 "이건 내꺼야"라는 말은 "이건 네 것이 아니야"라는 것을 의미하며 따라서 "나는 나"이고 "너는 너"라는 의미를 전달한다.

1930년대 초 미국에서 실시된 연구들은 취학 전 아동들이 소유물에 대해 얼마나 호전성을 보이는지를 밝혀냈다. 어느 심리학자는 18개월에서 60개월에 이르는 40명의 어린이집 유아들을 대상으로 이들이 노는 시간에 어떻게 행동하는지를 연구했다. 어린이집 한 구석에서 싸움이 생기자마자 연구진들은 "초시계, 노트북 컴퓨터 등의 연구장비로 무장한채" 그 싸움의 성격과 시간을 기록했다. 이들은 약 2백 건의 싸움을 관찰했다. 그 결과 모든 연령층 집단에서 소유에 대한 불일치가 싸움의 주요 원인임이 밝혀졌다. 18~29개월에 이르는 영아집단의 경우 그 이유가 전체 다툼의 73.5%로 더욱 빈번하게 나타났다.[42] 이러한 결과는 취득행위는 문화에 의해 자극받기보다는 본능적이며 오히려 문화의 영향 아래서 약화된다는 것을 시사한다.

이제는 물질적 재화에 중점을 둔 사회에서 자란 아이들이 어른들로부터 소유적 행동을 배운다는 게 일반적 인식이다. 하지만 공동체적 사회에서 자란 아이들에 대한 연구결과 역시 비슷한 패턴을 보인다. 이스라엘의 카부츠에 대한 선구자적 연구에서 멜포드 스피로(Melford Spiro)는 키부츠 아이들에게서 자본주의 사회에 사는 아이들과 마찬가지로 취득 충동과 소유에 대한 부러움을 발견했다. 공동 탁아소에서 자란 키부츠 아이들은 그림물감이나 수건과 같은 물건에 대해 소유를 주장하며 "이건 내 것"이란 말의 의미를 정확히 알고 있다. "아주 어린 영아들을 제외하고 2~4세의 유아들은 대부분 자신의 물건을 인식하고 있다는 충분한 증거가 있다." 초등학생의 경우 "자신의 소유권에 대해 매우 자기주장이 강하며…일부 아이들은 다른 사람의 물건을 탐냈다." 이들이 공동체적 이데올로기의 영향을 받으며 성인이 된 후에야 사적 소유의 요구를 부정할 수 있게 되었다. 이러한 증거로부터 스피로는 다음과 같이 결론내렸다.

> 아이는 백지상태가 아니다. 문화적 환경에 따라 사적 소유나 집단소유제도를 동일하게 받아들인다. 한편 연구결과는 아이의 초기 동기가 상당히 강하게 사적 소유로 기울어 있으며 이러한 성향은 효과적인 문화적 테크닉에 의해서만이 서서히 약해진다.[43]

스피로와 마찬가지로 키부츠의 아이들을 연구했던 리타 퍼비(Lita Furby)는 키부츠에서 자란 어른들이 겉으로는 사적 소유에 대해 무관심해 보이지만 그 기저에는 사회적으로 억눌린 매우 강렬한 취득본능이 숨어 있다고 말했다. 그녀의 연구는 1970년대까지 "소유의 심리학, 즉 개인의 소유욕 발달의 기원에 대한 경험론적 연구나 체계적 이론이 거의 전무했다는" 사실에 자극받았다.[44] 그 틈새를 메우려고 하던 그녀는 소유본능이 소유에 대해 절대적으로 적대적인 환경에서조차 매우 어린 나이에 나타난다는 사실을 발견했다. 키부츠에서 자란 아이들은 물질주의를 장려하는 문화에서 자란 미국 아이들과 똑같은 수준의 취득성을 보였다. 그녀의 연구결과는 소유가 자아의식과 긴밀한 관련이 있다는 윌리엄 제임스의 주장을 입증했다. 또 소유가 자신감 강화에 미치는 영향에 대해서도 훌륭한 증거가 되었다. "소유에 대한 최초의 개념은 내가 통제하는 것과 내 행동에 대한 반응을 중심으로 생겨난다.[45] 아이들은 "내 것"이란 단어를 매우 어렸을 때부터 사용하며 두 개의 단어를 이어 말할 수 있을 때가 되면 가장 먼저 하는 표현 중의 하나가 바로 소유에 관련된 것이다(예를 들면, "아빠의 의자").[46]

브루노 베틀하임(Bruno Bettleheim)은 시간이 지나면서 키부츠 아이들에게 사적 소유물에 대해 무관심을 주입시키는 게 가능하긴 하지만 그로 인해 매우 값비싼 대가를 치르고 있다는 사실을 발견하고 깜짝 놀랐다. 이 같은 스파르타식 환경에서 자란 아이들은 예외적인 집단 충성심을 보이며 자라서 뛰어난 군인이 되지만 친구나 애인과 사귈 때 상대방에 대해 감정적 맹세를 하는 데 상당한 어려움을 보였다.

> 단 한 명의 다른 사람과 공유하는 감정은 다른 개인적 소유만큼이나 강력한 이기심의 표시이다. 다른 곳이 아닌 바로 키부츠에서 나는 사적 소유가 마음속 깊이에서 개인의 감정과 매우 긴밀한 관계가 있다는 사실을 발견했다. 하나가 없으면 다른 하나도 부재하곤 한다.[47]

키부츠의 아이들은 시를 쓰거나 그림을 그리는 것이 금지되었다. 이 같은 활동이 "이기적"인 것으로 간주되어 집단으로부터 비난받기 때문이

다.[48]

　제대로 자라려면 사람도 동물처럼 일정 정도의 개인적 공간이 필요하다는 사실을 뒷받침하는 경험론적 연구들이 이어졌다. "영토적 경계구분은 아이들의 완전한 정신건강에 필요하다." "아이들은 영토가 부족할 경우 퇴보를 보인다."[49] 동물과 마찬가지로 아이들 역시 친구나 친지, 이방인으로부터 일정 간격을 유지하며 남자아이와 여자아이에 따라 그 간격에 차이가 있다.[50] 아이들은 자신의 주변에 보이지 않는 공간적 "막"을 만들어 배타적 소유를 주장한다. 어른이 되면 다양한 문화의 사람들이 다른 사람들과 습관적 거리를 유지하며 자신의 개인공간을 누군가 침범하면 매우 강한 반응을 보인다.[51] 프라이버시란 개념은 우리가 우리 자신의 영역으로 일부분 혹은 전체적으로 숨어들 수 있다는 사실을 알고 있다는 데서 기인한다. 자신을 분리시킬 수 있는 능력은 소유권의 중요한 특징 중 하나이다. 소유가 존재하지 않는 곳에선 프라이버시는 존중받지 못한다.[52] 토마스 모어부터 시작해 유토피아적 작가들은 자신의 가상공동체에 사는 사람들이 하나로 합쳐져 함께 행동한다고 말했다. 나치와 공산주의자들은 자신의 모든 권력을 이용해 사유재산을 없애고 사람들을 지속적인 사회적 관계로 몰아넣었다. 정치적 숙적을 처리할 때 최대한 그들의 프라이버시를 없애버렸다. 희생자들로부터 인간성을 완전히 빼앗기로 작정한 나치는 이들에게 개인적 공간을 허용하지 않고 집단수용소로 몰아넣었다. 수용소에 수감된 사람들은 옆 사람의 몸이 닿을 정도로 좁은 침대에서 잠을 자야 했다. 이와 비슷한 의도적 과밀수용은 스탈린의 감옥과 수용소에서도 찾아볼 수 있다.

3. 원시인의 소유

　앞 장에서 지적했듯이 모든 인간이 모든 재화를 공동으로 소유했던 황금시대에 대한 믿음은 인류역사의 기록만큼이나 오래되었다. 이는 소유가

"비자연적"이라는 이론적 주장에 심리적 토대를 제공했다. 하지만 현대 인류학은 여기에 대해 아무런 증거를 내놓지 못하고 있다. 반대로 인류학자들은 소유를 인정하지 않을 정도로 원시적인 사회는 인류역사에 단 하나도 없었다고 결론내렸다.[53]

> 소유는 인간문화의 보편적 특징이다. 사회집단이 거주하며 양식을 얻고 있는 땅, 야생에서 떠돌아다니는 짐승들, 풀을 뜯어 먹는 동물들, 나무와 곡식, 인간이 세운 집, 인간이 입고 있는 옷, 인간이 부르는 노래, 인간이 추는 춤, 그들이 외우는 주문 등 이 모든 것들이, 그리고 그 외에도 수많은 것들이 소유의 대상이다. 인간이 삶의 영위나 가치를 지키기 위해 의존하는 모든 것들이 소유의 범주 안에 속한다. 따라서 소유는 인간이 있는 곳이라면 어디에나 있으며 모든 사회의 기본조직을 구성한다.[54]

모든 사회가 적어도 공동체 안에서 절도행위를 비난하고 처벌한다는 사실은 소유에 대한 존중을 증명한다.[55] 사실 지금까지 남아 있는 고대 법전은 신체상해 다음으로 소유와 소유권 침해를 주로 다루고 있다. 하무라비 법전(기원전 1750) 역시 상당부분에서 재화와 노예의 절도, 토지와 가축의 소유, 투자와 채무 등을 다루고 있다. 기원전 1100에 기록된 것으로 알려져 있는 앗시리아 법전이 적힌 남아 있는 세 개의 점토판 중 두 개는 토지법과 다른 형태의 소유에 대해 다루고 있다. 주로 여성을 다룬 점토판 기록은 상당부분 소유권과 권리에 대해서도 얘기하고 있다. 로마의 12표법(기원전 5세기)은 채무, 절도, 상속 등의 주제를 다루고 있다. 자신의 재산을 처분할 수 있는 소유주의 권리는 국가로부터 확실한 보장을 받았다. "원시적 공산주의"는 소유가 사회적으로 주입된 것이라는 개념과 마찬가지로 대부분 미신임이 밝혀졌다. 하지만 아직도 인류학의 대부분의 교재는 소유에 대한 언급이 없으며 기껏해야 스쳐가듯 다루고 있을 뿐이다.[56]

아직도 학자들의 논문 속에 남아 있는 원시 공산주의에 대한 믿음은 역사나 인류학의 구체적 증거를 찾지 못한 채 진화론적 사회학으로부터 파생된 논리적 추론에 의존하고 있다. 진화론적 사회학은 19세기 중반에 다윈의 《종의 기원》(Origin of Species)의 영향을 받아 생겨난 것으로 지금은 거의 인기를 잃었다. 다윈은 생물학적 현상을 끊임없는 변화로 설명하며 확인가능한 진보의 원칙에 따라 보다 복잡한 고등 형태로 "진화"하며 자연선택의 원칙으로부터 통제받는다. 이 이론은 발표 즉시 사회학에 적용되었다. 진보주의 사회학파는 살아있는 생물과 마찬가지로 제도 역시 보다 원시적 형태에서 보다 진화된 형태로 발전한다고 가정했다. 따라서 모든 것이 항상 변화하고 있기 때문에 그 어떤 것도 "그대로 있지" 않다. 따라서 인류의 역사는 진화의 패턴을 따라 수렵과 채집에서 가축사육으로, 그리고 농업으로 발전했으며 공업에서 절정을 이루었다.

상이한 생활방식의 중요성은 이미 고대에도 널리 인식되었으며 곧 "경제단계"라는 발전적 가치를 갖게 되었다. 19세기에 처음으로 원시인들의 경제에 대한 진지한 연구가 이루어지면서 이 오래된 경제단계는 비선형적 진화사상으로부터 별다른 비판을 받지 않고 생물학에서 인류문화의 분야로 이전되었다. 인간은 어디서나 처음엔 수렵생활을 했지만 나중엔 잡아온 동물을 길들이기 시작했고 목축을 하다가 결국 농업의 단계로 발전했다. 식량채집의 상이한 방법이나 초보적 식물채집과 쟁기로 땅을 가는 보다 발전된 곡물농사를 분명히 구분하지 않았다. 또 목축이 모든 곳에서 재배보다 먼저 시작되었다는 가설에 대해 믿을 만한 이유가 없었다. 마지막으로 문화적 전파란 개념과 이 개념이 방대한 지역에서 경제 패턴에 미친 영향은 거의 무시되었다. 과학계와 사회학계를 지배했던 진보와 발전이란 사상은 애매하고 추상적인 "인간"을 탄생시켰다. 이에 따르면 인간은 더 높은 단계로 올라가기 위해 항상 애를 쓰고 있다.…사람들은 경제적 단계에 살고 있지 않다. 사람이 경제를 소유하고 있다. 단 하나의 배타적 경제란 찾을 수 없으며 오직 이를 혼합한 형태만이 존재한다.[57]

인류학과 역사적 증거는 다양한 형태의 경제가 공존할 수 있으며 실제로 그렇다는 사실을 뒷받침한다. 비록 어느 하나가 지배적일 수는 있지만 말이다. 따라서 고대 독일 부족들 사이에서 목축은 주요 직업이었으며 농업은 부수적 일로 주로 여성들이 담당했다. 남성은 힘이 더 필요한 쟁기가 호미를 대체하면서 농사일을 하기 시작했다.[58] 중세 러시아인들은 주로 농업에 의존했지만 동시에 사냥도 하고 물고기도 잡았다. 후에는 농사와 함께 가내공업을 병행했다.

경제"단계"를 따라 발전한다는 가상적 진화에는 소유의 등장이 뒤따랐다. 인간은 모든 것을 공유하던 가장 원시적인 "미개"단계에서는 소유에 대해 알지 못했다고 가정했다. 로버트 로위(Robert Lowie)의 말을 빌리자면 소유의 영향은 "근대 산업문명사회에 들어와 막강해졌기 때문에 진화론자들은 자연히 문화의 초기단계에서는 소유란 게 존재하지 않았다고 가정하게 되었다."[59] 오늘날 지배적 의견은 다음과 같다.

> 이른바 거의 모든 초기 경제단계에서 공동 토지제도는 단순히 가족제도로 현재의 나눌 수 없는 가족단위의 재산보다 더 집단적이거나 사회적이지 않다. 토지 소유형식의 변화에서 단정적이며 보편적인 순서란 단 하나도 존재하지 않았다. 적어도 농업인의 아주 초기단계부터 개인이나 가족, 부족 소유에서 상이한 토지제도가 존재했다. 그 중에서도 가족중심의 소유가 우세했다.[60]

기껏해야 원시사회에서는 토지에 대한 권리는 무주지(res nullius)의 점유로부터 생겨났으며 이동가능한 재화에 대한 권리는 노동의 적용으로부터 생겨났다고 결론내릴 수 있다. 로크와 같은 고전적 이론가들이 믿었던 사적 소유의 발생과정과 비슷하다.[61]

원시인들의 소유형태는 친족(부족 혹은 가족)과 개인으로 나뉜다. 친족집단은 구성원이 채집하고 사냥하며 물고기를 잡고, 드물지만 경작하는 토지를 공동으로 지배하며 비구성원을 배제했다. 개인소유는 옷이나 무기, 도구와 같은 개인사물과 노래, 신화, 주문, 기도 등과 같은 무형적 자산으로 구성된다.

개인의 사물부터 시작해보자. 인류학자들은 모든 곳에서 사람들이 옷, 장신구, 무기 등을 소유자가 마음대로 처분할 수 있는 절대적 사적 소유로 생각했다는 것을 보편적 사실로 받아들인다.[62] 이러한 소유물은 주로 소유주가 직접 손으로 만든 것으로 그 자신을 확대한 것으로 여겨졌다. "원주민들에게 개인소유는 자신의 일부이며…개인의 삶 중 일부는 그가 차지하고 처리해온 것과 합쳐져 있다."[63] 뉴질랜드 마오리족의 경우 개인물품의 소유주가 "금기"(taboo)의 형태로 그 물건에 종교적 명령을 내려 다른 사람의 침해로부터 영향받지 않도록 하는 게 관례이다. 멜라네시아에선 소유주가 잠재적 도둑에게 병에 걸리라는 주문을 걸어 자신의 소유를 지킨다.[64] 이같은 개인의 물건은 그 주인이 죽고 나면 함께 묻는 게 관례였다. 많은 원시사회에서 집은 절대적 개인소유로 여겨졌으며 대개 여자 상속자가 물려받았다. 왜냐하면 여성들이 주로 집을 지었기 때문이다.

원시사회에서 아내의 지위에 대해 어떤 인류학자는 여성을 남편의 개인소유로 여겼다. 아내를 매매하거나 담보로 사용할 수 있었기 때문이다.[65] 여성의 혼전순결과 아내의 정조를 강요한 사회에서는 이는 "소유 금기"의 표현으로 해석되었다.[66] 하지만 동시에 "아내 접대"라는 풍습도 있었는데, 원시사회 남자들은 손님에게 아내의 의사와 상관없이 아내를 빌려주었다. 이 역시 소유의 또 다른 표명이다.[67] 과부는 대개 죽은 남편의 재산으로 여겨졌기 때문에[68] 어떤 사회에서는 죽여서 매장하거나 심지어 생매장하기도 했다.

원시인들은 물질적 개체뿐만 아니라 노래, 전설, 디자인, 마법주문 등 우리가 오늘날 말하는 지적 재산에 대해서도 개인적 소유를 주장했다. 이들은 이러한 무형의 소유가 매매나 선물이라는 적합한 방법을 통해 이전되지 않을 경우 다른 사람이 이를 배우면 그 효력이 상실된다고 믿었다.[69] 이 같은 무형자산은 정교한 사회적 관습을 통해 보호되었다.[70] 로버트 로위는 원시인들의 관습이 근대의 저작권과 특허법과 유사하다고 주장했다.[71] 후자의 예로 일부 동아프리카 부족들은 남을 매우 경계하며 자신들의 제철기술을 지키려고 애썼다.[72]

비인간적 대상의 경우, 특히 토지는 사람들이 그 같은 소유를 어떻게 다루는지보다 그에 대해 어떻게 생각하고 있는지 설명하는 게 훨씬 쉽다. 현대 서양사회에서는 조세와 고도로 발달된 상업적 문화 때문에 거의 모든 게 정부, 회사, 연합, 개인 등 누구든지 간에 주인이 있다. 다시 말해 거의 모든 것이 삶 자체를 제외하고 상품이 되었다. 하지만 과거에는 반드시 그렇지만은 않았다. 소유가 발달하려면 두 가지 조건이 만족되어야 한다. 사람들이 갖고 싶어하는 대상이어야 하며 양이 제한적이어야 한다. 사람들은 당연히 어느 누구도 원하지 않거나 아무리 써도 넘쳐나는 그런 대상에 대해 권리를 주장하고 이를 방어하려고 하지 않을 것이다. 세계인구가 오늘날보다 훨씬 적고 널리 퍼져 있을 당시에, 땅과 거기서 나는 산물은 거기에 사는 사람들의 소유라고 암묵적으로 가정되었다. 오직 물리적 도전을 받을 때에만 소유를 강력히 주장했다(선사시대에 인구가 얼마나 적었는지는 구석기시대 초기 75만 명 기원전경에 영국의 인구가 약 250명 정도였으며 프랑스는 1만 명 정도였다는 사실로부터 추론할 수 있다).[73] "점유"나 "소유"에 대한 개념은 형성되지 않았다. 그럴 필요가 없었기 때문이다. 다른 사람을 배척할 수 있는 권리인 소유나 점유의 본질적 특징은 오직 사람들이 모여 있고 이들이 희소자원을 차지하기 위해 서로 경쟁을 벌여야만 비로소 작동된다. 농업경제의 경우 시골의 인구밀도가 1제곱마일당 150~250명은 되어야 집중적 경작이 이루어져 비로소 소유의 개념이 필요하게 된다.[74]

자산에 대해 소유권을 주장하는 관례는 더 이상 그 자산이 희소하지 않거나 사람들이 원하지 않을 때 뒤바뀔 수 있다. 따라서 제1차 세계대전 이후 농업이 기계화되고 미국 기병대가 말 구입을 중지하자 말의 값이 폭락했다. 대평원에서 말에 대한 소유권을 주장하는 것은 이제 경제적으로 무의미해졌다. 그 결과 많은 말들이 주인 없이 떠돌아다니게 되었다.[75] 물고기가 없는 호수나 강은 가치가 없다. 경작지가 사막으로 바뀐 경우도 마찬가지다.

원시사회의 관습에 대해 더 많이 알려질수록 그들이 자신의 생계유지를 위해 의존했던 모든 것에 대해 배타적 권리를 주장했다는 사실이 좀더 명백해졌다. 이들은 "절대로 자신이 사는 지역 밖으로 나가지 않았다. 낯선 곳에선 식량을 교환할 수 없었고 어디서 야생열매가 자라는지도 모르고 이를 채취할 권리도 없었기 때문이다."[76] 이는 동물들이 익숙한 영토에 가까이 있으려고 하는 것과 매우 비슷하다.

원시인들이 자신의 구역을 수호하고 이를 벗어나기를 꺼려했던 이유는 경제적 혜택만이 아니었다. 이들의 집착은 종교적 믿음과 심리학에 뿌리를 두고 있었다.

원시인들은 조상에 대해 토템신앙을 갖고 있었으며 조상들이 살았던 땅을 버릴 경우 그들과의 정신적 교류도 단절된다고 믿었다.[77] 고대 그리스와 중국 등 많은 사회에서 죽은 사람은 공동묘지 대신 그들이 농사를 지었던 땅에 묻혔다. 이를 통해 조상과 후손들 간에 신비로운 유대관계가 생겨났다. 쿨랑지는 이 유대관계가 소유권의 기원이 되었다고 보았다. 쿨랑지의 제자인 폴 지로(Paul Guiraud)는 고대 그리스에서 토지소유제도가 등장하게 된 배경에 대해 다음과 같이 적었다.

그리스인들이 토지의 전유를 꿈꾸었다면 이는 먹고 입기 위해서였다. 토지를 전유하는 데 성공했다면 그것은 그들이 사유재산을 가질 정도로 강했기 때문이다. 토지를 세습과 상속자산으로 만들었다면 조상들이 후손들의 곁에서 절대로 처분되지 않을 영원한 자리를 찾아 내세에서 안식을 취하고 후손들로부터 항상 숭배를 받고 늘

그들과 함께 있고 싶어서였다.[78]

"향수병"이 보여주듯 자신의 탄생지에 대한 감정적 집착은 습득되거나 학습된 특징이 아니다.[79] 독립 후 케냐의 초대 대통령을 지냈던 조모 케냐타(Jomo Kenyatta)는 원래 인류학자로 키쿠유(Gikuyu 혹은 Kikuyu) 부족에서 보냈던 어린 시절을 회상하며 당시 사람들의 땅에 대한 집착을 다음과 같이 설명했다. 이는 고대 그리스인에 대한 쿨랑지의 견해를 간접적으로 증명한다.

> 키쿠유 부족의 조직을 연구할 때 토지보유권은 부족민들의 사회적, 정치적, 종교적, 경제적 삶에서 가장 중요한 요소로 다루어져야 한다.…조상들과의 영적 교섭은 그들이 묻힌 땅과의 접촉을 통해 영속화된다. 키쿠유 부족은 땅을 부족의 "어머니"라고 불렀다. 인간의 어머니는 8~9개월 동안 태아를 뱃속에서 키우다가 아이가 태어나면 짧은 기간 동안 돌봐준다. 하지만 토지는 그의 일생 동안 그를 먹여주며 죽은 다음엔 죽은 자의 영혼을 영원히 보살펴준다. 따라서 땅은 이 세상 그 무엇보다 가장 신성하다.[80]

이 같은 감정적 유대감은 왜 원시인들이 토지를 양도할 수 있는 상품으로 보지 않았는지 그 이유를 설명해준다. 어느 캐나다 지리학자는 서양인들이 에스키모인의 토지에 대한 개념을 이해하는 데 어려움을 겪고 있다면서 다음과 같이 적었다.

> 이들은 토지와의 관계를 설명할 때 땅이 자신에게 속한 것이 아니라 자신이 땅에 속해 있다고 말했다. 전통적 우주론은 인간과 자연을 주체와 객체로 분명히 구분하는 서양사상과 공통된 부분이 전혀 없다. 서양사상에 따르면 자연은 감각이 없는 물질로 인간이 지배하거나 다스려야 하는 대상이다. 전통적 우주론에 따르면 땅은 집

과 먹을 것을 주었지만 개인의 소유로 전락시켜 양도할 수 있는 대상이 될 수 없었다.[81]

이 같은 이유로 원시인들은 토지를 거래하지 않았다. 아프리카 반투족도 많은 사례 중 하나이다.[82] 소유물을 자유롭게 양도할 수 있는 권리는 근대 서양인에게 소유의 주요 특징 중 하나였기 때문에 비유럽권 사람들에게서 사유토지의 존재를 인식하는 데 어려움을 겪었던 것 같다.[83] 비유럽권 사람들의 소유권 주장은 긍정적이기보다는 부정적이다. 즉, 완전한 처분에 대한 자신의 권리를 주장하기보다는 다른 사람을 배척하는 데 중점을 두고 있다. 로마법에 따라 토지를 소유한 현대인들은 이를 다른 사람에게 팔 수 있는 자유가 있다. 하지만 원시인들에게 토지의 소유란 단지 이방인이 들어오지 못하도록 하는 권리였다. 이런 면에서 원시인들의 상황은 동물과 크게 다르지 않다. "새들에게 영토의 근본적 중요성은 그 영토를 점유자의 것으로 식별해주는 메커니즘(공공연한 방어나 다른 행동)보다는 점유자가 얼마나 이를 배타적으로 사용하느냐에 있다."[84]

고향에 대한 감정적 애착은 현대인에게도 강하게 나타난다. 가장 극적인 예는 2천 년이나 흩어져 살던 유대인들이 조상들의 땅인 이스라엘로 돌아온 역사적 사건이다. 또 다른 사례로 1944년 스탈린에 의해 독일군 침략자들에게 협조했다는 혐의로 강제이송되었던 체첸, 잉구시, 발카르, 칼믹, 크리미아타타르인 등도 전쟁이 끝난 후 자신들의 조국으로 되돌아왔다.[85]

역사를 통해 영토가 없는 민족은 늘 멸시당했다. 대표적 예가 기독교인들로부터 박해를 받아온 유대인들이다. 4세기 로마제국의 통치자들이 기독교를 받아들인 후 유대인 중 상당수가 개종을 거부하자 유대인들은 그 전에 로마인들에게 고통을 당했던 기독교인들에 의해 숙청의 대상이 되었다. 4세기 이래로 기독교 신학자들은 유대인들을 저주받은 민족이라 부르며 영원한 비탄에 빠지게 될 거라고 협박했다. 로마인이 성전을 파괴한 뒤

뿔뿔이 흩어지게 된 유대인들이 그후 조국을 갖지 못했다는 사실은 바로 예수를 십자가에 못박혀 죽게 만든 유대인에 대한 하나님의 미움과 처벌의 "증거"라고 신학자들은 지적했다.

4세기에 성 에프렘에서 성 제롬, 성 존 크리소스톰, 성 아우구스티누스에 이르기까지 거의 모든 교회 신부들은 같은 목소리로 말했다. 아우구스티누스 신부는 그의 대작 《신의 도시》(The City of God)에서 "예수를 버린 유대인들은 그후 로마인에 의해서 비참하게 파괴되고 전 세계로 뿔뿔이 흩어졌다"고 말했다.[86]

이 신화 – 이것은 단지 신화에 불과하다. 왜냐하면 유대인들이 팔레스타인에서 축출된 것은 예수가 태어나기 수세기 전부터 시작되었기 때문이다[87] – 는 기독교인들 마음속에 깊숙이 자리잡았으며 유대인들은 영원한 고통 속에 살아야 할 운명을 가진 버려진 민족이라는 결정적 증거로 가끔씩 표면에 드러나곤 했다.

다음은 이 같은 생각을 보여주는 사례로 러시아 역사기록에 따르면 키에프의 블라디미드 대공은 자신의 국민들을 위해 종교를 찾던중 하자르 개종인들이 제안한 유대교를 거부했다.

대공이 유대교로 개종한 하자르인에게 그들의 조국이 어디냐고 묻자 그들은 예루살렘이라고 대답했다. 블라디미르 대공이 그곳이 어디냐고 묻자 그들은 이렇게 대답했다. "신이 우리 조상들에게 분노해 우리의 죄를 물어 우리를 이방인들 사이에 흩어놓으셨고 우리의 땅은 기독교인들에게 주셨다." 그러자 대공이 말했다. "당신 자신들이 하나님에게 버림받고 하나님의 손에 의해 뿔뿔이 흩어진 주제에 어떻게 다른 사람을 가르칠 수 있다고 생각하는가? 하나님이 당신과 당신의 믿음을 사랑했다면 낯선 땅에 흩어져 살게 하지는 않으셨을 것이다."[88]

이 생각은 많은 기독교인들이 이스라엘 국가에 대해 왜 그처럼 적대감을 보였는지를 잘 설명해준다. 유대인들은 이들의 적대감에 당황했다. 왜냐하면 그들이 조국의 땅으로 돌아온 것은 예수의 순교에 대한 죄로부터 용서받았다고 믿었기 때문이다.

마지막으로 소유의 심리적 측면을 살펴보자. 원시인들은 소유로부터 오늘날 서양인과 마찬가지로 행복과 강화된 자신감을 느꼈던 것 같다. 남부 아시아에 살았던 아주 원시적인 네그리토 사람들에 대한 연구에 따르면 그들은 소유의식이 고도로 발달했으며 자신이 소유한 물체로부터 심리적 만족감을 느꼈다고 한다. 이들 사이에서 "사적 소유의 심리적 토대는 개인적 성취의식과 연결된 개성에 대한 분명한 의식으로부터 나왔다."[89]

근대 인간성의 탈영토화는 많은 사회문제의 원인으로 지적되고 있다. 땅과의 유대감이 사라지면서 인간의 존엄성과 책임감도 약해졌기 때문이다.[90] 19세기 러시아 소설가인 글렙 유스펜스키(Gleb Uspenskii)는 토지와의 접촉기회를 잃은 후 러시아 농민들이 겪었던 공허함을 유려한 문체로 묘사했다.[91] 스탈린에 의해 시행된 러시아 농민의 대대적인 강제이주는 러시아인들의 기억에 역사상 가장 고통스러운 경험으로 남았다. 그 아픔은 수 세대가 지나도 사라지지 않았다.

4. 수렵채집사회

수렵과 채집은 아마도 인류역사의 99%를 차지할 정도로 핵심적 생계수단이다. 보다 보수적인 추정에 따르면 지금까지 지구에서 살았던 약 80억 인구 중에 약 90% 이상이 수렵과 채집으로 생계를 유지했다. 그런 면에서 야생동물과 크게 다르지 않다("약 천5백만 년 동안 인간은 야생에서 짐승처럼 먹이를 찾아다녔다").[92] 오직 6%만이 농경사회에서 살았으며 나머지 4%가 근대산업사회에서 살고 있다.[93]

수렵채집 사회에서 영토가 필요 이상으로 넓을 경우 사람들은 이를 지키기 위해 필사적이었다. 생존을 이 영토에 전적으로 의존했기 때문이다. 대개 대가족 형태로 조직된 이들 집단은 자신의 영토를 친족에게까지만 제한하는 게 관례였다. 가끔 이방인에게 접근을 허용하긴 했지만 무단침입자는 복병으로부터 습격당해 목숨을 잃고는 했다.[94] 원시인 부족들이 맹렬하게 자신의 영토를 수호하는 모습은 다른 포유류들과 다를 바 없었다.[95] 제1차 세계대전 당시 발표된 프랭크 스펙(Frank G. Speck)의 북부와 북동부 미국 및 캐나다 등지에서 사는 인디언 부족들을 상대로 한 연구결과는 인디언 사냥꾼들이 자신의 영역에 대해 배타적 권리를 행사하지 않았다는 루이스 모건(Lewis Morgan)과 그의 추종자들의 주장을 반박했다. 스펙은 다음과 같은 사실을 발견했다.

> 각 부족이 차지한 전체 영토는 몇몇 구역으로 나뉘어 태고 적부터 동일한 가족들이 소유했으며 수 세대를 걸쳐 전해왔다. 이들 영토의 경계는 거의 정확하게 알려지고 인정되었으며 거의 드문 일이긴 했지만 그 경계를 무단침입한 사람은 즉석에서 처벌할 수 있었다.[96]

그 후에 발표된 후속 연구들은 북동부 아메리카의 인디언에 대해 흥미로운 사실을 밝혀냈다. 이들의 영토적 주장은 비버 모피를 찾아 그곳에 온 유럽인들에 의해 더욱 자극받았다. 그때까지 비버는 워낙 흔해서 실용적 목적에서 볼 때 아무런 가치가 없었으며 따라서 소유의 대상이 아니었다. 백인 무역상들이 나타나 비버의 모피를 사겠다고 하자 인디언들은 영역을 구분해 경계선을 그었다.[97] 반면 에스키모인들은 주요 식량인 순록에 대해 영토권을 주장하지 않았다. 순록이 워낙 넓은 지역에서 서식하고 있었기 때문에 경계를 구분하는 게 어려웠기 때문이다.[98] 남서부 평야에 살던 인디언들 역시 그들이 사냥한 동물들이 상업적 가치가 없었고 워낙 넓은 지

역에서 풀을 뜯어먹으며 살고 있었기 때문에 영토권을 주장할 필요를 느끼지 못했다.[99]

수렵과 채집을 하던 사람들은 목축을 하던 사람들과 함께 토지뿐만 아니라 거기서 자라는 것들, 예를 들면 과일나무나 독화살 만들 때 필요한 나무, 벌집이 매달려 있는 나무 등에 대해 관심을 보였다.[100] 원시부족들은 나무와 그 산물(올리브나 카카오 등)을 그 나무가 있는 토지에서 누가 농사를 짓든지 간에 상관없이 이를 심고 가꾼 사람의 것이라고 여겼다.[101] 멕시코의 시에라 포퓰루카 부족은 나무를 소유한 반면 그 나무가 자라는 토지는 소유하지 않았다. 토지소유는 집중적 경작이 필요한 커피 재배가 시작된 이후에야 비로소 본격화되었다.[102]

1930년대에 중앙아시아에선 유목민들이 강제로 정착하기 시작했는데, 이들은 경계에 상관없이 아무데서나 여름에 소나 양을 방목했기 때문에 초지에 대한 소유개념이 없는 것처럼 보였다. 하지만 자세히 들여다보면 이들 중앙아시아 유목민들이 겨울 초지로 이동한 후에는 엄격한 소유권을 시행했음을 알 수 있다. 그 희소성 때문에 "겨울 초지만이 영토적 소유로 여겨졌다."[103] 마찬가지로 아프리카에서 수렵과 채집생활을 하던 부시맨은 일반적으로 영토에 대해 소유권을 주장하지 않았지만 우물과 같이 일부 소중한 지표물에 대해선 소유권을 행사했다.[104]

이처럼 선택적인 배타적 권리의 행사는 희소성과 요구에 따라 결정된다. 이와 더불어 토지매매를 꺼려했던 모습에 모든 것이 주인이 있는 것에 익숙해져 있던 초기 서양의 탐험가와 인류학자들은 원시인들이 토지를 공동소유로 여겼다는 성급한 결론을 내리게 되었다. 아직도 몇몇 인류학자들은 혼란에 빠져 원시인들이 토지는 관심이 없고 단지 거기서 나오는 산물에만 관심이 있었다고 믿으며 그들에게 진정한 소유의식이 없었다고 주장한다.[105] 근대의 소유권과 사용권의 분리는 이전 시대상황에는 적용되지 않았다. 또 공산주의와 사적 소유라는 대립도 존재하지 않았다. 원시인들은 어떤 것은 공유하고 다른 것은 배타적 소유를 주장했다.[106] 따라서 원시인들은 사냥감을 공유하는 게 관례였다. 사냥은 대개 집단으로 행해졌으며 남은 먹잇감을 어떻게 처분해야 할지 몰랐기 때문이다. 대부분의 원시사회는 사냥감을 분배하는 방법에 대해 정확한 규정을 갖고 있었다.[107] 하지만 대개 여성들이 모은 채소와 작은 사냥감은 급한 경우에만 공동으로 소유했으며 보통 때에는 가족의 소유였다.[108]

5. 사유토지의 등장

나는 지금까지 가장 원시적이었던 시대를 포함해 모든 사회의 역사에서 소유관계가 보편적이었음을 주장했다. 하지만 이 일반화에서 토지는 예외였다. 아주 최근까지 토지와 그 산물은 인간에게 가장 중요한 생계수단이었다. 심지어 중세시대 말부터 무역이 점차 중요한 역할을 하기 시작하고 18세기부터는 제조업이 본격적으로 발달했던 서양에서조차 토지는 부의 토대였다. 하지만 앞에서도 지적했듯이 모든 원시사회와 대부분의 비서구권 사회에서 토지는 상품이 아니었으며 따라서 처분권을 가진 진정한 소유 대상이 아니었다. 토지는 보편적으로 누군가 배타적으로 사용할 수는 있지만 소유하거나 팔 수 있는 자원이 아니었다.

그렇다면 다음과 같은 질문이 생겨난다. 언제, 그리고 왜 토지는 상품이 되었는가? 이는 매우 중요한 문제이다. 왜냐하면 토지와 더불어 생산적 자산에 대한 소유의 근대적 개념이 생겨났기 때문이다.

가장 설득력 있는 대답은 경제적 요인이다. 토지가 부족, 가족, 혹은 개인의 소유로 바뀌기 시작한 것은 무엇보다 인구증가의 압박으로 보다 합리적인 토지 이용방법이 요구되었기 때문이다. 천연자원을 무분별하게 마구 착취할 경우 자원은 고갈되기 마련이다.

경제학자들은 오랫동안 고기잡이나 사냥 등 공동 자산-자원을 외부의 제약 없이 무료로 접근해 이용할 경우…이들 자원을 비효율적으로 사용하게 된다는 가설을 오래 전부터 잘 알고 있다.[109]

토지가 공동소유라고 가정해보자. 모두가 여기서 사냥하고 경작하며 채굴할 권리를 가진다. 이러한 형태의 소유는 개인의 공동체적 권리의 행사와 관련해 발생한 비용을 그 사람에게 집중시킬 수 없다. 그가 자신의 공동체적 권리의 가치를 극대화하려고 한다면 과다하게 사냥하고 과다하게 토지를 이용할 것이다. 그 추가적 비용은 자신이 아닌 다른 사람이 부담하기 때문이다. 사냥감의 양과 토양의 질은 급격히 하락할 것이다.…만약 누군가 토지를 소유한다면 그는 미래의 이윤과 비용의 흐름을 고려하고 그 중에서 자신이 소유한 토지의 권리가 가진 현재의 가치를 극대화해 줄 것으로 보이는 한 가지 방법을 선택함으로써 현재가치를 극대화하려 할 것이다.…사실상 토지를 사용할 수 있는 사적 권리를 소유한 사람은 중개인 역할을 한다. 그의 부는 현재와 미래의 상충적 주장을 얼마나 잘 고려하느냐에 달려 있다. 그러나 공동소유의 경우 중개인이 없기 때문에 현 세대의 권리주장에 비경제적으로 지나친 무게가 쏠려 토지사용의 정도를 결정하게 된다.…토지의 사적 소유는 공동체 소유와 관련된 많은 외부적 비용을 내부화한다. 다른 사람을 배척할 수 있는 권리를 가진 소유주는 사냥감을 기르고 토양을 더욱 비옥하게 만듦으로써 그와 관련된 보상을 실현할 수 있게 된다. 소유주에게 보상과 비용이 집중될 경우 자원을 보다 효율적으로 활용하려는 유인이 발생한다.[110]

공동소유의 비효율성은 자신의 의무는 하지 않은 채 공동노동의 대가에 대한 자신의 몫을 주장하는 이른바 "무임 승객"(free rider) 현상으로 더 악화된다. 이는 조만간 비(非)사적 사업의 붕괴를 초래한다. 이러한 현상은 17세기 북아메리카에서 발생했다. 당시 공동경작 시도가 실패로 끝나자 노예제도를 인정한 남부지방을 제외하고는 자유 보유 농업으로 대체되었다.

대표적 사례로 북미 최초의 영국인 정착지인 버지니아 컴퍼니(Virginia Company)의 제임스타운이 있다. 버지니아 컴퍼니는 공동체적 원칙을 채택해 모든 구성원이 자신이 할 수 있는 것을 공동상점에 제공하고 필요한 것을 받아갈 수 있도록 했다. 이 정책이 시행된 후 식민지는 기아상태에 빠졌다. 결국 버지니아 컴퍼니는 이를 포기하고 각 구성원에게 3에이커씩 땅을 나눠주어 가족을 부양하도록 했다. 그 결과 생산성이 10배나 증가했다. 근대학자의 설명을 들어보자.

> 과거에 사람들이 공동상점에서 먹을 것을 얻고 함께 땅을 일구고 옥수수를 심었을 때 어떤 사람은 자기 일을 빼먹을 수 있어서 좋아했다. 일반적으로 아무리 정직한 사람이라 하더라도 일주일 내내 성실하게 진심으로 수고한 것이 단 하루에 할 만큼조차도 되지 않았다. 자신이 일하지 않아도 수확량이 늘어나고 그것으로 충분히 먹고 살 수 있을 거라고 믿으며 생산량 증가에 대해 별로 신경쓰지 않았다. 그 결과 30명이 일해 얻은 옥수수의 수확량이 자신을 위해서 3명이 생산한 것보다 많지 않았다.…[111]

우리 시대에도 크게 달라진 게 없다. 소유권의 대상이 아니거나 그 성격상 소유대상이 될 수 없는(예를 들면, 물) 자원에 의존해 생계를 유지하는 사람들은 비공식적 소유권을 통해 자신의 이윤을 극대화하는 계약을 체결하는 것으로 알려져 있다.[112] 이러한 계약의 형태는 19세기 북아메리카에서 비버를 잡던 인디언들에게서 볼 수 있다. 19세기 고래잡이 선원들은 작살에 잡혔다가 도망친 고래의 소유를 규제하는 규정을 만들었다.[113] 최근엔 메인 주 해변가의 게잡이 어부들이 이방인을 내쫓기로 합의함으로써 "대양의 공동소유 안에서 자기 자신들만을 위한 사실상 법의 영역 밖의 사유권을 만들었다."[114]

미국 서부에서 황금이 발견되고 난 후 소유권이 등장했던 매우 흥미로운 사례에서 볼 수 있듯이 같은 원칙이 토지에도 적용될 수 있다.[115] 캘리포니아에서 1848년 1월 금이 처음 발견되었을 때 그 지역은 멕시코와의 조약에 의해 미국 관할권에 들어오기로 되어 있었다. 이 과도기적 시기에 캘리포니아의 모든 것은 연방정부의 소유였다. 공공토지에서 광물을 채취하는 것에 대해 어떠한 규정도 존재하지 않았다. 수백 명의 시굴자들이 금이 묻혀 있는 지역으로 몰려들 당시 캘리포니아엔 소유권을 설립할 수 있는 정부나 법원, 절차가 전혀 없었다. 그럼에도 불구하고 분쟁은 거의 없었다. 영토가 워낙 광활하고 시굴자들의 수는 제한적이었기 때문이다. 하지만 1849년에서 1950년 사이에 수만 명의 시굴자들이 캘리포니아로 물밀듯 들어오자 상황은 바뀌었다.

> 1848년 광부 1인당 토지의 비율은 광산권이 거의 가치가 없을 정도로 상당히 높았다. 한 지역에 광부들이 너무 많이 몰리면 상류로 올라가 새로운 광맥을 찾아 나서면 되었다. 하지만 1849년에 새로 캘리포니아에 온 광부들이 급증하면서 광산은 점점 희소해졌다.[116]

이제 광부들이 회의를 소집해 다수결로 특정 구역의 광산을 채굴할 권리를 공식적으로 인정하는 게 일반적 관례가 되었다. 채굴권은 매매가 가능했기 때문에 사유권과 유사했다. 이 사건은 사람들이 탐하는 물질이 희소해지면서 공동의 합의에 의해 사적 소유가 생겨나는 과정을 보여주는 전형적 사례를 제공하고 있다.

이러한 종류의 증거는 모든 소유권이 강제적 전유(專有)에서 기인한다는 일반적 통념에 의문을 제기한다. 사실상 합리적인 경제적 이기심은 종종 공동소유를 사적 소유로 바꾸는 데 끼어들곤 한다. "시장은 협력적 행동을 생성하는 메커니즘이라는 역할에서 종종 그 가치를 제대로 인정받지 못하고 심지어 오해를 받곤한다."[117] 따라서 선사시대에도 경제적 효율성에 대한 고려가 이전엔 모든 사람에게 공개되어 있었던 토지와 어장에 소유의 경계선을 긋는 데 영향을 미쳤다는 가설은 합리적으로 보인다.

6. 농경사회

수렵과 채집에 의존하던 원시사회에서 유럽, 중동, 아메리카 지역 등지에서 농경사회로 넘어간 시기는 약 기원전 1만 년에서 8천 년경으로 보인다. 기원전 7천 년에서 9천 년경에 세워진 예리코(Jericho)는 세계 최초의 농경정착지로 알려져 있다. 이집트는 기원전 4천5백 년경에 정기적으로 농사를 짓기 시작했던 것으로 전해진다.

이 전환과정은 오직 희미하게 알려져 있다. 이는 분명히 인류역사를 낮은 단계에서 높은 단계로의 정기적 진화로 설명하는 19세기 진화적 인류학자들이 말하듯이 하나의 "사건"은 아니었다. 앞서 지적했듯이 상이한 경제형태가 동시에 존재할 수 있으며 실제로 대개의 경우 그러하기 때문이다. 그럼에도 불구하고 어떤 경제적 추구가 지배적으로 나타나게 되는 계기가 있을 수 있다. 인구의 급증으로 토지를 보다 집중적으로 사용해야 하거나 아니면 기존의 생계수단이 고갈된 경우가 그 원인이다.[118]

수렵과 채집은 상대적으로 노력이 많이 필요하진 않지만 지나치게 토지를 낭비한다. 일부 추정에 따르면 – 추정마다 상당한 차이를 보인다 – 대개 25명 정도의 사냥꾼과 채집가로 구성된 하나의 무리는 생존을 위해 천~3천km^2의 영토가 필요하다.[119] 1770년까지도 타스마니아에선 약 2천~4천 명의 사람들이 2만 5천 제곱마일이 넘는 광활한 영토에서 사냥하며 살았다.[120] 정착한 땅에서 경작할 경우 주로 혹은 오직 수렵과 채집에만 의존하는 경제보다 더 많은 인구를 먹여살릴 수 있다. 농사를 짓기 전 인간은 일인당 10km^2 이상의 땅이 필요했다. 농사가 시작되면서 인간이 필요한 땅은 1~5km^2로 줄어들었으며 가축을 사육하면서부터는 0.5km^2 이하로 감소했

다.[121]

수렵과 채집생활을 버리고 정착된 농경생활을 선택하게 된 이유를 설명하는 이론 중 하나는 구석기시대 인간의 지나친 사냥을 지적하고 있다.[122] 인간의 지리적 확산과 깊은 관련이 있는 거대한 초식동물의 멸종은 그 원인이 이들 동물이 쉬운 사냥감이었다는 사실에 있다. 기원전 1만 년경 구석기시대가 끝나고 정착농업이 막 시작되던 시점에, 약 2백만 년 전 아시아에서 아메리카로 넘어온 유목민들 때문에 맘모스와 몇몇 종류의 들소가 아예 멸종되었다. 이러한 야생동물이 사라지자 사냥꾼들은 더 작은 몸집의 동물을 잡아야 했고 그러다가 점차 옥수수, 콩, 호박 등과 같은 작물의 농사를 겸하게 되었다. 최근 연구결과에서 신대륙 발견 이전의 북아메리카를 야생의 상태로 여겼던 인식은 신화였음이 밝혀졌다. 인디언 원주민들이 물소, 엘크, 사슴 등 야생동물을 대량살상한 나머지 19세기 무렵 서양에서 온 탐험가들은 이들 동물을 거의 볼 수 없었다. 1500년대보다 오히려 지금 옐로우스톤 국립공원에 있는 들소 수가 더 많다는 얘기도 있다.[123] 세계의 다른 지역도 거의 비슷하다. 원시인들은 미래에 대한 아무런 생각 없이 신체적으로 가능할 때까지 동물을 멸종시키고 숲을 파괴했다.[124]

농업에 대한 의존은 소유의식을 강화시켜주었다.

농사를 짓는 사람들이 수렵과 채집생활을 하던 원시인들보다 더욱 땅에 집착했던 이유는 매우 간단하다. 먼저 토지경작은 지난한 과정을 필요로 한다. 곡물과 채소를 키우려면 몇 달이 걸리며 올리브 나무와 포도밭은 – 지중해의 주요 작물로 바로 이곳에서 체계적인 농사기술이 발달한 것으로 보인다 – 몇 년이 걸린다. 따라서 지속적 관심을 기울여야 한다. 경작에 투입된 노동력은 작물을 개인소유로 바꾸어놓는다. 여기에는 심리학적 부작용이 수반된다. 둘째, 농업에 종사하는 사람들이 이에 충분한 관심을 쏟기 위해서는 그 땅에 정착해야만 한다.[125] 따라서 농사를 짓는 사람들은 강, 나무, 바위 등 자연적 지표물로 자신의 영역을 표시하곤 했다. 수렵지나 목초지의 경우 이 같은 경우는 매우 드물었으며 대개 그 경계가 애매모호했다.[126] 농업과 토지소유제도에서 항상 따라오는 것이 바로 측량이다. 기록에 의하면 토지측량은 고대 이집트는 물론 수메르, 그리스, 로마에서 이미 발달했다. 따라서 원시사회 경제학에 대한 연구에서 농업에 주로 의존했던 원시인들이 상당히 발달된 사적 소유의식을 가지고 있었다는 발견은 그리 놀라운 일이 아니다.[127] 조모 케냐타에 따르면 키쿠유족의 관습법은 모든 가정에 토지의 권리를 인정했다. "부족 전체가 경계 안의 영토를 집단으로 수호한 반면 그 안의 토지는 구역별로 소유주가 있었다."[128]

　원시인 사이에서 농경지의 소유권은 대개 친족집단에게 있었다. "영토는 실제로 엄격히 제한된 규모의 친족 범위를 뛰어넘지 못했기 때문에 토지의 공동소유란 존재하지 않았다." 토지의 공동소유에 대한 증거는 전혀 없으며 공동보유는 "혈연으로 맺어진 친족의 매우 제한된" 범위를 넘어선 적이 없었다.[129]

7. 정치조직의 발달

　원시사회 조직에서 국가로의 전환은 초월적 의미를 가지지만 이에 대한 이해는 매우 부족하다. 사료가 워낙 불충분하기 때문에 이 주제에 대해 명백한 이해가 어렵다. 오랫동안 인류학자들은 이 주제에 별로 관심을 갖지 않은 채 대신 정치가 발달하기 이전의 사회에 대해 집중했다.[130] 그러나 사적 소유를 연구하는 역사학자에게 이 문제는 중요했다. 왜냐하면 이는 소유가 국가를 탄생시켰는지, 아니면 반대로 국가가 소유를 만들었는지에 대한 고대의 논쟁을 명확히 밝히는 데 유용하기 때문이다.

　이 같은 인류학적 증거는 원시 수렵과 채집사회에서, 그리고 원시 유목민 사회에서 친족집단의 권한과 구별되는 공적 권한이 존재하지 않았거나 미미했다는 것을 시사한다. 이들 사회는 군사적 기술과 인격을 기준으로

족장을 선택했다. 족장의 권한은 순전히 개인적이며 정확히 규정되지 않았다. 언제라도 자리에서 쫓겨날 수 있었다. 전형적인 족장은 "평등한 사람들 중 첫째"였다. 강압적 수단은 없었으며 질서는 사회적 압력으로 유지되었다. 이 같은 절차만으로도 대개 25명에서 백 명 정도로 구성된 사냥하는 무리에게는 충분했다. 목축사회는 종종 여름 초지로 이동하면서 무리 중 한 명을 정해 그에게 종종 상당한 권한을 주고 부족의 이동을 정확히 규제하도록 했다. 하지만 이러한 권한은 오직 그러한 목적으로만 사용되었으며 한시적이었다.[131]

그렇다면 왜, 또 어떻게 이같이 비공식적 제도가 공식적이며 강압적인 권한을 가진 정치제도로 발전하게 되었을까?[132] 이 주제에 대한 최초의 인류학 연구 중 하나인 로버트 로위의 《국가의 기원》(The Origin of the State)[133]은 다음과 같이 대답하고 있다. "사회" 혹은 "부족"조직에서 정치조직으로의 변신은 권한이 영토화되면서, 즉 친족이라는 혈연관계로 맺어진 사람들이 아니라 특정 지역에 사는 모든 거주민들에게 권한이 확대되면서 발생했다. 이 이론은 헨리 메인(Henry Maine) 경의 발견에 토대를 두고 있다. 그는 그의 저서 《고대법》(Ancient Law, 1861)에서 맨처음 혈연에 의존했던 관계가 영토적 접근성에 의존한 관계에 밀려나면서 인류의 발전에 중요한 전환점이 되었다고 지적했다.

> 정치사상의 역사는 사실상 혈연관계로 맺어진 친족이 정치기능에서 가능한 유일한 공동체의 토대라는 가정으로부터 시작한다. 다른 원칙들 – 예를 들면, 지역적 근접성 – 이 최초로 공동의 정치행동에 토대로 작용하면서 발생한 변화만큼 놀랍고 복잡한, 우리가 혁명이라고 단호히 부르는 감정의 전복은 어디에도 없다.…수많은 사람들이 단지 같은 지역에 살고 있기 때문에 공동으로 정치권력을 행사해야 한다는 주장은 원시사회 사람들에게 너무나 이상하고 터무니 없는 소리였다.[134]

메인의 가설을 받아들인 루이스 모건은 이 변화를 개인적 관계에 중점을 둔 소치에타스(societas)에서 영토적 관계에 중심을 둔 키비타스(civitas)로의 발전으로 규정했다.[135] 이러한 진화의 결과로 사법에 의존했던 친족집단의 비공식적 관행은 공식적 공법으로 바뀌었다. 이전까지 부족의 자유민에게만 제한되었던 의사결정의 참여와 자문의 권한은 이제 특정 지역에 사는 모든 자유거주민에게로 확대되었다. 시간이 지나면서 그 지역의 인구가 너무 많아져 모든 사람들이 개인적으로 정치 프로세스에 참여할 수 없게 되자 대표를 선출해 대신 내보내게 되었다. 근대세계의 정치역사는 친족집단으로 확대된 비공식적 권한에서 특정 영토의 모든 거주민에게 행사되는 공공의 권한으로의 점진적 발전이라는 특징을 가진다. 최초의 표시 중 하나로 제3자 – 즉 국가 – 가 범죄 처벌에 대한 책임을 떠맡으면서 개인적 복수가 사라졌다. 이는 기원전 1750년 바빌로니아의 함무라비 법전에 이미 나타났다. 앵글로-색슨족의 영국에서 이 법적 관행은 900년경에 시작되었다.[136]

일부 현대 인류학자들은 메인의 가설을 일반적으로 받아들이면서도 친족과 영토의 구분이 그의 가정대로 정말로 분명했는지 질문을 던진다. 혈연을 중심으로 조직된 원시사회에서조차 영토적 유대관계를 인정했다는 증거가 있다. 17세기 영국에서 친족관계가 지배적이었을 당시 이웃에 사는 사람들은 실제로 피를 나눈 친척이 아니어도 서로를 친족으로 여겼다.[137] 따라서 이 변화는 하나의 제도가 다른 제도로 완전히 바뀌었다기보다는 영토적 원칙이 종속적 위치에서 지배적 위치로 부상했다고 볼 수도 있다.

여기에는 두 가지 요인이 있다. 먼저 전쟁이다. 원시인들은 다른 사람의 영토적 권리를 존중했다. 다른 부족을 정복할 경우 패자를 추방하지 않고 대신 종속시켰다.[138] 이 과정에서 자연적으로 비친족적인, 즉 영토적 기반의 권한이 생겨났다. 둘째, 인구의 증가와 제한된 토지자원에 대한 압력으로 부족과 친족들이 하나로 합쳐지게 되었다. 그 결과 영토적 원칙이 친족간 관계를 지배하게 되었다.

많은 인류학자들이 아직도 정치권력이 부족사회의 계급갈등을 규제하는 수단으로 생겨났고 또 사적 소유의 발달과 더불어 탄생한 가진 자의 계급이 그 권력을 이용해 자신의 재산을 방어하며 권력은 이들 계급으로부터 나온다는 마르크스의 주장에 집착하고 있다. 하지만 다른 마르크스 이론과 마찬가지로 이 역시 모든 것을 억지로 끼워 맞추려는 강제된 획일화에 불과하다.[139]

정치조직의 기원에 대한 마르크스의 설명보다 훨씬 설득력 있는 경제적 근거는 더글라스 노스에 의해 제시되었다. 그의 견해에 따르면 국가는 자신이 징수하는 수입(즉, 세금)을 대가로 시민의 재산과 권리를 보호해주는 조직이다. "국가는 수입을 대가로 우리가 보호와 정의라고 부르는 일단의 서비스를 거래한다."[140]

> 경제성장은 생산량 증가가 인구증가를 앞설 때에 일어난다.…경제성장은 소유권이 사회적으로 생산적 활동을 가치 있게 만들어 줄 때 일어난다. 이 같은 소유권의 생성과 구체화와 집행은 비용이 많이 든다.…사적 이득이 거래비용을 초과할 잠재력이 커짐에 따라 이 같은 소유권을 설립하려는 노력을 하게 된다. 정부는 소유권의 보호와 집행을 떠 맡는다. 왜냐하면 자발적인 사적 집단보다 이 서비스를 훨씬 싼 비용에 제공할 수 있기 때문이다.[141]

이 같은 법적, 경제학적 이론은 국가의 탄생에 대해 지금까지 발표된 것 중 최고의 설명을 제공하고 있다.[142]

8. 고대의 사적 소유

법적 의미의 사적 소유는 국가, 즉 공적 권력의 등장과 함께 생겨났다.

그전까지 소유는 물리적 힘이나 관습법에 의해 보호받았으며 상속이나 장기간 사용에 의해 그 정당성을 인정받았다. 원시사회는 유휴지를 점유하고 경작하며 아버지로부터 물려받은 땅을 가질 수 있는 권리를 인정했다. 이러한 관행은 중세시대 유럽에서도 보편적이었다. 봉건시대 프랑스의 경우 토지나 사무소에 대해 소유를 얘기하는 경우는 매우 드물었다. 소유물에 대해 소송하는 일은 더구나 보기 힘들었다. 대신 분쟁의 당사자들은 "소멸시효", 즉 "시간이 흐르면서 존중받게 된 소유"를 주장했다. 이 같은 법적 분쟁에서 승리는 다른 사람보다 그 토지를 더 오랫동안 점유하고 경작했다는 사실을 증명할 수 있는 사람에게 돌아갔다. 더 확실한 증거는 조상들이 그 토지를 점유하고 경작했다는 사실이다.[143]

공동체의 집단적 기억을 토대로 한 소유권은 기록이 거의 남아 있지 않다. 따라서 농업이 아주 오래 전부터 친족과 가족, 심지어 개인에 의해 시행되었고 관습법에 의해 토지가 그들의 것임을 인정받았다는 많은 증거에도 불구하고 이 사실에 대한 문헌자료는 존재하지 않는다. 문서로 기록할 이유가 없었기 때문이다. 이는 역사적 탐구에 상당한 방해가 된다. 더글라스 노스의 말을 빌리자면 "소유권의 발전에 대한 깊이 있는 연구가 왜 그처럼 전무했는지" 그 이유를 설명해준다.[144]

고대 중동지방에서 (메소포타미아 문명과 파라오가 집권하던 이집트 문명 당시) 지배적 형태의 정부는 "가부장적" 정권으로 군주가 토지와 주민을 통치했을 뿐만 아니라 이를 모두 소유했다. 군주는 왕국을 하나의 거대한 왕실의 사유지 정도로 여겼다.[145] 소유는 외부개입의 부재를 의미했다. 베버의 말을 빌리자면 가부장적 통치자는 레겔프레이(regelfrei), 즉 규정이나 규제로부터 자유로웠다.[146] 이처럼 주권과 소유의 융합은 최근까지 유럽 이외의 지역에서 일반적이었으며 특히 중동지역은 매우 심했다. 최근까지 고대 메소포타미아와 이집트에서는 모든 토지가 왕이나 사원에 귀속되었던 것으로 여겨졌다. 이 견해는 수십 년 전 실시된 연구에 의해 약간 수정되었다. 이들 연구에 따르면 두 지역 모두 토지에 대해 사적 소유 개념을 알고 있었다.[147] 하지만 이 같은 사적 소유의 토지는 경작지의 아주 일부분을 차지했을 뿐이며 대부분은 국가나 사원의 통제하에 있었다. 더구나 대가족이 소유하고 있었기 때문에 거의 매매가 되지 않았다. 이 분야의 대가인 어느 러시아 학자는 왕실이나 제사장의 토지 독점에서 예외는 있었지만 "근대 개념의 사적 토지소유는 유럽이나 아시아 모두 고대사회에서, 적어도 고대의 후반부까지 알려져 있지 않았다"고 결론내렸다.[148] 왕의 백성은 관료, 성직자, 농노로 구성되었다. 정치적 권리와 시민권의 부재, 그리고 토지에 대한 사적 소유의 제한적 존재는 동양 전제정치의 뚜렷한 특징이다.

고대 그리스와 로마의 상황은 상당히 달랐다. 이곳에서 근대적 의미의 소유권이 처음 모습을 드러냈다.

고대 그리스는 제도의 역사에서 적어도 두 가지 측면에서 독특한 지위를 차지하고 있다. 먼저 세계 최초의 민주국가로 사실 "정치"(politics)란 개념도 그리스어로 도시란 뜻의 "폴리스"(polis)에서 유래했다. 여기서 정치란 "모든 사람과 관계된 것" 혹은 "공공의 것"으로 "사적," "개인적," "이기적"인 것과 반대의 개념이다[149](바보란 뜻의 "idiot"란 단어는 그리스어로 공적 생활에 참여하지 않는 개인을 가리켰다). 그리스에서 인류역사상 처음으로 권리와 의무가 합쳐진 시민의식이라는 현상이 등장했다. 또 영국 자유농민의 시조인 독립적이며 토지를 소유한 농민들이 대규모로 참여한 농업의 증거가 고대 그리스에서 가장 먼저 발견되기도 했다. 이러한 일치는 우연이 아니었다. 시민권과 토지소유는 외부인에게 배타적이었으며 토지를 소유한 시민들 사이에서 상호의존적 유대관계가 형성되었다.

토지소유부터 시작해보자.

고대 그리스는 절대적으로 농경사회였다. 약 90%의 인구가 농사를 짓고 살았다. 아티카 지역에 물이 부족했기 때문에 시골사람들은 흩어져 살지 않고 수원이 있는 곳에 밀집되어 살았다. 학자들의 추정에 따르면 이들은 평균 4헥타르(10에이커 미만) 정도의 농지를 소유했으며 대규모 농지를 가진 경우는 드물었다. 이들 농민들은 포도, 올리브, 무화과, 보리, 밀 등을 재배했다. 클레로스(kleros)란 농장은 국부의 주요 원천으로 상품으로 취급되지 않았다. 후손에게 물려주긴 했지만 거의 거래는 되지 않았다. 농지의 소유는 개인의 자유와 시민권과 연결되어 있었기 때문이다. 토지를 잃은 그리스인은(로마인도 마찬가지였다) 프롤레타리아계급으로 전락했다.[150] 솔론의 시대 이후 이들 자작농들은 자유인(eleutheroi)으로 인정되어 공물을 바치거나 귀족에게 서비스를 제공해야 할 의무로부터 면제받았다. 이들은 자신을 위해 일했으며 이 같은 경제적 자주성은 자유의 표시가 되었다. 이들은 중무장한 보병 군대를 구성해 자신의 도시와 농지를 지키기 위해 전장으로 나갔다.

원시 공산주의 이론에 헌신했던 19세기 역사학자들은 데이터를 검토하지 않거나 아니면 이를 잘못 해석해 고대 그리스인들이 오직 토지에 대한 공동체적 소유밖에 몰랐다고 가정했다.[151] 이 이론은 쿨랑지의 《고대도시》에서 도전을 받았다. 오늘날 학자들은 기원전 8세기와 7세기에, 호머와 헤시오드 시대에 그리스의 토지는 개인과 가족이 소유했던 사적 소유였다는 쿨랑지의 주장에 동의한다. "호머와 헤시오드를 보면 경작가능한 농지에 관한 한 모든 소유가 사적이었음을 알 수 있다.…그 어디에도 경작지가 집단소유였다는 얘기는 없다."[152] 고대를 전문으로 연구했던 앵글로 아메리칸 역사학자인 모세스 핀리(Moses Finley) 경 역시 동의했다.

> 호머의 시를 보면 특히 소유제도는 이미 완전히 발달되었다.…우리가 그의 시에서 보는 제도는 무엇보다 사적 소유의 형태이다.…모든 이동가능한 부를 처분할 수 있는 자유롭고 구속받지 않는 권리가 있었다.…상속을 통해 이동가능한 재산과 이동 불가능한 재산 모두를 후손에게 전달하는 것은 사람이 죽은 뒤 일반적 절

차로 여겨졌다.[153]

핀리에 따르면 호머의 세계에는 "봉건적이거나 이와 비슷한 조건의 토지보유권이란 없었다."[154] 고대 그리스에서 "사적 소유는 국가에 의해 사회의 토대로 인정받고 보호받았으며" 국가는 "경제적 세력과 경제적 주도권의 자유로운 발현"에 거의 간섭하지 않았다.[155] 사적 소유가 고대 그리스에서 지배적이었기 때문에 플라톤과 아리스토텔레스가 그처럼 많은 관심을 그 주제에 쏟았던 것이다.

폴리스 혹은 도시국가는 "시민이 법치하에서 의무와 함께 권리를 가졌던 정부제도로 인류역사상 이제까지 알려지지 않았던 새로운 제도"였다.[156] 도시국가는 기원전 6세기 말까지 그리스 대부분의 지역에서 지배적 형태였다. 당시 클레이스테네스 개혁 이후 아테네 인구는 지역적 단위(이전의 친족에 기초한 구분을 대체한)로 구분되었으며 각 단위는 아테네 평의회에 대표를 보냈다. 이러한 개혁의 목적은 씨족의 권력을 붕괴시키는 데 있었다. 이는 아테네 민주주의의 뿌리가 되었다. 폴리스는 정규적인 국가구조로 항시 공적 권한을 가졌으며 매년 평민에 의해 선출되고 또 대개 귀족가문에서 차출된 행정관으로 구성되었다. 4백인 평의회는 정기적으로 모임을 갖고 민회를 위한 아젠다를 준비했다. 모든 시민(ecclesia)으로 구성된 민회는 최종적인 입법과 사법의 권한을 가졌다. 한정된 영토를 가진 폴리스는 대개 성벽으로 둘러싸였으며 중앙엔 사원이 있었다. 폴리스는 자치조직으로 고유의 법을 만들어 집행했으며 외부의 어떤 권한에도 의존하지 않는 자주적 주권국이었다.

어느 고대 역사가는 주권 도시국가와 토지의 자주적 소유와 경작자 사이에 직접적 관계가 있음을 지적했다. 그의 견해에 따르면 고대 그리스에서 외부적 의무로부터 자유로운 토지에 대한 사적 소유의 발달이 세계 최초의 민주주의를 가능하게 했다.

그리스 암흑시대 말(약 기원전 750년)에 자신의 소규모 농지를 부동산상의 부담이 전혀 없이 소유하고 여기서 일할 수 있는 자주적 농민의 등장은 역사에서 전혀 새로운 현상이었다.…내가 보기에 토지 균등분배를 통한 보다 큰 공동체를 이룩하려는 이들의 노력은 독립적이지만 서로 연결된 도시국가 형태로 나타났던 것 같다. 이는 서양문화의 주요 특징이 되었다.[157]

고대 아테네에서 토지소유와 시민권은 불가분의 관계에 있었다. 오직 시민만이 토지를 소유할 수 있었으며 토지소유자만이 시민이 될 수 있었다. 시민이 아닌 사람은 금융과 상업을 할 수 있었으며 토지와 광산을 임대할 수 있었지만 부동산을 소유할 수는 없었다. 솔론시대 이후 고위 공직자에 대한 소유자격조건이 생겨났다. 정치참여권을 위해 재산조사가 실시되었다. 이는 영국과 미국뿐만 아니라 18~19세기에 다른 서양국가에서도 일반화되었다.

아테네 시민들은 세금을 내지 않았다. 세금을 낸다는 것은 지위가 낮은 계층이라는 표시였다.[158] 이러한 사실을 모두 조합해보면 토지소유, 시민권, 민주적 정치참여 간의 상관관계는 매우 두드러진다.

토지소유의 광범위한 분포와 경제적 자유방임주의의 확산은 아테네 민주주의의 발전에 중추적 역할을 했다. 더구나 장인들이 왕을 위해 일했던 중동지역과 달리 그리스 도시국가에서 이들은 독립적 사업가로 활동했다. 전체적으로 아테네 도심이나 외곽지역에 살았던 대다수의 사람들은 자영업자였다.[159]

반면 스파르타에서 토지의 사적 소유는 매우 한정적이었으며 개인의 자유란 존재하지 않았다. 성인 남성은 모두 군대에 징집되었으며 국가로부터 똑같은 크기의 토지를 배분받아 농노(helots)에게 경작을 맡겼다. 이들의 소유권은 조건적이었기 때문에 보잘 것이 없었다. 토지를 효율적으로 이용하지 못할 경우 국가가 이를 몰수해 보다 능력 있는 사람에게 주었기 때문이다. 대부분의 남자 시민들로 구성된 군인과 관료는 상업을 하거나 직업을 갖는 게 금지되었다.[160] 이들의 경제적 안전은 국가로부터 완벽한 보장을 받았다.

주로 고대 사학자들이 제공한 정보에 의존한 스파르타의 상황에 대한 이러한 지배적 견해는 수정주의학파로부터 공격받았다. 수정주의 학자들에 따르면 스파르타의 토지보유제도는 "현저하게 사적 소유지가 분할가능한 상속과 상속인에게로의 다양한 이전을 통해 전해졌으며 평생 선물이나 유증, 약혼 등을 통해 양도가 가능했다."[161] 하지만 오직 소수만이 이러한 의견에 동의할 뿐 대다수는 아직도 전통적 견해에 무게를 두고 있다. 심지어 수정주의자들조차 스파르타의 토지가 매매가능했다고는 주장하지 않았다. 아리스토텔레스에 따르면 토지의 매매는 증여로 인한 처분과 더불어 소유의 기준이었다.[162]

고대 그리스의 주요 특징 중 하나는 소유와 정치적 자유 및 시민의 자유 사이의 관계가 매우 밀접했다는 사실이다. 특히 생산적 부의 주요 원천인 토지의 소유가 광범위하게 분포되어 있었기 때문에 아테네에서 역사상 최초의 민주주의 정권이 탄생할 수 있었다. 고대세계의 다른 곳에서는 국가가 경제자원을 독점했으며 그 결과 국민들은 국가를 위해 수많은 의무를 다해야 했지만 아무런 권리도 받지 못했다.

마케도니아는 대부분의 중동지역을 정복한 후 아테네식 모델보다는 동양의 모델을 채택했다. 알렉산더 대왕의 제국을 물려받은 그리스 후손들은 세습적 정권을 고수했으며 모든 토지는 왕에게 귀속되었다. 경제는 엄격히 조직화되었다. 헬레니즘시대 국가 중 가장 잘 알려진 이집트의 프롤레마이오스 왕조는 그리스 모델을 토대로 몇몇 도시를 세우고 이들에게 땅을 기부했다. 또 사원에도 후하게 영토를 선물했다. 여기저기서 토지의 사적 소유권이 수립되었다. 하지만 결국 모든 영토는 신격화된 왕의 재산이었다. "이집트의 모든 영토는 한때 파라오에게 속했듯이 지금은 프롤레마이오스의 것이다."[163] 군주는 "백성뿐만 아니라 그들이 가진 재화를 소유한다.…이론적 견해에서 볼 때 모든 이집트는 왕국의 소유이며 그곳에 사는 농노들은 왕을 위해 노동한다.…"[164] 왕은 자신의 영토 중 일부만 직접 사용하고 나머지는 임대해주었지만 이 모두의 주인이었다. 특히 성직자에게 넘겨준 거대한 영토는 사실상 왕의 것이다. 왜냐하면 왕은 지구상의 신을 대표하는 존재이며 그 영토는 신을 위해 이용되기 때문이다. 성직자들은 단지 왕이 허락한 정도까지만 영토를 이용할 뿐이었다.[165] 프톨레마이오스의 이집트에서 장인들은 자신이 아닌 왕궁을 위해 일했다. 이들은 모든 재화의 생산과 판매를 독점한 왕국의 확장된 네트워크에 속했다.[166]

고대 로마에서 소유에 대한 개념과 제도의 발달은 학계에서 끊임없는 논쟁의 대상이었다.[167] 로마 경제역사에 관한 어느 저명한 학자는 다음과 같이 주장했다.

> 사적 소유법은 12법이 제정되던 기원전 5세기 이전에, 그보다 훨씬 오래 전에 발달했다.…로마의 조상들은 이 법이 성문화되기 백만 년도 전에 이미 질서정연한 농업가였다. 따라서 라틴 사람들이 로마 주변의 평야에 정착하기 훨씬 이전부터 소유권을 존중해왔을 가능성이 매우 높다.[168]

로마의 토지가 소수 가문의 가장에게 집중된 것은 국가조직이 생겨나기 훨씬 이전이었던 것 같다. 가장은 사람과(노예는 물론 아내와 아이들까지) 집안의 재산에 대해 무제한적 권한을 누렸다. 점차 차별화가 일어나 가문의 자유로운 구성원들이 무조건적 복종에서 해방되었다. 한편 노예, 가축, 기타 물질적 개체들은 가장의 완전한 소유로 계속해서 남아 있었다. 후자의 경우 소유권의 힘에 의해[169] 권한을 행사할 수 있었으며 따라서 양도가능한 대상이었다.

로마는 민간생활과 공적 생활을 규제하는 완벽한 법적 규정과 절차를 세운 인류 최초의 국가였다. 이러한 규정과 절차는 대중에게 공표되었고 법률 전문가에 의해 집행되었다. 이런 면에서 로마는 아테네보다 훨씬 뛰어났다. 로마의 법령 중 소유와 관련된 법은 완벽하게 발달했다. 이러한 역사적 사실은 "소유와 법은 함께 태어나며 반드시 같이 죽는다. 법이 있기 전에 소유란 없었다. 법을 없애면 모든 소유는 정지한다"는 제레미 벤담(Jeremy Bentham)의 격언을 확인시켜 준다.[170] 이러한 연관이 가능한 이유는 소유가 소유주의 배타적 권리를 주장할 수 있는 자산을 의미하기 때문이다. 그 권리는 단순한 점유의 경우와 마찬가지로 물리적 힘이나 사회적 관습에 의해서가 아니라 법에 의해서도 집행을 강요할 수 있다. 따라서 "사적 소유가 인정받고 허용되면서도 법의 보호를 받지 못하는 사회는 상상조차 할 수 없다."[171]

고대 로마에서 애저 로마누스(ager Romanus)라 불리는 이탈리아 반도에 위치한 영토만이 절대적 소유(quiritarian, 소유라고도 알려져 있다)의 대상으로 오직 로마시민만이 소유할 수 있었다. 세금도 면제받았다. 로마가 정복한 토지는 공유지(ager publicus)가 되었으며 조세대상이었다. 공유지는 임대하거나 식민지화되었지만 국가의 소유로 누구도 완전히 소유할 수는 없었다. 이탈리아 이외의 지역에서는 로마시민이라 하더라도 토지소유권을 가질 수 없었으며 국가가 정복지에 대한 최종 권리를 가지고 있었기 때문에 세금(토지세와 인두세 모두)을 내야 했다.[172] 이탈리아에서 상당부분의 경작지가 황제와 귀족의 소유였지만 그리스와 마찬가지로 지배적 형태의 소유는 자유민이 소유한 소규모 영토로 이들은 직접 혹은 노예의 도움을 받아 농지를 경작했다.[173] 정복지의 경우 일반적으로 부유한 로마인들이 노예를 고용해 광대한 농지를 경작했다.

로마제국 영토의 극히 일부분만을 차지한 절대적 소유(quiritarian property)는 오늘날의 소유개념과 거의 일치한다. 즉, 이는 가장 개인의 것으로 가장은 이를 팔거나 유산으로 물려줄 수 있다.[174] 이런 면에서 이는 근대의 소유개념과 관련법의 조상으로 역사적으로 매우 중요한 의미를 갖는다.

> 계약과 소유의 법은…로마법의 전부를 공식적으로 "물려받지" 못한 유럽의 다른 지역에서조차 로마의 영향을 깊이 뿌리내리게 했다. 이러한 개념은…기독교의 윤리적 개념과 더불어…우리 문화역사에서 영속성과 화합을 가져다 준 핵심요인이다.[175]

9. 봉건유럽

사적 소유에 관한 로마법은 로마제국이 멸망한 뒤 약 6백~7백 년간 지속된 이른바 암흑의 시대라고 불리는 시기에 서부유럽에서 거의 자취를 감추었다. 로마제국이 통치하던 유럽지역을 침범해 마침내 정복에 성공한 게르만족은 처음에 이른바 "게르만법"(barbarian codes)을 시행했다. 하지만 정복지에 정착해 지역주민들과 섞이게 되면서 대인관할권을 영토적 관할권으로 대체하고 로마법의 일부 특징을 채택했다. 그 결과 로마법과 게르만법이 합쳐졌다. 처음에 정복자들은 토지의 사적 소유에 대한 법에 별로 관심을 기울이지 않았다. 이들은 주로 유목민으로 조직된 부족이었기 때문이다. 그러나 농사를 짓기 시작하면서 사적 소유에 기반한 로마법을 따르기 시작했다.[176]

약 900년에서 1250년 사이에 서유럽에서 유행했던 지배와 종속제도는 공적 영역과 사적 영역에서 주권과 소유권의 독특한 융합이라는 특징을 갖는다.[177] 비록 비슷한 융합이 고대 중동의 세습적 왕국들에게서 지배적이긴 했으나 중세 유럽의 경우 동양의 전제주의에선 전혀 알지 못했던 – 사실상 상상조차 하지 못했던 – 상호 책임이라는 원칙이 주도했다는 점에서 매우 독특했다.[178] 봉건영주는 자신의 가신에게 군주이자 지주였으며 동시에 그는 이들에 대해 책임이 있었다. 봉건시대 신하의 예를 갖추는 상징적 의식에서 가신은 군주에게 충성을 맹세하고 군주는 그를 보호해주겠다고 맹세한다.

마크 블로크(Marc Bloch)에 따르면 이는 "불평등한 책무의 상호성"이었다. 하지만 상호성의 요소는 항상 존재했으며 이는 진정한 계약이었다.[179] 군주가 자신의 책임을 다하지 못하면 가신 역시 그의 의무를 다할 필요가 없었다. 양측의 의무이행에 대한 분쟁은 때로는 왕실에서, 때로는 가신으로 이루어진 법정에서, 혹은 결투 재판에 의해 해결되었다. 사적 당사자간에 이루어진 상호적 의무계약은 시간이 흐르면서 공적 특징을 갖게 되었고 유럽과 유럽의 식민지에서 헌법 정부의 토대를 제공했다. 헌법 역시 기본적으로 정부와 시민 간의 상호적 권리와 의무를 명시한 계약이기 때문이다. 어느 역사학자는 대헌장(Magna Carta)이 "자신의 의무를 다하지 못한 군주에게 가신이 이의 실행을 강요하는 봉건주의 계약원칙을 적용한 것"이라고 해석했다.[180]

이론적으로 군주와 가신제도에서 모든 영토는 군주의 소유였으며 그 외 다른 사람은 조건적 소유만이 가능했다. 대개 가신이 소유한 봉토의 권리는 군주에게 있었다. 하지만 시간이 지나면서 조건적 토지보유는 저항할 수 없는 여세에 몰려 완전한 직접소유로 발전했다. 봉건시대 관행에 따르면 군주는 가신과 맺은 계약을 그의 후손까지 연장할 의무가 없었다. 하지만 그래야만 할 유인은 충분했다. 군주의 입장에서 봤을 때 가신의 아들들은 그들이 아버지처럼 자신에 대한 의무를 충실히 수행할 수 있는 능력이 있다면 그들을 이미 잘 알고 있고 또 새로운 가신보다 그들의 의무를 잘 알고 있기 때문에 제일 마음에 드는 후계자였다.[181]

같은 이유로 봉건관직은 원래 조건적으로 임시로 주어졌으나 시간이 흐르면서 세습되기 시작했다. 10세기와 11세기에 이미 프랑스, 영국, 이탈리아, 독일에서는 가신들이 봉토를 자식들에게 물려주는 게 관례가 되었다.[182] 노르만에게 정복당한 영국은 노르만의 관습법을 채택했는데, 토지는 처음부터 남자는 물론 여자에게도 상속이 가능했다. 메이트랜드(Maitland)에 따르면 왕 윌리엄시대에 완성된 영국의 토지대장(Doomsday Book)은 "feodum"(조건적 보유)과 "alodium"(완전한 소유)이란 용어를 사용했다. 이는 "상속가능한 영지로 절대적 토지소유권"을 의미했다.[183] 이 사실은 왕의 핵심가신들이 자신의 영지가 위치한 지역에서 가문의 이름을 따왔다는 것을 보면 더 분명해진다. 비록 공식적으로 이 같은 세습봉토는 양도할 수 없었지만 사실상 12세기 무렵에는 매매가 일반화되었다.[184] 이렇게 해서 봉토는 눈에 보이지 않게 사적 소유로 발전해 나갔다. 11세기 로마법의 재발견과 사적 소유에 대한 로마법의 명확한 정의는 이 변화가 법적으로 허용되는 계기를 마련해 주었다.

비슷한 과정이 농노들 사이에서도 일어났다. 이들은 점차 자신이 경작하던 토지에 대해 세습가능한 권리를 취득하게 되었다.

스칸디나비아의 바이킹족은 남성과 여성 모두 사적 소유를 허용했다. 남아 있는 비문들의 대부분이 개인과 가문의 소유권과 상속권을 기록하기 위해 세워졌다는 사실이 이를 뒷받침한다.[185]

10. 중세 도시

서양에서 사적 소유와 그와 관련된 권리의 발전에 중세시대 말기에 나타난 도시의 등장만큼 영향을 미친 사건은 없다. 토지에 대해 조용히 비공식적으로 나타난 변화는 도시의 경우 분명한 법적 형태로 나타났다.

사적 소유는 도시생활의 원동력인 상업경제에서 중요성을 갖는다. 왜냐하면 토지의 경우 이에 대한 분명한 소유권이나 이를 팔 권리가 없어도 땅을 점유하고 이용하는 것이 가능하지만 상품이나 돈은 그렇지 않다. 상품이나 돈은 거래되거나 투자될 때에만 경제적 의미를 가지기 때문에 그 소유를 부정할 수 없을 경우에만 거래하고 투자할 수 있다.

무역은 무엇을 거래하든지 간에 그 거래인의 소유를 가정하기 때문에, 또 미래에 물건을 전달하거나 대금을 지불하기로 한 약속을 토대로 거래할 경우 계약이 필수적이기 때문에, 소유와 계약은 도시의 삶에서 거의 필연적으로 자본주의제도와 마찬가지로 똑같이 중요한 위치를 차지한다.[186]

따라서 농업의 확산으로 수렵과 채집사회에서보다 더욱 엄격한 소유권의 집행이 가능해졌다고 한다면 상업과 제조의 경제하에서 소유는 인간과 자산의 관계와 인간들간의 관계를 거의 지배하기에 이르렀다.

5~9세기 사이에 한때 융성했던 유럽의 도시들은 심각한 퇴보를 겪었다. 그 원인에 대해선 논란이 있지만 그 사실 자체는 분명하다. 벨기에의 중세 사학자인 헨리 피렌(Henri Pirrene)은 일반적으로 알려져 있듯이 야만인의 침범 때문이 아니라 7~8세기에 이슬람 세력이 지중해를 정복하고 근동지역과의 교역을 차단했기 때문이라고 주장했다. 일부 사학자들은 이 설명을 거부하고 대신 유럽 내부적 원인으로 도시가 부패했기 때문이라고 말한다. 원인이 무엇이었든지 간에 로마제국이 멸망한 뒤 5세기 혹은 6세기에 유럽의 도시는 요새로 변모했으며 주민들을 외부의 침략으로부터 보호하는 데만 주력했을 뿐 거의 경제적 기능을 하지 않았다. 이들 도시에 거주한다고 해서 어떤 지위나 권리도 부여받지 못했다.

도시는 10세기경 재기에 성공했고 11세기에 들어와 상업의 중심지로 번영하기 시작했다. 베니스와 제노아는 근동과의 무역 재개로 돈을 벌었으며 플랑드르(지금의 네덜란드 지역)의 도시들은 직물수출로 부유해졌다. 이전엔 봉건시대 경계를 따라 주로 농사를 지으며 시골에서 집도 없이 떠돌아다니던 부랑자와 하층민들이 대부분이었으나 이제 새로운 세대의 시민은 상품, 부동산, 자본 등 부의 수단을 가진 사람들이었다. 역사상 최초의 도시 중산층이었던[187] 이들은 다른 모든 사람들이 귀족에게 복종하고 일생을 땅에 파묻혀 살던 세계에서 이례적이 되었다.

이들의 라이프스타일은 봉건시대의 틀에 맞지 않았기 때문에 새로운 시민계층은 자치를 원하게 되었다. 봉건사회와 달리 불안의 시대에 조금도 안전을 보장받을 수 없었기 때문에 이들은 왕과 귀족, 성직자로부터 그들이 사는 토지에 대해 특권 – 특히 인격과 소유의 보장 – 을 획득하는 데 사활을 걸었다. 이러한 특권은 고대 그리스의 폴리스처럼 시민들이 스스로를 지배하고 자신의 법을 집행할 수 있는 권한을 포함했다. 법의 자치적 집행 권한은 이들 시민에게 특히 중요했다. 상업을 주로 하는 이들은 왕립법정이나 봉건법정이 집행할 수 없는 사적 계약을 자주 체결했기 때문이다. 시간이 지나면서 다른 권리들도 추가되었다. 봉건계약이 근대 헌법주의의 토대가 되었다면 이들 중세 시민들이 지역의 영주로부터 얻어낸 허가는 근대 민법의 기본 틀을 제공했다.[188] 이들은 국가적 군주가 없었던 이탈리아, 베네룩스 지역, 독일에서 가장 큰 승리를 거두었다. 영국, 프랑스, 스페인의 경우 이들의 승리는 제한적이었다.

도시는 때론 폭동으로, 때론 군주와 타협을 통해 자유를 쟁취했다. 11세기 내내 서유럽은 여기저기 도시에서 폭동이 일어났다. 시민들은 종종 왕실의 지원을 받아 지방호족으로부터 양보를 얻어냈다. 이러한 도시는 자치를 얻어 스스로 법을 집행하는 공동체가 되었다. 10세기 말에 나타난 최초의 자치도시 중 색슨족의 마그데부르크(Magdeburg)가 있었다. 13세기 말에 완성된 이 도시의 법전은 자유(freedom)를 "강압이나 법으로 금지되지 않는 한 인간이 자신이 원하는 것은 무엇이든지 할 수 있는 자연적 자유(natural liberty)"로 규정했다.[189] 마그데부르크 법은 동유럽의 많은 도시공동체에 모델이 되었다. 11세기 초 수많은 도시가 남부 이탈리아에서 비슷한 권리를 얻었으며 얼마 후 롬바르디아에서도 자치도시가 탄생했다.

이들 자치도시에 사는 모든 남성들은 동등한 지위를 누렸으며 민회에 참여할 권리를 가졌다. 이는 대단히 중요한 혁신으로 사회적 지위에 기반한 참정권 대신 영토적 권리의 원칙이 수립되었다. 이들 도시의 주민들은 사회적 출신에 상관없이 모두 자유인이었다. 도망친 노예라 하더라도 일년 이상 도시에 거주했다면 자유를 얻을 수 있었다. 공직자들은 선출되었고 임기는 제한적이었다. 따라서 고대 아테네에서 처음 형성되었던 공동시민권(common citizenship)은 고도로 계층화된 봉건사회 내부에 위치한 도시지역에서 다시 모습을 드러냈다. "도시의 공기는 사람을 자유롭게 한다"(Stadtluft macht frei)라는 말은 – 후에 나치는 이를 약간 변형해 "노동은 사람을 자유롭게 한다"(Arbeit macht frei)란 문구를 아우슈비츠 집단수용소의 가스실 문 앞에 걸어두었다 – 근대 시민사회의 서막을 알렸다(어원에서 의미하듯이 "citizen"이란 단어는 불어의 cité에서 유래했으며 원래 도시 거주민에게만 해당되었다). 12세기 초에 유럽 주변부에서 "버거"(burgher) 혹은 시민"이란 단어는 도시에 사는 거주민을 의미했으며 유럽 내륙에서는 공동체의 구성원을 지칭했다.[190]

점차 도시 거주자들은 성직자와 귀족과 어깨를 나란히 하는 제3계급으로 부상했다. 이들은 부를 이용해 전쟁하는 데 돈이 부족해진 왕의 요청으로 정치에 참여하게 되었다. 1300년경 영국과 프랑스의 시민들은 처음으로 세금을 정하기 위해 소집된 의회에 참석을 초대받았다.

중세 도시에서 부동산이 처음으로 완전히 구속받지 않는 상품의 특징을 갖게 되었다. 대개 거주와 사업용도로 사용되었던 도시 건물의 소유주들은 자신의 건물이 서 있는 땅에 대해서도 완벽한 소유권을 가졌으며 이를 마음대로 처분할 수 있었다.

시민들이 궁극적으로 쟁취한 자유의 종류는 놀라울 따름이다. 이는 크게 정치적, 개인적, 경제적, 법적 권리로 나뉜다.[191]

- 정치적 자유
  자치권리

제2장 소유제도　147

- 개인적 자유

    1. 허가 없이 결혼할 자유

    2. 봉건적 의무로부터의 면제

    3. 유증(遺贈)의 자유

    4. 이동의 자유

    5. 도시에서 1년 이상 살 경우 노예신분으로부터 해방됨

    6. 양도의 자유(다시 말해 소유를 다른 사람에게 넘길 권리)

    7. 군복무로부터의 면제

- 경제적 자유

    1. 군인에게 숙박을 제공할 의무로부터의 자유: 필요할 경우 왕과 그의 신하에게 정당한 보상을 받고 숙박을 제공한다.

    2. 외부적 세금으로부터의 면제

    3. 동료 시민에게 요금을 부과할 권리

    4. 사용료로부터의 면제

    5. 시장을 열 권리

- 법적 자유

    1. 시의 치안판사로부터 판결받을 시민의 권리

    2. 정당한 법의 절차에 대한 권리

    3. 임의적 구속과 수색으로부터의 보호

    4. 강제노동으로부터의 자유

따라서 무역은 제조업과 이로 인해 생겨난 자본과 더불어 의무와 특권을 기반으로 한 농경사회의 한가운데에서 권리에 기초한 자유의 오아시스를 창조해냈다. 따라서 근대민주주의가 중세 도시에서 발생했으며 이들 도

시를 탄생시킨 자유기업이 "인류 자유의 발전에 주요한, 혹은 유일한 수단"이었다는 주장은 옳은 것 같다.[192] 이러한 제도는 유럽에만 존재했다. "서양 이외의 지역에서 단일 공동체란 의미의 도시형태는 존재하지 않았다.[193]

14~15세기에 민족국가의 형성과 도시 내부의 사회적 갈등, 기타 다른 요인으로 인해(예를 들어, 도시의 성벽 보호를 무의미하게 만든 화약의 발명) 대부분의 유럽 도시들은 자치를 상실했다. 16세기와 17세기는 도시의 자치를 전혀 허용하지 않은 전제주의 시대였다. 하지만 도시가 조장한 이상과 그들이 만들어낸 제도는 서양의 정치사상에서 핵심이 되었다.

11. 초기 근대 유럽

16세기에 서부유럽에서 왕은 통치를 했지만 그의 신하들이 토지를 소유했으며 왕권은 사적 소유가 시작되는 곳에서 정지했다는 사실은 너무나 명백하다. "소유는 가문에게, 주권은 왕과 그의 행정관들에게 속해 있었다"는 게 중론이다.[194] "왕에게 모든 것의 권한이 있으며 특정인에게 소유권이 있다"는 세네카의 말은 자명한 이치로 여겨졌다. 또 왕이 영토를 소유하지 않았으며 이 중 그 어느 부분도 마음대로 처분할 수 없다는 게 관례였다. 15세기 어느 스페인 판사는 다음과 같이 선언했다. "왕에게 유일하게 속한 것은 왕국의 통치이며 물건에 대한 지배는 그에게 속하지 않는다. 왜냐하면 국가의 소유와 권리는 공적인 것으로 어느 개인의 사적 재산이 될 수 없기 때문이다."[195] 16세기에 주권의 근대적 개념을 발전시킨 장 보댕은 주권이란 소유권이 아니며 왕의 수입은 양도 불가능하다고 정의했다.[196] 이러한 개념은 유럽에서 자유의 토대가 되었다. 특히 17세기에 "소유"란 단어는 물리적 소유뿐만 아니라 인간의 삶과 자유까지도 포함하게 되었다. 그 결과 소유는 자연스럽게 국가권한의 범위 밖에 놓이게 되었다.

소유의 신성함은 종종 침해당하곤 했다. 세속적 권력의 보호를 받으며 그들의 처분에 따라 살아야만 했던 유대인들은 교묘하게 이용당해 왕과 왕실, 귀족, 도시의 금고를 채워 넣었다. 영국 에드워드 고해왕이 제정한 법은 "유대인과 그들의 소유물은 모두 왕에게 귀속한다"고 명시했다.[197] 독일도 같은 원칙을 채택했다. 루돌프 폰 합스부르크(Rudolf von Hapsburg)는 1286년에 유대인과 그들의 재화가 모두 자신의 개인소유라고 선포했다.[198] 유대인들은 1290년 왕에게 모든 재산을 몰수당하고 영국에서 추방되었으며 1306년엔 비슷하게 프랑스에서 쫓겨났다. 1307년 프랑스 왕은 부유한 국제적 은행조합을 구성했던 템플기사단의 자산을 몰수했다. 1492년에 유대인은 스페인에서 재산을 몰수당하고 추방되었으며 4년 후엔 포르투갈에서 쫓겨났다. 1502년에 무어인들은 카스티야에서 비슷한 운명에 처했다. 하지만 이 모든 경우는 희생자가 외국인이거나 국제적 조직으로 대개 다른 종교를 가진 사람들이었다.

유럽에서 사적 소유권의 이례적 침해는 17세기 말 스웨덴에서 발생했다. 이전 수백 년 동안 스웨덴 국왕은 계속되는 재정상의 어려움으로 귀족들에게 왕실 영토의 상당부분을 넘겨야 했다. 1650년에 왕과 개인 농민들이 소유한 농지는 스웨덴 전체 농지 중 28%에 불과했으며 나머지는 귀족들의 소유였다.[199] 1680년에 찰스 11세는 소규모 지주와 납세자의 지지를 받아 국회로 하여금 귀족들의 소유를 "축소"시키는 법안을 통과시켰다. 이를 토대로 상당한 영지를 몰수했고 그 결과 국왕은 국토의 약 ⅓을 차지하게 되었다. 이러한 부를 토대로 전제왕권이 탄생했지만 오래가지 못했다. 1700년대 초 러시아와 치명적 전쟁을 치른 후 "축소"법은 철회되었고 국왕은 심각한 권한제약에 굴복해야 했다. 국왕이 몰수한 토지는 상당부분 농부들에게 돌아갔으며 스웨덴 국왕의 권한은 사실상 유명무실해졌다.

17~18세기에 유럽의 군주들과 전제왕권을 꿈꾸었던 일부 공상가는 국왕의 절대적 권한을 주장했으며 이는 종종 백성들의 재산까지 확대되었

다. 영국의 제임스 1세와 찰스 1세는 백성의 재산이 모두 자신의 것으로 만약 국가의 이익을 위해서라면 필요할 경우 처분할 수도 있다고 믿었다.[200] 1666년 루이 14세는 황태자에게 다음과 같이 그릇된 충고를 가르쳤다.

> 따라서 왕은 절대적 군주이며 그 성격상 성직자와 평민이 소유한 모든 재화를 처분할 수 있으며 현명한 재산관리인으로서, 다시 말해 국가의 일반적 요구에 따라, 언제라도 이를 사용할 수 있는 분명하고 자유로운 권리를 가진다는 확신을 가장 먼저 가져야 한다.[201]

하지만 이 같은 주장은 무의미했다. 전제주의 이론이 뭐라고 하든지 간에 부르봉가처럼 강력한 군주들마저도 백성의 소유를 침해할 엄두를 내지 못했다. 사적 소유의 원칙이 워낙 깊숙이 뿌리 박혀 있었기 때문에 이를 침해할 경우 폭동은 아니라 할지라도 폭력적 반응을 초래할 게 분명했기 때문이다. 가장 좋은 예로 찰스 1세는 엄격한 군주제가 시행되던 나라에서 백성들이 전행적 횡포라고 믿었던 조세징수를 고집했다가 결국 왕권은 물론 자신의 목숨까지 잃고 말았다.

18세기에 특히 토지소유에서 시민권의 제재는 흔히 볼 수 있었다. 시민권은 부동산이나 다른 유형자산을 가진 사람에게 제한되었다. 이러한 차별은 소득을 창출하는 자산이 없는 개인은 독립적 대리인이 될 수 없기 때문에 쉽게 조종대상이 된다는 논리로 정당화되었다. 블랙스톤은 영국과 당시 식민지였던 미국에 상당한 영향을 미쳤던 《영국법 주해》(Commentaries on the Laws of England)에서 다음과 같이 주장했다.

> 소유와 관련해 유권자에게 어떤 자격조건을 요구하는 진정한 이유는 자신의 의지를 가질 수 없을 정도로 비참한 상황에 빠진 사람을 제외하기 위해서이다. 이러한 사람들이 투표권을 갖게 되면 이들은 부당한 영향을 받아 그 권리를 처분하고 싶은 유혹

에 빠지게 된다.[202]

아무것도 소유하지 못한 사람들은 "주변머리 없는 인간"(shiftless)으로 치부되어 국가와 정부에 진정한 관심을 갖고 있지 않은 것으로 여겨졌다. 대부분 영국의 관례를 모방했던 북아메리카의 식민지 초기 시절 선거권은 토지소유를 조건으로 했다. "회사의 주주가 투표권을 행사할 권리를 갖는 것과 거의 똑같았다."[203] 따라서 참정권은 또 다른 형태의 소유권으로 여겨졌으며 그에 따라 소유주에게만 제한되었다.[204]

의회선거의 역사가 가장 오래된 영국은 중세시대 이후부터 매우 복잡한 보통선거제도를 유지하고 있다. 도시(boroughs)와 지방(shires) 간에 차이가 있다. 1430년 이후 지방의 참정권은 적어도 일 년에 40실링 이상의 수입을 내는 자유농지를 소유한 성인 남성에게 국한되었다. 이 기준은 재정적 독립에 필요한 최저 수준으로 여겨졌다. 1710년에 의회는 하원의원의 소유자격조건을 도입했는데, 이는 1858년이 되어서야 철폐되었다. 1832년 의회개혁법은 도시의 참정권을 연간 10파운드 이상의 가치를 가진 부동산을 소유하거나 임대한 모든 남성 거주자에게까지 확대했다. 지방의 경우 가치가 연간 50파운드 이상인 토지의 소작농과 연간 10파운드 이상의 토지를 임대한 임차인이나 등본소유권자에게도 참정권이 주어졌다. 1867년 법안 개혁으로 보통선거는 도시 거주민 전체로 확산되었고 1884년엔 대부분의 농장근로자에게까지 해당되었다. 1918년에 와서야 유권자의 소유자격조건이 모두 철폐되었고 단지 거주자격만 있으면 누구나 투표할 수 있게 되었다.[205]

영국과 마찬가지로 미국 식민지에서도 참정권은 토지소유주에게만 한정되었다. 대부분 폭동을 일으킨 식민지들은 유권자의 소유자격조건, 특히 부동산의 소유자격을 고수했다. 비록 몇몇 식민지는 개인적 자산의 대체도 허용했지만 말이다. 모든 납세자에게 참정권을 확대한 일부 식민지는 관직의 경우 소유자격조건을 요구했다. 독립 후 모든 13개 식민지는 참정권에 소유자격조건을 부과했다.[206] 이러한 조건을 내세우게 된 논리는 "정부의 유지를 위해 돈을 낸 사람들만이 정부를 통제할 배타적 권리를 갖는다"는 것이었다.[207] 하지만 선거권을 소유권자에게만 한정한 보다 중요한 이유가 있었다. 제임스 매디슨(James Madison)의 설명에 따르면 부동산 보유권자의 참정권은 소유권과 개인의 권리를 보장하는 반면 "평등한 보통선거"제도 하에서 소유권은 개인의 권리로 충분히 보호받지 못할 거라는 두려움 때문이었다.[208] 그러나 미국에서 참정권의 기준은 영국처럼 제한적이지는 않았다. 미국의 토지는 획득하기가 훨씬 쉬운데다가 종종 공짜로 나눠주곤 했기 때문에 1750년엔 거의 모든 백인들이 토지를 소유했다.[209] 점차 이 소극적 자격조건은 더욱 완화되었으며 19세기 중반엔 모두 사라졌다. 1856년 미국에선 마지막으로 노스 캐롤라이나주가 이 제도를 없앴다.

프랑스는 혁명 기간에 조세납부를 기준으로 한 선거권 자격조건제도를 도입했다. 큰 부담이 따르는 것은 아니었다. 전체 인구 2천 4백만~2천 7백만 명 중 4백만 명이 선거권을 누렸다. 당시 프랑스의 성인 남성이 약 6백만 명에 이르렀다는 사실을 고려할 때 3명 중 2명이 투표권을 가졌다. 그렇다 해도 이 조항은 혁명가들이 주창한 평등의 정신에 위배되었다. 왕정복고 후 루이 18세 치하에서 참정권은 상당히 위축되었으며 겨우 10만 명 정도의 시민만이 투표권을 가졌다. 이 중 ⅕ 도 안 되는 수가 관직에 오를 자격이 있었다. 루이 필리프 왕의 통치기간 동안 자격을 갖춘 유권자의 수는 25만 명으로 늘어났다.[210] 마르크스는 어느 정도 정당하게 루이 필리프 정권을 "프랑스의 국부를 착취하기 위한 주식회사에 불과했다"고 평가했다. 여기서 왕은 사장이고 이 회사의 배당금은 관료, 국회의원, 24만 명의 유권자들에게 배분되었다.[211] 소유를 토대로 한 모든 참정권 규제를 철폐한 것은 바로 사장인 나폴레옹 3세였다. 1852년 헌법은 참정권을 모든 남자 시민에게 확대했다.

제정 독일은 1871년부터 1914년까지 독특한 참정권제도를 유지했다. 제국의회(Reichstag)는 25세 이상의 모든 남자 시민들에 의해 선출되었다. 하지만 제국의회는 근본적으로 오직 국방예산만을 처리했으며 이는 의회심의 예산의 90%를 차지했다. 간접세는 중앙정부가, 직접세는 주정부와 지방자치단체가 가져간다는 원칙 때문에 대부분의 국가수입은 지방정부가 가져갔다. 지방정부가 교육, 복지 등 일반적 공공서비스를 위한 예산을 담당했다. 그러나 지방정부는 보통선거원칙을 채택하지 않고 투표권을 자기만의 기준에 따라 제한했다. 여기서 소유자격조건은 중요한 역할을 담당했다. 예를 들어, 프러시아에서 가장 부유한 계층은 세 장의 투표권을, 중산층은 두 장, 가장 가난한 평민계급은 단 한 장의 투표권을 가졌다.[212]

다른 유럽 국가들 – 이탈리아, 덴마크, 스웨덴, 벨기에 등 – 도 소유자격조건제도를 시행했으며 일부 국가의 경우 20세기까지 이 관행이 계속되었다.

이러한 규제는 민주주의의 정신에 위배되었지만 과거의 경험에 비추어 평가해야만 한다. 당시 토지를 가진 계급은 전제주의와 그 전횡적 권력에서 제일 먼저 효과적인 장애물이 되었다. 원래 봉건시대 귀족과 자치도시들이 확보했던 자유가 원래는 배타적 특권이었다가 나중에 시간이 흐르면서 공공의 권리로 변모했듯이 참정권 역시 처음엔 토지소유주에게만 한정되었다가 나중에 모든 사람에게 확대되었다. 사실 참정권을 처음에 제한했던 국가들만이 진정한 민주주의로 발전했다. 모든 시민에게 투표권을 바로 허락했던 정부들은 종종 보통선거를 자신의 권력을 유지하는 데 이용하곤 했다. 미국 참정권 역사를 다룬 어느 신간은 "소유에서 민주주의로"(From Property to Democracy)라는 부제를 달고 있다. 역사적 기록의 측면에서 본다면 이는 "소유를 통해 민주주의로"(Through Property to Democracy)가 되었어야 한다.

12. 요약

　사적 소유의 개념 및 제도의 탄생과 발달에 대한 개관을 통해 다음과 같은 명제를 세우고자 노력했다.

　먼저 뭔가를 취득하고자 하는 탐욕은 보편적 현상으로 동물은 물론 인간에게도 적용되며, 아이와 어른, 원시인과 문명인 등 구분할 것 없이 모든 사람에게 해당된다. 이는 자기 보존의 본능에 뿌리를 두고 있지만 동시에 중요한 심리학적 측면도 있어서 자신감을 강화시켜준다. 그 대상은 처음엔 물질적 재화이지만 무형적 측면도 있어서 아이디어, 예술적 작품, 발명, 심지어 우리를 둘러싼 공간까지도 포함하게 된다. 배타적 사용에 대한 주장은 토지의 경우 특히 두드러진다. 인간은 땅과 신비한 유대감을 느낀다. 원시 공동사회란 개념은 사실상 아무런 근거가 없다. 이는 단지 근대의 준과학적 언어로 포장된 황금시대에 대한 고대의 - 그리고 확실히 무너뜨릴 수 없는 - 신화일 뿐이다. 인류학은 소유권을 전혀 모르는 사회를 찾아내지 못했다. 위에서 인용한 호벨의 말을 빌리자면 "소유는 인간처럼 어디에나 있으며 모든 사회를 구성하는 기본적 구조의 일부분이다." 아리스토텔레스의 용어로 말하자면 소유란 단순히 "법적"이거나 "관습적"인 제도가 아니라 "자연적" 제도이다. 그 자체로 이것은 (지나친 경우가 아니라면) 죽음이라든지 인간이 기껏해야 최소한의 통제를 가진 어떤 다른 존재의 측면과 마찬가지로 더 이상 도덕적으로 설명해야 할 주제가 아니다.

　수렵과 채집이 주요 경제활동 형태였던 인류역사의 90% 이상에서 소유권의 주장은 부족의 영역지배를 중심으로 이루어졌다. 이 영토를 침입하는 자는 맹렬한 공격을 받았다. 개인적 소유권은 무기, 도구 등 개인적 물건에 집중되었다. 가축은 항상 재산으로 취급되었으며 대개는 부족의 소유였다. 점차 농업을 기반으로 한 정착생활로 바뀌면서 소유권은 가정에 귀속되었다. 공적 권한을 가진 국가의 탄생은 이러한 변화의 부산물 중 하나였다. 비록 국가의 기원이 애매하고 아직도 많은 논란의 대상이 되고 있지만 국가의 탄생에서 결정적 원인은 주로 인구증가와 그로 인한 천연자원 확보 경쟁의 심화로 인해 친족과 농경사회 이전의 경제를 중심으로 한 사회조직에서 영토와 경작을 토대로 한 사회조직으로의 전환이었다. 정착 후 정치적으로 조직된 사회에서 사적 소유는 더욱 중요해졌다. 농경지는 지속적이며 집중적인 관심이 필요했기 때문이다.

토지에 대한 배타적 지배로의 이동은 경제적, 심리적 이유로 불가피했다. 이 변화는 이론상 대부분의 토지가 조건적 소유였던 봉건유럽에서 발생했다. 국가의 기본기능 중 하나는 소유권의 안전을 보장하는 것이다. 국가가 생겨나기 전에는 오직 점유만이 가능했다. 소유주는 장기간 보유함으로써 그 권리를 주장할 수 있었으며 이는 관습과 궁극적으로 완력의 지지를 받았다. 정치조직에서 이러한 책임은 공적 당국이 담당한다. 점유에서 소유로의 변환은 모든 곳에서, 주로 상속제도 덕분에 불가항력적으로 이루어졌다. 이는 소유주와 보유자 모두를 만족시켰으며 특히 보유자에게 유리했다. 왜냐하면 보유대상에 대해 누구로부터도 간섭받지 않는 물리적 지배를 행사할 수 있게 되었기 때문이다.

사적 소유의 발전에서 다음 단계는 상업과 도시화이다. 토지는 매우 다양한 방식으로 소유할 수 있다. 보유기간을 규제하거나 다양한 제약을 부과할 수 있다. 그러나 거래에 사용되는 상품과 이를 통해 번 돈은 항상 어디에서나 사적 소유이다. 농업이 무역과 제조업에 비해 상대적으로 덜 중요해지면서 돈의 경제적 역할은 그 어느 때보다 중요해졌다. 소유도 마찬가지다. 18~19세기 유럽에서 사적 소유가 신성불가침의 제도라는 지위로 격상될 수 있었던 것은 무역과 공업을 촉진시킨 경제발전 덕분이었다.

사적 소유와 시민의 자유/정치적 자유 간의 관계는 우리 연구의 핵심주제이다. 자유와 그로부터 나오는 권리는 오직 공적 권한, 즉 국가가 등장한 후에만 존재한다. 친족에 기반한 사회조직에서 인간관계는 비공식적이며 개인은 법적 주장을 펼칠 수 없었다. 국가가 생겨나자 그 권한이 제한된 영토와 그 거주민에게 미치면서 이 같은 법적 주장은 가능해졌다. "권리"란 "자기 자신의 힘이 아니라 사회의 여론이나 강제력에 의해 다른 사람의 행동에 영향을 미칠 수 있는 인간의 능력"으로 규정된다.[213] 이러한 조건하에서 소유는 – 허용된 곳이라면 – 국가로부터 "권리"로 보호받는다. 하지만 바로 이 권리가 개인을 국가로부터 보호해준다. 그 부산물인 법과 더불어 소유권은 국가의 권력을 제한하는 가장 효과적인 수단이 되었다.

고대 동양 전제정치의 경우처럼 국가가 모든 생산자원을 소유한 곳에서 개인이나 가족은 자신의 자유를 행사할 수단이 없다. 경제적으로 주권의 권한에 전적으로 의존해야 하기 때문이다. 토지의 사적 소유와 민주주의가 고대 그리스, 특히 아테네에서 탄생하게 된 것은 결코 우연의 일치가 아니다. 아테네는 독립적 농민에 의해 세워지고 통치된 도시국가로 이들은 경제와 군대의 주축을 이루었다. 주요 근대민주제도의 상당부분이 중세 도시자치제로부터 시작되었다는 사실 역시 우연이 아니다. 이들 자치도시에서 무역과 제조업은 강력한 중산계층을 탄생시켰으며, 이들은 자신의 재산을 자유의 일부분으로 여겼다.

이러한 경험에서 자유와 권리에 대한 근대의 개념이 출발했다. 중세 유럽에서, 특히 자유에 대한 근대적 사상이 탄생했던 17세기에 "소유"(property)는 "자산"(propriety)으로 여겨지기 시작했다. 이는 점유에 대한 권리뿐만 아니라 인간이 자연으로부터 받은, 자신의 동의 없이 절대로 박탈할 수 없으며 동의한다고 해도 항상 박탈이 가능하지 않은 개인적 권리까지도 포함했다(예를 들어, 자신을 팔아 노예로 전락할 "권리"는 부정된다). "양도할 수 없는 권리"란 개념은 17세기 이후 서양의 사상과 정치에서 점차 중요한 역할을 담당하게 되었는데, 이는 소유권으로부터 생겨난 것으로 가장 기본적인 권리였다. 그 중 한 가지 특징은 군주가 지배하긴 하지만 백성의 재산과 그 개인을 소유하지 않으며 따라서 이를 몰수하거나 침해할 수 없다는 원칙이다. 이는 정치권력에 강력한 방어벽이 되었으며 처음엔 시민권을, 나중엔 정치적 권력의 발달을 허용했다.

고대 역사학자인 모세스 핀리는 "'자유'란 뜻의 그리스어인 에리테리아(eleutheria), 라틴어인 리베르타스(libertas)는 히브리어를 포함해 고대 근동지방 언어나 극동지방의 언어에서는 비슷한 단어를 찾을 수 없다."[214] 왜 그랬을까? 왜 고대 그리스와 고대 로마는 중동이 극동의 제국들에게선 없었던 것을 공동으로 가지고 있었을까? 한 가지 대답은 자유에 관한 사상이다. 그렇다면 이 두 국가의 문화에서 무엇이 이 같은 새로운 사상을 낳았는가? 사상은 진공상태에서 생겨나진 않는다. 사상을 나타내는 말처럼, 사상은 의사전달을 가능하게 하기 위해서 이름을 지을 정도로 매우 중요한 사물을 언급해야만 한다.

자유란 사상은 노예의 의식 속에서, 그리고 노예제도가 만든 자유와 억압이라는 대조적 상황으로부터 발생했다고 한다. 노예가 아닌 사람은 자신을 노예와 비교함으로써 자유인으로서 자신의 지위에 대해 알게 되었다. 이러한 주장을 펼친 학자의 말을 빌리자면 "서양문화와 이 문화에서 가장 소중히 여기는 이상인 자유의 기원은…인간의 미덕의 반석에 기초한 것이 아니라 인간의 인간에 대한 가장 저속한 몰인간성의 타락한 시간의 양에 기초하고 있다."[215] 하지만 이 설명은 신빙성이 없다. 비록 노예제도가 전 세계적 현상으로 심지어 아메리카 원주민들처럼 "고귀한 야인"들에게조차 보편적 관습이었지만 개인의 자유란 개념은 서양을 제외한 다른 노예제도가 있는 사회에서 발생하지 않았다. 예를 들어, 국민의 대다수가 16세기 말부터 농노가 되었던 러시아에서 독일 태생의 카테리나 여제가 전폐론적 사상을 서양에서 들여오기 전까지 어느 누구도 농노제도와 대비해 개인적 자유를 이해하거나 농노제도를 비자연스러운 것으로 인식하지 못했다.

경제적 독립심과 그로 인해 발생한 개인의 가치에 대한 생각이 자유라는 사상을 탄생시켰다. 고대 그리스인들이 이를 인식했다는 사실은 헤로

도투스의 《역사》에 나온 한 구절에서 엿볼 수 있다. 그는 아테네인들이 페르시아인과의 전쟁에서 용감하게 싸울 수 있었던 것은 "주인을 위해 일할" 필요가 없었기 때문이라고 했다.[216] 헤로도투스는 구체적으로 아테네인들이 독재자의 변덕으로부터 해방되었다고 말했다. 하지만 그 개념은 정치적인 것보다 훨씬 광범위한 의미를 가졌다. 자신을 위해 일하는, 경제적으로 독립적인 인간을 규정한 것이다. 이 주제는 페리클레스의 추도사에도 나온다. 이에 따르면 모든 아테네인은 "개인자격으로 가장 다양한 형태의 활동에서 자급자족이 가능했다."[217]

이 같은 자급자족은 사적 소유를 인정한 사회에서만이 가능하다. 따라서 자유란 개념은 자유인과 노예의 대비관계보다는 소유주와 비소유주(고대 아테네에서는 모든 비시민을 의미한다)라는 대비관계에서 나온 것으로 봐야 한다. 왜냐하면 자유인과 노예 사이에는 대단한 심리적 장벽이 존재했기 때문에 비교 자체가 상상하기 어려웠다. 경제적 자족의 기원은 개인적으로 경작한 토지였다. 이는 고대 이스라엘, 그리스, 로마에서 처음 등장했다. 핀리는 서양에서 자유란 개념이 어떻게 탄생하게 되었는지에 대해 정확히 설명하진 않았지만 그 해답을 제시하고 있다.

> 고대 근동지역의 경제는 거대한 왕국 혹은 사원복합체에 의해 지배되었다. 이들은 농경지를 대부분 차지하고 있었으며 외국과의 교역은 물론 "산업생산"이라 부를 수 있는 모든 것을 사실상 독점했다.…또 내가 생각해낼 수 있는 가장 적당한 단어인 매우 광범위한 의미의 "배급"을 위해 하나의 복잡하고 관료주의적이며 기록하는 관제실을 통해 사회의 경제적, 군사적, 정치적, 종교적 삶을 조직화했다. 이 어떤 것도 알렉산더 대왕과 로마인이 쳐들어와 대부분의 영토를 점령하기 전까지 그리스-로마 세계와 상응할 만한 게 없었다.…
> 난 지나치게 단순화하고 싶지는 않다. 극동에도 개인이 경작하는 토지의 사적 소유가 존재했다. "독립적" 장인과 상인들도 도시에 있었다. 우리의 증거만으로 계량화

제2장 소유제도

는 힘들지만 나는 이들이 경제를 주도했다고는 생각하지 않는다. 반면 그리스-로마 세계는 근본적으로, 그리고 확실히 사적 소유의 세계였다. 단 몇 에이커의 땅이든, 로마 상원의원과 황제가 소유한 거대한 영지이든지 간에 말이다. 또 사적 무역과 사적 제조업이 인정된 세계였다.[218]

고대 그리스-로마 세계와 중동 지방의 왕국들 간의 대조는 필요한 변경이 더해져 근대 유럽에서 모방되었다. 대륙의 가장 서쪽과 가장 동쪽 지역, 즉 영국과 러시아에서 소유와 자유는 전혀 다른 모습으로 발전되었다. 영국은 일찍 사적 소유를 발달시켜 전 세계에 정치민주주의의 모델을 제시했다. 반면 러시아는 아주 뒤늦게 소유에 대해 알게 되었으며 그 후에도 변덕을 보였고 거대한 전제적 권력으로부터 국민들을 보호할 수 있는 제도를 만드는 데 실패했다.

제3장
영국과 의회민주주의의 탄생

자유는 지각할 수 있는 대상에 부여된다. 모든 국가는 스스로 유리한 위치를 찾으며 이는 명성을 통해 행복의 기준이 된다. 알다시피 이 나라에서 자유를 향한 대규모 투쟁은 아주 예전부터, 주로 세금문제에서 시작되었다.

— 에드먼드 버크(Edmund Burke)[1)]

영국은 의회민주주의가 탄생한 곳이다. 영국의 정치발전 역사는 전 세계적 관심사이다. 헌법 역사학자인 폴라드(A. F. Pollard)는 의회제도를 영국이 인류문명에 공헌한 가장 위대한 업적이라고 평가했다.[2)] 영국에 대한 기록은 매우 풍부하며 헌법의 발전과정에 대한 문헌자료는 세계 최고수준이다. 하지만 영국은 어떤 면에서도 전형적이지 않다. 사실 많은 면에서 매우 독특하며 오랫동안 외국인은 물론 영국인들조차 이를 인정했다. 존 포르테스큐 경(Sir John Fortescue)은 5세기에, 토마스 스미스 경(Sir Thomas Smith)은 6세기에 각각 영국과 유럽대륙의 차이를 이미 파악하고 이에 대해 글을 썼다. 이러한 견해를 극단적 우월주의로 치부하더라도 많은 외국인들이 이러한 견해에 동감했다는 사실은 주지해야 한다. 몽테스키외는 법으로 왕의 권한을 제한하는 데 성공한 영국인이 세계에서 가장 자유로운 민족이라고 했다.[3] 볼테르 역시 비슷한 인상을 받았다. 그는 영국인을 "왕에게 저항해 왕권을 제약하고 또 여러 차례의 투쟁을 통해 왕이 선을 행할 때는 전권을 누리도록 허용하고 동시에 악을 행하지 못하도록 규제함으로써 그처럼 현명한 정부를 마침내 수립한 지구상의 유일한 민족"이라고 칭송했다.[4]

영국은 세계 최초로 민족국가를 형성한 나라였다. 또 다른 나라보다 먼저 게르만 부족의 원시적인 민주적 관행을 제도화했다. 정치적 자유와 시민권이 가장 발달하기 좋은 환경을 보여준 일종의 실험실이었다.

어떻게 대다수의 인구를 대표하는 영국의회가 왕권을 누르고 국민들을 위해 권리와 자유를 보장함으로써 유럽의 다른 나라로부터 존경받을 수 있었을까? 영국 헌법 역사는 의회가 왕권의 하인이었다가(11~15세기) 동등한 파트너로 발전한 뒤(16~17세기 초) 마침내 주인이 되기까지(1640년대 이후) 그 발전과정을 자세히 기록하고 있다.[5] 이 과정에서 왕과 신하 사이의 부의 분배는 결정적 역할을 했다. 왕권의 몰락은 왕실 영지의 축소와 그로부터 나오는 수입의 감소를 수반했다. 전쟁과 왕실의 사치, 부실한 영지관리, 인플레이션 등으로 지출이 수입을 초과하면서 영국 왕실의 부는 줄어들었다. 개인적 수입이 감소하면서 왕은 관세와 세금에 더욱 의존하게 되었다.

이러한 왕실의 재정적 어려움은 중요한 정치적 결과를 초래했다. 관세와 대부분의 세금은 의회의 승인이 필요했기 때문이다. "왕은 점점 더 가난해졌으며 의회에 의존해야만 하는 상황이 되자 결국 자금을 얻기 위해 헌법상의 권리를 포기해야만 했다."[6] "왕을 계속 휘청거리게 만든 발단은 다름아닌 돈이었다. 왕은 사람들에게 경화를 요구했고 사람들은 그 대가로 자유와 개혁을 원했다. 이는 운명의 붉은 실로 영국 의회 역사를 관통하고 있다."[7] 350년 후 제임스 해링턴(James Harrington)이 통찰력을 가지고 지적했듯이 사람들의 부가 증가하고 왕이 여기에 더욱더 의존하게 됨으로써 결국 왕은 시민에게 권리와 자유를 인정할 수 밖에 없었다. 따라서 영국 헌법은 재정의 역사에서 울려퍼지는 북소리에 맞춰 행진했다고 말할 수 있다. 이는 사적 소유가 공적 권한을 어떻게 제한하는지 보여주는 대표적 사례이다.

1. 노르만 정복 이전의 시대

이탈리아 반도 이외의 다른 로마제국 영토와 마찬가지로 로마의 통치 아래서 영국의 모든 땅은 궁극적으로 로마 황제의 소유였다. 거주민들은 황제의 소작농으로 농지를 경작했으며[8] 그 대가로 로마 관료들에게 지대를 냈다.

5세기 중반에 로마군이 영국에서 철수한 후 영국은 슐레스비히-홀스타인과 주트랜드의 앵글로색슨 야만인 무리들로부터 계속해서 침범을 받았다. 이들 침입자의 기본 사회단위는 씨족으로 이들은 자유민과 상당수의 노예로 구성되었다. 영국의 토지는 왕실 소유지, 사유지, 공유지로 구분되었다. 공유지는 점차 줄어들어 나중엔 결국 사라졌으며 왕실에 흡수되었다.[9] 사유지는 완전한 개인의 소유였다.

로마의 철수와 노르만 정복 사이에 약 6백 년 정도 간격이 있었는데, 이는 일반적으로 상당히 오랫동안 무정부상태였던 것으로 여겨지고 있다. 그러나 이 시기 후반부에는 많은 제도가 기틀이 잡히기 시작했다. 노르망디 정복 이전의 2백 년 동안 영국은 한 명의 군주하에 통일되어 있었으며 야만적 사회에 깊숙이 뿌리 박힌 전통을 따르고 있었다. 왕은 법을 세습하진 않았지만 관습법을 유지했다 – 이 원칙은 왕권을 심각히 제한했다. 왜냐하면 사회의 명시적 승인 없이 어떠한 변화도 시도할 수 없었기 때문이다.[10]

다른 게르만족 통치자와 마찬가지로 앵글로색슨족 왕들은 최고위층의 귀족과 성직자들로 구성된 "자문협의회"(witena gemot 혹은 witan)의 도움을 받아 나라를 다스렸다.[11] 자문협의회는 종종 왕을 선출하고 정말로 필요할 경우 법을 세습하고 세금을 부과했다.[12] 주요 의사결정은 "민회"(folkmoot)의 승인을 받아야 했다. 민회는 일 년에 두 번 소집되었으며 법정의 역할을 담당하고 당면한 공적 사안들을 처리했다. 모든 자유민은 민회에 참석할 수 있었다. 메이트랜드는 이 같은 관례가 타키투스가 당시 게르만족 사이에서 지배적이었던 것으로 묘사한 풍습과 유사하다고 지적했다. 또 이는 원시인들에게서도 일반적이었다는 사실을 우리는 인류학으로부터 배워 알고 있다.[13] 노르만 정복 이전에조차 영국 왕들은 "명사"와 평민으로부터 동의받지 않고는 마음대로 법을 세습하거나 세금을 부과하지 못했다.[14] 이 원칙은 "법은 공동체의 영역"이며 왕은 백성의 군주가 아니라 대표자로서 통치해야 한다는 게르만 부족의 관습에서 기인했다.[15]

이러한 게르만 전통이 유럽대륙보다 영국에서 더 잘 보전되었던 이유는 아마도 섬나라로 인구가 밀집되어 있었고 물리적으로 유럽대륙의 비게르만 부족과 동떨어져 있었기 때문이었을 것이다. 유럽대륙은 비게르만 부족들이 들어와 정착하면서 게르만 부족의 영향이 곧 사그라졌다.

정치적으로 능동적이며 경제적으로 독립적인 국민이 주권을 공유하는 경우 합의에 의한 정부는 다양한 상황에서 나타날 수 있다. 사냥과 목축으로 생계를 유지했던 유목민 사회에서 이는 보편적이다. 왜냐하면 혈연관계로 맺어진 이들 사회는 모든 성인 남성을 동등하게 대우하며 집단에 영향을 미치는 의사결정에 참여할 기회를 똑같이 허용하기 때문이다. 이는 타키투스가 말하는 게르만 부족은 물론 미국 인디언, 아프리카 부족 등을 포함해 모든 친족집단의 특징이다.[16] 비록 원시 친족사회에서 전제정치가 없었던 것은 아니지만 이들의 정치적 삶은 대개 참여적이었다.[17]

유럽을 정복한 게르만 부족의 기본 조직단위는 같은 조상의 후손임을 주장하는 친척들로 구성된 씨족집단이다. 최고의 권력은 군인들로 이루어진 심의회에 있었다. 이를 이끄는 지도자는 심의회의 결정을 번복할 수 있을 만한 권한이 없었다. 심의회는 전쟁과 평화를 결정하고 토지를 배분했다.[18]

부족과 씨족이 유랑생활을 계속하는 동안 이 같은 상황은 지속되었다. 그러다 이들 집단이 농업을 주요 생계수단으로 정하고 유랑생활을 그만두면서 집단 내에서 행해지던 민주적 절차는 영토적 차원을 갖게 되었다. 이러한 변화는 갑작스럽게 일어나지 않았다. 영국을 쳐들어온 게르만족들은 씨족단위로 정착해 처음에는 자기 부족의 법을 따랐다.[19] 유럽대륙 역시 마찬가지였다. 앞서 지적했듯이 게르만 정복자들은 당시 정복지에서 지배적이었던 로마법이 아니라 자신들의 "야만적"인 법을 적용했다. 하지만 점차 영토적 원칙이 우세해지면서 지배집단의 법이 그 땅의 법이 되었다.[20] 어떻게 주트족, 앵글족, 색슨족과 같은 야만스런 부족이 정복지 영국에서 대의정치를 위한 기반을 마련할 수 있었는지에 대해선 오직 이런 설명만이 가능하다.

친족집단에서 영토적 조직으로의 전환이 영국에서 일어난 것은 알프레드 대제가 통치하던 9세기 말이었다. 부족단위 대신 구(shires)단위를 기준으로 한 조세제도가 도입되었다.[21] 헌법 역사학자인 졸리프(J. E. A. Jolliffe)는 이를 영국 역사상 가장 심오한 형성적 변화라고 평가했다. 다양한 공동체가 하나의 국가로 합쳐져 민족국가가 탄생할 수 있는 계기가 되었기 때문이다.[22] 바로 이 시점에 특정 지역에 사는 모든 거주민에 대해 공적 권한을 행사할 수 있는 제도를 갖춘 근대국가가 탄생했다. 영국의 경우 국가는 자유인의 공동체로부터 생겨났으며 단 한번도 이 성격을 상실하지 않았다.

앵글로-색슨 시기에 상당부분의 공적 활동은 소유에 관한 것이었다. 노르만 정복 이전 영국에서 토지의 사적 소유가 관례였으며 소유주는 완전한 양도권을 누렸다는 증거가 있다.[23] 메이트랜드에 따르면 최초의 영국법 기록에 – 이는 에설버트(Ethelbert, 600년) 왕의 시대까지 거슬러 올라간다 – 이

주제를 다룬 부분이 있었다.[24] 민회 역시 이에 상당한 관심을 가졌으며 절도와 같은 범죄는 물론 소유권 분쟁도 해결했다.[25]

조세와 관련해 영국 왕은 자신의 사유지에서 나오는 수입과 법 집행으로 벌어들인 수수료를 가지고 개인적인 것은 물론 공적인 목적의 일반지출을 충당하는 게 원칙이었다(이 원칙은 적어도 이론상으로 17세기 중반까지는 남아 있었다). 세금을 통해 세수입을 늘려야 할 경우 자문협의회의 동의를 구해야 했다. 하지만 이 같은 경우는 거의 드물어 알려진 사례가 없다.[26]

2. 노르만 왕조

노르만족이 영국을 정복할 당시 영국 왕실 소유의 영지 규모는 절정에 이르렀다.[27] 정복자들은 완전 사유지를 모두 없앴다. 과거 소유주는 토지 보유 허가를 받은 경우 사실상 왕실의 토지를 빌려 쓰는 봉건영주가 되었다. 노르만 왕조는 앵글로-색슨 왕들로부터 찬탈한 재산을 물려받았을 뿐만 아니라 정복자에게 저항한 귀족들의 토지와 재산을 몰수했다. 이 중 대부분은 자기편의 소작인에게 나눠주었다.[28] 봉건영주는 왕에게 일정하게 할당받은 기병대를 바쳐야 했다. 이들은 필요한 기병을 확보하기 위해 영지를 기사에게도 나눠주었다. 이렇게 해서 봉건관계가 형성되었다. 그러나 정복자 윌리엄 왕은 모든 토지가 자신의 것이며 봉건계약에 따라 소작인이 보유하고 있다고 생각했다. 봉건의무를 다하지 못한 영주는 토지를 왕에게 몰수당했다.

앵글로-색슨족 왕들과 마찬가지로 노르만족 통치자들도 개인수입으로 왕실을 유지하고 나라를 다스려야 했다.[29] 노르만 정복 이후 2백 년 동안, 즉 13세기 중반까지 영국 국왕의 소득은 약 60%까지 왕실 소유지로부터 받은 지대로 채워졌다.[30] 여기에 봉건세 수입, 주로 복귀 재산과 후견으로 얻은 수입으로 세수를 강화했다.[31] 이 원칙은 오랫동안 잊혀졌다가 1467년

에드워드 4세가 하원에 선포한 유명한 선언에서 다시 나타났다. "나는 내 스스로 살 것이며 위급한 경우나 대의를 위해서가 아니라면 백성들에게 세금을 부과하지 않을 것이다." 그의 말은 관세수입을 제외하고 모두 국고에 맡겨져 있는 왕실토지로부터의 지대와 봉건종주로서의 권리에만 의존하겠다는 의미였다.[32]

조세징수는 응급한 상황을 위해 유보해두었다. 위기상황이 닥치면 왕은 영토를 지켜야 할 막중한 책임을 내세워 납세자로부터 동의를 구해야 했다. 프랑스와의 전쟁에 패해 본국으로 돌아온 존 왕은 대헌장(1215년)을 통해 의회의 동의 없이 세금을 부과하지 않겠다고 다짐했다. 1297년 에드워드 1세는 대헌장을 포함해 헌장을 다시 추인하면서 왕에게는 의회의 동의 없이 비봉건적 세금을 부과할 아무런 권한이 없다는 원칙을 재천명했다.[33] 역사학자들은 이 타협을 사적 소유의 안전에 대한 기본적 보장으로 오랫동안 인정했다.

그후 영국 왕들은 종종 교활하게 이 원칙을 어기려고 시도하긴 했지만 이는 영국 헌법의 토대로 남아 있었다. 영국 국왕은 "단 한번도 의회의 동의 없이 백성들로부터 지원이나 도움을 얻어 낼 권리가 전혀 없었다."[34] 다시 말해 사실상 왕은 자기 수입이 충분하지 않을 경우 신하들의 동의 없이는 국가를 통치할 수 없었다. 이 원칙은 14세기 중반 이전에 확실히 자리잡았다.[35] 이 원칙과 필요 덕분에 하원은 그처럼 놀라운 발전을 시작할 수 있었다.

이제 의회의 역사를 살펴보자. 언제 의회가 생겨났는지 그 시기를 판단하는 것은 불가능하다는 게 일반적 견해였다. 의회란 용어의 근대적 사용은 - 입법권한을 가진 대표자들의 모임이란 뜻으로 - 13세기 중반 헨리 3세 때로 거슬러 올라간다. 그동안 "의회"(parliament)란 단어는 모든 종류의 회합("parleys")에 광범위하게 사용되었다. 1250년경이 되어서야 구체적으로 왕이 국정을 위해 소집한 모임을 뜻하게 되었다.[36] 이런 면에서 의회는 노르만 왕들의 왕회(curis Regis)에서 출발했다. 왕의 봉건영주는 왕회가 소집되면 이에 반드시 참석해야만 했다. 처음에 이들의 기능은 법을 세습하는 것이 아니라 관습법에 대해 의견을 내고 판결하는 것이었다. 이러한 제약은 중세시대 당시 지배적이었던, 법이란 영원하며 바꿀 수 없는 것이란 견해 때문이었다.

이러한 태도는 놀라울 정도로 오래 지속되었다. 1832년 1차 선거법 개정(Reform Act)이 있기 전까지 영국의 법은 "만들어진" 게 아니라 관습과 자연법으로부터 추론된, 원래부터 "거기에" 있던 것에 지나지 않았다.[37] 이 같은 회합을 소집하려면 시간과 돈이 많이 소요되었기 때문에 왕회의 참석은 특권이라기보다는 부담스러운 의무에 가까웠다. 어쨌든 영주들이 왕회에 참석할 권리를 주장했다는 증거는 없다.[38] 하지만 드물긴 했어도 초기에 입법행위는 "유력인사"의 충고와 동의의 형태로 이루어졌다. 윌리엄 1세는 앵글로-색슨 전통에 따라 "현명하고" 영향력 있는 사람들의 동의 없이 새로운 법을 세습하거나 세금을 부과하지 않았다.[39]

13세기 말 의회 발달에서 획기적 사건이 일어났다. 당시 상당한 재정난에 시달렸던 왕은 봉건협의회의 특별회의에 기사와 시민계급의 대표들을 초청했다.[40] 이들은 풍부하고 아직 손대지 않은 잠재적 수입의 재원(財源)이었다. 앞서 지적했듯이 봉토는 매우 일찍부터 세습재산이 되었다. 소작농은 다양한 방법으로 영주의 명시적 허가를 얻어 토지를 양도할 수 있었으며 허가 없이도 가능했다.[41] 12세기에 이미 영국 왕실은 대지주와 영세농의 소유분쟁을 중재했다.[42] 앨런 맥파레인(Alan Macfarlane)은 봉건 영국에서 개인의 토지소유가 매우 일찍부터 발달했음을 증명했다.[43] 맥파레인에 따르면 튜더 왕조 이전 시절에(13~14세기경) 자유 보유 농지는 가문이 아닌 개인에게(여성을 포함해) 속해 있었으며 소유주는 마음대로 이를 처리할 수 있었다. 또 원할 경우 자식에게 물려주지 않고 외부인에게 팔 수도 있었다.[44] 13세기 영국 농민들은 자신이 경작한 농지를 상품으로 생각했다. 맥파레인은 다음과 같이 결론내렸다.

> 영국에서 소유는, 그 이전은 아니라 하더라도 13세기 말 무렵에 매우 개인화되었다. 토지는 대가족이 아닌 개인이 소유했다. 사고팔 수도 있었으며 자녀는 자동적 권리를 갖지 않았다. 토지에 대해 가족의 강한 애착을 증명하는 증거는 전혀 없다.[45]

토지시장의 발달은 주로 농민들 사이에서 일어났다. 귀족들에게 토지의 소유는 귀족 지위의 "상징"으로 이들은 좀처럼 돈을 받고 토지를 팔지 않았다.[46]

중세시대가 끝나면서 농노제도가 영국에서 자취를 감추었고 그 결과 사적 소유는 더욱 강화되었다. 과거 농노였던 농민들이 이제는 자유인이 되어 소유권을 가질 수 있게 되었기 때문이었다. 토우니(Tawney)에 따르면 14~15세기에 장원에서 일하던 소작인들은 부유한 농민이 되었고 대부분의 경작자들은 농지를 빌리지 않고 직접 소유했다.[47]

이들은 왕이 무시하기 어려운 잠재적 수입원이었다. 게다가 도시가 성장하고 상인계층이 등장했다.

평민의 의회 참석은 귀족과 헨리 3세가 권력다툼을 벌이던 1265년으로 거슬러 올라간다. 시몽 드 몽포르(Simon de Montfort)는 궐기해 헨리 3세를 포로로 잡고 모든 주와 시에서 두 명의 대표자를 뽑아 웨스트민스터로 보내라고 했다. 그의 폭동은 진압되었지만 새로운 원칙이 도입되었고 전례가 생겨났다.[48] 그후 시와 주의 대표자들은 정기적으로 소집되어 입법에 대해 논의하고 지원금을 투표로 결정했다. 그 결과 의회의 역할이 상당히 중요해졌다. 1295~1296년 사이에 왕은 "모범"의회로 알려진 의회를 처음으로 소집했다(비슷한 사건이 같은 시기에 프랑스에서도 일어났다). 여기서 참석자들은 자신뿐만 아니라 자신의 선거구를 대표한다는 새로운 원칙이 도입되었다. 에드워드 3세(1327~1377년) 시절에 재무부는 몇 가지 조항에 부합하지 않을 경우 왕에게 돈을 내주지 않았다. 그 조건 중에는 왕의 공신들이 의회에 나와 설명하고 의회는 예산(보조금)의 사용처에 대해 보고받는다는 조항도 있었다.[49] 이러한 요구는 몇 세기가 지난 후에야 헌법적 관례가 되었지만 어쨌든 의회의 영향력이 더욱 커졌다는 사실을 입증했다.

의회는 정부에서 중추적 부분이 되었다. 하지만 여전히 정기적 모임을 갖지 못하고 임시로 소집되었다. 매의회마다 새로 구성되었으며 선거도 매번 열렸다. 따라서 영국엔 "의회"가 아닌 불연속의 "의회들"이 존재했다. 의회를 정기적으로 계속 열어야 한다는 규정은 18세기 초가 되어서야 채택되었다. 이전까지 의회는 정부가 돈이 필요할 때마다 소집되었다.

14세기부터 의회는 입법 발언권을 요구해 이를 인정받았다. 15세기에는 어떤 법안이 법으로 세습되려면 상원과 하원으로부터 모두 동의를 받아야 했다. 임시적 효력을 갖는 법령은 의회의 동의가 필요 없었다.[50] 1530년 이후 법령은 의회의 동의가 있어야만 국법이 되었다.[51] 왕이 마음대로 법령을 철회하거나 바꿀 경우 이는 권력남용으로 간주되었다.

이에 따라 근대민주주의의 몇 가지 핵심적 특징이 등장하게 되었다. 정부는 자신의 권한만으로 법을 철폐하거나 조세를 부과할 수 없게 되었다. 여기에 사법부 간섭을 금지하는 조항도 추가되었다.[52] 왕좌재판소의 수석 재판관을 지냈던 존 포르테스큐 경은 1469~1471년에 영국법이 근본적으로 고대 이래로 바뀌지 않았다고 주장했다. 현재와 마찬가지로 과거에도 정부의 목적은 국민과 그들의 재산을 보호하는 것이었다. 이러한 이유로 왕은 백성의 동의 없이 세금을 부과할 수 없다고 했다. 포르테스큐에 따르면 영국 왕은 "제왕적"으로 또 "정치적"으로(현대 언어로는 헌법적으로) 나라를 다스리는 군주인 반면 프랑스 왕은 오직 "제왕적"으로만 통치하는 군주였다. 이러한 차이는 영국의 국왕이 "마음대로 자신의 왕국의 법을 바꿀 수 없고" 임의적으로 세금을 부과할 수도 없으며 따라서 백성들에게 자기들의 소유를 남으로부터 방해받지 않고 즐길 수 있도록 허용하고 있다는 사실에 기인한다.[53] 1537년에 라틴어로 출판된 후 1567년 영어로 발표된 포르테스큐의 저서는 엘리자베스 여왕 시절 베스트셀러가 되었다. 그 역사적 정확성은 우리의 관심사가 아니다. 중요한 것은 15세기경에 영국 지식인들 사이에서 훌륭한 정부는 법에 순종한다는 의견이 지배적이었다는 사실이다.

3. 보통법(common law)의 역할

포르테스큐는 영국인의 정부에 대한 견해에 상당한 영향을 미친 중세 법학자 중 한 사람이었다. 어떤 나라에서도 법학자들이 영국만큼 정치에 막강한 영향을 미친 나라는 없을 것이다.[54] 평민 변호사란 직업이 13세기에 생겨났다. 1300년까지 영국엔 "법학원"(inns of court)이란 정규 법학교육 기관이 있었다. 법학원의 목적은 학문적 이론가 – 이들은 대학에서 교회법과 로마민법을 배웠다 – 보다는 판사와 똑같은 법적 배경을 가진 보통법을 전문으로 한 변호사의 양성이었다. 보통법은 영국 정치처럼 역사적 선례에 뿌리를 두었기 때문에 과거부터 권위자로 인정받았던 변호사는 헌법 해석에 중요한 역할을 담당하게 되었다.[55] 이들은 농노제의 철폐를 돕고 "어느 누구도 합법적 이유 없이는 구속될 수 없다"는 원칙을 세우는 데 공헌했다.[56]

영국과 영어권 세계 전체에서 법과 변호사가 예외적 인정을 받아온 가장 큰 이유는 소유가 일찍부터 발달했기 때문이다. 소유란 법적 수단으로 강요할 수 있는 소유권 주장을 의미하므로 법은 없어서는 안될 부속물이었다. 보통법 학자들은 사적 소유에 상당한 중점을 두었다. "자타의 소유권을 선언하는 것은…영국 법의 목표"라고 제임스 1세 시절 역사학자였던 윌리엄 캠든(William Camden)은 말했다.[57] 사실 이 문제는 매우 이른 시기부터 영국 법정을 지배했다.

> 12~13세기 보통법은 대개 토지와 보유의 법, 소유권과 서비스의 법, 그리고 법의 집행과정에 대한 규정 등으로 구성되어 있다. 대헌장이나 다른 보통법 법전을 보면 토지의 권리에 대한 지배적 관심을 엿볼 수 있다. 토지의 보유, 혹은 점유, 토지보유에 대한 이자, 토지의 상속, 토지의 임대, 토지의 후견, 토지로부터 나오는 이윤, 토지에 대한 조세부담, 토지에 대한 권리침해 등에 대한 조항들이 있다.[58]

요약하자면 "중세 보통법은 원칙적으로 토지법이었다."[59]

이러한 상황은 그 후에도 변하지 않았다. 1770년 당시 상황에 대해 법역사학자인 아티야(P. S. Atiyah)는 다음과 같이 적었다.

> 영국에서 판사의 기능은 상당부분 소유권을 보호하고 소유로부터 발생한 계약을 집행하고 주로 소유권에 대한 위협으로 여겨지는 범죄를 처벌하는 것이었다.[60]

튜더 왕조 시절엔 왕실 법정과 독립적으로 기능했던 법정이 여러 개 있었다. 재무재판소(Court of Exchequer)는 주로 왕과 신하 간의 재정적 분쟁을 심리했으며 왕좌재판소는 왕과 백성 간의 민법 및 형사법 소송을 다루었다. 또 민소재판소(Common Pleas)는 백성들 사이의 민법분쟁을 처리했다.[61]

포르테스큐의 후임으로 온 에드워드 쿡(Edward Coke) 경은 영국 역사상 가장 영향력 있는 법학자 중 한 사람으로 드물게 이론가이자 정치가였다. 쿡은 국왕이 항상 국가의 관습을 존중했다는 영국의 "고대 헌법"을 낭만적으로 그려냄으로써 합의에 의한 정부 원칙의 발전에 주도적 역할을 했다. 관습은 보통법에 녹아있기 때문에 보통법은 공적 생활의 최고 중재자였다. 보통법은 "공동의 권리와 이성"에 뿌리를 두었으며 국민들에 의해 생겨나고 국민들로부터 인정받았다.[62] 쿡에 따르면 국법을 해석하는 최종적 권리는 왕이나 의회, 혹은 둘이 함께 행동할 때 있는 것이 아니라 법원의 해석을 따르는 보통법에 있었다.[63] 영국과 미국 문화에서 지배적인, 법은 민형사 소송은 물론 국사의 경우에도 옳고 그름을 정하는 최종 결정자라는 견해의 발달에 쿡은 가장 많은 공헌을 했다.[64] 영국에서 법이 역사적으로 우월했다는 쿡의 주장은 잘못된 것이라는 게 오늘날 학자들 사이의 중론이지만 그래도 (토마스 페인의 말을 빌리자면) "법은 왕"이라는 원칙을 세웠다는 업적은 인정받고 있다.

법률전문가가 정부가 무엇을 합법적으로 할 수 있고 또 할 수 없는지를 결정하는 최종 심판자라는 그의 주장은 지대한 영향을 미쳤다. 영국 법정은 일찍부터 헌법적 문제를 다루기 시작했으며 왕과 의회의 권한에 대해 법적 판단을 내리게 되었다. 이 권한은 당시 영국이 유일했다.[65] 쿡은 젊었을 때 전제군주제를 지지했으나 제임스 1세가 즉위한 후 수석재판관이 되자 입장을 바꾸어 왕이 판사가 될 수는 없으며 오직 판사만이 법을 해석할 수 있다고 주장했다. 그는 80세가 넘도록 장수한 결과 찰스 1세 시절에 자신의 제자들이 왕실을 압도하는 모습을 지켜볼 수 있었다.

영국 보통법이 발전하면서 얼마 후 왕과 평민 간의 충돌이 불가피해졌다. 왕으로부터 받은 "자유"는 선택받은 소수만이 누릴 수 있는 특권이었다. 그러나 보통법은 모든 국민의 사적 소유와 개인적 자유를 보호했다.

> 개인의 권리, 소유권, 자유와 같은 보통법 개념은 엘리자베스 여왕과 스튜어트 왕조 시대에 와서 군주의 특권과 충돌하게 되었다. 자유란 단어의 이중적 의미가 출발점이 되었다. 그것은 왕이 봉건영주에게 하사한 특권이라는 대헌장에서 명시한 "자유"(libertates)를 의미할 수도 있고, 동시에 보통법의 근간이 된 모두가 인정한 관습으로부터 유래된, 사고팔 수 있는 자유, 폭력과 절도, 무단침입으로부터 자유로울 권리란 의미도 있었다. 두 의미는 모순적으로 서로를 부정했다. 왕이 인정한 특권이란 의미에서 자유란 우월한 자와 열등한 자의 관계를 상징했다. 반면 보통법의 의

미에서 자유란 같은 계급의 구성원들간에 평등한 관계를 상징했다. 첫 번째 자유는 보다 정확하게 말하자면 "프리덤"(freedom)으로, 두 번째 자유는 "리버티"(liberty)로 구분할 수 있다. 프리덤은 윗사람이 특히 선호하는 사람이 특권에 참여할 수 있는 권력의 인정을 의미했다. 한편 리버티는 귀족이든 평민이든 간에 상관없이 같은 계급에 속한 사람들 사이에서 동등하게 취급받을 보통법상의 권리를 의미했다. 동등한 리버티는 불평등한 프리덤과 불일치했다.

자유의 이러한 모순과 이중적 의미는 17세기 내내 이어진 계급간 투쟁의 불씨가 되었으며, 이 충돌은 1700년에 왕위계승법(Act of Settlement)이 세습되면서 마침내 종결되었다.[66]

4. 조세제도

전통적으로 영국인들은 조세부담이 크지 않았다. 엘리자베스 여왕 시절엔 유럽에서 세금이 가장 적었다. 상류층의 세금은 자기 심사를 기준으로 했다. 전문 사정가가 아니라 자신처럼 세금이 낮게 유지되기를 원하는 이웃 귀족이 심사했다.[67] 물론 조세문제에 최종 권한을 가졌던 의회는 왕이 재정적 독립을 얻지 못하도록 견제했다.

1330년대에 백년전쟁이 발발하기 전 에드워드 3세는 의회의 매년 갱신을 조건으로 개인의 동산(動産)에 세금을 부과했다. 도시 거주민은 개인자산의 $1/10$ 을, 시골사람들의 경우 $1/5$ 을 세금으로 부과했다. 이는 이른바 "할당"세로 전국에서 거둬들일 세금을 미리 정한 후 각 지방정부에게 이를 납세자별로 배분하도록 하는 임무를 맡겼다. 이는 점차 부에 세금을 매기는 일종의 평가세인 "특별징수세"(Subsidy)로 대체되었다.[68] 특별징수세는 왕이 의회의 승인을 필요로 하는 정부지출금의 토대가 되었다. 전시에 의회는 이를 두세 배, 심지어 네 배까지 올렸다.

또 다른 왕실의 수입원인 관세는 점점 더 중요해졌다. 왕은 의회의 승인을 받아 수입산 와인과 모직 수출품에 대해 관세를 부과할 수 있는 권리를 누렸다. "톤세와 파운드세"(tonnage and poundage)로 알려진[69] 이 관세수입을 의회는 1397년 처음으로 리처드 2세에게 평생 허용했으며, 그 후로 (1625년까지) 정기적으로 새로운 왕과 여왕이 즉위할 때마다 이를 승인했다.[70] 16~17세기에 외국과의 교역이 팽창함에 따라 관세수입은 증가했고 결국 하원은 왕의 재정자립을 두려워한 나머지 1625년에 찰스 1세에게 와인과 모직물 관세를 평생 거둬들일 수 있는 권리를 거부하기에 이르렀다. 이로 인해 심각한 헌법상의 위기가 촉발되었고 결국 내전이라는 최악의 사태까지 이어졌다.

5. 튜더 왕조

1485년 튜더 왕조가 왕위를 계승할 당시 잉글랜드와 웨일즈의 인구는 약 3백만 명 정도로 이 중 9할이 시골에 살았다. 농노제는 사실상 사라졌으며 모든 사람은 자유인이었다. 독립 자영농민의 수가 꽤 많았으며 소지주는 봉건의무가 전혀 없었다. 토지를 임대한 사람들은 강제로 쫓겨나지도, 지대가 인상될 수도 없다는 사실을 알고 있었기 때문에 걱정이 없었다.[71]

이전의 국왕들과 마찬가지로 평화시에 튜더의 왕들은 왕실 소유지에서 거둬들인 지대와 전통적 봉건세,[72] 관세 등에 대부분의 수입을 의존했다. 하지만 왕실 사유지로부터 거둬들인 소득의 비중은 점차 줄어들었고 1485년엔 전체 세수의 30%에 불과했다.[73] 이러한 상황은 헨리 7세에 들어와 잠시 호전되었다. 그는 80개 이상의 수도원과 성직자 소유의 자산을 몰수해 왕실의 영지를 넓혔다. 이렇게 몰수한 토지로부터 거둬들인 소득은 연간 14만 파운드에 이르렀으며, 이는 왕의 평상시 소득을 약간 초과할 정도였다.[74] 재산몰수는 폭력적 저항 없이 이루어졌다. 대부분의 수도원 땅은 임대를 주었고 왕은 기존의 임대인이 계속 보유할 수 있도록 허가했기 때문이다.[75] 비록 소유권의 분명한 침해였지만 독단적 행동이 아니라 의회의 인가를 받은 후 이루어졌다.[76] 일부 몰수된 토지는 왕실에게 귀속되었고 일부는 가신에게 넘겨졌으나 대부분은 전쟁비용 충당을 위해 매각되었다.[77] 이 거래의 주요 수혜자는 귀족들이었지만 상당수의 소지주와 상인, 장인들 역시 혜택을 받아 지주계급이 되었다.[78] 헨리 8세가 세상을 떠난 후 수도원으로부터 몰수한 토지 중 ⅓만 왕실 점유로 남아 있었다.[79] 그 결과 왕의 재정적 자립도는 크게 개선되지 않았다.

엘리자베스 여왕(1558~1603년 통치)은 상당한 토지를 상속받았으나 부패와 왕실 영지의 부실관리로 토지수입만으로는 재정상의 필요를 충당할 수 없었다.[80] 게다가 유럽 전역의 인플레이션으로 거둬들인 지대의 가치가 하락했다. 물가상승으로 지출은 늘어났지만 지대는 오르지 않았기 때문이다. 16세기 영국에서 물가상승률은 300%를 초과했던 것으로 추정된다.[81] 엘리자베스 여왕 시절 왕실의 정기수입이 얼마나 적었는지는 프란시스 드레이크(Francis Drake)가 아메리카 대륙에서 해적질이나 다름없는 탐험을 하고 돌아왔을 당시 한 척의 배에 실린 약탈품이 적어도 2년치 왕실 수입과 비슷했다는 사실을 보면 알 수 있다.[82] 왕실의 지출은 스페인과의 전쟁으로 인해 급증했다. 1588년에서 1601년 사이 영국 의회는 이 전쟁에 약 2백만 파운드의 지출을 승인했지만 실제로 나간 돈은 두 배에 달했다.[83] 그 부족액을 채우기 위해 여왕은 왕실 소유지를 팔아야 했다. 이로 인해 왕실의 토지로부터 나오는 연간 수입은 15만 파운드에서 11만 파운드로 감소했다.[84] 가난은 엘리자베스 여왕이 통치 말기에 더욱 자주 의회를 소집해야만 했던 주요 원인 중 하나였다.

튜더 왕조 시기에, 특히 헨리 8세의 치하에서 의회의 권한은 상당히 증가했다. 헨리 8세의 주요 정책은 모두 의회의 승인을 받았다. 다른 튜더 왕과 마찬가지로 헨리 8세 역시 명령보다는 의회의 허가를 통한 통치방식을 선호했다.[85] 그의 재임 기간 동안 보편화된 장기간의 의회 회기 덕분에 단

결심으로 뭉친 노련한 입법가들로 구성된 조직이 탄생했다. 16세기 말에 하원의원은 존경받는 특권이 되었다.[86] 그렇다 해도 의회는 아직 헌법의 실질적 부분은 아니었다. 정기 소집일이 정해져 있지 않기 때문에 하원은 왕이 원할 때에 소집되었다.[87] 왕은 이 특권을 주로 전쟁을 위해 돈이 필요한 경우에만 행사했다. 헨리 8세는 평균 4.2년에 한 번 꼴로 의회를 소집했으며 엘리자베스 여왕 때에는 4.5년이었다.[88] 따라서 중세시대처럼 아직 "의회"[89]란 개념은 없었으며 단지 개별적인 "의회들"만 있었다.

그러나 의회가 헌법의 주축이라는 분위기는 감돌고 있었다. 이 개념은 토마스 스미스 경(Sir Thomas Smith)의 저서 《영연방》(Commonwealth of England, 1565년에 쓰여졌으나 1583년에 와서야 처음 출판됨)에 확실히 드러났다. 스미스는 의회가 왕의 부속물이나 견제세력이 아니라 주권의 본질적 요소라면서 주권을 "의회 내의 군주"(King in Parliament)로 규정했다. 1610년 의회는 이 원칙을 공식적으로 채택해 주권이 "추밀원에 자문하여 행동하는 국왕"(King in Council)이 아닌 "의회 내의 군주"에게 있다고 선언했다.[90]

왕이 의회의 허가 없이 새로운 세금을 부과할 수 없다는 이 불가침의 원칙은 영국에서 왕과 하원 사이에 일종의 파트너십을 형성시켰다. 이들은 권력을 이론적으로 뿐만 아니라 실제로도 공유했다. 헨리 8세나 메리 여왕처럼 강제로 대출을 요구해 의회의 권한을 제한하려는 시도는 매번 강력한 저항에 부딪혀 결국 좌절되고 말았다.[91] 또 왕은 선포만으로 법을 세습할 수 없다는 원칙을 받아들였다. 역사적 선례에 토대를 둔 재판소의 판결은 왕권을 제한해 백성들을 마음대로 다루지 못하도록 했다.[92] 이러한 제약요소를 두고 일부 근대 역사학자들은 튜더 왕조를 "전제군주"라 말할 수 없다고 주장한다. 튜더 왕조 역사의 최고 권위자로 알려진 엘튼(G. R. Elton)은 "튜더 정부가 실수와 착오를 했다고 해서 그들의 통치기준이 되었던 법치의 존재를 반박할 수는 없다"고 말했다.[93]

이에 따라 정치적 환경은 튜더 왕조로부터 정권을 이어받은 스튜어트 왕조가 영국에 전제군주제를 시도하려고 했던 모든 노력을 수포로 돌아가게 만들었다. 결국 스튜어트 왕조 역시 의회에 무릎을 꿇고 말았다.

6. 초기 스튜어트 왕조

스튜어트 왕가의 첫번째 왕인 제임스 1세는 왕권신수설을 신봉했다. 그는 심지어 이를 정당화하기 위해 "자유로운 군주국의 진정한 법"(True〈Trew〉 Law of Free Monarchies, 1598)이란 제목의 글을 써서 발표하기도 했다. "자유로운 군주국"이란 20년 전 장 보댕이 말한 "주권"을 의미했다. 즉, 절대적이며 어느 누구로부터도 간섭받지 않고 행사하는 통치권을 의미했다. 왕은 "법 위에" 있다. 왕이 법을 만들었고 행동에 대해 오직 하나님에게만 책임이 있기 때문이다.[94] 제임스 1세는 자신이 왕국의 모든 물질적 자산을 소유하며 자기 마음대로 사용해도 된다고 믿었다. 아버지처럼 왕은 자식, 즉 백성에게 재산을 물려주지 않을 권한이 있었다. 군주는 도덕적으로는 모르지만 법적으로 백성의 소유권을 존중할 의무가 없다. 이 왕권신수설은 프랑스에서 생겨나 제임스 1세의 출신지인 스코틀랜드를 거쳐 영국으로 전수되었다. 이는 이전부터 영국에 깊이 뿌리 박혀 있던 전통적 믿음과 정반대였기 때문에 이를 실천에 옮기기 위해선 혁명이 필요했다.

제임스 1세는 즉위 당시 텅 빈 국고를 물려받았다. 오히려 부채가 40만 파운드에 육박했는데 1608년엔 두 배로 늘어났다.[95] 1615년에 상인들은 왕에게 신용 연장을 거부했다.[96] 그는 보석과 사치품을 마구 사들여 국고를 탕진했으며 재정을 전혀 회복시키지 못했다. 그의 재정적 어려움은 이미 엘리자베스 여왕 때부터 부각되었던 유럽 전역의 물가상승에 의해 더욱 악화되었다. 따라서 아무리 백성의 자산이 자신의 소유라고 이론적으로 떠들어봤자 전혀 소용이 없었기 때문에 그는 수지를 맞추기 위해 정도를 벗어난 여러 수단에 의존해야 했다. 백성들의 재산은 그가 마음대로 가질 수 있는 게 아니었기 때문이다. 제임스 1세는 작위를 팔아 자금을 모았다. 예를 들어, 남작 직위는 천 파운드에, 더 높은 작위는 더 비싸게 팔았다.[97] 개인 신용을 거절당한 그는 강제 대출에 의존하기도 했지만 주로 친숙한 방법인 왕실 소유지 매각에 의존했다. 즉위 후 10년 동안 65만 5천 파운드에 달하는 토지를 처분했다. 1610년엔 일 년 동안에만 6만 8천 파운드의 토지를 매각했다.[98] 제임스 1세는 또 영지를 스코틀랜드의 총신들에게 아낌없이 나눠줬기 때문에 1628년 왕실 소유의 토지는 "더 이상 주요 수입원이 되지 못했다."[99] 이처럼 왕실의 영지가 줄어들면서 제임스 1세 즉위 당시 약 10만 파운드의 연간소득이 가능했던 지대수입은 1640년에 5만~5만 5천 파운드로 줄어들었으며, 그보다 더 적었을 수도 있다.[100] 그 결과 제임스의 아들로 그의 뒤를 이어 왕위에 오른 찰스 1세는 더욱 곤궁했다. 그는 의회의 동의를 받아 재정지원을 받고 싶어했으며 최악의 경우 의회의 승인 없이도 자금을 모집할 생각이었다.

바로 찰스 1세 때에 영국을 세계 최초의 의회민주주의로 변모시킨 대반란이 처음으로 1640~1642년에 일어났다. 이는 약 반세기 후 제임스 2세가 프랑스로 망명하면서 마무리되었다. 의회는 윌리엄과 메리에게 왕좌를 내주며 대신 공식적으로 그 왕권의 제한을 수용할 것을 요구했다.

찰스 1세는 1625년 왕위에 즉위하는 순간부터 국민들로부터 반감을 샀다. 처음에 그에 대한 적대감은 주로 그의 종교적 동정(同情)에 관한 의심 때문이었다. 그러다가 내전이 일어나면서 정치, 종교, 재정문제가 복잡하게 얽히기 시작했다. 찰스 1세는 독실한 가톨릭 신자였던 프랑스 루이 13세의 누이와 결혼했다. 그녀의 환심을 사기 위해 찰스 1세는 가톨릭 신자들에게 모든 종류의 양보를 약속해야 했다. 영국 개신교도들은 당시 강력한 청교도 세력으로 찰스 1세가 왕위를 가톨릭 신자에게 물려줄지도 모른다는 두려움에 휩싸였다. 그러나 얼마 후 왕과 국가의 갈등은 재정적 문제가 중심이 되었다. 프란시스 베이컨은 찰스 왕이 즉위한 해에 재판(再版)된 그의 에

세이 《선동과 분쟁에 대하여》(Of Seditions and Troubles)에서 "선동"은 먼저 "종교적 혁신"에 의해, 다음은 "세금"에 의해 유발되었다고 설명했다.

17세기 영국사람들은 대부분 소유를 자유의 정수(精髓)로 여겼다.

> 무엇인가가 그의 소유라고 말하는 것은…그것을 그의 동의 없이 그로부터 빼앗을 수 없다고 말하는 것과 똑같다. 동의 없이 소유물을 취하는 것은 훔치는 것이며, 따라서 십계명 중 제8계명에 위배된다.[101]

이러한 지배적 견해를 토대로 왕은 백성에게 그들의 대표를 통해 동의를 받지 않은 채 세금을 부과하거나 다른 방법으로 백성의 재산을 축소시킬 수 없다는 원칙이 세워졌다. 따라서 초기 스튜어트 왕조 시절 영국에서 일어났던 혁명적 위기의 중심에 바로 소유의 문제가 자리잡고 있었다.

> 왕의 재정정책에 대한 원리적 반감이 나중에 반대를 위한 그럴듯한 구실을 제공하기 위해 개발된 단지 대수롭지 않은 상념에 불과하다고 생각한다면 이는 오산이다. 제임스 1세가 즉위한 직후부터 왕권과 국민의 소유 사이의 관계에 대한 견해는 양분되었다. 절대왕권은 절대소유와 직면했고 결국 충돌하고 말았다.[102]

다시 말해서 초기 스튜어트 왕조의 절대군주정치에 대한 정치적 반항은 소유의 방어에서 기인했다. 이는 결국 정치적 이슈가 되었다. 제임스 1세하에서 불만이 싹트기 시작해 찰스 1세에 이르러 마침내 폭발해 반란까지 일으켰던 의회는 왕에게 의회를 소집하고 역사적 선례나 헌법적 원칙에 따라 의회의 조세권한을 존중해달라고 요구하기보다는 소유의 불가침성을 보호하기 위해 이러한 선례들과 원칙에 호소했다.

그러나 두려움은 여전히 깊숙이 자리하고 있었다. 의회는 새 왕조가 전제주의 야심을 추구하기 위해 의회를 무시하다 못해 아예 없애버리려고 한다는 우려에 휩싸였다. 이러한 두려움은 아예 근거가 없는 게 아니었다. 당시 유럽대륙에서 몇몇 유명한 왕들이 의회가 소멸하도록 방치했기 때문이다. 프랑스에서 마지막으로 의회가 소집된 것은 1614년이었다. 스페인, 포르투갈, 나폴리, 덴마크 등 여러 유럽 왕국에서 대의적 의회가 사라졌다.[103] 따라서 "영국 의회의 앞날에 대한 두려움은 매회기마다 분명했다."[104] 처음 두 명의 스튜어트 왕 치하에서 의회가 거칠게 반항했던 것은 생존을 위해 가능한 한 많은 권한을 축적해두려는 의도였다.

찰스 1세는 자기 아버지의 왕권신수설을 믿었으며(비록 아버지만큼 유려하게 그 확신을 표현하지는 못했지만) 프랑스 궁정의 전제군주적 환경에서 자란 아내로부터 격려를 얻었다. 그는 즉위한 후 극도로 재정난에 시달렸다. 왕실 영지에서 나오는 순수입은 연간 2만 5천 파운드 정도로 너무나 형편없었으며 이는 선왕 때와 비교해 ⅓ 수준이었다. 1630년엔 수입이 더 감소해 1만 파운드에 불과했다.[105] 찰스 1세는 즉각 왕실의 토지를 다시 매각하기 시작했다. 그는 즉위 후 10년 동안(1625~1635) 64만 2천 파운드 가치의 토지를 처분했다.[106] 하지만 막대한 토지 매각대금으로도 약 백만 파운드에 이르는 지출을 충당하는 데에는 턱없이 부족했다. 결국 찰스 1세는 의회에게 군사비용과 외채 지불을 위해 관대한 "지원금"을 요청하기에 이르렀다. 1625년 의회는 그 직후 열린 의회들과 마찬가지로 새로운 부유층(gentry)의 대표자들로 구성되었다. 이들은 자신들이 영국의 "소유주"라고 믿었기 때문에 전제군주적 주장을 받아들일 수 없었다. 이들을 선출한 유권자는 자신을 "국가"(Country)와 동일시하는 대다수 자유 영지 소유주들이었다.[107]

> 반대운동을 주도했던 세력은 젠트리(gentry), 즉 농촌에 거주하는 향신계급, 특히 재산이 많은 사람들이었다. 의회의 특권, 백성의 자유, 그리고 소유의 보장을 위해 투쟁을 이끈 하원의원들; 의회 밖에 있는 친구들과 동료들; 그리고 강제 대출, 선박세, 기타 왕의 정책에 대해 가장 완강히 거부했던 사람들 등이었다. 이들은 거의 모두가

제3장 영국과 의회민주주의의 탄생

향신계급이었다.[108]

여기서 "국가"란 일반시민을 비롯해 몇몇 동료와 또 일부 왕실 관료들을 포함했다. 이들은 막강한 세력을 형성해 토지를 소유하고 법을 세습하며 지방정부에서 왕의 대리인으로 중요한 역할을 담당했다.[109] 찰스 1세가 통치를 할 때 얼마나 이들에게 의존했는지는 왕실 소속의 전문관료가 천2백 명에 불과했다는 사실을 보면 알 수 있다. 프랑스 왕의 경우 관료조직이 4만 명에 달했다.[110] 정치적 자유를 위한 투쟁을 도시에 사는 시민들이 주도했던 유럽대륙과 달리 영국에서 도시의 중산층은 상대적으로 조용했으며 주도권은 지주들의 손에 들어갔다.[111]

이미 1604년에 하원이 작성한 문서인 "겸손한 대답"(The Humble Answer)과 "사과와 만족의 형식"(The Form of Apology and Satisfaction)[112]에서 분명히 볼 수 있듯이 의회의 과반수는 자신의 특권과 자유 – 여기에는 표현의 자유와 임의적 체포로부터의 보호가 기본적이다 – 가 왕이 준 선물이 아니라 모든 영국 국민의 자연권이라고 믿게 되었다.

> 이들은…의회 대표자의 자유로운 선택과 자신들이 정당한 절차에 따라 선출한 사람들이 임기 내에 구속, 체포, 구금으로부터 자유로울 권리, 그리고 왕에 의한 처벌의 위협이 없이 자신의 양심을 말할 수 있는 권리를 방어하기 위해 애썼다.…17세기 초까지 정치적 활동에 참여한 상당수의 사람들은 의회의 특권을 영국인의 주요 권리와 동일시했으며 의회가 그들의 모든 권리와 자유를 보호해줄 필수적 방패라고 생각했다.[113]

"우리의 특권과 자유는 우리의 땅과 재화만큼이나 우리의 정당하고 당연한 유산"이라고 하원은 선언했다.[114]

갑자기 "권리"란 개념이 등장했으며 곧 유형자산과 무형자산을 포함해 가치 있는 모든 것을 의미하기에 이르렀다. 예를 들어, 당시 지식인이었던 존 엘리엇 경(Sir John Eliot)의 말에 따르면 1626~1627년 왕의 강제 대출로 촉발된 왕실과 의회 간의 충돌은 단순히 재산문제가 아니었다. "이 분쟁에는 우리의 땅과 재화는 물론 우리가 우리의 것이라고 부르는 모든 것이 걸려 있었다."[115] 이 재(再)정의는 매우 중요한 역사적 의미를 갖는 사건이었다. "권리"란 개념이 새롭게 정의되면서 근대 자유 개념의 초석이 되었다.

의회는 다행히 향신계급 출신의 대단히 유능하고 자신감에 넘치는 정치인들이 이끌었다. 이들 중 상당수는 결혼과 친분으로 연결되어 있었다. 이들은 유력한 의회세력을 형성해 정당이 아직 존재하지 않았을 당시 정당의 일부 특징을 보였다. 이들은 찰스 1세를 믿지 못했으며 그의 우유부단함에 실망하고, 또 그의 외교정책에 반대했다. 이들은 하원을 설득해 왕이 요청하는 지원금의 극히 일부분만을 승인하도록 했다. 그것도 모자라 관세를 부과할 수 있는 평생의 권리를 찰스 1세에게 허용해서는 안 되다고 했다. 15세기 이후 영국 국왕의 특권이 되었던 관세는 그후 매년 형식적으로나마 의회로부터 승인받아야 했다. 이 급진적 변화는 외국과의 교역이 괄목할 만한 성장을 하면서 더욱 가속화되었다. 무역의 증가는 관세수입의 증대로 이어져 왕이 의회로부터 재정적으로 독립할지도 모른다는 두려움이 생겨났다. 관세징수는 급속도로 늘어났다. 1590년에 5만 파운드에서 1613년엔 14만 8천 파운드로, 1623년엔 32만 3천 파운드로 증가했다.[116]

프랑스와 스페인을 상대로 거의 동시에 전쟁을 벌이면서 재정난이 더 심각해지자 찰스 1세는 왕의 전통적 특권을 내세우며 의회를 해산하고 의회의 승인 없이 무역관세를 징수하기로 결심했다. 따라서 재정적 문제는 종교적 마찰로 더욱 악화되어 왕과 의회 간의 갈등을 증폭시킨 주요 원인이 되었다.

찰스 1세의 두 번째 의회는 1626년 상반기에 소집되었는데 왕에게 만족스럽지 않았다. 의회는 먼저 왕의 총신이자 수석고문인 버킹햄 공작을 해임하라고 요구했다. 그는 국가 재산을 유용했다는 혐의와 전투에서 군대를 제대로 통솔하지 못했다는 비판을 받았다. 버킹햄 공작은 단지 왕의 명령을 충실히 따랐을 뿐이라고 말했지만 의회는 그를 탄핵하는 탄원서에서 자신의 잘못을 감추려는 변명에 불과하다며 그의 주장을 일축했다.

> 영국법을 보면 국왕은 개봉칙허장(Letters Patents)이나 옥새가 찍힌 칙서를 통해 언제라도 잘못된 것이나 불법적인 것을 명령할 수 없다는 것을 알 수 있다. 만약 사악한 일을 명령했다면 그 칙서는 무효이며 그런 안 좋은 사건이 성공할 경우 이 같은 명령을 수행하는 사람이 그에 대해 책임을 져야 한다.[117]

이러한 논리는 각료들이 의회에 책임이 있다는 것을 의미했다. 이 원칙은 후에 영국 헌법의 주축이 되었다.[118] 이에 대한 보복으로 찰스 1세는 의회를 해산시켰다.

적대적이고 전투적인 하원과 충돌한 찰스 1세는 1629년 이후 의회가 없는 통치를 시도했지만 그럴 수 있는 능력은 의회 보조금에 더 이상 의존하지 않고 재정을 자립할 수 있는가에 달려 있었다. 문제는 의회가 승인하지 않은 조세는 대개 영국의 전통에 어긋난 것으로 인식되었기 때문에 하원과 이들을 선출한 백성들로부터의 저항이 불가피했다는 데 있었다.

찰스 1세는 다양한 계략에 의존했다. 계속해서 의회 승인 없이 관세수입을 유용했다. 다행히 백성들은 이를 용인했다. 그러나 그는 부유층에게 "대출"을 강요함으로써 대중의 인내심을 넘어서고 말았다. 구체적으로 개개인에게 각각 얼마씩 내놓으라고 요구하자 수백 명이 이를 거부했으며 그 중 76명이 구속되었다 – 여기에는 후에 유명인사가 된 존 햄던(John Hampden)도 있었다. 정부는 당시 "애국자"로 불렸던 이들을 "아무 근거 없이" 투옥함으로써 법치와 국민의 권리에 대한 왕의 태도에 심각한 의구심을 제기했다.

어쨌든 이처럼 다양한 수단으로 찰스 1세는 자신의 소득을 60만 파운드로 늘렸다. 그러나 여전히 재정은 부족했다. 어느 재간 있는 재정전문가의 조언에 따라 더 많은 간계에 의존했다. 대부분은 예전에도 있었지만 당시에는 불법으로 여겨졌던 방법들이었다.

프랑스와 스페인과의 전쟁비용이 재앙에 가까울 정도로 증가하자 왕은 1628년에 세 번째 의회를 소집해 다시 한번 자금을 모집하려고 했다. 의회는 왕의 소원을 들어줄 생각이었지만 그 대신 정치적 양보를 요구했다. 어느 의회 지도자는 왕이 국민의 전통적 권리와 자유를 존중해야만 한다는 의무를 공식적으로 인정하는 법안에 옥새를 찍어야만 왕에게 지원금을 허가하겠다고 말했다. 이 법안은 과거에 재판관을 지내고 하원의원이 된 에드워크 쿡 경이 초안한 것으로 권리청원(Petition of Right)이란 이름으로 알려져 있다. 상원으로부터도 지지를 받았던 이 청원은 "지금부터 의회의 법에 따라 우리 모두의 동의 없이 어느 누구도 강제로 증여나 대출, 헌금, 세금, 혹은 이와 유사한 부과금을 내거나 하지 않아도 된다"고 명시했다.[119] 더 나아가 "법의 정당한 절차"를 거치지 않고 재산의 몰수, 감금, 사형을 금지했다.[120] 왕은 1628년 6월에 이 법안에 서명하고 요청한 돈을 의회로부터 받았다. 이 사건은 "우리가 현재 알고 있는 근대의 자유로 가는 길에서 결정적인 첫걸음"으로 평가되고 있다.[121] 여기에 서명함으로써 이제 영국 국왕은 상당히 줄어든 자신의 사유지와 자발적 대출, 기타 봉건적 특권으로부터 거둬들일 수 있는 수입을 제외하고는 모든 지출에 대해 공식적으로 의회의 승인에 의존하게 되었다. 적어도 이론상으로는 그랬다. 의회는 이 조항을 집행할 수단이 없었으며 왕은 여전히 관세를 징수하고 이를 거부하는 상인을 투옥했다. 권리청원의 조항들은 60년이 지난 후에야 헌법의 본질적 핵심이 되었다.

1629년 의회와 정면충돌한 후 찰스 1세는 의회가 왕권을 침해했다며 의회를 해산한 뒤 혼자서 11년 동안 나라를 다스렸다. 그는 민간독점권(특정 상품의 제조와 교역에 대한 배타적 권리)[122]을 판매하고 이제는 얼마 남지 않은 사유지를 매각해 금고를 채웠다. 그는 의회의 소집과 회기 기간, 해산 등은 왕의 권한이며 의회는 단지 부수적 존재라 여겼기 때문에 의회 없이도 아무 문제 없이 통치할 수 있다고 믿었다.[123] 재정난 해소를 위해 찰스 1세는 1629년에 프랑스와 평화협정을 맺었으며 이듬해엔 스페인과 화해했다. 1630년 그는 연간 40파운드 이상의 소득이 가능한 토지의 소유주에게 기사자격을 받도록 하는 중세시대 관행을 되살렸다. 이를 거부한 사람들로부터 거둬들인 벌금만 17만 파운드가 넘었다.[124] 이런 방식을 통해 찰스 1세는 사실상 재정적, 정치적 자립을 얻을 수 있었다.

그러나 1634년부터 3년간 내륙도시와 지방에 "선박세"를 부과함으로써 다시 한번 국민들의 인내심의 경계선을 넘어섰다. 선박세란 왕이 판단하기에 국가가 외부의 침입 위협에 처했을 때 의회 동의 없이 징수할 수 있었던 세금으로 14세기 초부터 시행되었다. 바다와 인접한 항구도시와 인근 마을에만 해당되었으며 여기서 나온 돈은 해군의 군함과 무기를 구입하는 데 사용되었다. 국민의 상당수가 어민이었던 영국은 해군에 대해 상당한 자부심을 갖고 있었으며 기꺼이 선박세를 냈다.

하지만 찰스 1세는 두 가지 면에서 전통을 어겼다. 먼저 전혀 외부의 위협이 없는데도 선박세를 부과했으며, 또 항구도 없고 이전에 단 한번도 선박세를 내본 적이 없는 사람들에게까지 이를 부과했던 것이다. 백성들은 즉각적으로 저항했다. 의회의 허가도 받지 않은 불법적 세금이었기 때문이다. 여기에 해당된 수천 명의 소(小)자작농과 가옥 소유자가 반기를 들었고 이는 왕에 대항하는 반대세력이 결집하는 결정적 사건이 되었다. 찰스 1세는 법원에서 해적의 약탈로 국가가 위험에 빠져 있다며 선박세를 부과할 권리가 있다고 주장했다.[125] 내륙지방까지 선박세를 부과한 이유는 국가가 위험할 때 온 나라가 나서서 국가를 수호하는 데 드는 비용을 부담해야 하기 때문이라고 설명했다. 하지만 국민들은 납득하지 못했고 완강히 저항했다. 납세자는 물론 세금 징수원마저 말을 듣지 않았기 때문에 왕은 자기가 요구했던 금액의 ⅕ 밖에 거둬들이지 못했다.¹²⁶⁾ 유머감각이 뛰어난 어느 하원의원은 내륙지역에까지 선박세를 부과함으로써 왕은 백성들이 아무것도 소유하고 있지 않다는 것을 보여줬기 때문에 국민이 가지지 않은 것을 줄 수는 없다며 더 이상 지원금을 투표로 의결할 수 없다고 말했다.¹²⁷⁾

내륙에 사는 영국인들은 왕의 선박세 명령을 무시했다. 그 중 한 사람이 소송을 제기했다가 감옥에 갇히고 말았다. 바로 존 햄던이었다. 그는 부유하고 고등교육을 받은 청교도 지주로 왕의 강제 대출에 기부를 거부한 죄로 이전에 약 일 년간 징역살이를 했다. 1637년 연간수입이 천5백 파운드가 넘었던 햄던은 그에게 부과된 선박세 20실링을 내지 않았다. 이러한 조세저항으로 그는 단번에 유명한 영웅이 되었다. 1637~1638년에 재무부 재판소에서 열린 그의 재판은 영국 헌법발달사에서 기념비적 사건이 되었다. 12명의 판사는 모두 왕이 임명한 사람들이었다. 하지만 스튜어트 왕조하의 사법부는 왕실의 뜻에 따라 움직이지 않았다. 특히 피고인이 대중적 인기를 누리는 사람일 경우 더욱 그러했다. 왕은 대개 사법적 절차에 간섭하지 않았다. 판사들은 변호사들로부터 왕실측 원고와 피고인의 주장을 들었다. 햄던의 변호사 중 한 명인 올리버 세인트 존(Oliver Saint John)은 햄던을 강력히 변호하면서 앵글로색슨 시대까지 거슬러 올라가 역사적 선례를 증거로 내세우며 왕의 행동이 법에 어긋난다고 주장했다. 그의 변론을 들어보자.

> 만약 국왕이 의회의 동의 없이 피고인에게 xx(20)실링을 부과한다면 …왜 같은 법의 이성으로 xx파운드를, 그렇게 해서 무한대로 부과하지 않았을까. 이런 식으로 간다면 백성이 무엇인가 갖고 있을 경우 그는 이를 지키기 위해 법을 바라보지 않고 완전히 왕의 자비와 선의에 의존할 수 밖에 없다.¹²⁸⁾

결국 왕은 가까스로 다수결에 의해 승리했다. 판사 12명 중 7명이 왕에게 유리한 판결에 손을 들었다. 다수의견은 오직 왕만이 국가에 대한 위협이 무엇인지를 판단할 수 있으며 따라서 국방을 위해 백성에게 기부하도록 하는 것은 왕의 권리이자 의무라고 주장했다.[129] 햄든은 자신에게 부과된 세금을 내야만 했다. 그럼에도 불구하고 이 판결은 찰스 1세에게 도덕적 패배로 널리 여겨졌다. 왜냐하면 그는 재판에서 가까스로 이긴 데다가 가장 존경받는 판사들이 햄든의 편을 들었기 때문이다. 햄든의 전기를 쓴 러시아 작가는 그가 "대다수의 국민으로부터 대중적 지도자로서 추앙받은 최초의 하원의원"이라고 평가했다.[130]

햄든 재판은 이 러시아 역사학자에게 매우 경탄할 만한 사건이었다. 러시아 역사상, 7백 년이 넘도록 백성이 군주의 뜻을 거역해 재판받은 일이 단 한번도 없었기 때문이다.

1640년 찰스 1세는 그의 종교정책에 반대해 스코틀랜드에서 발생한 폭동을 진압하는 데 필요한 자금을 모집할 생각으로 다시 의회를 소집했다. 개인적으로 폭도들을 동정한 의회는 왕의 요구를 거부했고 왕은 의회를 해산했다. 그후 이 의회는 "단기 의회"라는 별명을 얻었다.

왕실의 재정상태는 더욱 심각해져 심지어 런던의 개인 은행가들조차 왕에게 더 이상 돈을 내주지 않았다. 스코틀랜드 폭도들과 싸우는 군대에게 보수를 지급할 자금이 부족하자 왕은 다시 의회 소집에 동의했다. 이 의회는 13년 동안 열렸으며 "장기 의회"라는 별칭을 얻었다. 이번엔 그동안 강제 대출에 기부를 거부하거나 다른 정치적 공격으로 투옥된 적이 있었던 사람들에 의해 선출된 왕의 반대파들이 왕의 지지자보다 거의 두 배나 많았다.[131] 뛰어난 의회 책략가인 존 핌(John Pym)이 반대세력을 이끌었다. 그는 의회의 대다수가 백성들의 지지를 얻을 수 있다는 확신을 무기로 왕에게 직접 도전했다. 핌은 찰스 1세의 재정난을 이용해 그에게 그 어느 때보다도 강력한 의회의 권한을 인정하도록 했다.

1640년 12월 하원은 왕의 과거 선박세 징수명령을 불법으로 단정하고 햄든에 대한 판결이 "이 땅의 법규에 어긋나며 소유권, 국민의 자유와도 반대"라며 이를 철회했다.[132] 그런 다음 왕의 행정관료들에게 의회에 보고하도록 함으로써 이들을 자기 손안에 넣었다. 이것만으로도 부족했던지 의회는 세관원들에게 최소한의 생활비만을 왕에게 지급하도록 지시했다.[133] 지지기반이 약해진 왕은 어쩔 수 없이 이러한 모욕을 감수해야만 했다.

11년의 공백을 다시는 반복하지 않도록 하기 위해 "장기 의회"는 주저하는 왕으로부터 양보를 이끌어내 1641년 삼년회기법(Triennial Act)을 통과시켰다. 이는 왕이 소집하지 않더라도 매번 3년이 지나기 전에 의회를 의무적으로 열도록 하는 법이었다. 회기는 적어도 50일 이상 지속되도록 했다.[134] 다음엔 왕이 의회의 동의 없이 의회를 연기하거나 정회하거나 해산하는 것을 불법으로 정했다.[135] 왕은 이 조치에도 동의해야만 했다. 다른 혁명적 법안들도 일사천리로 통과되었다. 의회 승인 없이 관세를 부과하는 것을 법으로 금지했으며 성법원(Star Chamber)과 특설고등법원(Court of High Commission), 재판소 역할을 했던 행정기구 등을 포함해 이른바 특권적 법원을 모두 철폐했다. 마지막으로 선박세를 거부했던 사람들에 대한 모든 법적 절차를 무효화했다.

왕의 양보에도 불구하고 의회와 왕실 간의 적대감은 날로 커져갔다. 종교적 이슈와 왕의 철없는 행동으로 그 관계는 더욱 악화되었다. 1641년 핌이 이끄는 반정부파가 왕의 내각 임명권과 군대통솔권을 철폐하려고 하자 왕은 드디어 인내의 한계에 도달했다. 1642년 초 폭력적인 분위기 속에서 찰스 1세는 런던을 떠났다. 그후 내전이 시작되었고 영국은 왕당파와 그 반대파로 나뉘었다. 왕 덕분에 부를 얻은 왕당파들은 찰스 1세를 지지했다. 반면 의회당원, 상인, 자영농, 청교도를 포함한 기타 중산층 계급은 의회를 지지했다.

1642년에서 1648년까지 지속된 내전은 올리버 크롬웰이 이끄는 신형군(New Model army)의 확실한 승리로 막을 내렸다. 1649년 1월 찰스 1세는 처형당했다.

7. 잉글랜드 공화국

잉글랜드 공화국(Commonwealth)은 산림을 제외하고 모든 왕실의 영지를 몰수했다. 대부분은 급하게, 대개 시장가보다 낮은 가격에 매각되었다. 잉글랜드 공화국의 주축이 되었던 군대에게 봉급을 줄 자금이 절실히 필요했기 때문이다.[136] 장기 의회는 왕당파, 가톨릭 지주, 교회의 모든 소유지를 몰수대상으로 선포했다. 그러나 최근의 연구에 따르면 실제로 많은 왕당파와 가톨릭 지주들은 교묘한 방식으로 소유지를 계속 보유했다. 그 결과 토지를 보유한 향신계급의 구성은 놀라울 정도로 안정적이었다.[137]

하원은 크롬웰에게 연간 천 3백만 달러의 보수를 주었다. 이는 왕정복고 후 왕에게 재정을 지원하는 모델이 되었다.[138]

잉글랜드 공화국은 막대한 유지비용이 드는 군대에 의존했기 때문에 영국 국민들의 조세부담은 터무니 없이 증가했다. 하지만 국민들은 이를 별 저항 없이 받아들였다. 의회가 인정하지 않았던 조세나 다른 부과금에 대해 강력히 반발했던 모습과 상당한 대조를 이루었다.[139]

8. 후기 스튜어트 왕조

한때 역사학자들은 왕정복고 후 왕이 몰수당한 토지의 극히 일부만 되찾았다고 믿었었다. 새로운 주인에게 땅의 반환을 요구하는 게 어려웠기 때문이다.[140] 하지만 최근 어느 학자가 사실상 찰스 2세가 즉위 당시 "왕의 토지를 거의 모두" 되찾았다는 사실을 밝혀냈다.[141] 땅을 빼앗긴 사람들은 일부 보상받기도 했지만 빈손인 경우도 많았다.[142] 하지만 이렇게 되찾은 왕실의 영지는 수입이 워낙 적어 겨우 왕비와 직계가족을 부양할 수 있는 정도였다.[143]

왕정복고 후 지금까지 봉건적 제도에 뿌리를 두었던 영국의 조세제도는 전면개정이 불가피해졌다. 찰스 2세는 토지 몰수권, 후견 등과 같이 의회와 상관없는 주요한 왕실의 수입원이었으나 대중으로부터 많은 불만을 샀던 봉건적 특권을 철폐했다.[144] 대신 평생 연간 120만 파운드를 받기로 했다. 이는 90만 파운드로 추정되는 찰스 1세의 소득에다가 ⅓을 더한 금액이었다.[145] 찰스 2세는 여기에 더해 관세를 징수할 수 있는 평생권리를 보장받았다.[146] 이 예산으로 그는 개인적 비용은 물론 왕실의 비용을 충당하고 또 공무원의 월급도 지급해야 했다. 왕이 자신의 재정을 책임져야 하고 오직 국가적 위급사태시에만 의회에 돈을 요구해야 한다는 원칙은 중세적 사고방식의 종말을 의미했다.[147]

찰스 2세의 재정적 자립능력은 1558년에서 1714년 사이에 급속도로 악화되었다. 왕의 수입이 전체 국가의 수입에서 차지한 비중을 기록한 다음의 수치는 이를 확실히 증명한다.

1558~1603년 28.83%
1604~1625년 20.41%
1625~1640년 12.24%
1649~1659년 3.16%
1661~1685년 5.41%
1686~1688년 6.97%
1689~1714년 1.98%[148]

왕에게 정기적으로 수당을 지급하는 동시에 의회는 왕의 지출내역을 공개하도록 하는(14세기 이후로 시도해왔지만 그동안 성공하지 못한) 새로운 원칙을 도입했다. 이를 위해 공공회계위원회(Public Accounts Committee)를 신설해 왕이 전쟁이나 다른 특정한 목적으로 받은 돈을 다른 곳에 유용하지 못하도록 감시했다.[149] 이 같은 재정적 통제기능이 강화되면서 의회는 정기적으로 소집되었다. 1664년에 세습된 삼년회기법은 1641년 같은 이름의 법안을 철회하고 좀더 완화된 내용으로 바뀌었지만 여전히 매 3년마다 의회를 소집하도록 했다.[150] 사실 1660~1661년에서 1676년 사이에(단 한 해만 빼고) 의회는 주로 왕의 재정적 요구 때문에 매년 소집되었다.[151] 재정통제에 기반을 둔 이 같은 조치들 덕분에 결국 의회는 영국 헌법의 중심에 서게 되었다.[152]

의회의 왕실에 대한 엄격한 재정적 억제에도 불구하고 재정상황이 좋아진 탓에 1680년대 초에 왕실은 다시 한번 권한을 확대하기 시작했다. 지출을 제한하고 조세징수 기능을 개선하고 관세수입을 확대하면서 찰스 2세는 부유해졌다.[153]

찰스 2세의 동생으로 왕위를 물려받은 제임스 2세는 이 증가한 부를 이용해 의회로부터 독립하는 데 성공했다. 의회는 왕의 수당을 185만 파운드로 늘렸다. 요크 공작으로서 받은 수입을 합치면 제임스 2세의 연간수입은 2백만 파운드에 달했다.[154] 의회는 다시 해산되었고 그후 3년간 단 한번도 소집되지 않았다.

찰스 2세와 제임스 2세는 국민의 소유를 절대로 "침범"하지 않겠다고 맹세했다.[155] 그러나 이제 "소유"란 개념은 "자유"(liberty)와 동일시되기에 이르러 영국사람들이 자신의 생득권이라고 여기는 모든 것을 포함했으며 여기에는 종교도 들어가 있었다.

제임스 2세는 종교적 이유로 왕좌를 잃었다. 가톨릭 신자였던 그는 영국에서 가톨릭의 승리를 꿈꾸며 가톨릭 신도들에 대한 차별적 법안을 철폐하기로 결심했다. 이는 기존의 종교적 믿음에 대한 협박이자 동시에 왕실 세습 전제정치의 부활을 의미했기 때문에 휘그당과 토리당 모두 깜짝 놀랐다. 왕의 재정상태마저 좋아져서 의회는 생존을 걱정해야만 했다. 왕의 반대파들은 당시 네덜란드의 총독으로 있던 찰스 1세의 손자인 윌리엄 오렌지 공과 그의 아내이자 제임스 2세의 딸로 독실한 개신교였던 메리와 계약을 맺었다. 윌리엄은 마침내 1688년 11월 영국을 침범해 왕권을 박탈하고 프랑스를 상대로 한 대연합에 영국을 참여시켰다. 제임스 2세는 제대로 대항도 못한 채 프랑스로 망명했다.

9. 명예혁명

실험을 반복함으로써 자신이 발견한 사실을 결정적으로 증명해 보일 수 있는 자연과학자와 달리 역사학자들은 인상의 세계에 살기 때문에 독자들을 설득시키지 못할 수도 있으며 의심의 그늘 속에서 자신의 이론을 증명해 보일 수도 없다. 따라서 자연과학자가 증명된 진실의 범위와 깊이를 더하는 동안 후자는 기존의 이론을 계속 수정한다. 매 세대마다 역사학자들은 선배들의 저작에 의문을 제기하고, 대개 예외와 뉘앙스를 강조함으로써 현대적 명성이 의존하는 독창성을 주장한다. 맨끝에 도달하게 되어 더 이상 수정주의 이론을 수정할 수 없을 경우 사람들은 때로 너무나 필사적이 되어 역사적 증거가 별로 중요하지 않거나, 심지어 역사가 존재했다는 사실마저 부정하며, 궁극적인 수정을 하려고 한다. 이 단계까지 오면 – 최근엔 "탈구축"(deconstructionism)이라는 어처구니 없는 운동까지 생겨났다 – 어디로든지 갈 수 있다. 이런 이유에서 특정 역사 주제에 대한 마지막 해석은 종종 최초가 되기도 한다.

1688년 명예혁명은 사회적 동요나 경제적 위기로 촉발된 게 아니었기 때문에 일반적 혁명의 조건엔 맞지 않는다. 이런 이유에서 일부 수정주의 학자들은 이를 단지 왕실 쿠데타로 주장하고 있다. 명예혁명이 일어났을 당시 영국은 화평했고 부유했다.[156] 1688~1689년에 일어난 일련의 사건들은 사실상 가톨릭 통치자를 원치 않는 국민들의 지지를 등에 업은 정치인이 일으킨 전형적 쿠데타였다. 이들은 가톨릭을 믿는 제임스 2세의 비인기를 이용해 그를 제거하고 대신 두 명의 독실한 개신교도를 왕좌에 앉혀 그

대가로 정치적 양보를 얻어냈다.

　제임스 2세의 프랑스 망명은 왕권의 포기로 여겨졌다. 1688년에 소집된 의회는 정당한 과정을 거쳐 선출되었다. 하지만 왕이 없이 열렸기 때문에 컨벤션 의회(Convention Parliament)라고 불렸다. 의회가 주도한 혁명은 고대 전통의 부활이라는 측면에서 보수적이었다. 그러나 현실에서 의회의 행동은 꽤 급진적이었다.

　윌리엄과 메리에게 왕관을 수여하기 전에 컨벤션 의회는 이들에게 권리선언(Declaration of Right)을 제시했다. 1689년 2월 의회의 전통적 요구를 서둘러 고쳐 정리한 권리선언은 "국민의 권리와 자유를 선포하고 왕권의 계승을 정하는 법안"으로 불렸다. 컨벤션 의회는 헌법적 지위가 없었기 때문에 의회 지도자들은 이 선언을 법령으로 바꾸는 게 중요하다고 생각했다. 이는 권리장전(Bill of Rights)이라는 형식으로 바뀌어 마침내 1689년 12월 윌리엄 3세의 직인을 받았다.[157] 권리장전 – 어느 역사학자는 "대헌장 이후 (영국 역사상) 가장 위대한 헌법 문서"라고 했다[158] – 은 당시 의회의 대다수가 고대부터 내려온 영국 자유의 토대라고 믿었던 원칙들을 명시했다. 왕은 의회의 동의 없이 법을 정지시키거나 세금을 부과하지 않기로 맹세했다. 또 평화시에 상설군대를 유지할 경우 의회의 승인을 얻도록 했다. 개신교들이 호신을 위해 무기를 소지할 수 있도록 허가하고 의회 의원들에게 표현의 자유를 보장하며 의회를 자주 소집할 것을 요구했다. 윌리엄과 메리는 4년 동안만 관세권을 받았다. 하원의 말을 빌리자면 "잦은 의회 소집을 위한 최상의 수단"이었기 때문이다[159](후에 의회는 평생관세징수권을 새로운 군주에게 허가했다).

　윌리엄 3세는 계속해서 전쟁을 벌였기 때문에 의회에 재정지원을 부탁해야 했다. 그는 자신의 고국인 네덜란드에서처럼 매년 의회를 소집했다. 이는 헌법적 관례가 되었다. 이때부터 영국 의회는 매년 소집되었다.[160] 하원은 왕실의 예산을 통제했을 뿐만 아니라 그 지출내역도 감시했다. 1690~1691년부터 하원은 종종 특정 목적을 위해 예산을 집행했으며 다른 목적에 전용되지 않도록 감사를 철저히 했다.[161] 1693~1694년에 잉글랜드은행이 설립되고 국가채무(National Debt)가 도입되면서 의회의 재정권한은 더욱 강화되었다. 이제 왕이 빌려가는 모든 대출을 하원이 승인하는 게 규범화되었다.[162] 간접세와 토지세는 규제되었다. 영국 역사에서 처음으로 "조세는 왕의 수입에서 정규적 부분이 되었다."[163] 세수입은 배로 늘었고 영국인은 프랑스인보다 더 많은 세금을 냈다. 의회에 재정을 전적으로 의지하게 되면서 왕은 외교정책은 물론 각료를 임명할 때조차 의회와 상의했다.

1688년 이후 왕의 권한을 심각하게 제한한 또 다른 중요한 원칙은 사법권에 관한 것이었다. 스튜어트 왕조하에서 재판관은 왕의 뜻에 따라야 했으며, 어떤 이유에서건 왕의 마음에 들지 않으면 해고될 수 있었다. 이제 판사는 불법행위로 기소되거나 의회의 요청이 아닐 경우 해임될 수 없다는 규정이 세워졌다.[164] 이 관례는 사법권의 독립성을 보장했다.

18세기 왕실과 하원의 관계는 항상 좋지만은 않았다. 하지만 1688~1689년에 마침내 의회의 오랜 권력 다툼은 유종의 미를 거두게 되었다. 1810년 나폴레옹의 프랑스와 전쟁을 벌이던 가운데 영국 조지 3세가 정신이상 판정을 받고 왕의 임무를 하나도 처리할 수 없었지만 국정은 전혀 영향받지 않았다.[165] 왜냐하면 정권이 완전히, 되돌릴 수 없을 정도로, 의회에게 넘어갔기 때문이다.

10. 유럽대륙

영국이 세계 최초로 의회민주주의를 수립했지만 영국만이 의회제도를 발전시킨 것은 아니었다. 의회는 중세 유럽에서 보편적 제도로 광범위하게 장기간 존재했다. 포르투갈, 덴마크, 시칠리아, 폴란드 모두 중앙의회는 물론 지방의회도 있었다.

이들 의회의 주요 기능은 영국과 똑같았다. 즉, 예외적 지출, 특히 전쟁과 관련해 필요한 자금을 왕에게 승인해주는 것이었다. 이 같은 역할의 보편성은 사적 소유가 중세 유럽에서 얼마나 일반적이었는지를 증명한다. 국민들이 아무것도 소유하지 않았다면 왕은 그들에게 세금을 요구할 수 없었을 것이다. 오직 부분적으로만 유럽이었던 러시아의 군주들은 나라의 모든 땅을 자신의 것이라고 생각했기 때문에 백성에게 돈을 달라고 하거나 의회를 소집할 필요가 없었다. 러시아의 군주는 20세기 초가 되어서야 여론의 공세에 밀려 국민의 소유권을 인정하게 되었다. 영국에서처럼 유럽대륙의 의회들은 종종 군주의 재정난을 이용해 자신을 위한 특권을 얻어냈다. 그러므로 영국 의회의 독창성은 태고성이나 기능에 있는 것이 아니라 장수(長壽)에 있었다. 영국 의회는 점점 더 강력해졌지만 유럽대륙의 의회들은 몇몇 예외를 제외하고(특히 폴란드, 스웨덴, 네덜란드) 대부분 전제왕정시대를 버티지 못했다.[166]

의회는 봉건주의의 부산물이었다. 영주에게 조언을 하고 그들을 보좌하는 게 임무였던 가신들의 모임에서 발생했다. 최고의 영주는 왕과 왕자였다. 의회 참석은 의무적이었다. 참석자들은 어느 누구도 대표하지 않았다. 하지만 시간이 지나면서 왕과 왕자는, 비록 선출된 사람들은 아니었지만 의회의 참석자들이 자신의 영지와 지방을, 더 나아가 국가 전체를, 대표해 말하고 있다고 가정하는 게 왕실에 유리하다는 것을 깨달았다. 그렇게 가정할 경우 이들이 제공한 자문과 지원이 더 무게를 가지게 되었기 때문이다. 이런 이유에서 점차 인식하지 못하는 사이에 대부분 유럽 봉건의회는 대의적 기관으로 바뀌었다. 이런 면에서 의회는 모든 자유인이 개인적으로 참여했던 원시의 민회와 성격이 달랐다. 또 참석자가 오직 자신의 이해만을 대변했던 왕실 자문위원회와도 차이가 있었다.[167]

역사상 최초의 대의적 기관은 12세기 말(1188년) 스페인의 왕국인 레온과 카스티야에서 생겨났다.[168] 오래지 않아 스페인은 지방과 중앙정부에 대의적 의회(cortes)를 발전시켰다. 영국, 호주, 브란덴부르크, 시칠리아, 포르투 갈, 신성로마제국이 13세기에 그 뒤를 따랐으며 14세기엔 프랑스, 네덜란드, 스코틀랜드, 헝가리가, 15세기엔 폴란드, 스웨덴, 덴마크가 의회주의를 채택했다.[169] 대의적 입법부는 유럽에만 있었으며 후에 유럽인들에 의해 다른 대륙에 이전되었다.

의회 역사에서 놀라운 특징 중 하나는 불평등한 발전이다. 14세기 중반 프랑스 삼부회(Estates General)는 이례적 권한을 주장하며 당시 급하게 필요했던 군사 지원금을 제공하는 대신 정치적 양보를 요구했다. 이는 영국에서조차 상상하기 어려웠던 것으로 삼부회의 정기적 소집과 더불어 조세 징수권과 왕실의 예산지출 감사권을 달라고 했다.[170] 당시의 관찰자는 프랑스가 왕권 구속에서 영국보다 앞섰다고 당연히 결론내렸을지 모른다. 그러나 사실은 그렇지 않았다. 프랑스 의회 내의 반대파는 곧 붕괴되었고 삼부회는 왕의 하수인으로 전락했다. 1484년에서 1560년까지 삼부회는 소집되지 않았다. 그 다음 50년간 몇 번 다시 열렸으나 1614년을 마지막으로 1789년까지 문을 닫았다.

14세기경 스페인에서 카스티야, 아라곤, 카탈로니아, 발렌시아가의 의회는 모든 특별세의 허가권과 법의 세습과 실행에 참여할 권리를 쟁취했다. 아라곤 사람들의 왕에 대한 충성의 맹세는 영국 하원에선 상상할 수 없을 정도로 과감했다. "당신처럼 선한 우리는 우리보다 더 나을 게 없는 당신에게 당신을 우리의 왕이자 군주로 받아들이겠다고 선서한다. 단, 당신이 우리의 자유와 법을 준수하는 한 말이다. 그렇지 않다면 (당신은 우리의 왕이) 아니다."[171] 그러나 스페인의 의회 역시 16세기 초에 쇠퇴하기 시작해 17세기 말엔 사라지고 말았다.

독일의 제국의회(Reichstag 혹은 Imperial Diet) 역시 잠깐 생겨났다가 시들해지고 말았다. 레오폴드 1세가 1663년 의회를 소집했는데 1806년까지 계속 이어지다가 나폴레옹이 신성로마제국을 해체하면서 함께 사라지고 말았다.

왜 이렇게 운명이 바뀌었던 걸까?

의회주의를 촉진시키는 요인 중 하나는 작은 영토이다. 대개 영토가 작고 인구가 적을수록 효과적인 민주적 제도를 만들기가 수월하다. 왜냐하면 민주적 제도란 이해관계를 공유하고 단합된 행동을 할 수 있는, 관리가능한 공동체를 의미하기 때문이다. 영토가 커지면 사회 및 지역적 이해관계도 그만큼 다양해져서 화합에 걸림돌이 된다. 영국은 이런 면에서 매우 유리한 위치에 있었다. 유럽 최초의 민족국가였던 영국은 이미 13세기에 "영토적 공동체"(communitas terrae)[172]라는 의식을 갖고 있었다. 이는 민족국가가 아직 형성되지 않았던 유럽대륙에서는 존재하지 않았다. 여행이 느리고 비싸고 위험했던 시절 프랑스나 신성로마제국과 같은 대국은 각 지방을 설득해 대표자를 삼부회에 보내도록 하는 게 쉽지 않았다. 이들은 그냥 왕이 요구한 세금만 내려고 할 뿐 의회에 참석하는 것을 좋아하지 않았다. 이런 이유에서 유럽대륙에선 지방의회가 중앙정부보다 더 발달하고 오래 지속되었다. 프랑스와 스페인 모두 지방의회가 활발했다. 프랑스의 북부의회와 남부의회, 또 버건디, 투렌, 브리타니 등과 같은 지방의회들은 삼부회가 역사적 기억으로 사라진 지 오랜 후에도 프랑스혁명 때까지 계속 명맥을 이어갔다. 스페인의 경우 카스티야, 아라곤, 발렌시아, 카탈로니아 등지에 지방의회가 있었다. 하지만 이들 지방의회는 주로 지방문제만을 다뤘기 때문에 왕에게 도전하지 않았다. 이런 면에서 영국은 운이 좋았다. 나라 전체의 영토가 하나의 주 정도 수준이었기 때문에 지방의회가 발달하지 않았다.

의회의 권한을 결정하는 또 다른 요인은 대내외적 안정이다. 외국 침입과 내전으로 고통받아온 나라들은 평화를 얻기 위해서 자유를 포기하는 경향이 있었다.[173] 프랑스가 대표적 사례였다. 영국 왕이 프랑스의 왕권을 주장하면서 발발한 백년전쟁(1337~1453)은 프랑스 영토와 주변국인 플랑드르에서 치뤄졌으며 이로 인해 그 지역은 피폐화되었다. 전쟁이 끝나갈 무렵인 1439년 프랑스 삼부회는 왕에게 가장 중요한 세금인 타이유(taille), 즉 일반판매세를 평민에게 부과하고 징수할 수 있는 권한을 넘겨주었다. 이는 1790년까지 프랑스 국왕의 주요 수입원이 되었다. 타이유세는 더 세수가 많았던 소금세(gabelle)와 더불어 프랑스 국왕을 재정적으로, 그리고 정치적으로 의회로부터 완전히 독립시켜주었다. 이제 국왕은 삼부회 없이도 살 수 있게 되었다. 16세기 후반에(1562~1598) 프랑스는 가톨릭과 개신교 간의 종교전쟁으로 다시 한번 몸살을 앓았다. 전쟁이 끝난 후 지친 국민들은 왕에게 모든 권한을 넘겨주었고 이로 인해 전제왕정이 탄생했다. 이는 다른 유럽국가들에게 모범이 되었다.

프랑스에서 세습 전제정치가 발달하게 된 이유 중 하나는 왕의 부였다. 왕은 조세권한은 물론 왕실 소유지에서 나오는 소득으로 부유해졌다. 영국 왕의 경우 상당부분의 수입을 의회로부터 통제당하는 바람에 왕실의 토지를 거의 다 팔아버렸다. 반면 프랑스의 국왕은 자신의 사유지를 양도할 수가 없었다. 왕은 즉위식에서 이를 지키겠다고 맹세했다. 그 결과 의회민주주의 역사에서 결정적 시기였던 14~15세기에 프랑스 국왕은 유럽에서 가장 부유한 왕실을 보유하고 있었다.[174]

스페인의 상황은 매우 복잡했다. 중세시대에 왕국이 7개나 있었고 그 중간엔 상당기간 동안 이슬람의 통치를 받았다. 15세기 말 이 중 가장 중요한 두 개의 왕국이 아라곤의 페르디난드 왕과 카스티야의 이사벨라 여왕의 결혼으로 하나가 되었다. 이는 미래 민족국가의 기틀이 되었다. 아라곤과 카스티야의 의회는 원칙적으로 따로 열렸지만 가끔씩 에스파냐 의회(Cortes Generales)로 알려진 합동의회가 소집되기도 했다.

프랑스에서처럼 초기 근대 스페인에서 절대왕정의 토대는 국왕의 재정적 독립이었다. 상업거래세인 알카발라(alcabala)라고 불리는 판매세는 1342년 무어족과의 전쟁에 필요한 자금을 모집하기 위해 임시로 도입되었다가 계속 남아 있게 되었다. 이 조세는 의회 동의가 필요 없었다. 여기서 나오는 수입은 기하급수적으로 증가했으며 결국 국왕의 수입 중 80~90%를 차지하기에 이르렀다.[175] 이는 일반적으로 스페인의 경제발전을 저해한 요인으로 지적되고 있다. 메리먼(Merriman)은 이를 "암과 같은 존재로 스페인 제국의 내장을 모두 썩게 만들었다"고 했다.[176] 그러나 덕분에 왕은 의회로부터 자유로와졌다. 귀족과 성직자 모두 면세를 받았기 때문에 이들 중 아무도 의회에 관심이 없었다. 그 결과 왕에게 대적할 수 있는 사람이라고는 도시의 대표자들뿐이었는데 이들은 쉽게 굴복했다.[177] 16세기에 스페인 국왕은 북해 연안의 낮은 지대에 위치한 국가들과 이탈리아, 그리고 (1550년 후에는) 신세계 등지의 해외 영지에서 부를 거둬들여 더욱 막강한 재정적 독립을 누리게 되었다.[178] 재정자립을 확보한 스페인 국왕은 국가 위기상황을 제외하고 의회를 소집해야 할 필요를 느끼지 못했다. 17세기에 의회는 완전히 잊혀졌다.

유럽대륙의 의회가 쇠퇴하게 된 결정적 요인은 중세시대 말 화약의 도입으로 시작되어 17세기에 근대적인 국군(國軍)이 탄생하면서 절정에 이르렀던 전쟁에서의 혁명이었다. 국군은 강력한 권한을 가진 중앙정부를 필요로 했다. 이는 의회를 탄생시켰던 중세시대 영지의 멸망을 의미했다.

로마제국 멸망 후 약 천 년 동안 유럽에서 주요 군대는 기병대였다. 이들은 귀족들이었으며 이들을 수행하는 보병들은 농노와 평민으로 구성되었다. 기병은 속도 빠른 긴 활이 개발된 후 서서히 쇠퇴하다가 14세기에 처음에는 포, 그 다음에는 화기의 등장으로 거의 유명무실해졌다. 이제 역할이 바뀌어 보병이 전선에 나서고 기병은 호위대로 전락했다. 16세기 프랑스, 독일, 스웨덴 등지의 국가에서 이 같은 과도기적 군대는 사병으로 모집되었으며 주로 용병으로 구성되었다. 무기술의 발달로 의회는 물론 봉건군대의 중추적 역할을 담당했던 귀족층이 몰락하기 시작했다.

1500년 후 신무기의 발달과 이로 인해 가능해진 전술의 변화는 근대 군대의 탄생으로 이어졌다. 16세기에 스페인이 제일 먼저 근대 군대를 보유했으며 17세기 스웨덴의 구스타프 아돌푸스 왕, 프랑스의 루이 14세가 그 뒤를 따랐다. 결국 영국을 제외하곤 대부분의 주요 유럽열강들은 이를 모방했다. 스웨덴과 러시아처럼 징집을 통해 군사를 모은 나라도 있었지만 대부분의 국가는 하층민의 지원병과 귀족장교로 구성된 상비군을 조직했다. 이들은 국가로부터 표준화된 무기와 군복을 받았으며 전투력은 물론 무기의 성능을 높이기 위해 끊임없이 훈련받았다. 이들의 등장은 중앙정부의 권한을 강화시켜주었다. 중앙정부만이 그 조직과 자금을 제공할 수 있었기 때문이다. 그 결과 귀족의 권한과 귀족제도는 무력해졌다.

> 최고조에 달한 전제왕정은 국내에서 평화를 유지하고 국방과 국력강화를 위해 필요한 인원과 자금을 모집할 수 있는 능력을 보여줌으로써 다른 가능한 형태의 정부보다 더 우월하다는 것을 직접 증명했다. 게다가 부를 증가시키고 장기 전쟁을 치르는 데 필요한 경제적 조건을 만들 수 있는 잠재력도 있었다.[179]

의회가 중앙집권화된 군대조직과 이에 필요한 자금을 제공할 능력이 없을 뿐만 아니라 오히려 방해세력으로 여겨지기 시작하자 의회는 대부분의 유럽대륙 국가에서 자취를 감추고 말았다.

하지만 예외적으로 영국왕은 이 군사적 혁명을 이용해 절대적 권력을 얻는 데 실패했다. 영국도 전쟁을 치르긴 했지만 대륙 열강들과 달리 외국 땅에서 전쟁을 했기 때문에 한 번도 영국 국민들은 직접적 위협을 느끼지 못했다. 영국에는 (잉글랜드 공화국 시절을 제외하고) 상비군이 없었으며 대부분 해군력과 외국 정부에게 지급한 보조금에 의존했다. 1689년 권리장전은 왕이 의회의 허락 없이 평화시에 상비군을 유지하지 못하도록 분명히 금지했다. 이에 따라 영국 국민들은 왕의 전쟁자금 요구를 이용해 정치적 양보를 얻어낼 수 있었다.

영국 외에 스웨덴, 네덜란드, 폴란드에서도 의회는 왕권을 제한하는 데 성공했다.

스웨덴 국왕은 17세기에 큰 전쟁에서 승리를 거두며 의회(Rigsdag)의 권한을 상당히 위축시켰다. 하지만 18세기 초 러시아와의 전쟁에서 치명적 패배를 경험한 후 스웨덴 의회는 다시 그 권한을 되찾았고 18세기 말에 왕은 사실상 무력해졌다.

　유럽에서 가장 부유했던 네덜란드의 개신교 연합주들은 부유한 부르주아 계급과 가난한 귀족층을 끌어들여 1560년대에 스페인에 대항해 반란을 일으켰으며 1581년 독립을 선언했다. 네덜란드는 그후 공화국이 되었다. 총독이라 불리는 최고 수장은 7개 연합주 의회에서 선출되었다. 재정, 외교정책, 군대, 해군 등의 문제는 네덜란드 전국회의가 권한을 가지고 있었다.

　폴란드의 의회 경험은 매우 독특하다. 여기서는 귀족이 국왕을 압도함으로써 헌법적 불균형 상태가 발생했으며 이는 결국 폴란드를 멸망의 길로 이끌었다. 왕궁에서 일어난 사건으로 14세기 말 폴란드는 선출 군주제를 도입했다. 10세기부터 폴란드를 통치했던 피아스트 왕조의 마지막 왕인 카시미르 대제는 후사가 없었다. 폴란드 헌법은 여왕을 금지했기 때문에 카시미르는 헝가리의 왕이었던 앙주의 루이스에게 왕위를 물려주었다. 루이스 역시 아들이 없었기 때문에 자신의 딸들 중 한 명에게 왕위를 물려주기 위해 폴란드 귀족계급에게 이른바 특권인가장(Privilige of Koszyce, 1374년)을 통해 모든 세금을 면제해주었다. 그는 또 특별세를 정할 때 모든 폴란드 귀족의 동의를 구하도록 했다. 그후 4세기 동안 폴란드 왕권을 원했던 사람들은 귀족들로부터 만장일치의 동의를 얻어야 했기 때문에 더 많은 특권을 허가해주었다.

　주권국가로서의 존재가 끝나기 전까지 폴란드는 지방계급들의 연합체에서 진정한 국회로 발전하는 데 실패했다. 1493년까지 존재했던 의회(Diet 혹은 Sejm)는 사실상 자주적 지방의회(sejmiki)를 대표하는 대의원들의 모임이었다. 이들은 처음엔 구두로, 나중엔 문서로 위임을 받았는데 여기에 충실해야 했다. 의회는 아무런 힘이 없었다. 모든 법안은 만장일치를 얻어야 했다. 단 한 명의 대표라도 그 악명 높은 리베룸베토(liberum veto)라는 거부권을 행사할 경우 법안 통과를 막을 수 있었으며 심지어 의회를 해산시킬 수도 있었다. 이 원칙은 독립한 네덜란드에서도 채택되었다.[180] 하지만 네덜란드의 무신경한 시민들은 의회제도를 그대로 놔두었던 반면 미숙했던 폴란드 귀족들은 의회를 아예 중지하고 말았다.

그 결과 자유가 남용되었다. 귀족으로만 구성된 폴란드 의회는 – 도시는 대표자를 보내지 못했다 – 국가가 아닌 지방과 영지의 이익만을 생각했다. 17세기에 의회는 대부분 농민과 시민들이 내는 세금에 대해 전결권을 가지게 되었다. 세금을 정할 때마다 의회의 동의가 필요했으며 시효는 1년 미만이었다. 의회는 또 국정과 외교정책까지 영향력을 행사했다. 폴란드는 근대 군대로 발전하지 못하고 내내 용병에 의존했다. 18세기 후반에 국경에 인접한 프로이센, 러시아, 오스트리아는 폴란드를 자기들끼리 나눠 가졌다. 이들 국가의 절대군주는 폴란드를 귀족의 손에 그대로 놔두고 싶어하지 않았다.

러시아는 자기만의 길을 갔다. 지리적으로 유럽의 일부였지만 그럼에도 불구하고 러시아는 근대까지도 사적 소유를 법적으로 인정하지 않았던 동양의 방식을 모방해 정부제도를 발전시켰다. 이러한 제도가 국민의 자유에 어떤 영향을 미쳤는지가 다음 장의 주제이다.

제4장

세습 러시아*

> 위대한 군주의 모스크바국(國)과 시베리아에서 모든 계층의 하인은 땅에서 위대한 군주를 모시고, 농부는 작은 밭을 갈고 면역지대(免役地代)를 내며 어느 누구도 공짜로 땅을 갖지 못한다.
>
> — 피터 대제[1]

1991년 전까지 러시아와 러시아의 통치를 받은 국가들은 시민권을 거의 누리지 못했으며(1906~1917년 동안만 제외하고) 정치적 권리 역시 전혀 없었다. 전제주의 시대에 러시아의 군주는 서양의 그 어떤 왕들보다 훨씬 막강한 절대적 권한을 행사했다. 민주주의 시대에 러시아는 다른 어떤 유럽국가보다 더 오랫동안 전제주의에 매달렸다. 70년에 이르는 공산당의 통치 기간 동안 러시아는 세계 역사상 가장 완벽하게 개인의 자유를 박탈한 정권을 탄생시켰다. 약 260년 동안(1600~1861년) 대다수의 러시아인들은 국가나 지주의 농노로 땅에 묶여 살았다. 주인이나 정부관료로부터 보호받을 수 있는 법적 장치는 전혀 없었다.

왜 지리적으로 근접하고 인종이나 종교가 서유럽과 비슷했던 러시아가 서유럽의 패턴을 따르지 않았을까?

러시아가 권위적 정부를 선호했던 것은 유전적 요인 때문이 아니었다. 뒤에서 다시 설명하겠지만 14~15세기 전성기 당시 북부 러시아를 거의 차지했던 노브고로트 도시국가는 시민에게 오늘날 서유럽인들과 비슷한, 어떤 면에서는 더 급진적인 권리를 허용했다. 따라서 이러한 현상의 원인은 다른 곳에서 찾아야 한다. 내 생각엔 러시아가 시민권과 자유를 발전시키지 못했던 주요 원인은 모스크바 대공국이 사유토지를 없앴기 때문인 것 같다. 모스크바 공국은 러시아를 정복하고 국왕이 영토와 백성들을 다스릴 뿐만 아니라 모든 것을 소유하는 체제를 실시했다.

이렇게 주권과 소유권이 혼합된 "세습"정부는 토지의 모든 소유권을 군주의 손에 맡기고 군주가 귀족과 평민에 상관없이 모든 백성으로부터 무제한적 서비스를 주장할 수 있는 권한을 허용했다. 왕의 권한이 사적 소유 경계까지 미치지 못했던 다른 서유럽 국가들과는 대조적으로 러시아에서 (어쨌든 18세기 말까지) 이러한 왕권제한은 전혀 낯선 것이었으며 사실상 상상조차 할 수 없었다.[2] 18세기가 끝날 무렵 러시아의 세습군주는 뒤늦게야 토지의 사적 소유를 인정했으나 지식인과 대다수의 농민들로부터 상당한 반대에 부딪쳤다. 그 이유는 뒤에서 자세히 설명하겠다.

사유토지의 부재는 러시아인으로부터 영국이 왕의 권한을 제한하는 데 이용했던 모든 수단을 박탈했다. 모든 토지에서 지대와 노역을 요구할 수 있었기 때문에 세금이 필요하지 않았던 세습군주는 의회를 소집할 필요가 없었다. 소유와 항상 동반하는 법적 제도는 초보적 수준이었고 주로 행정 수단으로 이용되었다. 개인의 권리란 개념은 왕에 대한 의무란 개념에 완전히 가리워져 있었다. 1762년이 되어서야 러시아 국왕은 상류층을 강제적 봉사책무로부터 면제해 주었으며 1785년에 와서야 그들에게 영지 소유권을 허가했다. 1861년에 러시아 농민들은 농노신분에서 해방되었고

1905~1906년이 되어서야 러시아 백성들은 시민권을 확보하고 입법에 참여할 수 있게 되었다.

따라서 러시아의 역사는 소유가 시민권과 정치적 권리의 발전에 어떤 역할을 하는지를 보여주는 훌륭한 사례이다. 소유의 부재가 어떻게 임의적이며 전제적인 정부를 유지시켜주는지를 직접 증명해보였다.

1. 무스코비 왕조 이전의 러시아

앞서 언급했듯이 소유권의 대상은 두 가지 조건이 맞아야 한다. 누구나 원하는 것이어야 하며 공급이 제한적이어야 한다. 농사가 주업인 사람들에게 그 대상은 농경지이다. 농경지가 희소할수록 경쟁이 치열해지고 더욱 강하게 소유권을 주장하게 된다. 동부 슬라브족이 10세기 말에 들어와 살기 시작했던 대러시아(Great Russia)의 숲은 이들에게 무한대의 토지를 선사했다.[3] 따라서 토지는 가치가 없었다. 가치가 있는 것은 노동이었다. 초기 슬라브인들은 정착농경이 아닌 유목민식의 "화전경작"을 했다. 이러한 농사방식을 채택한 농민들은 숲을 벌목해 불을 지른 후 재로 뒤덮인 토양에 씨를 뿌렸다. 땅의 영양분이 고갈되면 다른 숲으로 가서 똑같은 방식을 반복했다.

19세기 이전까지 러시아에서 풍부했던 토지는 두 가지 중요한 결과를 초래했다. 먼저 토지공급이 부족한 지역에서 시민사회를 탄생시켰던 모든 제도가 제대로 발달하지 못했다. 토지가 희소한 경우 주민들은 토지에 대한 분쟁을 평화적으로 해결할 방법을 고안해야만 했다.

우리는 패러독스에 빠졌다. 토지가 풍부하면 이를 싸워 얻을 수 있다. 하지만 (인구 증가로) 토지가 희소해지면 이를 위한 판결기관이 생겨나고 경계가 정확해진다.…토지가 풍부할 경우 판결제도 – 협상, 타협, 공정한 신탁을 모두 포함해 – 를 발전시

켜야 할 필요는 토지가 희소할 때만큼 절박하지 않다.[4)]

둘째로 19세기 이전까지 고갈되지 않을 것처럼 보일 정도로 토지가 풍부했기 때문에 러시아 농민들은 토지를 물과 공기처럼 신이 모든 사람을 위해 창조하신 무주물(res nullius)이라고 믿었다. 모든 사람들이 이를 자유롭게 사용할 수 있었지만 어느 누구도 배타적 권리를 주장할 수 없었다. 자신이 키우거나 만든 것만 가질 수 있었다. 어느 누구도 땅을 만들지 않았기 때문에 소유할 수 없었다. 러시아 농민들은 숲은 공동소유이지만 자신이 벌목한 목재는 자기의 것이라고 생각했다. 대개 원시사회에서 일반적이었던 이러한 사고방식은 러시아의 경우 풍요의 시대를 지나서까지 계속되다가 20세기 초에 인구증가와 영토확장의 한계로 경작할 수 있는 토지가 희소해진 다음에야 바뀌게 되었다.

러시아의 상황은 서유럽과 완전히 달랐다. 서유럽의 경우 수천 년 동안 – 영국의 경우 적어도 기원전 2500년부터 – 정착농경을 실시했다. 이미 고대부터 토지의 소유는 사회적 보호를 받았으며 때로는 법적 보호까지 가능했다.

소유의 무시와 더불어 9세기에 스웨덴 바이킹에 의해 세워진 러시아 최초의 국가 역시 그 성격이 유럽과 달랐다. 유럽에 뿌리를 내린 노르웨이와 덴마크 바이킹들과 달리 스웨덴 침입자들은 러시아에 들어와 지주가 아닌 상인이 되었다. 러시아는 스칸디나비아인들을 끌어들였던 영국, 프랑스, 스페인처럼 비옥한 토지나 포도밭, 올리브 나무숲이 없었다. 주요한 경제적 매력이라고는 발틱해와 흑해, 카스피해를 연결하는 수로망으로 비잔틴과 아랍 중동으로 가는 통과노선뿐이었다. 이는 상업적으로 매우 가치가 높았다. 7~8세기에 지중해를 정복한 이슬람족은 서유럽과 중동 사이의 무역을 차단했다. 남아 있는 가장 오래된 러시아 문서 중 하나는 912년에 당시 "러시아인"으로 알려졌던 바이킹과 콘스탄티노플 사이에 체결된 무역

협정에 관한 것이다. 러시아 북서부와 스칸디나비아에서 발견된 비잔틴과 아랍의 동전 더미는 당시 러시아를 통해 바이킹이 동부 지중해와 활발한 무역을 했다는 것을 증명한다.

러시아를 정복한 스칸디나비아인들은 그곳에 정착해 지주가 되고 싶어 하지 않았다. 러시아처럼 토양이 척박하고 경작가능한 기간이 짧고 노동자들이 변덕스러운 지역에서는 상업이 농업보다 훨씬 더 큰 보상을 약속했기 때문이다. 이들은 대신 슬라브족과 핀족에게서 거둬들인 상품을 저장하기 위해 주요 수로를 따라 요새도시를 짓고 봄마다 삼엄한 감시 속에 콘스탄티노플로 물건들을 실어날랐다. 유럽의 다른 지역과 마찬가지로 이들은 현지 여성들과 결혼해 시간이 지나면서 동화되었다. 11세기 중반에 이들은 슬라브족화되었던 것으로 알려졌다.

러시아 바이킹들은 그들의 군사-상업활동을 지원해줄 고유한 행정제도를 개발했다. 특징적이었던 것은 공작, 즉 지배왕족들이 연공서열원칙에 따라 각 요새도시들을 순환하며 다스렸다는 사실이다. 그 중 제일 우두머리격인 대공은 드네프르 강에 위치한 키에프를 통치했다. 이 도시는 매년 콘스탄티노플로 가는 교역품이 최종적으로 모이는 집산지 역할을 했다. 서열이 낮은 공작들은 다른 요새를 통치했다. 바이킹의 영토는 유라시아 평원을 넘어 급속도로 확장되었으며 흩어져 살던 원시적인 슬라브와 핀족은 거의 저항하지 않았다.

그러나 이러한 영토확장의 목적은 토지가 아니라 주로 노예, 모피, 밀랍과 같은 공물이었다. 키에프 주변의 광활한 영토는 거의 통치의 손길이 닿지 않았다. 군대가 주둔했던 요새들은 인구가 적었으며 대개 장인, 상인, 성직자, 노예 등이었다. 정치적 삶은 매우 초보적인 수준으로 자유인만 베체(veche)라는 민회에 참석할 수 있었다.[5] 염두에 두어야 할 것은 군사와 상업의 지배계층을 이루었던 러시아의 초기 바이킹인들은 농업을 추구하거나 토지를 소유하려고 하지 않았다는 사실이다. 이는 노르만 정복자들이 모든 토지의 소유권을 주장했던 영국과 대조를 이룬다. 그 결과 최초의 러시아 국가를 세운 사람들은 공적 기능과 사적 기능을 명확히 구분하지 않았다. 이들은 왕국을 통치하면서 국가의 부를 마음대로 처분했으며 공사(公私)를 서로 구분하지 않았다.

러시아 역사에서 이른바 키예프 시대라고 불리던 10세기에서 13세기 중반까지, 그리고 심지어 그 다음 세기까지도 누군가 – 왕족이나 귀족, 농민 중에 – 토지소유를 주장했다는 증거는 존재하지 않는다. 11세기에 작성된 가장 오래된 러시아 법전인 루스카야 프라브다(Russkaia pravda)는 고정된 소유에 대해 아무런 언급도 없었다.[6] 사실상 14세기 초반까지 러시아 북부에서 토지대장은 존재하지 않았으며 14세기 후반에도 거의 없었다.[7] 영토의 소유권과 달리 토지의 소유는 1400년경 몽골의 통치를 받던 시절에 생겨나기 시작했다. 이는 현재 유럽에서 고도로 발달된 토지보유제도를 고려할 때 매우 중요한 사실이다. 영국에서 귀족은 물론 최근의 연구결과에 따르면 일반 자유민과 농노까지도 개인적으로 토지를 소유하게 된 것이 1200년까지 거슬러 올라가기 때문이다.[8] 봉건유럽에서 봉토는 상속이 가능했기 때문에 사실상 소유였다.

아시아에서 온 유목전사들이 흑해의 요새를 침범하자 러시아 통치자들은 처음으로 토지에 대해 관심을 갖기 시작했다. 1200년경 페체네그 혹은 폴로프치로 알려진 투르크부족은 북해 대초원지대를 가로지르는 무역로를 계속 공격했고 결국 이로 인해 키예프는 콘스탄티노플과의 교역이 중단되었다. 무역의 단절로 주요 수입원을 빼앗긴 왕족들은 정착하기 시작했다. 이러한 현상은 유목민의 침입으로부터 안전했던 북부 공국에서 특히 두드러졌다. 클리우체프스키(Kliu-chevski)의 말을 빌리자면 "공작 소유자(prince proprietor 혹은 kniaz' votchinnik)는 세습 정착 지주로 당시 러시아 영토를 공동으로 통치했던 이동하던 남부의 공작 친족(prince relative 혹은 kniaz' rodich)을 대체했다." 그의 견해에 따르면 이 새로운 종류의 통치자는 무스코비 시대 차르의 막강한 권한에 토대를 제공했다.[9] 이들 공작은 아직까지 사유토지가 없었기 때문에 군주이자 소유주가 되어 자신의 공국을 유언에 따라 처분할 수 있는 세습재산으로 여겼다.[10] 따라서 러시아에서 주권이란 개념은 사적 소유보다 먼저 생겨났다. 이 사실은 러시아의 역사에서 중대한 의미를 가진다. 이는 왜 지금까지 블라지첼(vladetel')이란 단어가 러시아어로 "주인"과 "주권"을 모두 의미하는지를 설명해준다.

키에프 공국은 페체네그의 침입으로 심한 피해를 입었으며 이후 1237~1242년에 몽골족에 의해 몰락했다. 몽골족은 키에프 공국을 포함해 반항하는 모든 도시를 초토화하고 주민들을 대량학살했다. 이들은 유럽까지 침입했다가 징기스칸의 왕좌를 물려받은 오고데이가 1241년 사망하자 회군해 몽골로 돌아갔다. 단 한번도 전투에서 패배한 적이 없었던 이들은 오고데이의 사망소식만 아니었다면 아마도 유럽까지 정복했을 것이다.

처음부터 약한 형태의 연합체였던 러시아는 이제 뿔뿔이 흩어졌다. 키에프 공국이었던(오늘날의 서부 우크라이나 지방) 서부와 남서부 지역은 처음엔 리투아니아인이, 그 다음엔 폴란드인이 점령했다. 노브고로트가 지배했던 북부지역은 – 비록 몽골이 정복엔 실패했지만 몽골에게 조공(iasak)을 바쳐야 했다 – 사실상 주권을 가진 도시국가가 되었다. 후에 러시아의 중심이 된 중앙지역은 여러 개의 작은 공국으로 쪼개졌다. 몽골족은 이들 공국을 몽골제국의 주(州)로 편입해 징기스칸의 영토를 물려받은 여러 국가들 중 하나인 황금군단(Golden Horde)의 수도인 볼가 강의 사라이에서 통치했다. 몽골족은 공국의 자치권을 인정했으며 공작들이 영토를 자식들에게 나눠주는 것을 허용했다. 자신의 몫을 물려받은 러시아 공작은 세습재산(otchina)을 인정하는 증서를 받기 위해 사라이까지 가야 했다.[11] 이는 매우 위험한 여행으로 일부는 되돌아오지 못했다.

몽골족은 다른 정복지인 중국, 한국, 이란과 달리 러시아 영토는 물리적으로 점령하지 않았다. 아마도 너무 가난하고 접근이 어려워서였을 것이다. 바이킹의 경우와 마찬가지로 이들의 주요 관심은 공물이었다. 1257~1259년 사이에 이들은 세금부과를 위해 볼가오카와 노브고로트의 등록대장을 만들었다. 처음엔 공물징수의 임무를 이슬람 청부인에게 맡겼다. 이들에게 바스쿠아크스(basquaqs)로 알려진 몽골 장교의 지휘하에 대개 러시아인으로 구성된 군대를 내주어 공물징수를 지원했다. 하지만 이들 청부인은 워낙 인기가 없었고 또 종종 습격과 공격대상이 되었다. 1260년대와 1270년대에 도시에서 일련의 폭동이 일어나자 몽골족은 이를 잔인하게 진압한 후 공물징수 임무를 러시아 공작들에게 일임했다. 14세기 초 블라디미르주의 공작은 몽골 통치하에 있는 모든 공국에서 공물의 징수와 배송을 책임지기에 이르렀고 덕분에 그는 대공이 되었다.[12] 공물징수 임무는 처음엔 블라디미르 공작에게, 나중엔 15세기 말까지 모스코바 공작의 손에 맡겨졌다. 그러다가 황금군단이 해체되면서 러시아는 더 이상 조공을 바치지 않았다.

키에프 공국이 붕괴된 이후에도 러시아 땅이 하나라는 개념은 남아 있었다. 이는 정교회 신앙으로 더욱 강해졌다. 정교회는 동쪽의 몽골족과 이슬람 교도, 서쪽의 가톨릭 신자들과의 차별화를 통해 러시아인들에게 공동체의식을 심어주었다. 황금군단에 조공을 바쳐야 했던 집단적 책임 역시 이러한 연대감에 도움이 되었다. 또 몽골이 비록 키에프에서 북동부쪽으로 옮기긴 했지만 대공자리를 유지했던 것도 한몫을 했다.

몽골의 통치하에서 – 이는 왕족령의 시대라고도 알려져 있으며 중세시대 "왕족령"(appanage)이란 단어는 왕이 자녀의 양육을 위해 따로 예비해둔 토지나 다른 소득원을 뜻했다 – 러시아 공작들은 자신의 영토를 사적 소유로 여겼으며 이를 토대로 영지를 성직자와 하인에게 하사했다. 19세기 역사학자인 보리스 치체린(Boris Chicherin)은 이 시대에 작성된 공작의 유서와 약정서가 시민법의 표현을 담고 있었으며 사적 유서와 똑같았다는 사실을 주목했다. 이반 칼리타(Ivan I Kalita, 1325~1340)에서 이반 3세(1462~1505)에 이르기까지 모스크바 공국의 통치자들은 영토를 마치 사유지처럼 처분해 자신의 마음대로 아들들과 미망인들에게 나눠주었다. 공작의 개인자산과 공국에 속한 자산은 전혀 구분되지 않았다.[13] 이러한 태도는 몽골이 그들의 거대한 제국을 황제와 징기스칸의 다른 후예들의 소유로 여겼던 관행으로 더욱 강화되었다.[14] 어느 역사학자의 말을 빌리면 "군주가 모든 러시아의 주인이며 사적 소유는 군주로부터 나온다"는 개념은 그후 러시아의 발전에 매우 지대한 영향을 미쳤다.[15] 다시 말해 러시아의 사유지는 공적 소유로부터 발생했다. 러시아의 사적 소유는 (고대 아테네와 로마처럼) 국가의 형성을 유도하거나 (대부분의 서부유럽 국가들처럼) 국가와 함께 발달하지 않고 국가로부터 발생했다. 즉, 사적 소유는 국가의 관대한 처분에 의한 산물이었다.

러시아 공작들이 몽골인을 대신해 질서를 유지하고 공물을 징수하는 임무를 맡게 된 것은 이 나라의 미래 정치에 다양한 결과를 초래했다. 모두 자치에는 비우호적 영향을 미쳤다. 먼저 이처럼 매우 인기 없는 역할 때문에 공작들은 자신의 백성으로부터 멀어졌으며 이렇게 통치자와 피통치자 사이에 생겨난 깊은 골은 내내 지워지지 않았다. 또 공작들은 공물징수 임무를 수행하기 위해 전제적 방식을 채택했다. 몽골족이 침입하기 전에 러시아의 공작들은 앵글로-색슨족의 민회와 비슷한 베체와의 협의를 통해 공국을 다스렸다.[16] 중세 노브고로트를 방문한 독일 상인들은 베체와 독일의 제도가 너무나 비슷하다는 사실에 놀라 이를 "게마이네 딩"(ghemeyne ding 혹은 common thing)이라 부르곤 했다. 여기서 "thing"이란 의회 혹은 회합을 의미했다. 몽골 침입 이전의 모든 러시아 도시는 베체가 있었으며 이중 가장 영향력 있는 민회는 전쟁에서 지거나 기대에 미치지 못한 공작들을 정기적으로 추방하곤 했다. 따라서 아무런 일이 없었다면 러시아의 도시 역시 서양의 도시들처럼 자연스럽게 자치의 중심지가 되고 주민의 시민권을 보장했을 거라는 추측은 그다지 무리가 없다.

몽골족은 이 같은 발전을 방해했다. 이들은 베체를 이용하지 않았다. 강제징수에 저항하는 세력들이 베체를 중심으로 모여 있었기 때문이다. 공물 징수의 책임을 맡은 러시아 공작들 역시 몽골의 대군주를 위한 임무를 방해하는 민회를 반길 이유가 없었다. 그 결과 13세기 후반에 이들 민회는 무용지물이 되고 말았다. 북부지방, 특히 프스코프와 노브고로트를 제외하고 베체는 완전히 사라졌으며 공작들은 배타적 권한을 소유하게 되었다. 백성들의 저항에 부딪힐 때마다 공작들은 몽골의 대군주에게 도움을 요청했다. 블라디미르 대공(1252~1263)으로 임명되고 후에 러시아 정교회로부터 추앙까지 받은 알렉산더 네프스키(Alexander Nevskii) 공작은 몽골의 공물징수에 저항하는 모든 반대세력을 무참하게 억압함으로써 능력을 인정받았다. 모스크바 공국의 이반 칼리타 역시 마찬가지였다.

몽골의 통치하에서 자연 선택과정이 작동되어 가장 많이 배신하고 전제적이었던 공작들이 가장 큰 권력을 얻었다. 공작이라는 협력자를 이용해 러시아를 통치했던 몽골제국은 민주적 제도를 없애고 후의 세습정치에 기반을 제공했다. 몽골이 러시아 역사에 미친 영향에 대한 논쟁은 – 어떤 학자들은 이를 강조하고 다른 학자들은 이를 무시하고 있다 – 러시아가 몽골의 정치제도를 그대로 모방하지 않았다는 사실을 인정함으로써 해결될 수 있다. 정복으로 세워지고 군사력으로 유지된 유목민 제국의 제도는 농경민족에게 적합하지 않았다. 대신 러시아는 몽골의 정치적 태도를 수용했다. 몽골의 대리인으로 일하면서 러시아 군주들은 백성을 아무런 권리도 없는 패배자로 다루는 데 익숙해졌다. 이러한 사고방식은 몽골의 통치가 끝난 후에도 사라지지 않았다.

중세 러시아의 소유관계를 다루는 데 있어서 어려움 중 하나는 용어의 문제이다. 일반적으로 사용되는 소유란 단어는 보뜨치나(혹은 votchina)로 이는 아버지로부터 물려받은 유산이란 뜻의 라틴어의 파트리모니움(patrimonium)에 해당된다. 문제는 중세 러시아인들이 민법과 공법을 구분하지 않았기 때문에 정치적 권한을 포함해 상속으로 얻은 모든 것이 이 단어로 총칭된다는 데 있다. 따라서 공작들은 자신의 공국을 보뜨치나라고 불렀으며 백성들 역시 자신의 영지를 같은 이름으로 불렀다. 종종 농민들은 선조가 정착한 땅을 경작할 경우 그 토지를 보뜨치나라고 했다.[17] 소유권이 존재하지 않았던 다른 사회와 마찬가지로 점유기간이 소유의 증거였으며 상속은 이를 증명하는 가장 확실한 방법이었다. "이것은 우리 아버지로부터 받은 것이기 때문에 내 것"이라는 말은 전근대사회에서 소유의 주요 근거였다. 이 같은 관행으로부터 누군가 통치권을 물려받았다면 그 권리 역시 세습될 수 있다는 논리가 나왔다.

몽골 지배가 막바지에 이르렀을 때인 15세기에 공작들은 토지를 네 종류로 분류했다. 첫째는 왕실(dvortsovye)의 땅(공작의 소유지)으로 여기서 나오는 소득은 공작의 가족을 부양하는 데 사용되었다. 이는 궁정의 집사가 관리했다. 나머지 영토는 "흰색"의 땅과 "검은색"의 땅으로 구분되었다. "흰색"의 땅은 성직자와 귀족의 소유로 이는 공작이 이들에게 영원히 하사한 것이다. 이들 소유주는 세금을 내지 않았지만(그래서 "흰색"이란 형용사가 붙었다) 군주를 위해 일해야 했다. 성직자는 기도로, 귀족은 군대에 군사를 보냄으로써 충성을 해야 했다. 마지막으로 대부분의 영지는 "검은색"의 땅으로 지정되었다. 여기에는 띠아글로(tiaglo)란 이름하에 왕에 대한 여러 의무가 요구되었으며 주로 세금과 노역을 바쳐야 했다.[18] 공작들은 자유농민들이 경작하는 이 "검은" 땅을 일종의 창고로 여겼으며 여기에서 나온 것을 교회, 수도원, 귀족들에게 기부했다. 이러한 부의 이전은 "검은" 땅을 "흰" 땅으로 바꾸어 놓는 효과가 있었다. 이 같은 "흰" 토지화 때문에 "검은" 땅의 규모는 계속 줄어들어 17세기에는 북쪽지역 일부를 제외하고 모든 곳에서 사라졌다.[19]

러시아에서 최초의 사유토지는 – 세습적 군주의 궁극적 소유와 확실히 구분되는 – 수도원과 보야르(boyar)라고도 하는 특권 귀족들이 소유했던 "흰" 땅이었다. 수도원은 영혼을 구제해주는 기도를 해준 대가로 공작과 귀족으로부터 상당한 토지를 기부받았다. 귀족은 공작으로부터 보뜨치나를 하사받았으며 소작농과 노예에게 그 땅을 경작하도록 했다. 보뜨치나는 군주로부터 하사받거나 상속받거나 돈을 주고 취득한 것으로 모두 완전한 사유지였다. 공작들 사이에 체결된 협정은 일반적으로 군주를 위해 일하지 않아도 모든 귀족이 소유한 영지를 보장하는 조항이 포함되어 있었다.[20] 이 같은 자유와 무조건적 소유는 15세기 말까지 지배적이었다가 이후 사라지고 말았다. 모스크바 대공국이 토지를 소유한 모든 세속적 백성들은 그 땅을 어떻게 취득했는지에 상관없이, 군주에게 봉사할 의무가 있다는 규정을 강력히 주장했던 것이다. 이 규정은 모스크바 대공국이 정복이나 결혼, 인수 등을 통해 확장한 영토에 모두 적용되었다.

완전 사유지를 국가 봉사 책무를 조건으로 한 보유권으로 변환하는 과정은 15세기 말 이반 3세에 이르러 본격화되었다. 이 당시 황금군단이 완전히 해체되면서 러시아는 실질적 주권국이 되었다. 그후 2백 년 동안 모스크바 대공국의 영토에 대한 모든 보뜨치나는 근대 용어를 빌리자면 국유화되었다(교회의 소유재산은 18세기에 와서야 국유화되었다). 토지의 사적 소유는 완전히 사라졌다.

러시아가 몽골에 의해 정복당하지 않았다면 어떻게 다르게 발전했을지는 노브고로트 공국을 보면 알 수 있다. 노브고로트 공국은 규모와 영향력 면에서 상당 기간 동안 모스크바와 대적했다.

2. 노브고로트 공국

스웨덴의 바이킹은 9세기에 북부 러시아에 위치한 노브고로트에 주요 요새를 만들고 이를 전초기지로 삼아 러시아의 다른 지역으로 영토를 넓혀갔다.

러시아의 북부는, 특히 노브고로트와 프스코프의 경우 운 좋게도 몽골의 침입을 받지 않아 중앙 러시아와는 달리 자치제도를 유지하고 발전시켜 나갈 수 있었다. 비록 몽골족에게 조공을 바치긴 했지만 노브고로트는 도시국가 전체를 총괄하는 중앙 베체와 다섯 개의 소도시에 별도의 베체를 유지했다. 이곳에 사는 모든 자유인은 사회적 지위를 막론하고 민회의 심리에 참석할 권리가 있었다. 의사결정은 갈채와 박수로 찬성을 나타내는 발성투표를 통해 이루어졌다. 비슷한 제도가 북부의 다른 도시에도 존재했으며 이 중엔 프스코프도 있었다.

노브고로트의 토양이나 기후는 농사에 적합하지 않았다. 대부분의 지역이 호수와 늪지대로 약 10%만이 경작이 가능하다. 포드졸이라고 부르는 한대의 토양은 산성물질과 진흙, 모래가 섞여 있어서 상당한 양의 석회와 비료가 필요하다. 농사기간은 일 년에 겨우 4개월 정도밖에 되지 않는다. 이같은 불리한 환경조건 때문에 노브고로트 공국은 항상 중앙 러시아로부터 식량을 수입해야 했으며 급할 경우 외국에까지 의존해야 했다. 하지만 그 지리적 위치는 상업적으로 매우 중요했다. 13세기 초에 유목민인 투르크족이 "그리스 무역로"를 방해하자 로브고로트는 당시 발틱해 교역을 주도했던 한자동맹과 상거래하기 시작했다. 한자동맹은 노브고로트에 런던, 브루게스, 베르겐에 있는 것과 비슷한 유통거점을 세웠다. 얼마 후 노브고로트는 한자동맹에서 가장 중요한 무역 전초기지가 되었다. 1494년 이반 3세가 노브고로트를 점령한 후 무역을 규제하기 시작하자 한자동맹은 급속도로 쇠퇴했다.[21] 노브고로트인들은 독일인에게 모피, 밀랍, 우지(牛脂), 아마(亞麻), 대마(大麻), 해마 엄니, 가죽 등 원료를 팔았으며, 독일에서 옷감, 소금, 무기, 귀금속, 그리고 기근시에는 빵까지 수입했다.[22]

수출물자를 확보하기 위해 노브고로트 공국은 전방위로 영토를 넓혀갔다. 15세기 중반 전성기에는 서쪽으로는 카렐리아와 리투아니아까지, 동쪽으로는 우랄산맥까지 뻗어나갔다. 남쪽 국경은 모스크바 공국으로부터 2백 킬로미터 떨어진 곳까지 이르렀다. 도시국가인 노브고로트는 경제적 번영을 이루었다. 귀족층은 독립적 지주와 상인들로 구성되었다.

다른 지역에서는 이미 사라지고 말았던 베체는 노브고로트에 주요 정치 기관으로 남아 있었다.[23] 노브고로트의 군주는 외부인으로 국가의 부나 권한에 대해 세습적 권리를 주장하지 않았다. 이들의 주요 임무는 도시의 군대를 지휘하는 것이었다. 몽골족이 침입하기 전까지 노브고로트 공작은 키에프의 대공이 임명했지만 이미 1125년부터 베체에 의해 권한을 부여받고 또 해임되었다는 정황이 있다.[24] 12세기 중반에 노브고로트의 모든 관직과 성직은 선출제였다. 공작은 물론, 종종 공작을 대신했던 파사드닉(posadnik)이라고 불리는 최고행정관(그는 원래 공작이 임명했다), 그리고 주교(이전엔 키에프 대주교가 임명했다)도 투표를 통해 선출되었다. 공작은 즉위식에서 자신의 권한을 정확히 제한한 헌장을 수호하겠다고 맹세("십자가에 입맞춤")해야 했다. 대개는 공국이었지만 12세기 중반에 이르러 노브고로트는 공화정 형태를 갖추었다. 공작은 물론이고 모든 관료들은 시민에 의해 선출되었다.

노브고로트의 공작들은 대개 임기가 짧았기 때문에 이곳에 사유지를 많이 소유하지 않았다. 노브고로트의 공작이란 지위는 단지 키에프 대공의 자리에 오르기 위한 발판 정도로 여겨졌다.[25] 이들이 확보한 토지는 성 소피아 성당에 귀속되었다.[26] 노브고로트 헌법의 탄생에서 더 중요한 역할을 한 것은 공작의 토지소유와 관련된 헌장 조항이었다. 이들 헌장은 기본적 계약서 형태로 노브고로트와 프스코프에만 있었다. 러시아의 다른 지역은 공작이 키에프(후에는 사라이) 대공국으로부터 임명받거나 세습적 권리를 통해 왕좌에 올랐다. 현존하는 헌장 가운데 가장 오래된 것은 1264년의 것이다.[27] 그 고상한 문구 때문에 일부 역사학자들은 이것이 11세기 말에 체결된 계약을 뒤늦게 기록한 것이라고 생각했다.[28] 1264년 노브고로트와 공작 사이에 체결된 계약서에 공작은 몇 가지 조건을 성실하게 준수하겠다고 맹세했다. 그 나라의 관습을 존중하고 파사드닉의 동의가 없이는 어떤 결정도 내리지 않겠다고 했다. 순진한 백성들로부터 그들의 땅을 빼앗지 않겠다고 했다. 특히 오늘날 흥미로운 사실은 공작의 경제적 독립성을 제한한 조항이다. 이 조항을 보면 노브고로트의 엘리트 계층은 공작의 부와 그의 정치적 권한 사이의 관계를 인식하고 있었음을 알 수 있다. 이 헌장은 군주는 물론 그의 배우자와 가신들까지도 거래나 다른 수단을 통해 토지를 소유하지 못하도록 금지했다. 공작은 자신의 부하에게 노브고로트 땅을 나눠줄 권한이 없었다. 또 독일 무역상들과 직접 접촉하지 못했으며 오직 노브고로트 중간상인을 통해서만이 거래해야 했다.[29]

이 같은 조항들 때문에 노브고로트 공작은 마음대로 할 수 있는 사유재산이 하나도 없었고 오직 베체에게 수입을 의존해야 했다. 베체는 공작에게 임시로 사용할 수 있는 영지를 내주어 거기서 지대를 징수할 수 있도록 했다. 공작은 법의 집행으로 추가로 돈을 벌 수 있었다. 공작은 베체의 비위를 맞추었으며 조금이라도 베체를 자극하면, 대개는 전쟁에서 패배할 경우 즉시 해임되었다. 1095년에서 1304년 사이에 공작의 수는 58명으로 평균 임기는 3.6년이었다.[30] 일부 러시아 역사학자들은 1300년에 노브고로트에 더 이상 공작이 없었으며 완전한 의미에서 민주공화국이 되었다고 주장한다. 이는 1990년대까지 러시아 역사에서 유일했다.[31]

민주주의와 소유는 함께 발전했다. 15세기 말 노브고로트가 모스크바 공국에 함락되기 직전 노브고로트의 토지 중 약 60%가 개인의 소유였다.[32] 여성도 남성과 더불어 토지를 소유했으며 이는 개인의 소유개념이 상당히 발전했음을 말해준다.[33] 개인의 소유가 아닌 토지는 교회와 국가에 속해 있었다. 사유지의 대부분은 귀족가문의 소유로 이들은 공국의 선출 관료직을 대부분 차지했다. 이들의 영지는 곡물을 비롯한 식량을 생산하기도 했지만 주요 기능은 수출물자를 공급하는 것이었다.[34]

중세 서부유럽의 시민들처럼 노브고로트 주민들은 사법적 독립성을 누렸다. 노브고로트의 판사들은 모든 시민은 법앞에 평등하다는 전제하에 피고인의 사회적 지위에 상관없이 판결했다. 15세기 중반경에 완성된 노브고로트 헌법은 법원에게 "귀족이든 중산층이든 하층민이든 간에 상관없이 모두에게 동등한 정의를 실현"할 것을 명령했다.[35]

1347~1348년에 노브고로트로부터 분리되어 독립공국이 된 프스코프 역시 정치적으로 비슷했다. 공작의 권한을 엄격히 제한하여 공작은 "베체의 주요 봉사자" 정도에 불과했다. 다시 말해 공국의 군대를 통솔하고 전쟁에서 승리하는 경우에만 나라를 다스릴 수 있는 고용된 용병에 지나지 않았다. 공작의 유일한 소득원은 법의 집행으로 이마저도 전부 그의 것은 아니었다.[36]

3. 무스코비 왕조

모스크바 공국은 전혀 다른 길을 걸었다.

13세기 후반 몽골족이 러시아 공작들 중 한 명에게 대공의 지위를 부여했을 때 공작들은 그 지위와 그와 연결된 영토를 자신이 자신의 공국에서 보유하는 권한과 구별했다. 다시 말해 이들은 대공의 지위를 세습적 소유로 여기지 않았다.[37] 그러나 그 지위가 세습되면서 – 처음엔 블라디미드-수즈달 공작들 사이에서, 나중엔 그들의 후손인 모스크바 공작들 사이에서 – 이제 그 지위는 소유로 인정받기 시작했다. 물려받은 모든 것은 보뜨치나로 보뜨치나는 소유를 의미했기 때문이다.[38] 대공의 지위는 공국의 완전한 소유권뿐만 아니라 한때 키에프의 일부분이었던 모든 영토에 대해 주권을 행사할 권리를 가지는 것으로 해석했다. 이러한 자격을 가진 대공은 – 당분간은 오직 이론적으로만 – 노브고로트에 대한 군주적 권한을 행사할 수 있었다.[39] 1328년에서 1340년까지 블라디미르의 대공이었던 이반 칼리타는 반항하는 노브고로트로부터 황금군단에게 바칠 조공을 억지로 빼앗았으며 계속해서 노브고로트를 자신의 통치하에 두려고 시도했다. 모스크바의 지원을 받아 노브고로트로부터 독립하는 데 성공한 프스코프는 모스크바의 대공을 그의 가수다르(gosudar), 즉 주군으로 인정해야만 했다. 이 같은 세습적 이데올로기는 후에 모든 러시아가 자신의 영토와 소유라는 모스크바 공국의 주장에 정당성을 부여했다. 또 모스크바 통치자들이 백성의 모든 권한과 자유를 거부하는 근거가 되기도 했다. 시민의 권한과 자유를 인정할 경우 군주의 소유권이 약해질 수 있었기 때문이다.

15세기 후반에 내부분쟁과 티무르에 의해 황금군단이 해체되자 모스크바의 이반 3세(1462~1505년 재임)는 자신이 몽골제국 칸의 후예라며 러시아 전역에 대해 주권을 주장했다. 그의 주요 관심대상은 여전히 자신의 영향권 밖에 있었던 러시아 공국 중 가장 크고 부유한 노브고로트 공국이었다.

노브고로트 정복은 단계적으로 진행되었다. 1471년 이반의 군대는 노브고로트를 지키던 군대를 대파했다. 하지만 상당기간 동안 이 도시국가를 합병하지 못한 채 노브고로트가 그의 종주권을 인정했다는 데에 만족해야 했다. 6년 후 노브고로트 사절단이 실수로 그에게 고스파다르(gospodar)라고 불렀다는 것을 빌미로 – 고스파다르는 가수다르와 마찬가지로 "주인"을 의미하며 소유가 내포되어 있다 – 이반은 완전한 복종을 요구했다. 노브고로트가 이를 거부하자 이반의 군대는 노브고로트를 포위했다. 패배가 불 보듯 뻔한 상황에서 노브고로트는 이전의 공작들과 계약했던 조건을 내세우며 항복협상을 시도했다. 노브고로트는 여러 조건 가운데 강제추방이나 재산몰수를 하지 않는다면 모스크바의 왕을 그들의 주인(gosudar')으로 인정하겠다고 했다. 이들은 모스크바가 정복한 도시들이 이 같은 부당한 대우를 당해야 했다는 사실을 잘 알고 있었다.[40] 이반은 화를 내며 이 같은 단서를 거부했다.

> 우리가 북해 연안의 낮은 지대(지금의 베네룩스 3국)와 모스크바 강에 대해 가지고 있는 것과 똑같은 우리의 세습재산(otchina)에 대한 소유권(gospodarstvo)을 노브고로트에도 희망한다는 말을 들었을 것이다. 이제 너희는 내가 너희를 어떻게 다스려야

할지를 나에게 가르치려고 한다. 이 정부는 나의 것이 아닌가?[41]

이반에게 주권이란 정복한 공국에 대한 소유권, 즉 도미니움 – 인적 자원과 물리적 자원을 자유롭게 처분할 수 있는 권리 – 을 의미했음을 위의 말에서 알 수 있다.

노브고로트는 결국 어쩔 수 없이 항복했다. 무조건적 항복이 무엇을 의미하는지는 곧 분명해졌다. 이반은 노브고로트를 점령하자마자 먼저 베체를 폐쇄하고 민회의 소집을 알리는 데 사용되었던 종을 모스크바로 보냈다. 이는 자치의 종말을 상징한 것으로 2세기 전 몽골족도 중앙 러시아에서 똑같은 행동을 취했다. 수세기에 걸쳐 발전해온 민주적 제도는 순식간에 사라졌다.

이반 3세의 주요 목적은 노브고로트 귀족층의 부와 권력의 기반이자 민주적 헌법의 토대가 되었던 사적 소유인 보뜨치나를 철폐하는 것이었다. 귀족층이 생산적 자산의 대부분에 대해 절대적 소유권을 보유하는 한 이들은 절대로 무릎을 꿇지 않았다. 노브고로트 공화국에서 민주적 습관이 매우 깊숙이 뿌리내렸다는 사실을 알고 있던 이반은 대규모의 영지를 몰수하고 이를 되돌리지 못하도록 땅을 빼앗긴 귀족들을 무스코비로 추방했다.

최초의 희생자는 친(親)리투아니아계의 지도자로 그들은 1475년 모두 사형당했다. 이들은 아마 노브고로트에서 가장 민주적인 세력이었을 것인데, 왜냐하면 그 당시까지 폴란드와 합쳐져 있던 이웃 리투아니아 정부는 모스크바보다 훨씬 진보적인 정권이었기 때문이다. 추가적인 토지몰수와 추방이 1475~1476년 겨울에 소규모로 시작되었다. 이번엔 수도원이 대상이었다.[42] 그후 재산몰수는 본격화되었다. 1483~1484년 겨울에, 그리고 1487~1489년 겨울에 다시 한번, 수천 명의 노브고로트 지주와 그들의 가족들은 추방당했다. 친모스크바 세력이나 반모스크바 세력 모두 이 같은 수모를 당했다. 모스크바에게 중요한 문제는 이들의 정치가 아닌 경제적 독립이었다. 추방이 완전히 끝났을 때에 모든 노브고로트의 세속적 재산은 몰수되었으며 그와 함께 주교의 거의 모든 토지와 교회의 소유지 중 ¾이 몰수되었다. 이들에 대한 소유권은 대공에게 부여되었다.[43] 1494년 이반은 노브고로트의 한자동맹 유통거점을 폐쇄함으로서 이 도시의 마지막 독립적 수입원을 없애버렸다.

몰수된 토지는 두 종류로 구분되었다. 왕은 이 중 ⅓을 직접 가졌다. 나머지 ⅔는 노브고로트 점령지로 이주해온 사람들 – 자리에서 물러난 공작과 귀족, 일반 농민과 노예까지도 – 에게 돌아갔다. 그러나 이들 영지는 사유재산인 보뜨치나가 아니라 조건적 보유권인 뽀메스찌예로 최종 소유권은 왕에게 속해 있었다.[44] 봉건 영국처럼 명목상이 아니라 모든 법적, 실제적 측면에서 이 모든 토지는 군주의 소유였다. 러시아에서 조건적 토지보유란 절대군주제가 등장한 이후에 생겨났다.

조건적 보유는 명칭이 조금씩 바뀌긴 했지만 어쨌든 무스코비의 통치기간 내내 지배적 토지보유 형식이 되었으며 왕자령 공국에서 유래되었다. 사유재산을 허가해준 귀족층 이외에도 중세시대 공작들 역시 "왕실 노예"(kniazheskie kholopy)라고 부르는 종복들이 있었다. 이들은 서기, 장인, 정원사, 양봉가 등의 다양한 역할을 담당하며 집안일을 수행했다. 이들 중 일부는 그 대가로 토지나 다른 경제적 보상(예를 들어, 공작의 영지에서 물고기나 비버를 잡을 수 있는 권리)을 받았다.[45] 이러한 토지와 권리는 이들의 소유가 아니라 단지 군주가 임의대로 허락한 임시적 보유대상이었다. 따라서 공작의 허가가 없이는 이를 양도하거나 교환할 수 없었다.[46] 소유주가 군주에 상관없이 보유할 수 있는 보뜨치나와 달리 뽀메스찌예는 보유자가 군주에게 더 이상 봉사하지 않으면 다시 군주에게 귀속되었다. 가장 오래된 사례는 14세기까지 거슬로 올라간다. 당시 어느 공국의 공작은 자신의 사냥개를 돌보던 하인에게 보상으로 토지를 주었다는 기록이 남아 있다.[47]

이반 3세 이후 모스크바의 대공들은 뽀메스찌예에 더욱 의존해 드보리안(dvoriane), 즉 "공작 집의 남자들"이라고 알려진 자신의 군사와 민간 종복들에게 나누어주었다. 이러한 영지의 소유권은 대공에게 남아 있었다.[48] 뽀메스찌예 토지 중 일부는 몰수한 뽀쯔니로부터, 일부는 정복지로부터, 일부는 왕의 보고였던 "검은" 토지로부터 나왔다.

사유재산 몰수와 추방이 가장 절정을 이루었던 시기는 극단의 공포정치로 벼락황제라고 불렸던 이반 4세(1533~1584)의 이른바 오프리치니나 통치기간이었다. 역사학자들은 오늘날까지도 이 이례적 조치의 목적에 대해 논쟁을 벌이고 있다. 어떤 이들은 차르가 귀족계층을 모두 제거하고 싶어했다고 주장한다. 다른 학자들은 그가 비이성적으로 행동했으며 의도한 게 아니라 정신이상 발작 때문이었다고 한다. 하지만 그가 영토의 상당부분을 강제로 떼어내 자신의 사유지로 만들었으며 백 년 전 이반 3세가 노브고로트 공국을 점령한 뒤 실시했던 것과 비슷한 공포정치를 펼쳤다는 사실에는 이견이 없다. 이반 4세의 주요 희생자는 강력한 귀족가문으로 특히 모스크바에 흡수된 공국들을 통치했던 공작들의 후손들이 제일 많은 피해를 당했다. 이반 4세는 그들의 영지를 모두 자신의 소유로 등록한 뒤 그들을 처형과 추방으로 밀어냈다.[49] 그가 목숨을 살려주기로 작정한 귀족들의 대부분은 가족들과 함께 당시 이반 4세가 막 타타르로부터 빼앗은 카잔 지역으로 추방되었다. 이반 4세는 이들에게 원주민으로부터 몰수한 토지를 조금씩 떼어 나누어주었다.[50] 이러한 정책은 러시아에서 땅을 소유한 귀족계급을 경제적으로 붕괴시켰으며, 어떤 귀족은 목숨을 잃기도 했다. 이반 3세가 노브고로트의 독립적 귀족을 해치웠다면 이반 4세는 러시아의 중앙지역에서 이들 계급을 완전히 파멸시켰다.

이반 4세는 정복지인 카잔에서도 유사한 정책을 추구하여 이슬람 지주들의 재산을 몰수했다. 이렇게 몰수한 토지는 뽀메스찌예로서 오프리치니나에 의해 추방된 러시아 공작과 귀족계층에게 넘겨주었다. 그는 타타르의 일부 공작과 귀족을 처형했으며 나머지는 소지주와 함께 모스크바, 노브고

로트, 프스코프 등지로 추방했다.[51]

이런 방식으로 귀족들은 세습재산을 빼앗긴 채 조상 대대로 살아온 땅에서 쫓겨나 뿔뿔이 흩어졌다. 강제퇴거는 이들의 지방정치기반을 빼앗아 이들을 정치적으로 무력화시키는 데 목적이 있었다. 그 효과에 대해 이반 4세가 사망한 후 모스크바를 방문했던 영국인 자일스 플레처(Giles Fletcher)는 다음과 같이 기록했다.

> 귀족들을 모두 끌어내고 아주 적은 양만 남겨둔 채 그들의 모든 유산, 토지, 특권을 몰수했던 이반은 이들에게 다른 땅의 보메스찌예란 보유권을 주었다. 이것을 보유하는 것은 황제의 뜻에 달려 있었으며 멀리 떨어진 다른 지방에 위치해 있었다. 황제는 이들을 전혀 낯선 다른 주로 옮겨서 아무런 혜택이나 권한도 누릴 수 없게 만들었다.[52]

이 같은 대규모 몰수와 강제이주는 서유럽 역사에서 찾아볼 수 없다. 오직 이방인 취급을 당했던 유대인만이 이러한 학대를 받았다. 러시아는 이런 면에서 앗시리아와 같은 고대 중동의 왕국과 유사했다.

무스코비 왕조의 토지정책으로 인한 흥미로운 부산물에 대해 19세기 역사학자인 세르게이 솔로비에프(Sergei Soloviev)는 다음과 같이 적었다. 서유럽에서 귀족들은 자신의 이름에 "오브"(of), "드"(de), "폰"(von)과 같은 전치사를 사용해 영지의 이름을 덧붙여 자신을 소개했던 반면 러시아 귀족들은 세례명과 아버지로부터 물려받은 성으로 자신을 소개했다. 이러한 관행은 러시아인들이 자신이 소유하지 않았던 영지보다는 가문의 이름에 더 의미를 두었다는 사실을 시사한다.[53]

무스코비 러시아에서 대부분의 국가 수입은 간접세로부터 나왔다. 차르는 재화의 운반료를 징수하고 판매세를 부과했다. (15세기 타타르족으로부터 알코올 증류기술을 배운 이후로) 알코올 소비에 대한 소비세 역시 주요 소득원이었다.

여기에 관세수입과 모피나 다른 상품으로 들어온 공물도 있었다. 16세기 중반에 경작지 면적이나 가구를 기준으로 평민에게도 세금이 부과되었다.

세습제도의 주요 특징 중 하나는 보뜨치나와 뽀메스찌예를 포함해 개인이 보유한 모든 토지는 이자를 내야 했다. 15세기 말에 시작된 이 제도는 1세기 후 이반 4세 시절에 완성되었다.[54]

보뜨치나 소유주는 비록 자신의 군주를 선택할 자유는 있었지만 봉사책무는 늘 관례였다. 왕족령 공국이 하나씩 차례대로 무스코비 왕조의 손아귀에 들어가면서 귀족은 그 자유를 상실했다. 이반 3세가 통치할 무렵 모스크바는 봉사책무를 유기한 보뜨치나 소유주를 송환할 정도로 막강해졌다.[55] 유일한 대안은 리투아니아 대공에게 가는 것이었다. 하지만 리투아니아 대공은 1386년부터 가톨릭으로 개종했기 때문에 그를 선택할 경우 자동으로 배교와 배신의 혐의를 받게 되어 영지를 몰수당했다.

가장 획기적인 혁신들이 단편적으로 도입되고 또 선례에 따라 법이 만들어진 러시아 역사에서 흔히 그렇듯이 봉사책무를 조건으로 보뜨치나를 소유할 수 있다는 원칙은 칙령으로 발표된 게 아니라 관습에 의해 세워졌다.[56] 모스크바 대공에 대한 봉사책무를 조건으로 한 보뜨치나 소유를 법으로 발표한 가장 오래된 칙령은 1556년으로[57] 거슬러 올라가지만 이 규정은 이미 백 년 전부터 존재했다. 봉사책무를 의무화한 1556년 칙령에서 정부는 보뜨치나와 뽀메스찌예에 동일한 봉사책무를 요구했다. 즉, 이러이러한 크기의 영지에서 몇 명의 군사를 – 소유주도 포함해 – 보내야 한다는 규정을 세웠다. 1589년과 1590년에 세습된 칙령은 봉사책무를 하지 않은 사람들의 영지 – 보뜨치나와 뽀메스찌예 모두 – 를 왕의 이름으로 몰수해 이를 더욱 믿을 만한 신하에게 주겠다고 선포했다.[58] 아들이 없는 드보리안의 영지 역시 국가에 귀속되었다. 봉사책무 기간은 제한이 없이 평생 계속되었으며 실제로 매년 6개월 동안(4월에서 10월까지) 해야만 했다.[59] 이 같은 조치로 인해 "토지와 봉사책무는 분리될 수 없다"는 규정은 불변의 법칙이 되었다. "어느 누구도 군주에게 봉사책무를 하지 않고 모스크바에서 보뜨치나를 소유할 수 없으며 봉사책무를 하지 않은 사람은 자신의 보뜨치나를 몰수당할 수 있다."[60] 그러나 국가에 대한 봉사책무를 성실하게 수행한 사람이라 해도 보유권에 대해 안심할 수 없었다. 정부가 자신들의 영지를 임의로(bez viny, 즉 "아무런 이유 없이) 몰수했다며 드보리안이 불만을 터뜨렸다는 정부기록이 이를 증명한다.[61]

두 종류의 토지보유에 대해 지위를 평준화시킨 것은 보뜨치나가 왜 사라지지 않았는지에 대한 이유를 설명한다. 사실 17세기 초에 무스코비에서 개인소유의 토지 중 39.1%가 보뜨치나였다.[62] 차르의 입장에서 보면 보뜨치나나 뽀몌스찌예나 아무런 차이가 없었다. 그러나 백성들은 보뜨치나를 더 선호했다. 저당잡힐 수 있을 뿐만 아니라 상속인에게 유산으로 물려주거나 양도하거나 (약간의 제약은 있었지만) 임대할 수 있었기 때문이다. 뽀몌스찌예는 그럴 수 없었다. 16세기부터 보뜨치나 매매는 특별관청에 보고해야만 했다. 이 관청의 임무는 모든 토지에서 봉사책무를 성실하게 하도록 하는 것이었다.[63]

하지만 보뜨치나와 뽀몌스찌예의 이러한 차이마저 줄어들기 시작했다. 봉건 유럽과 마찬가지로 러시아의 봉토 역시 세습되었다. 다른 조건들이 동일할 경우 주인(러시아의 경우 차르)은 토지를 같은 가족이 보유하도록 하는 게 편했다. 17세기 중반경 러시아에서는 뽀몌스찌예를 보유한 사람이 봉사책무를 성실히 수행하는 한 그의 아들이 그 땅을 물려받는 것이 관행화되었다.[64]

러시아 지주들은 사적 권한에 대한 보장이 없었기 때문에 정확히 귀족이라고 부를 수는 없다. 이들의 영지는 사실상 그들의 지위와 생계를 결정했으며 이는 차르와 그의 관료들의 선의에 의존했다. 1785년까지 토지보유와 관련해 어떤 증서도 발급되지 않았다. 당시 이러한 증서는 폴란드, 헝가리, 영국, 스펜인에서 매우 보편적이었다. 이런 관점에서 볼 때 러시아

"귀족"의 지위는 하층민과 차이가 없었다. 따라서 차르 앞에서는 신분이 아무리 높은 사람이라 하더라도 자신을 왕의 "노예"라고 불렀다. 토지보유는 권리라기보다는 의무에 가까웠다. 심지어 드보리안이 – 1642년에 세습된 법에 따라 중벌을 받을 수 있는데도 불구하고 – 자신을 다른 지주의 노예로 저당잡혀 봉사책무를 회피하려는 경우도 있었다.[65]

러시아 군주가 사적 소유에 대해 얼마나 적대적이었는지는 그가 심지어 대부분의 원시사회에서도 인정했던 개인의 소지품조차도 침해할 수 없는 소유로 인정하기를 거부했다는 사실에서 알 수 있다. 러시아인들은 정부관료가 자신이 가진 가치가 있는 물건을 압수하지 않거나 또 어떤 상품이든지 그 교역을 국가만이 독점한다는 선언을 하지 않을 거라고 확신할 수 없었다. 플레처는 자신이 만난 러시아 상인들이 매우 불안해했다고 말했다.

> 가난한 평민에 대한 억압이 워낙 심해서 이들은 마음 놓고 거래하지 못한다. 왜냐하면 돈을 많이 벌수록 재산은 물론 자신의 목숨까지도 위험해지기 때문이다. 뭐든 가지고 있는 것은 수도원에 보내거나 땅에 묻어두거나 숲에 숨겨놓는다. 외적의 침략이 두려울 때 행동과 별반 다르지 않다. 너무나 자주 그들은 어떤 상품의 주요 소비자, 혹은 보이우렌(boiuren)에게 팔 물건이 있는 것으로 알려지는 것을 두려워하고 있음을 볼 수 있다. 나는 그들이 모피와 같이 인기 있는 물건을 진열한 후 상품 뒤와 문 쪽을 살피는 것을 때때로 보았다. 마치 어떤 적의 표적이 된 것처럼 놀라 두려움에 떨고 있었다. 이유를 물었더니 시나보이아르스키(Sinaboiarskey)라는 황제의 사람들이 고객 중에서 강제로 물건을 가져갈까봐 두려워서라고 했다.[66]

차르는 모든 토지를 전유하고 거래되는 모든 상품을 몰수할 수 있는 권한을 이용해 마음대로 백성에게 세금을 요구할 수 있었다. 우리는 영국 국왕이 세금과 관세수입을 얻기 위해 의회의 승인을 받아야 했던 관행이 의회 권한의 확대와 궁극적으로 의회민주주의로의 발전에 얼마나 핵심적 역할을 했는지 앞 장에서 살펴보았다. 반대로 러시아의 차르는 세금이나 관세를 징수하거나 올릴 때 어느 누구의 승인도 필요 없었다.

차르는 두 개의 자문기관이 있었다. 하나는 듀마(Duma)라는 귀족 위원회로 앵글로색슨과 게르만 부족의 자문협의회(witena gemot)와 유사했다. 듀마는 자문만 할 뿐 법을 세습하지는 않았다. 이 기관은 피터 대제때 사라졌다. 한편 소보르 혹은 젬스키 소보르(Zemskii Sobor)라는 협의회는 정부가 주요 국정문제 – 새로운 왕조를 세우거나 새로운 법전을 승인하거나 외국과 조약을 체결할 때 – 에서 국가의 승인을 필요로 할 때 종종 소집되곤 했다 – 최초의 소보르는 1550년경에, 마지막은 1653년에 열렸다. 대표는 아무렇게나 선출되었으며 이들은 국가에 봉사하는 것으로 간주되어 봉급을 받았다. 이는 서유럽에서 의회가 발달하기 전의 전형적인 민회와 비슷했지만 다른 나라처럼 의회로 발전하지 못했으며 따라서 헌법의 주축이 되지 못했다.

세습정권하에서 법은 인간의 의지보다 우위에 있는 독립적 제도가 될 수 없었다. 그것은 단순히 행정기관 중 하나로 황제의 권한을 제약하기는 커녕 반대로 강화시키는 역할을 했다. 특별 칙령은 우카쥐(ukazy)의 형태로 선포되었으며 보다 일반적 규정은 수데르브니키(suderbniki)라는 법전 형태로 발표되었다. 영국에서처럼 신하가 군주나 군주의 관료를 상대로 법원에 소송을 제기한다는 것은 상상도 할 수 없는 일이었다.

러시아의 토지보유제도는 유럽과 정반대의 길을 갔다. 서유럽이 봉토라는 형태로 주로 조건적 토지보유를 허용했을 당시 러시아는 완전 사유지만 있었다. 그러다가 서유럽의 조건적 토지보유가 완전한 소유로 발전할 무렵 러시아의 완전 사유지는 거꾸로 왕실 봉토제도로 바뀌었고 한때 지주였던 사람들은 이제 왕의 소작인이 되었다. 러시아가 다른 유럽과 정치 경제적으로 전혀 다른 모습을 보이게 된 데에는 토지제도가 중요한 역할을 했다. 대부분의 서유럽 국가와 달리 러시아의 전제정치하에서 소유문제는 왕실

의 권한에 아무런 걸림돌이 되지 않았다.[67]

4. 러시아의 도시

만약 자치적 도시 공동체가 발전했었다면 차르시대 러시아의 토지소유의 부재는 정치에 그렇게 크게 영향을 미치지 않았을 수도 있다. 서유럽 도시에서는 세 가지 제도가 생겨났다. 먼저 주요 생산자산인 토지가 조건부 소유대상이었을 당시 자본과 도시 부동산이란 형태로 절대적 사적 소유가 등장했다. 둘째, 자치정부와 독립적 사법부가 생겨났다. 마지막은 공동시민제도로 모든 도시주민이 사회적 지위가 아니라 도시에 산다는 사실만으로 시민의 권리를 공유하는 자유인이었다. 따라서 러시아에서 – 근대까지 살아남지 못한 노브고로트와 프스코프는 제외하고 – 이 같은 종류의 도시가 발전하지 못했다는 사실은 시사하는 바가 크다.

앞서 지적했듯이 러시아 역사 초기인 10~11세기경에 2백 년 전 서유럽에서 볼 수 있었던 도시들과 외양이나 기능 면에서 크게 다르지 않은 도시들이 매우 많았다. 이들 도시는 바이킹 지배계층과 이들의 재화를 지키기 위해 성채를 지었으며 그 외곽지역에는 장인들과 상인들이 공방과 가게를 지어 생활했다. 대개 초기 러시아 도시들은 두 부분으로 구성되어 있었다. 크레믈린(kreml)이라고 불리는 요새는 성 주변에 위치해 있었으며 성과 요새 모두 나무나 돌로 된 울타리로 둘러져 있었다. 성벽 외부에 있는 곳은 포사드(posad)라는 상업부락이었다.

11~12세기에 서유럽에서 이처럼 요새와 부락으로 이루어진 원시적 도시형태는 러시아와 전혀 다른 모습으로 발전했다. 교역의 부흥으로부터 혜택받은 이탈리아와 독일, 저지대의 도시들은 코뮌(commune)을 조직해 자치를 할 권리와 시민에게 법을 집행할 권리를 얻어냈다. 노브고로트와 프스코프를 제외하고 이 같은 일은 러시아에서 일어나지 않았다. 그 이유는 경

제적, 정치적 상황 때문이었다. 서유럽에서 무역이 되살아나기 시작할 무렵 중앙과 남부 러시아에선 무역이 쇠퇴했다. "그리스 무역로"가 차단되면서 농업에 치중하게 되었고 그 결과 도시의 상업적 역할이 축소되었다. 또 몽골족은 도시를 저항의 중심지로 보고 자치기능을 없애버렸다. 모스크바 대공은 처음엔 몽골족을 위해, 군주가 된 다음엔 자신을 위해, 조공과 봉사 책무, 세금을 바치지 않는 자치적 영토를 허용하지 않았다. 세습원칙은 전 영토에 적용되었으며 예외는 없었다. 따라서 중앙 러시아의 도시는 상이한 경제적 구조나 특별한 권리로 차별화되지 못하고 단지 군사행정 주둔지로 전락했다. 자유가 없는 사회에서 자유의 오아시스가 되지 못하고 오히려 자유가 없는 사회의 축소판이 되었다. 도시는 주로 봉사책무를 지닌 귀족과 세금의무를 가진 평민으로 구성되었으며 모두 군사화되어 17세기 중반에 러시아 도시 거주민 중 약 ⅔가 군인이었다.[68] 이 주민들은 같은 도시에 살고 있다는 사실 이외에는 공통점이 하나도 없었다. 이들은 공동의 시민권 대신 사회적 지위와 국가에 대한 책무로 규정되었다. 자치정부나 독립적 재판소도 없었다. 서유럽의 "시민"계층과 유사한 집단이 생겨날 기회가 없었다. 진정한 도시제도를 발전시켰던 노브고로트와 프스코프는 모스크바에 점령당한 뒤 다른 도시들과 똑같은 위치로 전락했다.

　이들 공국에서 자치정부가 몰락했던 것은 모든 도시를 굴복시키겠다는 모스크바 대공국의 의지가 워낙 강했기 때문이다. 모스크바는 영토를 확장하면서 늘 어디서나 도시를 파괴하고 사유재산을 몰수하며 영토를 소유한 사람들을 추방하거나 하인이나 평민계급으로 내려보냈다.[69] 기록에 따르면 14~15세기에 모스크바가 점령한 모든 도시에서는 대공의 이름으로 모든 사유토지를 몰수했다. 1330년대 이반 칼리타도 로스토프에서 이 같은 조치를 취했다.[70] 바실리 3세는 그의 아버지 이반 3세를 본받아 프스코프에서 대규모 추방을 실시했으며(1509년) 베체를 해체하고 그곳에 자신의 종복들을 보냈다. 이는 충동적 행동이 아니라 체계적으로 이루어졌다. 1503

년 황금군단의 칸에게 보고한 19개의 도시 중 대부분이 초토화되었다. 이들 도시에 살았던 "질 나쁜" 사람들은 추방되었으며 대공의 충성스런 신하들로 채워졌다.[71]

모든 사유지가 청산되었던 것처럼 도시 자치를 조금이라도 떠올릴 수 있는 모든 제도나 관행도 철폐되었다. 고대시대부터 유럽 역사의 기본적 특징이었던 도시와 토지의 사법적 분리는 러시아에서 결코 발생하지 않았다.[72] 서양문화를 접하지 않은 세계 대부분의 지역에 있는 도시들처럼 무스코비 왕조의 도시는 시골이나 다름없었다. 외양도 마찬가지였다. 19세기 후반에 러시아의 가장 저명한 역사학자는 당시 러시아 도시에 대해 다음과 같이 기술했다.

> 유럽은 두 지역으로 나뉘어 있다. 서부는 돌로 건축된 반면 동부는 나무로 만들어져 있다.… [러시아] 도시들은 오두막집이 무리지어 있어서 불꽃만 튀어도 도시 전체가 잿더미로 변한다. 하지만 손실은 크지 않다. 가지고 나올 수 있는 사유재산이 거의 없기 때문이다. 또 건축자재는 워낙 싸서 새로 집을 짓는 것은 전혀 부담이 없었다. 이런 이유로 옛날 러시아인들은 그처럼 쉽게 자신의 집과 고향, 마을을 버리고 떠났다.…[73]

무스코비 시절 도시는 "검은" 땅으로 조세대상이었다. 고로다 (goroda)라는 이들 도시의 지위는 보에보다(voevoda)라고 불리는 정부관리의 존재로 결정되었다. 이곳에 사는 평민들은 농노처럼 주거지에 속박되어 허가 없인 외부로 나갈 수 없었다. "도시의 공기가 자유롭게 한다"는 독일 격언처럼 서양에서는 일 년 이상 도시에서 살았던 농노는 자동으로 자유를 얻은 반면 러시아는 탈출한 농노의 지위복구를 인정하지 않았다. 농노는 평생 지속되었다.[74]

농지와 마찬가지로 도시의 부동산을 점유한 경우에도 왕에게 봉사책무를 바쳐야 한다. "시민 개인이(차라리 시민이) 완전히 소유한 형태의 도시 소유는 없었다."[75] 건물이 서 있는 토지는 보뜨치나나 뽀몌스찌예로 두 경우 모두 거주자가 책무를 다하지 못하거나 하지 않으려 할 경우 몰수대상이 되었다. 정부의 허가 없이 이를 유산으로 물려주거나 매각할 수 없었다.[76] 심지어 모스크바 붉은 광장에 있는 시장터조차 차르의 것이었다.[77]

경제와 법적 특권 없이 오직 무거운 의무만 있었던 러시아 도시들은 매우 느린 속도로 발전했다. 17세기 중반 무스코비 도시들은 5인 가족 기준으로 평균 430가구 정도가 살고 있었으며 전체 인구로 따지면 2천 명을 약간 넘었다.[78] 서부유럽의 경우 1700년에 도시 거주민은 전체 인구의 ¼을 차지했으며 영국은 절반에 가까웠다. 하지만 러시아는 18세기 중반에도 영혼세라 불리는 보편세의 부과대상인 성인 남자 인구 중 겨우 3.2%만이 도시에 살고 있었다. 이는 전체 인구의 약 7% 정도였다.[79] 모스크바는 전체 도시 거주민 중 ⅓이 살았는데 1700년까지도 크레믈린 궁전 주변엔 대규모 판자촌이 있었다.

5. 러시아의 시골

요약하자면 전근대 러시아는 농경지나 도시의 토지에 대해 직접적 소유를 인정하지 않았다. 모두 조건적 보유만이 가능했다. 토지를 가진 귀족과 시민은 – 서양에서 이들은 중세시대 말에 자신의 영토에 대한 소유권과 더불어 그와 관련된 모든 권리를 얻었다 – 러시아에서는 나라의 종복에 불과했다. 따라서 시민권이나 경제적 안정에 대한 보장이 전혀 없었다. 이들의 재산과 사회적 지위는 정부에서의 지위와 왕의 호의에 달려 있었다. 중세와 근대 초기 러시아가 서유럽과 근본적으로 차이가 있었다는 것을 부정하는 사람은 이러한 현실을 다루어야만 한다.

이러한 상황을 고려할 때 무스코비 러시아의 농민들 – 전체 인구의 90%

를 차지했다 – 역시 소유권이나 법적 권리가 전혀 없었다는 사실은 놀라운 일이 아니다.

중세 러시아 농민들이 경작했던 "검은" 땅은 공작의 소유였기 때문에 그들 마음대로 팔거나 자식에게 물려줄 수 없었다. 실제로 농민들이 화전농법을 버리고 정착농경을 선택하면서 이들의 경작지는 관습적 권리에 따라 아들들에게 세습되었으며 이들은 물려받은 땅을 똑같이 나누어 가졌다. 하지만 이러한 관행조차 농민 코뮌제도로 인해 제한되었다. 코뮌은 농촌마을을 개인의 소유가 아닌 공동소유로 보았다.

역사학자들은 러시아 농민 코뮌(미르 혹은 오브쉬치나라고 함)의 기원에 대해서 오랫동안 논쟁을 벌여왔다. 19세기 후반에 주류를 이루었던 진화적 사회학자들은 러시아 농민 코뮌에서 "원시적 공산주의"의 자취가 남아 있다고 주장했다. 다른 학자들은 무스코비 정부의 재정적 필요에서 그 존재이유를 찾았다. 농민들이 국가에 대한 책임을 수행하도록 하기 위해 정부가 코뮌조직을 이용했다고 이들은 주장했다. 20세기 초에 실시되었던, 형성과정에 있던 코뮌(특히 시베리아 지역)에 대한 현지조사 결과 코뮌은 토지 부족으로 인해 자발적으로 생겨났음이 밝혀졌다. 토지가 부족해지자 농민들은 경작지를 모아 정기적으로 재분배하게 되었다. 이러한 발견은 러시아에서 토지보유가 가족중심의 농사에서 코뮌중심의 농사로 발전했다는 사실을 보여준다. 이러한 발전과정은 진화적 사회학자들의 가설과 정면으로 대치된다.[80]

어떻게 생겨났든지 간에 코뮌이 정부가 부적절한 자원을 가지고 그처럼 광대한 영토를 다스리는 데 도움이 되었던 것만큼은 분명하다. 농촌과 도시를 막론하고 모든 코뮌에게 봉사책무가 부과되었다. 코뮌은 구성원의 세금과 봉사책무에 대해 집단적으로 책임져야 했다. 대신 그 부담을 성인 남성 수에 따라 가구별로 배분할 권한이 있었다. 하지만 가족의 수가 시간이 지나면서 증가했다가 또 줄어들었기 때문에 코뮌은 정기적으로 재분배를 실시해 가족구성원의 수에 맞게 토지를 가구별로 나눠주었다. 이는 세습 전제정치, 지주계급의 강제적 국가 봉사책무, 농노제 등과 더불어 세습 러시아를 탄생시킨 주요 제도적 특징이었다.

따라서 중세시대 말부터 19세기 중반에 이르기까지 대러시아 농민의 대부분은 지주나 국가의 농노로 토지에 구속되었다. 그들의 주인과 왕실관료들의 권한은 더욱 커져갔고 제약이 전혀 없었다. 러시아 농노제는 매우 복잡한 제도로 노예제도와 비슷한 점도 있지만 또 차이도 상당하다.[81] 엄격하게 말하자면 농노는 지주가 아니라 국가의 소유로 국가의 승인 없이는 자유인이 될 수 없었다. 게다가 농노는 감독관이 있는 대규모 농장에서 일을 하지 않았으며 자신의 오두막에서 살면서 코뮌으로부터 할당받은 토지를 경작했다. 또 마을 회의의 권한에 종속되어 있었다. 이들은 대개 지주의 땅에서 일주일에 3일 동안 일을 하는 부역을 제공하거나 돈이나 물건, 서비스 등으로 면역 지대를 지불해야 했다. 무엇보다 농노가 재배한 것과 생산한 것은 그의 것으로 마음대로 소비하거나 팔 수 있었다. 그러나 법적으로 농노가 소유한 것은 모두 지주의 소유였다. 하지만 사실상 이러한 자유는 관례였기 때문에 이를 어기는 지주는 상당한 위험을 무릅써야 했다.

한편 노예와 마찬가지로 농노도 전적으로 의무에 관한 한 지주의 손에 달려 있었다. 지주의 권한은 점차 증가하다가 18세기에 이르러서는 노예 소유주와 별반 차이가 없어졌다.

노예제는 16세기 후반에 러시아에서 생겨났으며 1649년에 법(Ulozhenie)으로 인정받아 완전히 뿌리를 내렸다. 이는 지주계급에게 부과된 강압적 국가 봉사책무의 필연적 결과였다. 앞서 지적했듯이 무스코비 러시아에서 토지는 워낙 무한했기 때문에 가치가 없었다. 하지만 이를 경작하는 노동력은 가치가 있었다. 하지만 농민들은 자주 이동했다. 만약 영지에서 일할 사람도 없는데 신하에게 보뜨치나나 뽀메스찌예를 하사했다면 이는 쓸모없는 일이었을 것이다. 무스코비 드보리안들의 공통된 불만은 노동력이 부족해 많은 땅이 놀고 있다는 것이었다. 이에 대해 왕은 점차 농민의 이동을 금지했고 결국에는 이를 완전히 불법화했다. 러시아 법사학자의 말을 빌리면 "농민들은 드보리안의 영지에 묶여 있었다. 드보리안이 국가에 대한 의무적 봉사책무에 묶여 있었기 때문이다."[82]

따라서 토지소유와 마찬가지로 농사인구의 경우도 러시아는 서양과 정반대의 길을 갔다. 중세시대 말에 서양의 농노는 자유인이 되었으나 러시아에서는 거꾸로 자유인이 농노가 되었다.

6. 피터 대제

피터 대제는 대개 러시아를 서구화하는 데 가장 많은 공헌을 했던 군주로 알려져 있다. 그 명성은 그가 러시아 상류층의 문화와 습관을 상당히 바꾸어 놓았다는 정도까지는 정당화할 수 있다. 그가 즉위했을 당시 상류층의 수는 전체 인구 5백~7백만 명 중 겨우 3만 명 정도에 불과했다.[83] 그는 드보리안에게 서양식 교육을 받고 의식주도 따라 하도록 했다. 하지만 그의 정치와 사회정책을 자세히 살펴보면 그가 무스코비 왕조의 관습을 그대로 유지시켰을 뿐만 아니라 이를 더 효율적으로 발전시킴으로써 오히려 서유럽으로부터 러시아를 갈라놓았음을 알 수 있다. 대부분의 측면에서 피터 대제의 통치는 차르 세습 전제정치의 최고 절정이었다. 강제부역, 봉사책무를 조건으로 한 토지보유, 봉사책무를 가능하게 만든 농노제 등은 전제적 독재에 상당히 기여했다. 왕의 권한은 더욱 전제적이 되었다.

피터 대제는 보뜨치나와 뽀메스찌예의 법적 구분을 완전히 없애고 모든 토지보유권을 "부동산"으로 만들었으며 그 결과 뽀메스찌예가 결국 보편화되었다. 이 조치는 17세기에 진행되던 변화를 정식화했다. 뽀메스찌예가 사실상 세습이 되고 보뜨치나 소유자들의 국가 봉사책무가 의무화되면서 그 경계선이 모호해졌다. 1714년 피터 대제가 뽀메스찌예를 공식적 세습재산으로 인정하면서 그 구분은 완전히 사라졌다. 그는 토지상속에 대한 규정을 칙령으로 정했다. 토지를 남자 상속인들끼리 동등하게 나눠가졌던 관습 때문에 농노와 농민계급 모두 가난해지자 피터는 모든 영지를 한 명의 자식에게만(반드시 장자일 필요는 없었다) 물려주도록 명령했다. 보프치나와 뽀메스찌예 모두 긴급한 경우나 특별세를 내야 하는 상황을 제외하고 매각할 수 없었다.[84] 유언에 의한 영지 처분을 제한한 이 정책은 러시아에서 너무나 낯설었고 전통에도 어긋났기 때문에 결국 1730년에 폐지되고 말았다.[85] 일부 드보리안은 이 칙령을 차르가 그들에게 완전한 토지소유권을 허용한 것으로 해석했다. 마음대로 상속인을 지정할 수 있었기 때문이다. 하지만 사실상 이 법은 이들에게 상속자를 단 한 명만 정하도록 함으로써 왕권을 더욱 강화시켰다.[86]

피터 대제 이후 러시아 지주들의 법적, 경제적 권한은 상당히 축소되었다. 18세기 초반에 피터 대제는 부역에 나타나지 않거나(피터 대제는 부역대상을 취학연령인 10세 아동에게까지 확대했다) 기타 봉사책무를 게을리하거나 국가재산을 유용하거나 정치적 저항세력에 가담하거나 심지어 단지 마음에 들지 않는다는 이유 등으로 많은 영지를 몰수했다. 1700~1750년 동안 분배된 토지보다 몰수된 토지가 더 많았다. 이 기간 동안 귀족의 손에 넘겨진 17만 천 명에 달하는 농민 중 오직 2만 3천7백 명만이 왕실의 영지 출신이었으며 나머지는 정부가 몰수해 다른 지주에게 넘긴 사유지 출신이었다.[87] 몰수가 워낙 흔해지자 1729년 성 페테스부르크는 몰수청(Chancery of Confisca-tions)이라는 매우 독특한 정부기관을 신설했다.

피터 대제는 국민의 세금부담을 대폭 높여놓았다. 1718년 모든 평민 성인 남성을 대상으로 "영혼세"라 불리는 인두세를 실시했다. 이는 국가의 주요 수입원이 되었으며 19세기에 와서야 철폐되었다. 인두세의 금액은 처음엔 군대를 유지하는 데 필요한 예산을 산출한 후 이를 평민 성인 남성 수로 나누어 결정되었으며 왕은 이에 대해 누구와도 상의하지 않았다.

18세기에도 여전히 중앙화된 재무부가 없어서 많은 정부기관들이 자신의 필요에 따라 세금을 징수했다. 최초의 재무부는 18세기 말 파벨 1세 때에 신설되었다.

피터 1세 당시 국가는 그동안 지위가 애매모호했던 자산에 대해 소유권을 주장했다. 사실상 거래되는 모든 상품은 국가의 독점이었다. 피터는 산림도 그 땅에서 나무를 키워온 사람의 것이 아니라 국가의 것이라고 판결했다. 지주가 특정 종류의 나무를 벌채할 경우 벌금을 물어야 했다. 심지어 참나무 한 그루만 베어도 사형감이었다.[88] 1704년 재무부는 어업, 양봉, 야생 벌집에 대해 독점권을 선언했다. 같은 해에 모든 제분소 역시 국가소유가 되었다.[89] 사유지에 묻혀 있는 금속과 광물 역시 국가가 소유권을 주장했다.[90] 목욕탕과 여관도 황실의 소유가 되었다.[91]

정부는 이른바 지적 소유권과 저작권, 특허권에 대해서도 독점을 주장했다. 1783년까지 러시아에서 정부와 교회만이 책을 출판할 권한이 있었다.

> 출판이 생겨난 순간부터 활판은 개인의 것이었으며 출판은 개인의 사업이었던 서양과 달리 러시아의 경우 출판은 처음부터 국가의 독점으로 정부가 출판활동의 방향을 결정했다.…[92]

하지만 출판이 민영화된 이후에도 차르 정부는 모든 출판물에 대해 강도 높은 검열을 실시했다. 어떤 책이든지 인쇄소로 가기 전에 정부의 허가를 받아야 했다. 이 같은 사전 검열제도는 근대에서 러시아만이 존재했으며 1864년에 사후 검열로 완화되었다가 공산주의 정권에 의해 다시 도입되었다. 최초의 러시아 저작권법(1828년)은 같은 해 검열법과 함께 세습되었는데, 작가가 검열규정을 준수할 경우에만 작가에게 그들의 작품에 대해 배타적 권리를 인정했다. 2년 후 정부는 출판된 작품을 작가의 사적 소유로 인정했다.[93] 최초의 특허법은 1833년에 발효되었는데 이는 영국보다 2

백 년이나, 프랑스와 미국보다 반세기나 뒤진 것이었다.

농업에 종사하지 않는 평민들 – 상인(kuptsy), 도시민(meshchane), 새로 생겨난 산업노동자 계급 – 역시 시민권이나 소유권이 제한되어 있었다.

피터 대제는 기업도 지주계급을 다루었던 것과 똑같은 세습 전제주의적 사고방식으로 접근해 러시아를 공업화하려고 했다. 제조업 조합의 허가 없이 개인은 공장을 지을 수 없었다. 제조업 조합은 모든 산업에 대해 독점권을 가지고 있었으며 이 규정을 위반한 기업은 자산을 몰수당했다.[94] 유망한 상인들을 징집해 막 시작한 국가 산업을 운영하도록 했다. 봉사책무를 산업에 도입한 피터의 정책 중 대표적인 예가 모스크바 모직공장이다. 1684년 네덜란드인에 의해 세워진 이 공장은 군복을 주로 생산했는데, 피터 대제의 기대에 미치지 못하자 민간사업가에게 넘어갔다. 이 "상업회사"는 러시아 최초의 공인기업이다. 임원은 황제의 칙령에 의해 소집된 러시아 최고의 상인들로 구성되었다. 군대의 호위하에 모스크바로 온 그들은 재무부로부터 자금을 받아 국가가 필요한 의복을 국가가 정한 가격에 공급해야 했다. 나머지는 이윤을 남기고 팔 수 있었다. 정부의 기대를 만족시킬 경우 그 공장은 상인들의 "세습 소유"가 되었다. 기대에 미치지 못할 경우에 대비해 국가는 그 소유권을 빼앗고 상인들을 처벌할 권리를 갖고 있었다.[95] 이는 피터 대제가 제조업을 뽀몌스찌예와 똑같이 다루었으며 그의 산업정책이 소유법 발전에 아무 기여도 하지 않았음을 시사한다. 이는 영국과 매우 큰 차이를 보인다. 영국은 이미 13세기에 사적 이윤을 추구하는 특허회사가 존재했다.[96]

피터 대제의 산업인력에 대한 정책 역시 목적은 똑같았다. 공장과 광산에 고용된 노동자들은 대개 추방된 사람들(범죄자, 사생아, 부랑자, 창녀 등)이었으며 일부는 국가 농노였다. 드보리안과 상인이 사람이 사는 토지를 매입해 주민들을 자신의 공장에서 평생 부려먹을 수 있도록 한 칙령이 1721년 세습되었다.[97] 1816년에 이 칙령이 철회되기 전까지 노동자와 광부는 "소유

노예"로 여겨졌으며 농노와 마찬가지로 자신이 일하는 곳에 영원히 속박되었다.

시골사람들의 지위는 피터 대제 통치기간 동안 더욱 하락했다. 무스코비 왕조하에서 운좋게도 농노제도를 피해왔던 몇몇 하층계급은 결국 농노들과 합쳐졌다. 하층민을 대상으로 한 새로운 "인두세"가 도입되었다. 농노는 피터 대제의 또 다른 작품인 상비군에서 의무적으로 군복무를 해야만 했다.

1721년 국가는 교회와 수도원에 속한 토지마저도 차지했다.

7. 예카테리나 여제

토지와 다른 생산적 자산에 대한 사적 소유는 소수 특권층만을 위한 시민의 권리와 더불어 18세기 후반에 러시아에서 등장하기 시작했다.

세습 전제정치의 종말을 이끈 첫 번째 조치는 피터 3세가 1762년 발표한 칙령으로 그는 드보리안을 의무적 국가 봉사책무로부터 면제시켜주었다.[98] 단지 펜을 한 번 휘두르는 것만으로, 매우 일상적인 태도로 피터 3세는 3백 년이나 이어온 선왕들의 정책을 일시에 철폐했다. 하지만 많은 드보리안들이 워낙 가난해 이 조치를 이용할 수 없었기 때문에 러시아의 정치적, 사회적 구조는 곧바로 바뀌지 않았다. 드보리안은 대부분 토지가 없거나 농노가 없었다. 운이 좋아 토지와 농노가 둘 다 있는 사람들 중에서 59%가 20명 미만의 농노를 데리고 있었으며 오직 16%만이 농노가 백 명이 넘었다. 백 명의 농노는 시골의 대지주가 생활을 유지하는 데 필요한 최저 수준이었다.[99] 따라서 대다수의 드보리안은 어쩔 수 없이 국가에 봉사 책무를 하고 봉급을 받아야 했다. 하지만 중요한 원칙이 도입되었다. 이때부터 국가로부터 독립된 자유로운 계층이 생겨났다.

1762년 칙령은 토지와 농노의 신분을 정확히 규정하지 않았다. 왕이 드보리안에게 영지의 완전한 소유권을 넘겨준 것처럼 해석할 수도 있었다. 왜냐하면 귀족들은 봉사책무를 하지 않아도 영지를 포기할 필요가 없었기 때문이다. 모든 면에서 – 하지만 법적으로는 아직 아니지만 – 지주들은 이제 토지를 무조건적으로 소유하게 되었다. 1752년 예카테리나 여제는 도시와 마을, 영지의 경계선을 구분하기 위한 토지조사를 명령했다. 이를 통해 지주들은 사실상의 소유주로 인정받을 수 있었으나 그 조사는 1765년까지 시행되지 않았다. 영지를 소유한 지주는 이제 소유를 증명하는 문서를 제시하지 않고도 법적 소유주로 인정받았다.[100] 1769년 러시아 정부는 어느 지주의 탄원에 대해 "모든 사유지는 그 점유자의 소유"라고 답변했다.[101] 1782년에 발표된 두 개의 칙령은 지주의 "소유권"이 토지 표면뿐만 아니라 지하 토양과 지하수, 숲을 포함한다고 규정했다.[102] 이제 이들 토지가 귀족의 것임을 당연시하는 분위기가 무르익기 시작했다. 러시아의 토지는 확실히 점유에서 소유로 변화하고 있었다.

드보리안의 토지소유권은 1785년 예카테리나 여제가 발표한 러시아 귀족 드보리안의 권리와 자유, 특권에 관한 헌장 – 이는 러시아 역사에서 가장 중요한 입법 중 하나였다 – 에 의해 공식적으로 인정받았다.[103] 이 귀족 헌장은 드보리안의 직접적 토지소유권을 인정하고 시민의 권리를 보장했다. 이는 영국 왕실이 비슷한 권리를 인정한 지 6백 년이나 지난 후였다. 이처럼 지금까지 러시아 군주가 자신의 왕권에 대한 위협으로밖에 보지 않던 소유제도에 대해 갑자기 태도가 바뀐 데에는 정치적, 이데올로기적 요인이 작용했다.

프로이센 출신인데다가 형식적 남편이었던 피터 3세를 독살하고 쿠데타를 일으켜 왕좌에 오른 예카테리나는 불안감에 시달렸다. 그녀는 의식적으로 다른 사회집단을 희생하고서라도 드보리안의 충성을 확보해 자신의 기반을 강화하기 위해 애썼으며 이에 성공했다. 왕권강화를 위해 그녀는 귀족계층을 자신의 파트너로 만들었다. 코자크 출신의 푸가초프(Emelian

Pugachev)가 1773~1775년에 농민반란을 일으킨 후 이 같은 동맹의 필요는 더욱 절실해졌다. 이 반란으로 예카테리나는 자신의 권한이 변방에서 얼마나 약한지 깨닫게 되었다. 그녀는 결국 자신의 영지에 사는 농민에 대해 사실상 무제한적으로 영향력을 행사했던 드보리안을 보조적 행정관료로 등용시키기로 결심했다.

새 법전을 만들기 위해 1767년에 소집된 의회에 드보리안이 제출한 자료를 보면 대다수의 불만은 법적으로 불안정한 토지의 지위에 관한 것이었다. 예를 들어, 모스크바 귀족들은 "상속받은 토지와 매입한 토지 모두에 대해 소유권을 분명히 정해"줄 것을 요청했다. 다른 탄원서들은 드보리안이 부동산을 개인 소유물처럼 무조건적으로 소유하고 있음을 인정해달라는 내용이었다.[104] 이 문제를 해결하기 위해 위원회가 구성되었다. 이 위원회는 귀족만 영지에 대한 절대적 소유권을 인정해주고 평민의 권리는 제한하자는 내용의 권고안을 제출했고[105] 이는 1785년 헌장에 반영되었다.

황제의 존재이유와 개인적 이해관계뿐만 아니라 서양의 사상 조류도 이러한 변화에 영향을 미쳤다. 예카테리나는 서양사상에 대한 책을 많이 읽었으며 사적 소유가 번영의 밑거름이 된다고 믿었다. 피터 대제처럼 예카트리나 여제 역시 국력과 명성에 국가경제가 중요하다는 사실을 잘 알고 있었다. 하지만 국가의 지시적 역할을 중시한 중상정책을 채택했던 피터와 달리 예카테리나는 중농주의자의 영향을 받아 그들이 주장하는 경제적 자유주의를 받아들였다. 사적 소유를 가장 근본적인 자연법이라 여기고 또 농업이 부의 주요 원천이라고 믿었던 중농주의자들의 이론들은 예카테리나가 러시아에서 토지소유제도를 본격적으로 도입하는 데 상당한 영향을 미쳤다.

소유란 뜻의 소브스트베노스트(sobstvennost')란 러시아 단어가 처음 공문서에 등장한 것은 예카테리나가 통치하던 때로 이는 1230년에 이미 독일에서 사용했던 아이겐툼(Eigentum)을 번역한 것이었다.[106] 소브스트베노스트는 1767년 행정장관에게 보낸 훈령에 처음 나타났으며 이는 새로운 법전의 기초가 되었다. 여기서 예카테리나는 민법의 목적을 "모든 시민의 소유를 보호하고 안전하게 만드는 것"이라고 밝혔다.[107] 이 훈령의 제295조와 제296조는 다음과 같다.

> "경작자나 노동자가 자기 것을 소유하지 못하는 곳에서는 농업이 번창할 수 없다. 이것은 매우 단순한 원리에 토대를 둔 것이니, 모든 사람은 남의 것보다 자신의 것에 대해 더 신경을 쓰고 남의 것은 누군가 가져갈까 봐 두려워하지 않으며 돌보지 않는다."[108]

귀족헌장의 핵심 조항인 제22조는 다음과 같다.

> 제일 처음 법적으로 토지를 취득한 귀족은 이를 자신이 원하는 사람에게 선물하거나 물려주거나 지참금이나 생활비로 주거나 이전하거나 팔 수 있는 완전한 권리와 자유를 갖는다. 하지만 물려받은 영지는 법에서 정한 경우에만 매각할 수 있다.[109]

이 헌장에는 중죄로 기소된 귀족의 세습영지를 몰수하지 않고 그의 법적 상속인에게 넘겨준다는 중요하고 혁신적인 조항이 있었다(제23조). 이에 따라 귀족 소유의 영지는 법원의 판결 없이는 압류할 수 없었다.[110] 귀족들은 자신의 마을에 공장과 시장을 세우고(제28~29조) 도시에서 부동산을 취득할 수 있게 되었다(제30조). 인세로부터 분명히 면제를 받았으며(제36조), 군사들에게 자신의 집을 빌려줘야 할 의무로부터도 해방되었다(제35조).

예카테리나는 중농학자들의 가르침을 상류층에만 적용했지만 이 역시 농민들에게도 필요하다는 생각을 했다. 또 훨씬 생각이 깊었던 일부 정치인들도 이에 동감했다. 18세기 중반부터 농민들에게 그들이 경작한 땅에 대한 권리와 더불어 자유를 허용할 경우 그들은 더욱 생산적이고 불만이 줄어들 거라는 주장이 나오기 시작했다.[111] 1766년 성 페테스부르크 자유 경제학회(Free Economic Society)는 농민의 농지소유라는 주제에 대해 국제적 경연대회를 주최했다. 1등상은 프랑스인 라바예(Béarde de l'Abbaye)에게 돌아갔다. 그는 백 명의 자유농민이 2천 명의 농노보다 더욱 생산적일 거라며 농민에게 토지소유권을 허용해야 한다고 주장했다.[112] 입법의회에서 농민 토지소유를 반대하는 정치인들도 장점을 부정하지 않았지만 만약 그들에게 소유권을 허용할 경우 이를 곧 잃게 되어 오히려 더 비참해질 거라고 주장했다.[113]

예카테리나 여제는 그녀의 훈령(제261조)에서 농노에게(그녀는 이들을 "노예"라고 불렀다) 소유권을 허용하는 게 유리하다는 암시를 했다. 거기에는 귀족헌장이 발표된 1785년과 그 이후에 태어난 모든 러시아인은 자유인으로 대우하자는 제안이 담겨 있었다. 또 비록 실현되진 않았지만 국가 소유의 토지를 경작하는 농노에게 불모지를 주는 방안도 제안했다.[114]

이 같은 논쟁과 제안으로 러시아에서 처음으로 농노제에 대한 이슈가 제기되었으며 그와 함께 평민들의 사적 소유문제도 본격적으로 논의되기 시작했다. 두 경우 모두 예카테리나 여제가 주도했다. 비록 이 같은 개혁을 지지하는 여론이 상당했지만 농노는 해방되지 않았으며 토지도 받지 못했다. 국가의 안위에 대한 걱정이 경제발전보다 더 중요했고 이를 위해선 지주층의 지지가 필요했기 때문이다. 1세기가 지나서야 농노제가 국가 안위에 위협이 된다고 판단한 차르는 농노해방을 단행했다.

소유권과 함께 개인의 권리도 인정되었다.

1785년 귀족헌장은 귀족들이 동료들의 판결에 의한 경우를 제외하고 생명, 권리, 소유를 박탈당하지 않는다고 명시했다(제2, 5, 8, 10~12조). 이들은 신체적 형벌로부터 면제받았으며(제15조) 자유롭게 외국을 여행하고 동맹국의 군대에 지원할 수 있게 되었다(제19조).[115] 귀족헌장은 국가가 위급한 상황을 제외하고 귀족이 국가에게 봉사책무를 할 필요가 없음을 재천명했다(제20

조). 귀족헌장 제1부에 담긴 36개 조항은 일종의 권리장전으로 러시아에선 처음으로 생명과 개인적 자유, 소유를 보장받은 계급을 탄생시켰다.

이는 모든 면에서 혁명적 조치로 향후 130년 동안 러시아 역사의 방향타가 되었다. 귀족헌장은 피터 대제의 피상적인 서구화 노력보다 훨씬 혁신적이었다. 피터는 서양문명의 정신은 무시한 채 테크닉과 방식만 모방하는 데 그쳤다. 에카테리나의 귀족헌장은 소수에게만 권리와 자유를 허용했지만 서양 역사가 증명하듯이 보편적 자유와 권리는 대개 소수의 특권에서 출발한다. 이는 자유와 권리를 뿌리내리게 하는 가장 확실한 방법이었다. 자신의 권익을 보호하는 데 관심을 가진 사회적 집단이 생겨났기 때문이다. 근대 민주적 사상과 제도의 근간을 제공한 고대 아테네는 소수의 지주에게만 자유를 허용했으며 노예는 물론 당시 대부분 전문직과 상인, 장인이었던 외국에서 태어난 자유민에게는 이를 거부했다. 영국 자유의 초석이 된 대헌장은 모든 국민이 아닌 귀족에게만 혜택을 주는 봉건계약이었다. 이는 매우 배타적이었다.

> 자유는 항상 특정인이나 장소에 귀착된다. 보편적이거나 전국적인 것은 없었다. 한정된 구체적 특권으로 소수만이 누릴 수 있을 뿐 대부분의 사람에게는 해당되지 않았다.…자유는 희소한 특권일 뿐이며 보편적 권리가 아니기 때문에 대헌장의 설계자들은 자유를 그처럼 중요시했다.[116]

서유럽 도시의 자유민들 역시 마찬가지였다. 이들이 왕과 지주로부터 얻어낸 면제와 다른 권리들은 근대 자유의 토대가 되었지만 이 역시 배타적 특권에서 출발했다.[117] 표현의 자유는 15세기경 영국 왕이 하원의원들에게만 허용했던 배타적 권리에서 유래했다.[118] 소수만이 누리는 특권은 다른 모든 사람들에게 모델을 제공한다. 따라서 러시아에서 절대적 사적 소유원칙이 세워진 이상 그것이 국민 모두에게 확산되는 것은 시간

문제였다.

　러시아에서 토지소유제의 도입은 농노의 희생으로 얻어진 것이기 때문에 장단점이 있었다. 1785년 헌장은 오직 토지만을 언급하고 농노에 대해서는 아무 말이 없었지만 이는 토지에 귀속된 농노들을 지주의 사적 소유로 만들었다. 이들 농노는 전체 인구의 약 ⅓ 정도에 육박했다. 정부는 농노에 대한 지주의 권한을 규정하지도, 농노를 대신해 개입하지도 않았기 때문에 사실상 인구의 ⅓에 대한 주권을 지주들에게 넘긴 셈이 되었다. 프랑스 철학자인 데니스 디드로(Denis Didero)와의 대화에서 예카트리나가 농노를 지주의 "백성"이라고 표현한 사실은 놀랄 만한 일이 아니다.[119]

　따라서 러시아에서 사적 소유는 소수를 위한 자유 및 권리와 더불어 농노제를 더욱 강화시키는 효과를 낳았다. 농노들에게 사적 소유란 해방의 반대말이었다. 이 같은 역사적 사실은 러시아인들이 소유를 받아들이는 데 부정적 영향을 미쳤다. 리처드 워트먼(Richard Wortman)의 말을 들어보자.

> 처음부터 러시아에서 소유권은 농민에 대한 귀족의 권한 강화와 농노제의 남용과 연관되어 있었다.…차르가 허용한 소유권은 그의 전제적 권한과 동일시되었다.[120]

　사실 귀족에게 소유권을 허용한 것은 농노제 폐지에 주요 걸림돌이 되었다. 현실적으로, 그리고 법적으로, 농노는 1785년까지 귀족의 소유로 여겨졌다. 1809년 알렉산더 1세 당시 수상으로 헌법 초안 작성을 주도했던 미하일 스페란스키(Michael Speransky) 역시 그렇게 생각했다.[121] 농노해방에 대한 논의가 본격적으로 시작되었던 알렉산더 2세의 초기 시절 내무부장관이었던 세르게이 란스코이 역시 마찬가지였다.[122]

　18세기 지주들은 사실상 농노에 대해 무제한적 권한을 갖게 되었다. 단지 흉작일 경우 이들을 먹여 살려야 하는 의무만 있었으며 목숨을 빼앗거나 채찍으로 때리거나(종종 사형에 준하는 처벌이었다) 고문을 하는 세 가지 행위

만 금지되었다. 지주들의 권한은 다음과 같았다.[123]

1. **마음대로 농노의 노동을 착취할 수 있는 권리**. 농노들의 노동의무에 대해 규정하도록 지주들을 설득하려는 노력이 몇 차례 있었지만 공식적으로 단 한번도 시행되진 못했다.
2. **농노를 팔 수 있는 권리**. 이는 약간 애매모호하다. 피터 1세가 토지가 없는 농노를 (마치 "가축"처럼) 매매하는 관행을 비난했지만 이를 금지하기는커녕 드보리안에게 국가 봉사책무에 내보낼 신병 보충을 필요로 하는 다른 드보리안에게 농민을 팔도록 허용함으로써 오히려 이를 조장했다.[124] 1843년 이 관행이 법으로 금지되기 전까지 농노는 대개 가족단위로 사고팔 수 있었으며, 개별적으로 매매되기도 했다. 지주는 (정부나 법원의 허가를 받을 경우) 멀리 떨어진 다른 영지에 농노들을 보낼 수도 있었다. 아주 큰 부자들의 경우 수천 명을 강제 이주시키기도 했다.
3. **농노를 억지로 결혼시킬 권리**.
4. **죽지 않을 정도까지 어떤 방식으로든 처벌할 수 있는 권리**. 하지만 광활한 영토에 퍼져 있는 수많은 영지를 감시할 수단이 없었기 때문에 이 조항은 실효성이 없었다.
5. **1760년 이후 정착을 목적으로[125] 그리고 1765년부터 1807년까지는 강제노역을 시킬 목적으로 농노를 시베리아에 보낼 수 있는 권리**.[126] 지주들은 또 농노를 군대에 보내 평생 군인으로 살게 할 수도 있었다.
6. **농노의 모든 자산에 대한 법적 소유권**. 농노는 오직 지주의 승인과 지주의 이름으로만 자산을 구입할 수 있었다.

그럼에도 불구하고 러시아 농노들은 예카테리나 여제 때 최악의 상황까지 몰렸지만 그래도 미국의 흑인노예와 같은 정도는 아니었다. 러시아 경제가 아직 후진적이었던 데다가 관습상의 제약도 있었기 때문이다.

시장을 위해 일했던 서인도제도와 미국 남부의 노예농장과 달리 러시아의 영지는 자급자족적 경제로 생산한 것을 대부분 내부에서 소비했다. 따라서 그렇게까지 강압적인 분위기는 아니었다. 러시아 지주들은 농업을 합리화하고 농노를 감시함으로써 생산량을 최대한 높이려고 하지 않았다. 농노가 면역 지대를 납부할 경우 지주는 자신의 농장이나 사업에 의존함으로써 이윤을 최대화할 수 있다는 사실을 알고 있었다. 농노가 지주에게 빚을 진 경우 요구할 수 있는 건 한계가 있었다. 농노가 경작하지 않으면 지주가 그를 먹여 살려야 하기 때문이었다. 내다 팔 시장이 없었기 때문에 잉여 생산에 별로 관심이 없었다. 대개 러시아의 지주들은 이윤극대화보다 안정적 수익에 더 관심이 많았기 때문에 기꺼이 농민들에게 자신의 일을 하도록 놔두었다. 농노의 사적 소유물과 그들의 노동의 대가는 거의 대부분 그들의 것으로 여겨졌다.[127] 사실 일부 지주는 농노가 법망을 피해 그들의 이름으로 땅을 살 수 있도록 도와주기도 했다. 심지어 다른 농노가 살고 있는 땅을 내어주기도 했다. 러시아 최고 부자 중 한 명이었던 쉐레메테프 백작의 농노들은 아래에 6백 명이 넘는 노예를 두기도 했다.[128] 마지막으로 농노는 "조세와 병역의 의무가 있었다. 혜택은 아니었지만 노예의 특징도 아니었다."[129]

농노에 대한 지주의 권한을 제한한 또 다른 요인은 농민 코뮌이었다. 코뮌의 권한을 유지시키는 게 지주에게 유리했다. 집단적 책임이라는 수단이 국가를 대신해 세금을 징수하고 또 지대를 거둬들이는 데 편리했기 때문이다. 코뮌의 입장에선 지주의 간섭으로부터 농민 가정을 보호할 수 있었다. 그 결과 무한한 권한을 가진 지주와 경제적 현실, 관습, 코뮌 – 노예농장에서는 찾아볼 수 없는 특징들이다 – 등에 의한 사실상의 제약요인 사이에 균형이 이루어졌다.

세습 러시아에서 사적 소유는 인간의 기본권이라기보다는 소수의 이익만을 도모하는 허가증 정도로 여겨진 데다가 수백만 명의 인간 가재도구를 희생시켜 얻은 것이기 때문에 보수주의자나 진보주의자 모두 이를 지지하지 않았다. 사적 소유는 자유와 사회정의의 적으로 여겨졌다. 차르시대 마지막 세기에 진보주의자와 진보-보수주의자들은 자유의 토대로서 법을 강조했으며 법과 사적 소유 간의 관계를 미처 깨닫지 못했다. 이 당시에 사상가와 국제법 학자들 사이에서 사적 소유가 자연권이며 정치적 자유의 기반임을 주장한 사람은 거의 없었다.[130] 러시아 역사학자들은 지금까지도 사적 소유의 역사에 대한 연구가 별로 가치가 없다고 생각하는 것 같다.

러시아 농민들은 토지가 국가, 즉 황제가 아닌 다른 누군가의 것이라는 사실을 인정하지 못했다. 그런 이유에서 드보리안에게 토지를 주고 그들을 강제 국가 봉사책무에서 면제시켜준 1785년 귀족헌장의 조항들을 받아들이지 못했다.[131] 농민의 입장에서 볼 때 그 헌장은 농노제의 기반을 무너뜨렸다. 그들의 조상들은 귀족들이 황제에게 봉사의무를 바치기 위해 필요했기 때문에 귀족의 영지에 귀속되었다. 사실상 이들에게 부역의 의무(tiaglo)는 "토지의 최종 소유자(즉, 황제)에게 바치는 지대가 아니라 정부에게 봉사하는 수단이었으며 이는 자신들의 운명이었다."[132] 따라서 주인인 귀족은 봉사책무에서 해방되었는데 왜 자기들은 이를 계속해야 하는지 도저히 이해할 수 없었다.

예카테리나는 도시지역에도 토지의 사적 소유를 도입했다. 귀족헌장과 동시에 발표된 "러시아제국의 도시 권리와 혜택에 관한 헌장"[133]에서 도시에 사는 모든 사람은 조합을 구성해 똑같은 의무를 갖고 똑같은 행정부와 사법부에 따르도록 했다. 시장은 선출제였다(제31조). 도시는 두 개의 영지로 구분되었는데, 하나는 상인들의 소유와 다른 하나는 장인과 무역상들의 것이었다. 후자의 지위는 정부 농노와 비슷했다. 즉, 집단적으로 같은 의무를 수행하지만 돈을 충분히 모을 경우 상인계급으로 올라갈 수 있었다. 보유한 자본의 규모에 따라 지위가 결정되는 상인은 다양한 상업적 특권을 누렸다. 도시헌장은 이 두 계급 모두 동산과 부동산을 소유하고 남으로부터 간섭받지 않을 권리를 인정했다(제4조). 행정적 측면에서 볼 때 도시에 영지를 소유한 귀족들은 평민과 똑같이 취급되었지만 이들은 세금을 내거나 부역을 할 필요가 없었다(제13조). 도시는 공식적으로 자치가 인정되었지만 사실상 계속해서 정부의 감독하에 있었다.[134] 도시헌장의 첫 번째 조항은 황제가 승인한 계획에 의해서만 새로운 도시를 건설할 수 있음을 명시하고 있다.

곧 정부의 명령 없이는 누구도 도시문화를 마음대로 만들 수 없다는 게 분명해졌다. 러시아 도시들은 교역이 워낙 미미했기 때문에 발전속도가 매우 느렸다. 19세기 중반에 도시로 지정된 약 천 개의 지역 중 878개는 인구수가 만 명을 넘지 못했으며 인구가 15만 명 이상인 곳은 딱 두 곳밖에 없었다.[135] 세습 러시아 말기에 대부분의 도시 거주자는 일자리를 찾아 온 농민 부랑자와 실업자들이었다. 법적으로 도시 거주민의 지위가 없거나 안정적 일자리가 없는 시골사람들이 도시로 몰려들었다. 1900년경 러시아에서 가장 큰 도시인 성 페테스부르크와 모스크바는 주민의 약 ⅔가 임시거주 허가증을 받은 농민들이었다.[136]

18세기 중반 중농주의 이론으로부터 영감을 받은 법이 통과되면서 부동산 외의 자산에 대한 사적 소유도 인정받게 되었다. 그 결과 피터 1세부터 이어져온 제조와 무역에 대한 수많은 국가독점이 철폐되었다. 1762년 피터 3세는 그동안 왕실의 특권이었던 곡물거래를 포함해 무역에 대한 대부분의 규제를 없앴다. 1762년과 1775년에 예카테리나 2세는 무허가 제조업에 대한 금지를 해제하고 누구나 공장을 세울 수 있도록 허가했다. 이러한 조치들의 주요 수혜자는 드보리안이었다. 이들은 면세 지위와 농노를 이용해 제조업과 상업을 장악했다. 얼마지 않아 대부분의 공장은 귀족 영지나 근처 시골에 위치하게 되었다. 농노 역시 귀족의 새로운 경제적 자유로부터 혜택을 받았다. 지주가 더 많은 소작료를 받고 싶어서 이들에게 농업 이외의 다른 직업분야에 진출할 것을 장려했기 때문이다. 19세기 초반 소매업과 일부 산업분야는 농노의 차지가 되었다. 백만장자가 된 사람도 있었다. 법의 관점에서 볼 때 귀족에게 얽매인 기업인은 소유를 보증받지 못했다. 지주들이 그들의 자산을 몰수할 권리가 있었으며 실제로 그런 경우도 있었다.[137] 하지만 매우 드문 일이었다. 공업과 상업을 민영화함으로써 러시아에서 사적 소유가 촉진되고 강화되었다. 비록 도시에 사는 중산층 대신 지주와 농민이 주요 수혜자였지만 말이다.

세습정권 해체를 촉진한 또 다른 사건은 국가와 왕실의 소유를 구분하기로 한 결정이었다. 그동안 러시아에서 왕실의 소유와 국가의 소유는 동일한 것으로 여겨졌다. 세수입과 국가 소유지로부터 나온 소득은 군대나 왕궁 유지 등 황제의 필요에 따라 사용되었다. 봉건 정부의 특징인 이러한 시스템은 영국의 경우 헨리 8세가 통치하던 1530년에서 1542년 사이에 철폐되었다. 그리하여 왕실관리는 가신들 대신 국가관료들에게 넘겨졌다.[138] 폴란드의 경우 왕과 왕국의 수입은 1590년에 분리되었다.[139] 러시아에서 이 같은 분리는 200년이 더 지나서야 이루어졌다. 1797년 파벨 1세는 황실 영지를 우젤늬(Udely)라는 특별부서가 관리하도록 했다. 왕권을 승계받을 수 있는 자격을 가진 왕족들만 국가 소유지의 수입을 가져갈 수 있었으며 나머지 왕족들은 황실 영지에만 의존해야 했다.[140]

8. 농노해방

19세기 중반까지 러시아 농민은 크게 국가 농민과 지주 소유의 농노로 나뉘어져 있었다. 둘 다 모두 인두세를 냈으며 군대에 징집되었다. 국가에 운송수단과 가축의 사료를 제공하고 우편물을 전달하고 군대에 숙식을 제공하고 도로와 다리의 유지보수를 책임져야 했다.[141] 이들 중 어느 누구도 자신이 경작하는 토지를 소유하지 못했다. 국가 농민은 정부나 황실이 소유한 영지를 경작했으며 농노는 지주의 것을 담당했다. 두 집단 모두 규모는 비슷했다.

비슷한 의무가 많았지만 정부와 황실 소유의 영지에서 일하는 농민의 상황이 훨씬 나았다. 비록 사실상 정부의 농노이긴 했지만 지주와 집사들의 감시 속에 살아야 할 필요가 없었다. 게다가 황실에서 특별대우를 해주었다. 1800년 이후 서양에서 인기를 얻기 시작한 노예제 철폐운동의 영향을 받아 러시아의 엘리트 계층은 농노제가 곧 죽음을 맞이할 악이라고 여기기 시작했다. 하지만 동시에 농노제 폐지와 같은 급진적 개혁은 당장 일어나서는 안 된다고 생각했다. 농노제는 군주의 버팀목인 지주를 지탱해주므로 국가의 안전과 안정에 필수적 제도로 여겨졌다. 또 농노들은 자유를 받아들일 준비가 되어 있지 않다고 생각했다. 따라서 황제는 농노제 폐지 문제에 대한 논의를 무기한 연기하고 대신 정부와 황실에 속한 농민들의 생활을 개선하는 데 주력했다. 19세기 초반에 차르 정권은 점차 이들 농민의 시민권과 경제적 권리를 확대해나갔다. 1837년 니콜라스 황제는 국가재산부(Ministry of State Properties)를 신설해 파벨 키슬로프(Paul Kiselev) 백작에게 750만 명에 달하는 국가 농민의 지위를 개선하고 농노 소유주들이 따를 수 있는 모범사례를 만들도록 명령했다. 1850년 국가 농민은 토지를 매입하거나 물려받고 계약도 할 수 있게 되었다. 이들의 재산을 몰수하려면 반드시 사전에 법원의 판결이 필요했다.[142] 이 같은 조치는 1861년에 발표된 농노해방 칙령에 토대가 되었다. 그러나 국가와 황실에 속한 농민들이 경작한 토지는 1886년부터 소작료로 분할구입이 가능해지면서 비로소 그들의 소유가 되었다. 그때까지 이들은 어느 학자의 말을 빌리자면 "국가소유의 토지에 영원히 묶인 소작농"이었다.[143]

19세기 상반기 귀족 소유의 농노에 대한 차르의 태도에 변화가 일어났다. 알렉산드르 1세와 니콜라스 1세는 이들의 법적 지위와 경제적 지위를 개선하는 데 필요한 조치들을 단행했다. 모두 제한적 변화에 머물렀다. 과감한 개혁은 국가사회와 정치안정에 위협이 된다고 믿었기 때문이다. 하지만 추세는 이제 해방을 기정사실화하고 있었다.

알렉산드르 1세는 즉위 후 곧바로 귀족들에게 더 이상 국가 농민을 내주지 않겠다고 선언했다. 대규모로 국가 농민들을 귀족에게 주었던 아버지 파벨 1세와 할머니 예카테리나 2세와는 정반대의 조치를 취한 것이다. 그 결과 18세기 중반에 이미 하락하기 시작한 농노의 비중은 가파른 속도로 줄어들었다.[144] 1803년에 통과된 자유농민법은 지주로 하여금 농노에게 토지의 일부를 떼어 주고 이들을 해방시키도록 했다. 이를 따른 지주는 거의 없었지만 이 법은 두 가지 중요한 원칙을 세웠다. 먼저 농노는 땅과 함께 해방되어야 하며 농노가 지주에게 토지 값을 갚았다면 그 토지는 농노의 것이 되어야 한다는 것이었다.[145] 그 결과 1858년에 26만 8천 명 이상의 농민들이 110만 헥타르의 토지를 소유하게 되었다.[146]

1802년 알렉산드르는 법원 명령 없이 지주가 농노를 시베리아로 유배보내지 못하도록 금지했다. 1807년에는 중노동을 명령하지 못하도록 했다. 1808년엔 농노 경매를 법으로 금지했다. 또 다른 두 개의 법이 농노의 경제적 상황을 개선하는 데 많은 기여를 했다. 1812년 농노는 자신이 재배하거나 만든 것 이외에도 모든 종류의 상품을 거래할 수 있게 되었다. 1818년부터는 정부로부터 승인받을 경우 공장을 세울 수 있게 되었다. 마지막 조항은 농민의 산업활동을 자극했으며 특히 직물업의 번성을 가져왔다.

니콜라스 1세는 1848년 농노로 하여금 주인의 허락을 받고, 대신 자신의 이름으로 사람이 살지 않는 지역의 땅을 살 수 있도록 허용함으로써 농노의 경제적 권리를 더욱 확대했다. 이 같은 부동산은 농민의 개인적 자산으로 가족들과 공동으로 소유했던 가문의 재산과 구별되었다.[147] 니콜라스는 지주의 농노 처벌 권한을 대폭 규제했다.

사적인 자리에서 니콜라스는 여러 번 농노제 폐지의 뜻을 밝혔다. 1834년 그는 각료 중 한 사람에게 정부관료 중 어느 누구도 농노제를 선호하지 않으며 일부 왕족은 이를 전적으로 반대하고 있다고 말했다.[148] 하지만 그는 용기를 내지 못했다. 그를 가로막고 있었던 장애물은 지주와 관료들의 반대만이 아니었다. 상황은 훨씬 심각했다. 예카테리나가 발표한 1785년 귀족헌장은 농노가 경작하는 토지를 귀족의 소유로 인정했기 때문에 농노제 폐지에 큰 걸림돌이 되었다. 이는 자유의 주장을 강화시키는 데 장기적으로 긍정적이었지만 단기적으로는 정반대의 효과를 가져왔다. 니콜라스는 종종 지주의 토지가 그들에게 귀속되어 있다고 재확인했다.[149] 법도 마찬가지였다. 동시에 정부 내부에서는 토지 없이 농노를 해방시키는 것이 부당하며 사회적으로 위험하다는 생각이 지배적이었다. 니콜라스 1세 치하에서 국가 농민의 지위를 개혁하는 데 앞장섰던 키슬로프 백작은 1842년에 농노를 토지 없이 해방시키는 것만큼이나 지주의 영지를 농민에게 이전시키는 것 역시 위험하다고 주장했다.[150]

귀족 대표들이 참여한 기나긴 논쟁 끝에 1861년 2월 마침내 농노해방을 명령하는 칙령이 선포되었다. 도덕적 고려와 더불어 정치적 상황이 결정적 계기가 되었다. 러시아는 크리미아 전쟁에서 "부패한" 서양의 군대에게 자신의 땅에서 모욕적인 패배를 당했다. 지배계층 사이에서 국민 대부분의 아무런 법적, 경제적 권리도 없는, 귀족에게 예속된 신분으로 남아 있을 경우 러시아는 더 이상 열강이 될 수 없다는 위기의식이 싹트기 시작했다. 새로 차르가 된 알렉산드르 1세는 귀족들에게 농노제를 아래에서 폭동을 일으켜 해결하기보다는 위에서 평화적으로 해결하는 편이 낫다고 말했다(이 말은 그후 자주 인용되었다).

농노해방 칙령은 즉각적으로 드보리안에게서 농노에 대한 개인적 권한을 모두 박탈했다. 농노는 이제 법인(法人)이 되었으며 소송을 제기하거나 소송의 대상이 될 수 있게 되었다. 또 모든 종류의 재산을 축적하고 (1864년 이후로) 새로 생긴 지방자치위원회 선거에 참여할 수 있게 되었다. 그래도 시민의 권리는 제한되었다. 이제 지주들이 이전에 누렸던 농민에 대한 권한을 코뮌이 상당부분 물려받았다. 여기에는 농민의 이주를 제한하고 지방관습법에 따라 처벌할 수 있는 권한도 포함되었다. 농민이 국가에 대한 의무

– 피터 대제의 인두세와 지주가 농노에게 넘겨준 토지에 대해 정부가 상환해준 것에 대한 저당 사례금인 새로운 "상환보상금"(redemption payments) – 를 다하도록 하기 위해 취해진 조치였다. 코뮌은 공식적으로 지주를 대신해 국가의 대리인으로 인정받았다.

농노가 받은 땅(대략 농노제하에서 그들이 자경했던 영주의 땅의 일부분)은 개별 가정이 아닌 법인격 지위를 확보한 코뮌에게 주어졌다. 국가는 사적 소유에 대해 애매모호한 태도를 취했다. 어떤 관료는 토지를 당장 해방된 농노에게 팔아야 한다고 주장했다. 해방칙령의 초안을 작성한 위원회도 대부분 보다 효율적 생산을 촉진할 수 있는 이 방식을 선호했지만 이데올로기(코뮌을 숭배한 슬라브 지식인들의 영향으로 인해)와 현실적 이유 때문에 이들의 뜻은 좌절되었다.151) 결국 코뮌이 토지에 대한 소유권을 차지했다. 훨씬 안전한 방식으로 여겨졌기 때문이다. 하지만 해방된 농노가 정부에 진 빚을 다 갚으면 그 토지는 그들의 사적 소유가 된다는 가정이 깔려 있었다.

농노해방 칙령은 농민이 코뮌으로부터 나와 자신의 농장을 만들 수 있도록 허용했지만 승인과정이 워낙 복잡해 실제로 이 조항은 별로 도움이 되지 못했으며 1893년엔 결국 폐지되고 말았다. 농민은 때로는 혼자서, 대부분은 동업을 통해, 가난해진 지주로부터 토지를 매입할 수 있게 되었으며 실제로 토지를 사들인 경우도 있었다. 하지만 대부분은 코뮌의 소유이지 사적 소유가 아니어서 자식에게 물려주거나 남에게 팔 수 없었다. 대다수의 러시아인은 그 후로도 그 나라에서 가장 중요한 생산자산인 농지에 대해 사적 소유를 갖지 못했다.

러시아의 반(反)소유적 문화는 농민사회의 기본단위인 가정에서 가족들이 자산을 공동으로 소유했다는 사실로 더욱 강화되었다. 농민들은 토지, 가축, 도구 등에 대해 "내 것"이나 "우리 것"이라는 소유개념이 없었다. 농민에게 토지는 상품이 아니라 삶의 터전이었기 때문에 그들은 토지소유의 주체와 개체를 구분하지 않았다. 즉, 소유주와 소유대상을 구분하지 않았다. 이는 러시아만의 특징이 아니라 전 세계 모든 소작농들의 공통적 현상이었다. 이런 점에서 소작농과 농장주는 차이가 있다.[152] 러시아 가정의 우두머리 – 코이치아인(khoiziain) 혹은 볼셰크(bol'shak)라고 불렸다 – 가 자산(도구, 토지 등)의 명목상 주인이었지만 관례적으로 이는 모두 가족의 공동소유로 여겨졌다. 가정의 우두머리는 사실상 가족 재산의 소유주가 아니라 관리자였기 때문에 무능하거나 낭비할 경우 지위를 박탈당하기도 했다. 이 같은 관행은 러시아 법원으로부터 인정받았다.[153]

모든 경제적 환경은 러시아 소작농들을 사회적으로는 급진적이고 정치적으로는 보수적인 세력으로 만들었다. 이들은 모든 사유지를 정부가 몰수해 코뮌에게 나눠주기를 원했다는 점에서 사회적으로 혁명적이었다.[154] 하지만 차르를 러시아의 궁극적 주인으로 인정하고 차르에게 몰수와 배분의 권한을 부여했다는 점에서 정치적으로는 보수적이었다. 자신이 원하는 것을 약속했던 사회주의 혁명가와 볼셰비키 선동에 귀를 기울였지만, 정치적으로는 반민주적이었으며 정부가 "강력한 힘"을 갖기를 원했다. 진보주의자와 민주주의자들이 토지 재분배를 반대했다고 믿었기 때문에 그들을 의심의 눈으로 보았다. 결국 농민은 러시아의 민주화에 커다란 걸림돌이 되었다.

9. 화폐경제의 탄생

러시아에서 토지의 사적 소유는 18세기 후반에 등장한 반면 산업과 상업자본은 1세기나 더 지나서야 본격적 논쟁이 시작되었다. 비농업 재산가는 무스코비 왕조 시절에도 존재했지만 신용제도가 없었기 때문에 진정한 의미에서 자본주의는 존재하지 않았다.[155] 1860년대 이전까지 러시아에는 민영은행이 없었다. 대개 토지를 담보로 한 소규모의 대출과 외국인이 운영하는 소수의 은행제도를 제외하고 신용업무는 거의 국가기관이 독점했다. 대표적 예로 드보리안에게 저당대출을 해주는 귀족은행(Noble Bank)과 상인에게 정부 신용을 제공하는 상업은행(Commercial Bank)이 있었다. 차르 시대 정부는, 특히 니콜라스 1세의 경우 사회불안이 두려워 산업발전과 철도의 발달을 억제했다.

크리미아 전쟁은 농노제뿐만 아니라 자본에 대한 태도도 바꾸어 놓았다. 알렉산드르 2세와 알렉산드르 3세는 근대상황에서 열강이 되려면 경제발전이 필요하다는 사실을 깨닫고 은행, 공업, 철도건설을 적극 추진했다. 1864년 이후 상업은행들은 급속도로 성장했다. 1897년 금본위제를 채택해 루블화를 금으로 바꿀 수 있도록 한 후 외국인 투자와 금융기업의 설립이 촉진되었다. 1890년대는 사상 유례없는 산업 성장의 시기였다. 당시 러시아의 경제성장률은 세계 최고였던 것으로 추정된다. 1892년에서 1914년까지 러시아 기업에 투자된 자본 중 약 절반 정도가 외국, 특히 프랑스에서 들어온 것이었다.[156]

당시 재무장관을 지낸 뒤 총리가 된 세르게이 위테(Sergei Witte)가 산업발전을 주도했다. 그는 경제적으로 독립하지 못한 국가는 열강이 될 수 없으며 근대세계에서 경제적 독립이란 집약적 산업화를 의미한다고 믿었다. 차르는 이 견해를 받아들였지만 근심이 없었던 게 아니었다. 차르의 입장에서 볼 때 자본주의적 발전은 역효과가 있었기 때문이다. 이윤과 자신의 투자의 안전성에 주로 관심이 있는 국내외 투자가들은 러시아 국민들의 삶에 점점 더 큰 영향력을 갖게 되었고 이는 전제주의적 정부와 관료들에게 위협이 되었다. 투자가들은 안정을 원했다. 이들의 관점에서 안정이란 대의적 정부와 시민권, 법치를 의미했다. 근대경제는 차르 정권에게 세계 열강의 지위를 포기할 것인지, 아니면 국내에서 권한을 축소할 것인지 양자택일을 요구했다. 차르는 마지못해 두 번째 대안을 선택했다.

20세기 초에 차르 정부는 사적 소유원칙을 굳게 맹세했다. 한때 사적 소유가 국가권력과 사회질서에 위협이 된다고 믿었지만 19세기 후반에 혁명운동이 일어나자 오히려 사적 소유는 안정을 보장해주는 제도로 인식되었다.

이반 고레미킨(Ivan Goremykin)은 구(舊)학파의 관료이자 완고한 왕정복고주의자로, 1906년 러시아 최초의 의회인 듀마에서 행한 연설에서 사적 소유를 두둔하고 진보세력인 헌법민주당이 대규모 영지의 강제몰수를 주장하며 제안한 토지개혁법을 거부했다. 고레미킨의 말을 들어보자.

"정부"는 일부에는 토지의 소유권을 인정하면서 동시에 다른 사람에게는 이를 거부할 수 없다. 또 토지의 사적 소유권을 파기하면 동시에 모든 다른 형태의 소유를 파기하게 된다. 소유가 양도할 수 없으며 침해할 수 없는 권리라는 원칙은 전 세계적으로, 사회발전의 모든 단계에서, 사람들의 복지와 사회의 진보에 핵심적 역할을 하고 있다. 사적 소유는 국가의 토대로, 사적 소유가 없다면 국가라는 존재조차 도저히 있을 수 없다.[157]

고레미킨은 그의 군주인 니콜라스 2세의 생각을 그대로 얘기했을 뿐이다. 니콜라스 2세는 토지를 개인 소유주에게서 소작농에게 강제로 이전시키자는 각료들의 제안도 "사적 소유는 침해할 수 없는 것"이라며 이를 거부했다.[158]

고레미킨의 후임으로 1906년에서 1911년까지 러시아의 총리를 역임했던 피터 스톨리핀(Peter Stolypin)은 농지를 사유화할 경우 보수적 농민계급이 생겨나 급진적 선동가들의 세력을 약화시킬 수 있을 거라고 생각했다. 1907년 그는 긴급조치로 소작농이 코뮌의 토지에 대해 소유권을 행사하고 코뮌으로부터 탈퇴할 수 있도록 하는 내용의 법안을 통과시켰다. 그러나 대규모의 독립농 계층을 양성하려는 그의 희망은 좌절되고 말았다. 정부의 새로운 정책으로부터 혜택을 받은 대다수의 농민들이 워낙 영세하고 가난해 생계유지조차 힘든 상황이어서 소유권을 얻자마자 토지를 팔아치웠기 때문이다. 스톨리핀 법을 통해 생겨난 농장들은 코뮌 농민들 – 러시아 지방 인구 중 약 8할을 차지함 – 에게 공동소유를 빼앗아간 도둑에 지나지 않았다. 1917~1918년에 이들은 농장 소유주에게 그들의 토지를 포기하고 코뮌에 다시 들어오도록 강요했다. 또 소작농들은 개인과 민간협회가 소유한 토지를 몰수해 코뮌의 감독을 받도록 했다. 1928년 "집단화"가 이루어지기 직전 러시아 농지의 99%는 코뮌의 소유였다. 결국 러시아에서 사유토지는 아주 잠깐동안 존재했다가 다시 사라지고 말았다.

러시아가 일본과의 전쟁에서 패배하고 농민들의 불만이 고조되고 진보적 엘리트들이 입헌정치를 요구하면서 차르 정권에 대한 압박이 극에 달하자 1905~1906년에 제한된 형태의 정치적 민주주의가 생겨났다. 정부는 정치적 양보를 끝까지 거부하려고 했다. 권력을 내주는 것도 싫었지만 러시아에서 민주주의가 시행될 경우 법과 질서가 무너질 거라고 믿었기 때문이다. 1905년 10월 진보주의자들이 주도한 총파업의 위협에 직면한 정부는 마침내 이들의 요구를 받아들여 헌법과 의회를 허용하고 국민에게 시민의 기본권을 보장하기로 약속했다. 하지만 이러한 정치적 양보만으로 러시아는 평화를 되찾지 못했다. 급진파와 진보파를 포함해 모든 지식층이 더 많은 권한을 요구한 반면 차르는 질서를 되찾자마자 정치적 양보를 후회하면서 새로운 헌법적 질서를 방해하기 위해 최선을 다했기 때문이다. 이들의 적대관계는 군사적 재앙과 국내 정권의 무능함으로 제1차 세계대전 동안 더욱 악화되었다. 마침내 어떤 다른 교전국과 달리 전쟁노력이 방해를 받아 결국 차르 정권은 몰락하고 말았다.

10. 결론

러시아의 역사기록은 사적 소유가 자유의 필요조건이긴 하지만 충분조건은 아니라는 사실을 증명하고 있다. 차르 정권은 마지막 150년 동안 처음엔 토지에 대해, 나중엔 자본에 대해 소유권을 철저하게 지켰다. 러시아 명문귀족 중 일부가 가담한 12월 당원(Decembrist)은 1825년 황제에 대해 반란을 일으켰다가 사형되거나 추방되었지만 이들의 영지는 과거와 달리 몰수되지 않았다. 덕분에 알렉산드르 헤르젠(Alexander Herzen)은 서유럽으로 망명해 계속해서 차르 정권을 비난하는 글을 발표했지만 유럽 은행을 통해 러시아에 있는 자신의 영지로부터 상당한 수입을 송금받을 수 있었다. 레닌의 형제 중 일부는 차르를 시해하려다가 사형을 당하고 일부는 투옥되어 추방당하기도 했지만 그의 모친은 죽을 때까지 정부관료의 미망인으로서 연금을 받았다.

차르 정권은 19세기와 20세기 초에 국민들의 소유권은 존중했지만 시민권에 대해선 별로 관심이 없었으며 정치적 권리는 아예 인정하지 않았다. 1861년 해방될 때까지 농노들은 일종의 동산(動産)으로 지주가 마음대로 채찍으로 처벌하거나 시베리아에 강제노역을 보내거나 평생 군대에 복역하도록 할 수 있었다. 귀족을 포함해 다른 계층은 행정적 절차에 따라 정치적 범죄가 의심될 경우 체포되어 자유를 박탈당할 수 있었다(이는 1785년 귀족헌장에 위배된다). 사회는 증가하는 경제적 능력을 개인의 자유를 보장하는 안전장치로 활용하지 못했다. 모든 정치적, 행정적 수단이 전제군주의 손에 있었기 때문이다.

정치적 자유와 시민권이 1905~1906년 마침내 러시아에서 인정받게 된 계기는 소유와 법을 통해 행사하는 국민의 권력이 자연스럽게 왕권을 추월했기 때문이 아니라 군주가 예상되는 혁명을 필사적으로 좌절시키려고 했기 때문이었다. 결국 10년 후 혁명이 일어나자 소유와 함께 모든 자유와 권리는 공중분해되었는데 워낙 기반이 약했기 때문이다. 러시아의 경험은 자유란 법만으로 보장되는 것이 아님을 시사한다. 자유는 소유와 법과의 긴밀한 관계 속에서 서서히 성장해야 한다. 취득성은 인간의 본능이지만 다른 사람의 소유와 자유에 대한 존중은 그렇지 않기 때문이다. 자유란 사람들의 의식 속에 깊이 뿌리 내려 이를 무너뜨리려는 모든 노력을 견뎌낼 수 있을 때까지 계속해서 강화해야만 한다.

제5장

20세기의 소유

사적 소유는 한때 정부의 권력에 방해물로 여겨졌다. 하지만 오늘날 이 방해물은 거의 아무런 노력 없이 제거할 수 있다.…현대법에서는 사적 소유제도가 정부활동의 규모와 방향을 거의 제약하지 못하며 이는 현대 복지국가의 특징이다.

– 리처드 엡스타인(Richard A. Epstein)[1]

우리가 필요한 것은 복지국가를 위한 헌법이다.

– 찰스 라히(Charles A. Reich)[2]

인류역사에서 20세기는 경제적, 정치적 이유로 사적 소유제도에 대해 가장 비우호적인 태도를 보인 시기였다.

소유를 재화는 물론 삶과 자유에 대한 권리에 이르기까지 포괄적 의미로 정의하는 시각은 17세기에 등장해 18세기 영어권 국가에서 보편화되었다. 당시 대부분의 영어권 사람들은 경제적으로 독립적이었으며 자기 농장이나 가게, 공장에서 일을 해 돈을 벌었다. 소유를 소유주가 없는 물체에 개인의 노동을 적용한 대가로 받는 보상으로 규정한 로크의 접근방식은 당시 그가 살던 영국의 상황을 정확히 반영했다. 마찬가지로 농지를 소유한 자작농 계층의 노동과 충성을 토대로 한 국가라는 제퍼슨의 이상 역시 당시 미국의 현실을 반영했다. 미국 백인 중 80% 이상이 자기 소유의 농장에서 살고 있었다. 하지만 이러한 상황은 오래 가지 않았다. 19세기에 들어서면서 변화하기 시작해 20세기엔 아예 추억 속으로 사라지고 말았다. 대규모 자본주의 농업이 발달하고 제조업과 기업이 성장하면서 자영업자가 계속해서 감소하고 임금노동자는 빠르게 증가했다. 임금노동자는 생산적 자산에 접근하지 못했다. 일자리가 보장된 게 아니므로 임금은 그의 소유가 될 수 없었다. 자본주의적 생산방식에 의해 형성된 거대한 부와 사회불안에 대한 두려움이 합쳐져 근대민주국가들은 실업수당, 노인연금 등 수많은 "권원"(entitlements)의 형태로 복지정책을 실시했다. 일부 학자들은 이러한 수당이 사적 소유의 쇠퇴를 상쇄하고 있다고 주장한다. 즉, 이는 권리로서 "소유"를 의미한다는 것이다.[3] 그렇다 하더라도 이는 양도가능한 자산이 아니라는 점에서 진정한 소유라기보다는 봉건시대의 조건적 점유에 더 가깝다.

근대세계는 소유권뿐만 아니라 이와 역사적으로 연관된 자유 역시 제한되는 상황을 경험했다. 두 번의 세계대전과 그 중간에 있었던 대공황으로 발생한 사회적 혼란을 틈타 세계의 많은 곳에서, 특히 유럽에서 선동가들이 사회주의 슬로건을 내세우며 사유재산을 국가가 몰수하거나 국가에 귀속시켜야 한다고 주장했다. 이들이 성공을 거둔 나라에서 국민들은 경제적 생존의 상당부분을 통치자의 의지에 의존했다. 공산주의 러시아와 중국은 물론 국가사회당(나치) 집권하의 독일이 대표적 예이며 그 외에도 세계적으로 많은 국가에서 이를 모방했다. 그 결과 사상 유례없는 대규모의 학살과 자유의 박탈이 뒤따랐다. 대량학살은 "잘못된" 사회집단이나 인종, 민족으로 지정된 사람은 모두 "없애버려야" 한다는 새로운 종류의 정치적 논리로 정당화되었다.

소유권의 침해와 대량학살이 동시에 일어난 것은 단순한 우연의 일치가 아니다. 앞서 강조했듯이 인간이란 존재, 인간이 하는 것, 그리고 소유하는 것은 전체를 이루는 부분으로 사적 소유에 대한 공격은 그의 인격과 삶의 권리에 대한 침해와 똑같은 것이다.

민주적 사회복지 정책 역시 아무리 의도가 좋더라도 자유와 소유를 침해했다. 공산주의처럼 분명히 드러나거나 폭력적이지는 않았지만 장기적으로 지속될 경우 공산주의만큼이나 위험할 수 있다.

1. 공산주의

민주주의와 마찬가지로 전체주의 역시 이상이다. 흉악하고 파괴적인 것이지만 그래도 목적이 워낙 야심차서 절대로 완전히 실현할 수 없다는 의미에서 이상임이 분명하다. 민주주의는 정부가 국민의 지배를 받고 법에 순종하도록 요구하지만 실제로 민주적 정권은 법을 자신에게 이롭게 만들고 고칠 수 있는 방법을 고안한 엘리트에 의해 좌우된다. 전체주의는 민주주의와 정반대를 원한다. 사회를 분해해 이에 대한 완벽한 통제권을 가지려고 애쓰며 사회가 원하는 것에 전혀 관심을 기울이지 않고 정부의 의지보다 우위에 있는 그 어떤 법도 인정하지 않는다. 그러나 현실은 그렇지 않다. 아무리 극단적인 전체주의 정권이라 하더라도, 심지어 스탈린마저도 대중의 의견을 완전히 무시하고 시민의 삶을 모든 면에서 통제하지 못했다.

전체주의의 궁극적 목적은 모든 공적 권한을 독단적이고 자기 영속적인 소수의 엘리트 집단에 집중시키는 데 있다. 이들은 스스로를 "당"이라고 부르지만 오직 자신의 지도자와 서로에게만 충성을 바친다. 이러한 목적은 상황에 따라 국가의 경제자원에 대해 직·간접적 통제권을 행사하는 것을 전제로 한다. 그 성격상 국가권한을 제한하는 소유는 아예 철폐되거나 지배계층에게 만족스러운 서비스를 조건으로 하는 점유로 변형된다.

전체주의 정권 가운데 소비에트연방이 소유가 없는 사회라는 공산주의적 이상을 실현하는 데 가장 가까이 갔다. 1917년 10월 정권을 잡은 레닌과 그의 동료들은 소유와 법이 경제적 삶에서 어떤 기능을 하는지 전혀 알지 못했다. 사회주의 저서에서 배운 내용이라고는 소유와 법이 정치적 권력과 사회적 착취의 근간을 제공한다는 것이었다. 유토피아적 사상과 마르크스와 엥겔스의 이론에 고무되고, 전시(戰時) 유럽, 특히 독일제국의 준사회화된 경제 성공에 감명을 받은 볼셰비키당은 일시에 시민의 사유재산을 몰수하기 시작했다. 처음엔 귀족, 교회, 부르주아 계층이 대상이었으며, 나중엔 모든 국민에게 확대되었다.[4] 1917년 10월 볼셰비키는 자신의 쿠데타에 정당성을 부여하기 위해 제2회 전(全) 러시아-소비에트 대회에서 칙령을 통과시켜 토지에 대한 사적 소유를 철폐했다. 레닌이 초안을 작성한 이 칙령은 모든 토지를 "사회화했다." 비록 아직까지 불안했던 볼셰비키 정권이 소작농을 자극하지 않기 위해 농부들이 코뮌을 통해 토지를 소유하는 것을 한동안 예외로 인정했지만 말이다. 하지만 1918년 여름에 사유토지에 대한 공격이 본격적으로 진행되면서 정부는 폭력을 동원해 코뮌 농민들로부터 정부가 "잉여"로 지정한 곡물과 같은 농산물을 압수하기 시작했다. 쿨라크(kulak) – 공식적으로는 노동자를 고용한 소작농을 의미하지만 실제적으로 볼셰비키당에 적극적으로 저항한 모든 농촌 거주자를 뜻함 – 의 경우 수확된 곡물은 모두 몰수당했으며 저항하는 농민에게 본때를 보여줄 목적으로 일부 소작농은 레닌의 명령에 의해 수백 명씩 공개처형되기도 했다. 곡물을 비롯한 농산물의 교역은 법으로 금지되었다. 농노제에서조차 상상할 수 없었던 이 같은 조치는 러시아 역사상 가장 끔찍한 내전을 초래했다. 수십만 명의 붉은 군대 군인들이 수십만 명의 농민과 맞서 치열한 전투를 벌였다.[5]

레닌은 광적으로, 조금의 망설임도 없이 매우 냉혹하게, 사유재산 몰수를 추진했다. 파리 코뮌을 분석하면서 이전의 모든 사회적 혁명이 중도에서 멈추는 바람에 실패하고 말았다는 마르크스의 해석을 굳게 믿었기 때문이다. 1917년에서 1920년 사이에 코뮌 소유의 토지와 사소한 개인 소유물을 제외하고 모든 형태의 사유재산은 국유화되었다. 소매와 도매상 모두 국가가 독점했다. 도시의 부동산은 정부에 몰수되었다. 레닌은 토지, 부동산, 공장 등에 대한 모든 소유 증명서를 무효화시켰다.[6] 1918년 6월 모든 대형 산업시설이 국가 소유가 되었다. 2년 후 영세한 장인(匠人)의 작업실을 포함해 모든 중소 공장들이 같은 운명을 겪었다. 모든 제조업 시설은 최고국민경제회의의 감독을 받게 되었다. 이 위원회의 목적은 비농업분야를 위해 단일 경제계획을 수립하고 시행하는 것이었다. 1920년 민간은행이 청산되고 단 하나의 국가가 소유하고 경영하는 "인민은행"으로 대체되었다. 무제한으로 지폐를 발행함으로써 기존 화폐는 사실상 휴지조각이 되었다. 1923년 물가는 차르시대와 비교해 1억 배나 뛰었고 화폐는 거의 모든 가치를 상실했다. 이 의도적 인플레이션은 러시아인들이 은행이나 집에 저축해 두었던 수십억 달러 가치의 루블화를 사실상 쓸모 없게 만들었다.

소비에트 러시아에 공산주의 경제제도를 도입하려는 이 모든 야심 찬 노력은 실패로 끝나고 말았다. 그 증거는 충분히 많다. 1920년 산업생산은 1913년과 비교해 82%나 하락했다. 곡물생산은 약 40%나 줄어들었고 기근이 우려될 정도였다. 정치경찰의 야만적 단속에도 불구하고 농산물과 공산품을 거래하는 암시장이 생겨나 번성하기 시작했다. 만약 암시장이 없었다면 1918~1920년에 러시아에 사는 도시민은 모두 굶어 죽었을 것이다. 하루에 2온스 정도의 빵을 지급하는 정부의 배급조차도 일부 사람에게만 돌아갔다.

그럼에도 불구하고 볼셰비키는 후에 "전시 공산주의"(War Communism)라 부르는 이 같은 치명적 경제정책을 계속 고집했는데, 가장 광적인 사람들을 제외한 모두에게 도산이 불 보듯 뻔한데도 불구하고 그렇게 했다. 이 정책을 고수한 데에는 두 가지 이유가 있었다. 이들은 개인의 영리에 따라 작동하는 자본주의제도가 본질적으로 비효율적이며 중앙에서 운영하는 계획경제가 비교할 수 없을 정도로 훨씬 생산적이라고 진심으로 믿었다. 둘째, 이들은 사적 소유를 정치적 권한과 연결시켰다. 아무리 작은 부라도 개인에게 허용할 경우 사람들이 국가통제를 벗어나 반대세력을 조직할지도 모른다는 두려움이 있었다. 따라서 이들에게 정치권력에 대한 독점은 경제적 생산성보다 더 중요했다. 국가의 자원을 완전히 소유함으로써 그들은 자신의 권력을 강화하는 데 가장 필요한 부분으로 자원을 전용시킬 수 있었다.

하지만 1921년 초에 공산당 지도부는 결국 후퇴하고 말았다. 전국적인 농민반란에 붉은 군대의 폭동과 페트로그라드 공장의 파업까지 겹쳤다. 소비재 생산은 최저 수준으로 감소했다. 온 나라가 소요에 휩싸였다. 볼셰비키의 독재를 강화하기 위해 도입된 경제운영방식이 이제 정권에 위협이 되었다. 현실주의자였던 레닌은 임시로 제한적 후퇴를 결정했다. 1921년에 실시된 신경제정책(New Economic Policy)은 주로 농업에 영향을 미쳤다. 농민은 이제 자신이 생산한 농산물에 대해 소유권을 인정받았으며 "잉여"농산물을 무제한 국가에 바치는 대신 일정 액수의 세금을 내야 했다. 국가에 대한 의무를 다한 뒤 남는 것은 마음대로 시장에서 팔 수 있게 되었다. 이러한 조치는 즉각 농촌지역에 평화를 되찾아주었다. 정부가 농산물을 임의로 압수하지 않겠다고 약속하자 농민들은 경작지를 늘려갔고 1928년에 러시아의 곡물생산량은 1914년 이전 수준을 되찾았다. 그러나 이러한 방향전환은 역사상 최악의 기근을 피하기엔 너무 늦었다. 심각한 가뭄이 발생해 생산이 감소하고 종자가 부족해지자 1921~1922년에 5백만 명 이상이 굶어죽는 사상초유의 사태가 발생했다.

한편 신경제정책은 상업과 제조업에 대한 국가의 통제를 완화했다. 정부는 도소매와 수출, 중공업과 은행, 운송 – 이른바 경제의 "사령탑"이라 불리는 분야 – 등에 대해서는 독점을 유지했다. 그러나 소비재분야는 양보했다. 이윤이 나지 않는 기업은 개인에게 임대해주었고 마음대로 노동자를 고용할 수 있도록 허용했다. 화폐가 없는 경제라는 이상을 포기한 채 금본위제를 토대로 한 새롭고 안정된 루블화가 유통되기 시작했다.

이러한 조치는 러시아는 물론 해외에서도 많은 사람들에게 소련의 지도자들이 공산주의를 포기했다는 희망을 불러일으켰다. 프랑스혁명 역사를 떠올리며 낙관주의자들은 공산주의 "테르미도르"(Thermidor)를 얘기했다. 테르미도르란 프랑스 혁명력의 열월(熱月, 1794년 7월~8월)을 가리키는 용어로 당시 자코뱅당이 전복된 후 프랑스는 "부르주아"식 안정을 향한 느린 발전을 선택했다. 하지만 이 같은 역사적 유추는 적절하지 않다는 게 증명되었으며 그로 인한 희망은 깨지고 말았다. 프랑스에서 자코뱅당은 정권을 잃고 모두 형장의 이슬로 사라졌지만 러시아의 공산당은 여전히 전권을 장악하고 있었다. 이들은 자본주의에 대한 양보를 임시적 조치로 여겼으며 상황이 허락하면 언제든 철회할 생각이었다.

"사회주의자의 공격"은 스탈린이 정적을 숙청하는 데 성공하고 난 뒤 1928년에 재개되었다. 주요 무기는 집단농장이었다. 농촌의 번영은 공산당의 불안을 고조시켰다. 소련 인구의 75~80%가 사는 농촌은 처음부터 공산당이 상대하기 힘들었던 데다가 자칫하면 그나마 있던 권력조차 잃을 수 있었기 때문이었다. 레닌이 처음 제안한 집단농장정책은 모든 농지를 국유화시켰다. 이전까지 가족단위로 경작했던 코뮌의 농지 역시 통합되어 국가의 관리하에 놓여졌다. 소작농은 이제 화폐와 생산물로 보수를 받는 노동자가 되었다. 모든 수확량은 국가의 자산이 되었다. 유일하게 집단농장 소작농에게 소유가 허락된 땅은 농가 옆에 있는 작은 정원 정도였다. 이곳에서 과일과 야채를 재배하고 닭이나 가축을 길러 자신이 소비하거나 국가가 규제하는 집단농장 시장에 내다팔 수 있었다. 정치적으로 믿을 수 없고 토지와 가축의 몰수에 적극적으로 대항한 소작농들은 수백만 명이나 강제

노동수용소로 보내졌으며 대부분은 거기서 생을 마쳤다. 이는 세계 역사상 유례없는 재앙이었다. 이전까지 어느 정부도 그처럼 대규모로 국민의 목숨과 재산을 빼앗지 못했다. 그 후로 지금까지도 마찬가지다. 신경제정책시대의 모든 민간 가게와 공장시설 역시 국유화되었고 그것들의 소유주들은 다수가 강제노동수용소로 추방되었다.

대규모 몰수가 완료되었을 때 공식발표에 따르면 정부 소유는 전체 국민소득의 99.3%를 차지했다.[7] 정부가 자원을 통제하기 시작하면서 군비확장을 중심으로 한 대규모 긴급계획이 가능해졌다. 국방예산은 전체 국민총생산의 25%에 이르렀으며 대부분의 산업은 직간접적으로 군대를 위해 일했다.

사적 소유의 폐지는 일당독재체제를 더욱 안전하게 해주었다. 기본적으로 모든 소련사람들은 정부를 위해 일했다. 제2차 세계대전 이후 강제로 소비에트연방에 편입되거나 자발적으로 공산주의를 채택한 다른 나라도 마찬가지였다. 반정부 활동에 가담하거나 심지어 충성이 의심스러운 사람은 유일한 고용주인 국가가 당장 해고하거나 강등할 수 있었다. 직계가족까지도 이에 포함되었다. 따라서 살아남기 위해서는 국가에 협조해야 했다. 인명에 대해 무제한적 권한을 부여받은 정치경찰과 더불어 자원과 고용의 독점은 전체주의적 체제를 가능하게 해주었다. 또 그 덕분에 군사력이 막강해져 소련은 국경을 넘어온 독일군을 무찌르고 후에는 전쟁 당시 우방이었던 국가들을 공갈 협박할 수 있었다.

하지만 이 모든 것은 엄청난 비용이 뒤따랐으며 결국 소련을 파멸로 이끌었다. 소련정권은 상대적으로 수월하게 공개적인 정치적 저항을 무력화시킬 수 있었다. 소수의 영웅적 반체제 인사를 제외하고 대부분의 국민은 어쨌든 겉으로는 순응했다. 그 대가는 국가적 생명력의 타락이었다. 범죄활동을 제외한 모든 개인의 시도는 그에 상응하는 보답을 받지 못했다. 그 결과 대부분의 사람들은 일종의 집단적 무기력증에 빠졌다. 윌리엄 제임스

(William James)에 따르면 "[소유를 잃을 경우] 모두 자아의 상실을 느끼며 우리 자신을 아무것도 아닌 것으로 여기게 된다." 소련경제의 생산성은 제2차 세계대전 후 잠시 활기를 찾았다가 계속해서 하락했다. 오직 성장세를 유지한 분야는 유일하게 민영농장뿐이었다. 집단농장 가정에게 배당된 3천 3백만 필지의 사유토지는 평균 0.6에이커 정도로 전체 농지의 약 1.5%밖에 되지 않았지만 전후 식량생산의 약 ⅓을 담당했다. 1979년엔 육류, 채소, 우유의 30%, 계란의 33%를, 감자의 59%를 차지했다.[8] 스탈린이 죽고 난 후 민영농장과 국영농장을 결합시키기 위한 다양한 실험이 시도되었지만 결국 모두 실패하고 말았다. 그로 인해 지방관료들이 자신의 특권을 잃게 될까 봐 맹렬히 반대했기 때문이다.

중앙계획경제는 기술의 발전속도에 따라가지 못했다. 특히 컴퓨터는 너무나 뒤처졌다. 서방세계에서 컴퓨터는 정보의 저장, 분석, 흐름에 혁명을 가져다 주었다. 하지만 소련의 지도층은 이러한 기술혁명이 전쟁에 미치는 영향력을 미처 알지 못했다. 소련군과 동맹군이 계속해서 서방과의 무기개발 경쟁에서 패배한 후에야 비로소 그 중요성을 깨달았다. 1980년대에 무기의 질과 사용에서 소련이 잠재적 적국을 따라잡을 수 있을 가능성은 희박해 보이기 시작했다. 군사적, 국제적 이유로 군사력을 지나칠 정도로 중요시했던 소련정부에게 이 같은 상황은 도저히 참을 수 없는 일이었다. 결국 가장 반동적 세력들 중 일부가 – 그 중에는 군장성들도 포함되어 있었다 – 경제개혁 프로그램에 동의했다. 경제개혁이 어느 정도의 정치적 개혁 없이는 불가능하다는 사실이 분명해지자 이들은 정치개혁도 단행했다. 곧 공산주의제도는 하나의 몸체로 부분적 개혁이 불가능하다는 게 밝혀졌다. 결국 지금까지도 놀랄 만한 빠른 속도로 해체되고 말았다.

1991년 말 소련이 붕괴한 이유는 수없이 많다. 이는 세계사에서 찾아보기 힘든 일이었다. 평화시에, 단 몇 주 만에 제국이 해체된 것이다. 하지만 만약 주요한 이유가 있다면 – 그렇게 믿을 만한 근거는 충분히 있다 – 그것은 바로 흔들리는 경제 때문이었다. 이런 맥락에서 볼 때 사적 소유의 부재가 아마도 결정적 요인이었다고 해도 과언은 아닐 것이다. 사적 소유의 부재는 두 가지 면에서 경제성과에 영향을 미쳤다. 시민들은 최소한만 생산해도 기본적 욕구가 보장되었기 때문에 그 이상을 생산해야 할 유인이 부족했다. 더 많이 생산해도 상당한 보상을 받지 못했고 오히려 생산목표가 늘어나 일만 더 힘들어졌다. 그래도 이를 무시하고 기업가 정신을 발휘하려는 사람은 모든 개인사업을 통제하려는 관료들과 충돌했다. 따라서 모든 경제적 자원이 국가에 집중되어 있음으로써 국민의 직업윤리가 무너지고 혁신이 금지되었다. 볼셰비키가 한때 기대했던 것처럼 공산주의 경제는 세계에서 가장 효율적인 체제로 발전하지 못했다. 오히려 생산자원의 국가독점은 경제를 말라 비틀었다. 소련정권은 빈혈로 쓰러졌다. 사적 소유의 철폐는 광적인 열정 속에서 추진되었으며 지배 엘리트층의 개인적 이해로 더욱 완벽하게 이루어졌다. 이는 결국 진보의 핵심 원동력인 개성을 고사시켰다. 이러한 결과가 불가피하다는 사실은 공산주의가 시도되기 훨씬 이전부터 이미 예상되었다. 18세기 말 데이비드 흄은 "완벽한 평등"을 이루려는 시도의 결과를 다음과 같이 예측했다.

> 소유를 평등하게 만든다 하더라도 사람마다 기술, 관심, 근면함이 다르기 때문에 그 평등은 곧 무너지고 말 것이다. 이러한 미덕마저 통제할 경우 사회는 가장 극단적인 곤궁에 처하게 된다. 소수의 가난과 구걸을 없애기는커녕 사회 전체가 이를 피할 수 없게 된다.[9]

보수 공산주의자들의 반란이 실패한 후 1991년 하반기에 거대한 관료조직이 힘없이 무너지자 러시아의 새 지도층은 민영화를 추진했다. 해방된 일부 동부유럽 국가 역시 마찬가지였다. 중앙계획경제에서 시장경제로의 전환은 너무나 힘든 일이었다. 사람들은 민간기업을 운영해 본 적이 없었고 과거 공산주의 엘리트층은 쉬지 않고 국가자산을 함부로 유용했다. 게다가 공산주의체제의 붕괴는 국민의 기본욕구를 100% 보장해주었던 복지제도의 완전한 해체를 가져와 시민들은 경쟁적 이해가 난무하는 세계에서 스스로 살아가야 했다. 소련 인구의 약 ⅓ 정도가 – 대부분이 노인들로 기술도 없고 교육도 받지 못한 사람들이었다 – 극도로 고통을 겪었다.[10] 그래도 민영화는 급속도로 진행되었고 1990년대 중반에 러시아 국내총생산의 약 ⅔에서 ¾ 정도를 민간부문에서 차지했다. 이 역시 다른 어느 나라와 비교할 수 없을 정도로 광범위했다. 1996년 대통령 선거 결과는 대다수의 러시아인들이 공산주의와 사적 소유의 거부를 반대하고 있음을 증명해주었다. 사실 그처럼 오랫동안 기본적인 소유본능을 억누름으로써 공산주의 국가들은 소유욕망의 폭발을 매우 극적으로 경험해야 했다.

인류역사상 사적 소유를 없애려는 가장 과감한 시도는 이렇게 재앙으로 끝나고 말았다. 적어도 그 기억이 사라지지 않는 한 이 같은 일은 반복되지 않을 것이다.

2. 파시즘과 민족적 사회주의

공산주의 선동가들은 제1차 세계대전과 제2차 세계대전 사이에 유럽에서 우후죽순처럼 생겨난 민족주의적, 반공산주의 전체주의 정권들과의 차별화를 위해 – 그럼에도 불구하고 공통점이 대단히 많았으며 종종 지지계층도 같았다 – 공산주의를 반대하는 모든 정권을 "파시즘"으로 재규정했다. 특히 무솔리니의 이탈리아와 히틀러의 독일을 의미했으나 필요할 경우 미국을 비롯한 민주주의 국가도 파시즘으로 몰아세웠다. 공산주의자가 아니거나 공산주의에 동조하지 않는 어떤 개인이나 집단, 정부는 모두 사실상, 혹은 잠재적으로 "파시스트"였다. 이 같은 이원론적 정의는 적절하지 못했다. 이탈리아의 파시스트와 독일의 국가사회당원들은 너무나 달랐다.

미국과의 차이는 말할 것도 없다.

　어떤 학자들은 소련, 파시스트 이탈리아, 나치 독일을 전체주의로 총칭하는 것은 옳지 않다고 주장한다. 소련과 달리 나머지 두 정권은 사적 소유를 허용했기 때문이다. 따라서 이들은 "프롤레타리아" 러시아보다는 "자본주의" 국가와 비슷한 "보수적이며 부르주아적인" 정권에 더 가깝다. 공산당 인터내셔널(Communist International)은 1920년대 초에 "파시즘"이란 단어를 죽음을 맞이하기 직전인 "금융자본주의"의 마지막 절정단계로 규정했다.[11] "파시즘"은 "코뮤니즘"과 정반대의 개념이라는 소련의 주장은 서양의 사회주의학자와 진보주의 학자들로부터 폭넓은 지지를 받았다.

　파시스트 이탈리아와 나치 독일이 사적 소유를 허용한 것은 사실이다. 묵인했다는 표현이 보다 정확할 것이다. 하지만 매우 특이하고 제한적인 의미에서의 "소유"였다. 로마법과 19세기 유럽에서 볼 수 있었던 사실상 아무런 속박이 없는 사적 소유와는 거리가 멀었으며 오히려 조건적 점유에 가까웠다. 국가가 궁극적 소유주로 사용이 만족스럽지 않다고 판단되는 자산을 임의로 간섭하거나 심지어 몰수할 수 있는 권리를 보유하고 있었다. 이탈리아의 무솔리니와 독일의 히틀러가 펼친 경제정책은 레닌이 권력을 장악하며 꿈꾸었던, 민간기업이 정부를 위해 일하는 "국가사회주의"와 비슷했다. 레닌은 "좌파 공산주의"의 압력 때문에 그 꿈을 접어야 했다.[12] 이탈리아와 독일에서 이 제도가 성공할 수 있었던 이유는 미국을 포함해 다른 나라에서처럼 기업가들이 이윤을 얻을 수 있다면 어떤 종류의 통제나 규제라도 따를 마음의 준비가 되어 있었기 때문이다.

　파시스트 이탈리아의 경우 베니토 무솔리니(Benito Mussolini)가 제1차 세계대전이 발발하기 이전에 레닌처럼 가장 급진적인 사회주의자로서 권력을 장악했다는 사실을 기억해야 한다. 레닌과 마찬가지로 무솔리니는 노동자 계급이 아닌 엘리트 지식층이 사회혁명을 주도해야 한다고 믿었다. 또 혁명을 반대하고 단지 개혁만을 요구하는 사회주의자도 경멸했다. 그의 스승이자 정신적 지주는 마르크스였다. 1912년 무솔리니는 이탈리아 사회당으로부터 온건파를 축출하는 데 성공해 레닌으로부터 축하를 받았다. 그는 심지어 당 기관지인 〈아반티〉(Avanti)지의 편집장까지 맡지 않았던가! 다시 말해 파시스트당을 설립한 무솔리니의 사상은 혁명적 사회주의에 기반을 두고 있었기 때문에 보수주의와 자유주의를 모두 혐오했다.

1914년 8월 전까지 무솔리니는 사회불안을 핑계로 막 발발한 세계대전에 이탈리아의 참전을 반대했다. 그러나 1914년 여름 갑자기 광적인 애국주의가 유럽대륙을 휩쓰는 모습을 보고 그는 민족주의가 계급에 대한 충성보다 더 강력하다고 믿게 되었다. 1914년 11월 당 동지들과 상의도 하지 않고, 그들의 실망도 아랑곳하지 않은 채, 그는 참전을 결정했고 군대를 징집하기 시작했다. 갑작스런 변절로 이탈리아 사회당에서 축출되었지만 그는 여전히 자신을 사회주의자로 생각했다. 그러다가 1919년 중반에 한때 동지였던 사회당의 지지를 다시 얻지 못하자 결국 파시스트당을 창당했다. 파시스트당은 처음엔 혁명적 기조를 선택해 파업을 비롯한 폭력사태를 조장했으며 사회불안을 이용해 사회당을 앞지르려 했다. 파시스트당의 초기 정책(1919년)은 급진적이고 혁명적이었다. 이런 전술로 친공산당 기조를 채택한 사회주의 운동의 리더십을 장악하는 데 실패한 무솔리니는 결국 사회주의와 민족주의를 혼합한 자신만의 정강을 만들기에 이르렀다. 1920년 이후 그는 이탈리아가 하늘 아래 자신의 정당한 위치를 거부당하고 금권정치의 적대적 국가들로부터 착취당하는 "프롤레타리아" 국가로 전락했다고 선동하기 시작했다.[13] 파시스트 원칙에 따르면 진정한 계급투쟁은 국가간의 투쟁이었다. 파시즘은 계급의 충성을 극복하기 위해 노력했다. 모든 계급은 사적 이해관계보다 국가의 이익을 우선시하며 외부의 적에 대항해 협력해야 한다고 했다.

지주계급도 이 규칙에 예외는 아니었다. 무솔리니는 사적 소유원칙을, 비록 신성한 권리로서는 아니었지만 국가가 부여한 특권으로 인정했다.

1920년대에 그는 시장개입 권한을 행사해 이윤을 "조정"하고 기업에게 노조를 동등한 파트너로 인정하도록 강요했다. 심지어 정부가 민간기업의 경영진을 교체하기까지 했다. 따라서 "파시즘"을 "고도의 자본주의"라고 주장한 공산주의의 자기합리적 개념은 정확하지 않다. 파시즘은 개인의 이익보다 국가의 이익을 앞세우고 노동자만큼이나 기업을 규제했다. 1934년 5월에 하원에서 행한 연설에서 무솔리니는 이탈리아 공업 및 농업경제의 ¾을 국가가 장악했다고 말했다. 그 덕분에 필요에 따라 "국가자본주의" 혹은 "국가사회주의"로 이탈리아를 소개할 수 있게 되었다고 했다.[14]

히틀러는 무솔리니처럼 혁명적 사회주의를 지지하지 않았다. 그는 혁명이론을 "마르크스주의자들"로부터 배웠다고 인정하긴 했지만 이를 주로 군중선동에만 적용했다. 마르크스이론에 대해선 거의 아는 게 없었다. 그럼에도 불구하고 그는 사회주의자와 마찬가지로 "부르주아"와 "자본주의"를 증오하고 경멸했으며 자신의 목적을 위해 독일의 강력한 사회주의적 전통을 이용했다. 히틀러 정당의 공식명칭인 "국가사회주의 독일 노동자당"에 있는 "사회주의"와 "노동자"란 단어는 단순한 선전용이 아니었다. 나치 역사 연구의 어느 권위자에 따르면 초기 이데올로기는 "비이성적이며 폭력적인 정치적 이데올로기 한가운데에 순전히 혁명적 요소가 있었다." 이는 단순히 반동적 성향을 표현한 게 아니라 노동자와 노조의 세계에서 자라난 것이었다.[15]

나치당이 정권을 잡기 전 노동자는 나치당원의 약 ⅓을 차지해 가장 큰 직업군을 구성했다.[16] 나치당은 붉은 깃발을 채택하고 노동자의 날인 5월 1일을 국경일로 정하고 당원들끼리 서로를 게노센(Genossen) 혹은 동지라고 부르도록 했다. 제2차 세계대전이 발발한 후 히틀러는 "기본적으로 국가사회주의와 마르크스주의는 똑같다"고 단정했다.[17] "자본주의"는 "유대인 세상"과 동일시 되었고, 이른바 "민족적" 성격을 가진 나치 독일과 대비되었다.[18] 히틀러의 궁극적 목적은 전투에서 "영웅심"을 증명해 보인 사람만이

"귀족"의 자격을 얻는 위계적 사회였다.[19] 대기업의 재정지원으로 히틀러가 권좌에 올랐다는 일반적 믿음과는 달리 나치당의 급진적 원칙과 정책으로 기업가들은 히틀러를 의심하게 되었고 지원을 중단했다.[20]

1920년에 채택된 25개조 당강령은 "복지국가" 개념을 담고 있었다. 이 아이디어는 제2차 세계대전 당시 베버리지 보고서(Beveridge Report, 뒤에 참고)에서 공식화되었으며 영국 노동당은 1945년 이를 강령으로 채택했다. 나치당의 25개조 당강령은 국가로 하여금 완전고용을 보장하고, 트러스트를 국유화하며, 노인을 돌보고, 모든 시민에게 고등교육을 받을 수 있는 기회를 제공하며, 가난한 가정의 아이들에게 학교교육을 지원하고, 공중보건을 개선하며, 모든 분야에서 개인보다 "공동체"의 이익을 우선시하도록 요구했다.[21]

민족공동체의 이상과 동일시하고 국가(혹은 민족)에게 최우선적 가치를 부여한 나치가 사적 소유를 포함해 그 어떤 종류의 기본적 권리도 거부한 것은 너무나 당연한 일이었다. 그들에게 – 공산주의와 파시스트와 마찬가지로 – 법은 국가권력의 도구였다. 따라서 "국민" – 즉, 나치당 – 에게 도움이 되는 것이라면 무엇이든 합법적이었다.[22] 경제의 사명은 국가에 봉사하는 것이었다. 구체적으로 1928년 이후 소련에서와 마찬가지로 전쟁준비를 하는 것이었다. 전쟁을 통해 "삶의 터전"을 확보함으로써 독일의 가장 심각한 문제를 해결할 수 있다고 믿었다. 이 최우선적 목적을 달성하기 위해서는 공공의 이해와 사적 이해를 혼합하고 그 파트너십에 대해 국가에게 궁극적 결정권을 주어야 했다. 1935년 선언은 비록 사적 이해를 강조하긴 했지만 그 애매한 표현 뒤에는 이를 어떻게 달성해야 할지에 대한 암시가 숨어있었다.

> 강력한 경제(power economy)는 국가가 아니라 자신의 자유롭고 구속받지 않는 책임을 다하는 (민간)기업가에 의해 운영된다.…국가는 통제의 기능만 수행하며 이는 물

론 모든 것을 포괄한다. 국가는 공익을 우선시하도록 강요하기 위해 개입할 권리를 보유한다.[23]

정권을 잡은 지 한 달도 안 되어서 나치당은 사적 소유의 불가침성에 대한 헌법상의 보장을 중지했다.[24] 소유를 존중했지만 소유주가 국가와 민족을 위해 사용할 경우에만 인정했다. 어느 나치 이론가의 말을 빌리면 "소유는…더 이상 개인의 문제가 아니라 정부로부터 받는 면허로 '올바른' 용도에만 사용하도록 제한되었다."[25] 히틀러는 독재정치를 시작하기 2년 전 어느 신문사 편집장과 가진 비보도를 전제로 한 인터뷰에서 이 문제를 다음과 같이 얘기했다.

> 난 공공선이 개인의 이해관계보다 더 우선한다는 원칙에 따라 모든 사람이 자신의 힘으로 취득한 자산을 계속 보유하기를 원한다. 하지만 국가는 통제권을 보유해야 하며 모든 소유주는 자신을 국가의 대리인으로 생각해야 한다.…제3제국은 항상 자산을 소유한 사람을 통제할 권한을 갖는다.[26]

이러한 논리를 근거로 히틀러는 "'공동체의 과업'에 필요할 경우 마음대로 소유를 제한하거나 몰수할" 권한을 요구했다.[27] 1931년에 작성된 독일 경제의 미래에 대한 계획서에서 사적 소유는 심지어 용익권으로 규정되었다. 용익권이란 다른 사람에게, 이 경우엔 국가에 속한 자산을 누리고 이윤을 얻을 권리를 뜻했다.[28]

이 정책에 가장 먼저 희생된 사람은 바로 유대인이었다. 이들의 자산은 조금씩 몰수되었고 결국에는 아무것도 남지 않았다. 그후 이들은 추방되거나 학살당했다.[29] 1934년에 제정된 법은 국가가 공산주의의 소유까지도 몰수할 수 있도록 했다. 비유대인계 백인 기업가에겐 이처럼 극적인 조치를 취할 필요가 없었다. 독일 기업인들이 히틀러의 최우선 관심인 재무장(再武

黨)에 항상 열성적이지는 않았지만 그래도 충성을 바쳤기 때문이다. 이런 이유에서 나치는 경제를 국유화할 필요를 느끼지 못했다. 비슷한 맥락에서 대규모 농장 역시 그대로 두었다. 융커의 지지가 필요했던 데다가 대지주가 영세농보다 훨씬 효율적이라고 믿었기 때문이다.

그러나 민간기업의 경제적 자유는 심각하게 제한되었다. 무솔리니의 기업 이상에 고무받은 독일은 모든 단계의 경제활동에 간섭했으며 가격, 임금, 배당, 투자를 규제하고 경쟁을 제한했다. 노사문제 역시 국가가 나서서 해결했다.[30] 이 모든 경제통제의 궁극적 목적은 히틀러의 단기 목표였던 침략전쟁을 위해 독일경제를 손에 쥐는 것이었다. 소련과 마찬가지로 나치 독일 역시 다가 올 전쟁을 위해 사적 소유가 효율적인 경제적 동원을 방해하지 못하도록 했다.[31] 여러 차례 히틀러는 독일의 민간기업에게 소련의 계획경제를 지적하며 국가에게 필요한 서비스를 제공하지 않으면 국가가 모두 가져가겠다고 경고했다.[32]

1933년 독일 정부는 "강제 카르텔법"을 발표했다. 이에 따라 국가는 시장규제와 경쟁제한의 수단으로 기업을 통합할 수 있는 권한을 갖게 되었다. 얼마 후 독일 정부는 수백 개의 강제 카르텔을 조직했다. 이들은 정부 주도하에 각 회원사에게 무엇을 생산하고 얼마에 판매해야 할지를 지시했다. 1941년 말까지 거의 모든 독일 기업들은 정부에 생산비용을 증명하는 증빙자료를 제출하고 거기에 3~6% 정도의 이윤을 더해 물건을 팔았다.[33] 1936년 "경제적으로 정당한 가격"을 책정하기 위해 제3제국 가격형성위원회가 신설되었다. 이에 따라 공개시장의 가격 메커니즘은 중지되었다.[34] 카르텔 법은 신규투자시 국가의 허가를 받도록 했다.[35] 정부당국은 배당금 지급도 규제했다. 1934년에 제정된 법은 주주에게 분배되는 이윤이 납입자본금의 6%를 넘지 않도록 정했다. 같은 해에 제정된 또 다른 법은 나머지 잉여금은 미래 분배를 위해 모두 국채에 투자하도록 했다.[36] 지방채나 다른 채권을 보유한 사람들은 이를 이자율이 더 낮은 새로 발행된 채권으로 전환해야 했다.³⁷⁾ 민간기업은 "경제적 이기주의"란 불평과 공동체의 이익이 개인보다 우선한다는 지겨운 암시 속에서 끊임없이 몰매를 맞았다.³⁸⁾

나치 정부는 점차 노동시장도 통제를 가하기 시작해 1939년엔 아예 이직을 법으로 금지했다.³⁹⁾ 단체협상은 철폐되었다. 임금, 근무시간, 근로조건 등은 정부관료(노동위원)의 감독하에 기업이 결정했다. 제2차 세계대전이 발발하기 직전인 1938년, 임금은 1932~1933년 대공황 수준으로 동결되었다.⁴⁰⁾

나치의 소유에 대한 태도는 농장의 사용과 처분에 관한 법률에서 엿볼 수 있다. 독일경제에서 농업의 비중은 감소추세에 있었지만 농업은 나치에겐 상징적 의미가 컸다. 이들은 토지에 대해 환상을 가지고 있었으며(Blut und Boden) 고대 게르만 부족의 토지에 대한 숭배도 영향을 미쳤다.⁴¹⁾ 전쟁을 준비하는 과정에서 농업의 중요성은 더욱 분명해졌다. 식량의 안정적 보급이 너무나 절실했기 때문이다. 영세농이 유언으로 토지를 처분할 수 있는 권리는 1933년 아버지가 단 한 명의 상속인만 정하도록 함으로써 심각하게 제한되었다. 이들 농장은 법원의 허가 없이 매각할 수 없었다. 효율적으로 경작하지 않는 농장의 소유주는 국가의 명령을 따라야 하며 그렇지 못할 경우 자신의 농장을 관리인에게 넘겨주거나 보다 유능한 농부에게 임대해주어야 한다는 내용의 법령이 1937년 발표되었다. 극단적인 경우 토지를 박탈당할 수도 있었다. 국가는 "공동체" 사용을 위해 보상을 하고 토지를 몰수할 수 있었다. 보상은 시장가격을 거의 무시한 채 매우 임의적으로 책정되었다. 마지막으로 정부는 농민이 어떤 작물을 재배해야 할지, 또 국가기관에 얼마나 바쳐야 할지를 직접 결정했다.⁴²⁾ 많은 면에서 나치 독일의 토지소유제도는 유명무실한 소유주에게 의무만 잔뜩 지우고 권리는 거의 인정하지 않는 공공신탁에 가까웠다.

이데올로기적 편견이 아니라 편리 때문에 소유는 소유주의 손에 남겨져 있었다.…

투자는 통제되고 직업적 자유는 사라졌다. 가격은 고정되고 모든 경제분야는 희생자였으며 기껏해야 나치 정권의 공범이었다.…

한 세대에 걸친 마르크스주의와 신(新)마르크스주의의 신화에도 불구하고 평시에는 표면상으로 자본주의적인 경제가 1933년에서 1939년 사이 독일 경제만큼이나 비자본주의적이고 심지어 반자본주의적으로 관리된 적은 결코 없었다.[43]

1930년대 제3제국의 소유권 침해는 전쟁에서 승리한 후 꿈꾸었던 이상에 비하면 아무것도 아니었다.

따라서 전체주의 국가에서 개인적 권리와 자유를 폐지단계까지 축소하자 사적 소유 역시 이에 보조를 맞추어 폐지에 이를 정도로 축소되었다. 그 과정은 공산주의 국가에서 가장 많이 발전했으며 나치 독일은 중간 정도, 파시스트 이탈리아는 제일 적게 발전했다. 하지만 전체적 정권을 추구했던 이들 국가 모두 의도적으로 사적 소유권을 침해했다. 전체주의의 경험은 자유에 소유권의 보장이 필요한 것처럼 시민에 대한 무한한 개인적 권력을 추구하려면 시민의 소유권을 파괴해야 함을 확인해준다. 소유권이 존재할 경우 사람들은 국가의 전횡적 장악을 피해나갈 수 있기 때문이다.

3. 복지국가

전체주의를 비롯한 독재정권과는 달리 민주주의는 사적 소유의 원칙에 절대적 지지를 약속한다. 인류역사에서 지금처럼 많은 국가의 헌법들이 사적 소유의 불가침성을 보장한 적이 없었다. 하지만 현실은 다르다. 사적 소유권과 그와 연관된 자유는 다양한 장치로 붕괴될 수 있다. 때로는 공개적이고 합법적으로, 때로는 불투명하고 교묘하게 이루어진다. 국가는 주면서 동시에 가져간다(플라톤의 말을 빌리자면 "무엇이든 간에 인간은 똑똑한 수호인인 동시에 똑똑한 도둑이다"). 소유권에 대한 공격은 항상 분명하진 않았다. 왜냐하면 그 수

혜대상이 누군지 애매한 "공익"이라는 미명하에 공격이 이루어지기 때문이다.

이러한 발전은 일반적으로 예상치 못한 것이었다. 1920년대에 많은 분야에 관심을 가졌던 콜럼비아대학 철학과 교수인 모리스 코헨(Morris Cohen)은 근대사회에서 주권과 소유, 즉 임페리움(imperium)과 도미니움 사이의 전통적 구분이 거의 사라졌다고 지적했다. 위대한 자본가가 너무나 많은 사람들에 대해 지나치게 많은 권한을 갖게 되었고 그 결과 이들은 사실상 주권자가 되었다고 믿었다. "우리의 소유법은 산업의 수장들에게 주권자적 권력을 부여하고 있으며 금융의 수장은 더욱 강력하다는 데 의심의 여지가 없다."[44] 그의 확신은 오히려 의심할 여지가 있다는 경고로 들리지만 어쨌든 이러한 생각은 20세기 초반에 꽤 만연했다.

그러나 자주 그렇듯이 일단 추세가 막을 수 없을 것처럼 보이는 바로 그 순간에 이미 그 추세는 퇴보하기 시작해 반대세력이 움직이곤 한다. 20세기에 민주주의 정부가 자신의 책임을 바라보는 관점에 대격변이 일어났다. 이 변화는 사적 이해가 공적 이해를 앞서며 기업이 "주권자"의 역할을 담당할 수 있는 가능성을 모두 없애버렸다.

18세기와 19세기에 가난은 인간적 결함의 결과이며 따라서 입법적 행동의 범위 밖에 있다는 가정이 지배적이었다. 1834년 영국 구빈법위원회 보고서는 - 이로 인해 자기 집을 소유한 서민에게 그동안 주었던 생계지원비가 대폭 삭감되었다 - 기존의 구빈법이 목적을 달성하는 데 실패했다고 주장했다. "모든 인간의 가난이나 위법행위로 인한 결과는 본인과 그의 가족이 책임져야 한다는 자연의 법"에 위배되기 때문이었다.[45] 빅토리아 시대 중반에 당시 어느 유력한 잡지에 실린 기사는 "소유란 권리뿐만 아니라 의무도 갖는다"는 일부 자유당원들의 주장을 이렇게 비웃었다. "소유는 본질적으로 자선의 의무가 없다. 부자가 아니라 가난한 사람들이 의무가 있는 것이다. 근면한 서민의 첫 번째 의무는 바로 가난해지지 않는 것이다."[46] 1

세기 전 민주당의 그로버 클리브랜드(Grover Cleveland) 대통령은 가뭄으로 피해를 입은 텍사스 농민들에게 긴급구제를 제공하자는 내용의 법안을 거부했다. 이 같은 구제는 민간 자선단체에 맡겨야 하며 그렇지 않을 경우 시민들이 정부의 "부모와 같은 보호"에 지나치게 의존하게 된다는 게 그의 생각이었다. 그는 거부권을 정당화하기 위해 다음과 같이 적었다.

> 난 일반 정부의 권한과 의무는 개인의 고통을 구제하는 데까지 확대되어서는 안 된다고 생각한다. 이는 공공서비스나 혜택과 적절한 관계에 있지 않다.…국민은 정부를 지원하지만 정부가 국민을 지원해서는 안 된다는 교훈을 지속적으로 실행해야 한다.[47]

이 같은 정서는 - 오늘날엔 이해하기 어려울 정도로 너무나 통명스러웠다 - 도덕적 무감각이라기보다는 가난은 자기가 초래한 결과로 게으름, 낭비, 음주와 같은 악에 대한 자연의 처벌이라는 확신에서 비롯되었다. 이 확신은 실업이 드물고, 인플레이션이란 게 생소하며, 병자나 자연재해의 피해자를 민간 자선단체가 돌보았던 시절에 생겨난 것이었다. 그러나 사실에 대한 무지도 그 거부권 결정에 한몫을 했다. 당시 자연이나 가난의 상태에 대한 통계자료가 거의 전무했기 때문이다.[48]

1880년대에 정부의 태도에 변화가 일어나기 시작했다. 정부는 점차 가난이 그 희생자가 통제할 수 없는 외부요인에 의해 발생하며 무제한적인 소유권을 이용해 부자가 가난한 사람을 억압하고 있다는 사실을 인정하게 되었다. 한편 정치 역시 영향을 미쳤다. 정치인들은 참정권을 부여받은 하층계급의 유권자에게 지지를 호소해야 했으며 동시에 사회주의를 두려워했다. 그 결과 사회정책의 무게중심이 바뀌었다. 자유와 소유는 사회정의와 평등보다 덜 중요해졌다.

사회문제에 대한 새로운 접근방식을 위한 토대는 서양사람들이 법과 의회를 바라보는 시각의 근본적 변화에서 마련되었다. 앞서 지적했듯이 중세시대부터 유럽인들은 법과 의회의 기능은 관습을 뜯어고치는 게 아니라 그대로 유지하는 것이라고 믿었다. 18세기 중반 영국의 위대한 정치인으로 8년간 수상을 지냈던 제1대 채텀 백작 윌리엄 피트(William Pitt)는 의회에서 단 한 건의 법안도 통과시키지 않았다고 한다.[49] 법은 불변의 것으로 인식되었다. 그것은 공동체의 의지뿐만 아니라 자연에도 뿌리를 두고 있었기 때문이다. 국회의원과 법학자들은 단지 그 법이 무엇이고 이를 구체적 상황에 어떻게 적용해야 할지를 결정할 뿐이었다. 18세기 후반 인간의 제도는 영원히 진보한다는 "역사 실증주의"가 도래한 이후 법에 대한 전통적 견해도 변하기 시작했다. 이제 인간사의 모든 것이 인간 의지의 결과라면 이 모든 것은 교육과 법안을 통해 바꾸고 또 개선할 수 있다는 주장이 인정받았다. 이 분야에서 세계를 이끌었던 영국에서 제레미 벤담(Jeremy Bentham)은 전통적 사고방식에 대한 공격을 이끌었다. 엘베시우스의 제자였던 벤담은 과거는 현재의 안내인이란 블랙스톤의 주장을 비판했다. 있는 그대로의 법을 가르쳤던 블랙스톤과 달리 벤담은 법을 "그래야만 하는 것"으로 가르쳤다.[50] 벤담은 법으로 모든 사회악을 해결할 수 있다는 사상을 널리 알리는 데 가장 큰 공헌을 했다. 19세기 초중반 의회의 주요 기능은 법을 제정하는 것이라는 인식이 보편화되었다. 19세기 중엽 영국은 전문 정부기관을 신설해 국가의 사회문제를 관찰하고 이를 해결할 방법을 찾도록 했다. 의회는 이 기관의 자문을 따르곤 했는데, 그 자문은 종종 "계약의 자유를 다방면으로, 또 직접적으로 간섭했으며 계약기반의 사회라는 이상에 미묘한 의미를" 부여했다.[51] 이렇게 복지국가의 철학적 기반이 마련되었다.

복지국가의 정치적 기반은 1880년대 독일에서 생겨났다. 법으로 금지당한 사회민주당이 독일 노동자들 사이에 급속도로 파고들자 이에 놀란 비스마르크 총리는 질병, 근무중 사고, 나이 든 사람의 신체장애 등에 대해 사회보험제도를 실시했다. 또 일요일을 휴무로 정하는 법안도 제정되었다.

임금분쟁을 중재하기 위해 산업재판소제도가 도입되었다. 비슷한 법안이 자유당의 지지를 받아 20세기 초 대영제국에서도 통과되었다. 실업노동자법(Unemployed Workmen Act, 1905), 고용주에게 근로중 발생한 사고에 대해 금전적으로 책임을 지도록 한 노동자보상법(Workmen's Compensation Acts, 1897, 1906), 70세 이상의 저소득자에게 연금을 제공하도록 한 노령연금법(Old Age Pension Act, 1912) 등이 제정되었다. 이러한 복지정책의 절정은 1911년 국가보험법(National Insurance Act)이었다. 이 법에 따라 의료보험과 고용보험이 설립되었고 고용주와 노동자, 국가가 함께 부담했다. 1912년에 영국은 최저임금법을 도입했다.

제1차 세계대전 이전에 만들어진 사회보장법은 사고에 의한 부상이나 실업과 같은 불행과 노후의 고통을 주로 다루었다. 그러나 대공황으로 사상초유의 실업사태가 일어나자 인간의 기본적 요구와 이에 대한 사회의 책임에 관한 개념이 대폭 확대되었다. 금방 눈에 띄진 않았지만 소유와 자유에 엄청난 영향을 미친 사회복지법안은 보험에서 보장으로 발전했다. 재해에 대한 보험에서 프랭클린 루즈벨트가 말한 "편안한 삶"에 대한 보장으로 바뀌었다.[52] 국가책임의 확대는 사회의 삶에 대한 정부의 참여와 간섭을 더욱 확대했고 어쩔 수 없이 자유를 침해했다. 프리드리히 하이에크가 지적했듯이 국가권한의 범위가 확대될 경우 그 자체만으로 자유에 위협이 된다. 그 이유는 다음과 같다.

(1) 사람들은 대개 매우 소수의 공동목표에만 동의한다; (2) 민주적이 되려면 정부는 합의에 의존해야 한다; (3) 민주적 정부는 오직 국가가 자신의 활동을 사람들이 동의한 소수의 분야에만 한정할 때에만 가능하다; (4) 따라서 국가가 중요한 기능을 추가하고 싶다면 오직 강압에 의해서만 할 수 있기 때문에 자유와 민주주의 모두 파괴되고 만다.[53]

1930년대에 일부 국가에서 실시된 복지프로그램은 막대한 재정지출이 필요했다. 그 재원은 오직 조세를 통해서만 확보할 수 있었다. 그 결과 근대의 민주적 정부는 사적 자산을 재분배하는 거대한 메커니즘으로 바뀌었다. 소득세를 통해 정부는 기업과 개인의 소득을 상당부분 앗아갔으며, 이 중 일부는 복지프로그램을 관리하는 비용으로 지출했고, 나머지는 수혜자에게 재분배했다. 이러한 활동은 정부가 가난한 사람들의 고통을 완화시켜 줘야 할 뿐만 아니라 가난 자체를 "철폐"해야 할 의무가 있다는 사회적 개념을 통해 철학적으로 정당화되었다.[54] 이 목표를 위해 정부는 자유주의의 근본적 열망인 기회의 평등뿐만 아니라 더 나아가 보상의 평등 – 이는 "능력에 따라 일하고 필요한 만큼 가져간다"는 공산주의 이상과 유사하다 – 까지 시도했다.[55] 전후 미국의 복지국가를 설계한 린든 존슨(Lyndon Johnson) 대통령은 1965년 6월 하워드대학 연설에서 다음과 같이 목표를 밝혔다. "자유만으로는 충분하지 않다.…우리는 자유뿐만 아니라 기회도 추구한다.…권리와 이론으로서의 평등이 아니라 사실과 결과로서의 평등을 원한다."[56]

존슨이나 그의 연설을 작성한 참모진, 혹은 일반대중은 이 말이 서양의 전통에 배치된다는 사실을 미처 깨닫지 못했던 것 같다. 사회평등은 오직 강압에 의해서만 이루어질 수 있으며 이는 자유의 희생을 의미한다. 그것은 불가피하게 대다수보다 더 많은 부를 소유하거나 더 높은 사회적 지위를 누리고 있는 사람의 소유권을 침해할 수밖에 없다. 일단 가난의 철폐가 국가의 목표가 되면 정부는 소유를 최우선적으로 지켜야 하는 기본권리로서 다루지 않고 사회정의의 방해물로 여기게 되어 있다. 따라서 모든 평등주의적 교리는 – 홉스와 같은 왕정 절대주의자와 매우 비슷하게 – 소유란 자연적 권리가 아닌 사회제도라고 주장할 수밖에 없다. 이런 이유에서 사회는 국가란 대리기관을 통해 소유를 규제할 자격을 가진다.[57] 이러한 논의에서는, 교묘한 책략을 통해 국가가 사적 소유를 보호한다는 사실은 국가가 그에 대해 궁극적 권리를 가진다는 것을 의미하는 것으로 해석된다.

전근대적 시대에 이 같은 소유권 침해는 자유와 개인의 "생득권"이란 명분으로부터 저항받았다. 그러나 당시에 소유와 그에 관련된 모든 것에 대한 위협은 세습 왕에게서 나왔다. 시민의 대표자인 의회는 정부(즉, 왕)가 국민의 동의 없이 그들의 재산을 착복할 권리가 없다는 원칙을 근거로 전횡적 조세부과를 반대할 수 있었다. 하지만 정부가 선거를 통해 선출된 사람들로 구성되면서 상황은 급격히 변했다. 그들이 만드는 법이 그들이 대표하는 대중의 뜻을 반영한 거라고 주장할 수 있게 되었다. 민주주의에서 소유는 정치권력을 효과적으로 제한하지 않는다. 왜냐하면 소유주들이, 말하자면 협상 테이블 양쪽에 앉아 자신들의 대표자들을 통해 스스로에게 세금을 부과하기 때문이다.[58] 이들 국회의원은 – 소수의 부자보다는 다수의 서민에게 표를 의존해야 하기 때문에 – "특정 정책을 시행할 때 혜택은 집중하고 비용은 분산시킴으로써 유권자의 지지를 확보한다."[59] 20세기에 대부분의 산업화된 민주국가에서 채택한 이 같은 관행은 사적 소유의 지위를 상당히 바꾸어놓았다.

> 지난 10년간 미국에서 일어난 가장 중요한 변화 중 하나는 정부가 부의 주요 세력으로 등장했다는 사실이다. 정부는 이제 거대한 흡입구가 되어 수입과 권력을 빨아들이고 돈, 이익, 서비스, 계약, 특허, 면허 등 부를 쏟아내고 있다. 이 기능은 그 전에도 늘 존재해왔지만 미미한 수준이었다. 하지만 오늘날은 거대한 제국과 같은 규모로 이루어지고 있다.
>
> 정부가 나눠주는 가치는 다양한 형태가 있지만 한 가지 공통적 특징을 가진다. 점차 전통적 형태의 부(富)인 사적 소유의 자리를 넘보기 시작했다는 사실이다. 사회보험은 저축을, 정부계약은 사업가의 고객과 영업권을 대체한다. 더욱더 많은 미국인의 부는 정부와의 관계에 의존하고 있다. 점차 미국인들은 정부가 자기 기준에 따라 나눠주는 혜택에 의존해 살고 있다. 이러한 혜택은 "공익"이라는 상황에 맞는 사람만

이 받을 수 있다.

정부 시혜의 성장과 이를 수반한 고유한 법체계의 발달은 엄청난 결과를 초래하고 있다. 개인주의와 자주성의 근간을 흔들고 있으며 권리헌장의 실현에 영향을 미치고 있다.[60]

가난한 유권자가 항상 어디서나 부자보다 많기 때문에 이론상으로 민주국가가 사적 소유권을 함부로 다룰 수 있는 능력에는 제한이 없다. 일부 학자들은 이러한 과정이 어쩔 수 없이 민주주의의 파괴로 이어질 거라고 걱정했지만, 그들은 계속 팽창하는 복지프로그램의 비용으로 말미암아 재정 파탄의 위험에 처하게 되어 1980년대 이후 동력을 얻게 된 불가피한 반작용은 미처 예상치 못했다. 사적 소유의 침해가 왜 그 극단인 철폐까지 가지 않았는지의 또 다른 이유는 부자가 가난한 사람보다 투표율이 두 배나 높다는 사실에 있다.[61] 게다가 소유주들은 분배를 위해 이를 빼앗으려는 사람들보다 자신의 재산을 지키는 데 훨씬 강한 의지를 가지고 있다. 대개 사적 이익은 "공동선"을 지키는 보호자보다 훨씬 똑똑하다. 왜냐하면 후자가 얻는 것보다 전자가 잃는 게 더 많기 때문이다. 그럼에도 불구하고 소유권과 그와 관련된 다양한 시민권은 근대 복지국가가 사회평등을 추구하는 바람에 점차, 종종 눈치채지 못할 정도로 약해졌다.

따라서 현대 정부[62]는 시민의 소유재산을 "재분배"할 뿐만 아니라 그 사용도 규제하고 있다. 환경법을 만들어 토지와 건물의 용도를 제한하고, 최저임금법을 도입하며, "소수민족차별금지"(affirmative ac-tion) 고용관행을 강제함으로써 계약의 자유를 간섭한다. 집세를 규제하고, 사업의 거의 모든 측면을 간섭하며, 가격담합으로 보이는 행동은 처벌하고, 공공요금을 직접 결정하며, 기업담합을 금지하고, 통신과 교통을 규제하며, 은행에 특정 지역에 대출해주도록 압력을 행사한다. 그 외에도 정부의 간섭사례는 수없이 많다. 클린턴 대통령이 임명하고 앨 고어 부통령이 의장을 맡았던 정부

혁신 태스크포스 팀은 1993년 "민간분야가 외부규제를 준수하는 데 드는 비용은 연간 최소 4천3백억 달러로 미국 GDP의 9%에 이른다!"고 추정했다.[63] 그 결과 오늘날 사적 소유는 수백 년 전의 모습과 거의 닮지 않았으며 점점 더 조건적 보유에 가까워지고 있다.

이 같은 조치는 대개 대중이 가까이 갈 수 없는 규제당국에 의해 시행되고 있다. 이들은 헌법이 정한 권력분립의 원칙을 무시하고 있다.

> 행정기관은 입법부, 행정부, 사법부의 모든 특징을 한데 합쳐놓았다.…정부기관은 규제를 공포하고(입법기능), 그 과정에서 법령을 해석한다(사법기능). 법령과 자신이 정한 규제를 집행하며(행정기능) 규제를 어겼는지 결정하고 이를 어긴 자에게 어떤 제재를 가할지 판단한다(사법기능).…현재 종종 그렇듯이 법원이 권리의 수호자라는 헌법적 역할을 포기하고 모든 다양한 기능을 수행하는 규제당국에게 판단을 맡길 경우 헌법제도는 원래의 입법의도로부터 상당히 멀어진다.[64]

이처럼 이례적이고 위험한 상황을 다루는 것은 매우 어렵다. 정부의 간섭이 불가피한 환경인데다가 많은 면에서 이롭기 때문이다. 과거에 절대왕정으로부터 사적 소유가 위협받던 상황과는 전혀 다르다. "공익"이란 개념은 비록 지나치게 남용될 여지가 있지만 진정한 고려사항이다. 정부가 나서서 공장과 자동차 배기가스를 감시해야 할 정도로 공해문제가 심각해졌다. 누군가는 인종이나 종교, 성 때문에 공공기관으로부터 차별받지 않도록 감시해야 하며, 이는 오직 공적 권한을 가진 자만이 가능하다. 항공안전 역시 누군가 보장해야 한다. 의사에게 면허를 내주고 노인과 서민에게 의료지원을 제공해야 한다. 이 모든 서비스는 국가의 간섭을 필요로 한다. 국가의 간섭은 자유를 제한하지만 동시에 이를 보호하기도 한다. "어떤 종류의 경제적 자유를 제한할 경우 민주주의는 오히려 강화된다"는 말은 사실이다.[65] 따라서 우리는 낯설고 모순 가득한 상황에 직면해 있다. 전통적으로 자유의 가장 효과적인 방어벽이었던 사적 소유는 현대 세계에서 사회의 이익을 위해 제한하게 되었다. 그 결과 정부가 사회의 자유를 제약하고 위협할 수 있을 정도로 정부의 권한이 강화되었다. 자유란 이름으로 국가에 저항하기란 이제 쉽지 않다. 국가의 행동은 자유시민의 자유의지를 반영한 것이기 때문이다. 즉, 소유는 더 이상 자유의 보호자 역할을 하지 않으며 그 생존조차 불확실해졌다. 소유를 근본적인 인간의 권리로 보존할 수 있는 방법을 찾아내어 사회가 사회정의를 추구하면서 소유를 침해할 수 없도록 해야 한다. 뒤에서 설명하겠지만 이 두 목적의 달성은 법이나 제도보다는 이를 어떻게 적용할지를 결정짓는 태도에 의해 좌우된다.

먼저 전통적 의미의 사적 소유가 현대경제의 작동으로 무용지물이 되었다는 주장을 살펴보자. 이 주장이 만약 사실이라면 더 이상의 논의가 필요없을 것이다.

4. 현대의 기업과 소유

대다수의 인류는 예전에도 늘 그래왔듯이 지금도 곡식을 재배하고 물고기를 잡고 공예품을 만들고 노동을 팔아먹고 살고 있다. 이들에게 소유는 여전히 물리적 개체, 특히 토지와 모든 종류의 상품에 연관되어 있다. 하지만 선진산업사회의 경우 지난 2백 년 동안 상황은 급격히 바뀌었다. 이들에게 부는 자본이나 지식 등 무형자산을 의미하기 시작했다. 서비스와 금융분야가 발전하면서 상대적으로 제조업을 비롯한 생산산업은 그 비중이 줄어들고 있다. 점차 상품의 생산은 임금수준이 낮은 후진국으로 옮겨가고 있다. 비록 아직도 상당한 부가 창출되고는 있지만 19세기까지 주요 사적 소유형태였던 토지와 부동산은 이제 경제에서 뒷전으로 밀려났다.

사실 오늘날 우리 법에서 물질적 대상이 없는 소유권의 전체 가치는 아마도 토지를 비롯한 모든 유형자산에 대한 소유권의 가치를 훨씬 뛰어넘을 것이다. 이들 무형자산 중에는 약속어음, 환어음, 특허권, 회사의 주식 등이 포함된다.[66]

소유의 성격이 바뀌게 된 데에는 국가의 경제간섭이 확대된 것도 주요 이유이다. 일부 국가의 경우 많은 생산자산을 국유화했으며 다른 나라에서는 대부분의 생산자산을 장악한 거대 공룡기업이 출현했다. 이러한 변화 속에서 학자들은 전통적인 사적 소유의 개념이 아직도 유효한지에 대해 논의하기 시작했다.

1932년 벌리(Adolf A. Berle)와 민즈(Gardiner C. Means)는《근대 법인 기업과 사유재산》(The Modern Corporation and Private Property)이라는 유명한 저서를 발표했다. 그 핵심주제는 머리말에 잘 나타나 있다.

> 산업재산의 약 2/3가 개인소유로부터 자본시장에서 자금을 모집한 대기업의 소유로 넘어갔다. 이는 사실상 재산 소유주의 삶과 노동자의 삶, 그리고 재산보유의 형식을 바꾸어놓았다.

벌리와 민즈는 그들이 말한 "소유의 두 가지 특징, 즉 영리추구 기업에서 집합적 부를 거치는 것과 그 기업을 위한 궁극적 책임관리" 사이에 틈이 벌어지기 시작했다고 주장했다. 이런 이유로 이제 더 이상 "예전 의미에서 소유"를 말할 수 없게 되었다.[67] 1968년에 출판된 개정판에서 벌리는 생산적 부가 공기업 손에 집중되는 과정이 초판 이래 그동안 쉬지 않고 계속되었다고 주장했다. 그의 자료에 따르면 1960년대에 약 6백~7백 개의 대기업이 미국 비농업분야의 상업활동 중 약 70%를 차지했다. 사적 소유는 결국 주로 소유주가 사는 집, 소비내구재, 유가증권 등과 같은 비생산적 자산이 주를 이루었다.[68] 따라서 "생산적 자산의 대규모 집단화 덕분에" 기업은 생산적 부를 차지하게 되었으며 반면 개인에겐 소비자산만 남았다. 이제 개인은 "소극적" 소유주가 되었다. 이 이론은 냉전시대 당시 유행했던 공산주의와 자본주의가 결국 "합쳐질" 것이라는 예측의 전제조건이 되었다.[69]

벌리와 민즈의 주장은 기본적으로 자본주의하에서 노동과 생산수단의 소유가 분리된다는 마르크스이론과 유사하며 그보다 더 치명적인 결함도 가지고 있었다.[70] 이들이 주목했던 사실은 논란의 여지가 없으나 문제는 그 사실들로부터 유추해낸 결론에 있다. 기업 경영자가 주주의 간섭으로부터 자유롭다는 생각은 너무나 잘못된 것이다. 기업 주식의 상당 지분을 소유한 연기금과 뮤추얼펀드는 기업경영에 대해 상당한 영향력을 행사하고 있다. 주주는 경영진이 맘에 들지 않으면 주식을 내다 팔아 그 가치를 하락시킨다. 성과가 형편없는 경영자는 조만간 경질된다. 해롤드 뎀세츠(Harold Demsetz)의 말을 빌리자면 "이기심이 경제행동에 중요한 영향을 미치는 세계에서 가치 있는 자원을 소유한 사람이 자신의 이익을 추구하지 않는 경영자에게 체계적으로 경영권을 넘겨줄 거라고 믿는다면 이는 바보 같은 생각이다."[71]

"소유"란 개념은 단 한번도 소유주에 의한 직접경영을 의미한 적이 없다. 고전적 의미에서 소유란 자산을 사용하고 처분할 권리를 말한다. 소유주가 자신의 재산에 대한 권리를 보유한다는 전제하에 늘 재산의 관리를 다른 사람에게 맡겨왔다. 15세기경 유럽의 상인들은 자신의 자본을 정부로부터 허가받은 무역회사나 독점판매기업, 합자회사 등에 위탁했는데 이 회사들은 전문경영인에 의해 운영되었다. 합자회사는 16세기 영국에서 처음 등장했는데 주식 소유주가 아닌 그들의 대리인이 경영을 담당했다. 프랑스의 회사법은 이미 16세기에 주식합자회사(société commandité par actions)란 합자회사 형태를 허용했다. 이에 따라 주주는 모든 투자권한을 경영진에게 넘겨주었다.[72] 수십억 달러 규모의 회사주식을 백 주만 가지고 있어도 비록 미미한 수준이지만 주인행세를 할 수 있다. 언제든 시장에다 주식을 팔 수 있기 때문이다. 소유가 개인적 경영을 요구한다는 개념은 마치 고대 민회에서 민주주의가 모든 시민에게 입법과정에 참여하도록 요구했다는 생각만큼이나 잘못된 것이다. 이미 수세기 전 각 정부는 수백만 명의 국민이 모두 참여하는 게 불가능하다는 사실을 깨닫고 의회 대의정치라는 제도를 통해 그 한계를 해결했다. 현대의 기업은 사적 소유를 무용지물로 만들지 않았다. 오히려 산업민주주의의 부를 대폭 강화시킴으로써 산업민주주의의 발전에 크게 기여했다.

벌리-민즈 가설의 또 다른 오류는 소유의 정의에 있다. 아마도 당시 소련에서 유행했던 마르크스이론의 영향을 받았겠지만, 소유의 개념을 "생산수단에 대한 권리"로 제한했다. 그러나 현실세계에서 소유는 소유주에게 물질적 보상을 주는 모든 종류의 자산을 의미한다. 돈, 주식, 채권, 부동산 등 "소극적"으로 보이는 이러한 자산도 소유의 개념에서 임의로 제외시켜서는 안 된다. 저작권이나 특허와 같은 무형자산도 마찬가지다.

현대 소유가 자유주의의 전성기 때보다 훨씬 복잡해져서 단순한 "권리"가 아닌 "실체가 없는 권리의 묶음"에 불과하며 그 정의가 애매모호해 이제 소유란 개념은 "해체"되었다는 다른 학자들의 주장 역시 설득력이 없다.[73] 측정할 수 없는 것은 존재하지 않는다고 가정하는 과학자들을 모방해 일부 사회학 이론가들은 정확히 정의할 수 없는 것은 그 존재를 부정하고 있다. 그러나 어떤 현상을 정의하는 게 어렵다고 해서 그 존재를 무효화할 수는 없다. 헤르난도 데 소토(Hernando de Soto)의 말을 들어보자.

> 어린 시절 페루에 살 때 어느 농장에 갔었는데, 그 농장이 개인이 아닌 농촌공동체 소유라는 얘기를 들었다. 하지만 밭마다 다른 집 개가 나와 짖었다. 그 개들은 지배적 규칙을 몰랐다. 단지 어떤 땅을 자신의 주인이 통제하고 있는지를 알고 있을 뿐이었다.[74]

이런 이유에서 벌리-민스 가설은 비록 인기는 많았지만 경제학분야에 별로 영향을 미치지 못했다. 두 명의 학자는 다음과 같이 비판했다. "오직 경제학자에게 익숙한 데이터와 방법만을 사용해 통계분석을 한 결과,"

> 임원의 보수(報酬) 관행이나 이윤창출을 위한 자산활용 등의 측면에서 경영진이 지배하는 기업이 소유주가 지배하는 기업과 상당한 차이가 있다는 증거를 찾지 못했다. 전통적 경제학이론은 아마도 본능적으로 이 사실을 인식하고 있어서 현대의 기업을 완전히 무시했을 것이다.[75]

5. 조세제도

인생에서 유일하게 확실한 것은 죽음과 세금이라는 말이 있을 정도로 세금은 현대인의 삶의 일부가 되었다. 그러나 일반시민의 소득에 대해 정기적으로 직접 세금을 부과하기 시작한 것은 20세기에 들어와서다.[76] 민주국가가 도래하기 전까지 정부는 자기 자산으로 지출을 충당했으며 필요할 경우 관세, 소비세, 기타 다양한 부과금으로 보충했다. 프랑스의 타이유(taille)나 러시아의 "영혼"세에서 볼 수 있듯이 직접세는 가장 가난한 하층인에게만 부과되었기 때문에 열등한 사회 지위의 표시로 여겨졌다. 부유한 계층은 오직 전쟁이나 전쟁의 위협과 같은 국가위기시에만 국가로부터 재정지원을 요청받았다. 따라서 수세기 동안 직접세는 필요할 경우 자발적 "지원금"으로 다루어졌다.[77] 영국에서 직접세는 국민의 대표자들을 통해 왕에게 주는 "선물"로 여겨졌다. 이 같은 태도는 식민지 미국에서도 지배적이었다.[78] 근대 프랑스에서 지방영주들이 낸 세금은 "공짜 선물"(dons gratuits)로 여겨졌다.[79]

고대 아테네에서 세금은 독재정치의 표상이었다. 아테네 시민들은 세금으로부터 면제받았다. 이 도시국가는 공공 소유지에서 나오는 수입(라우리온 은광산을 포함해), 법원 수수료와 벌금, 또 판매세나 항만세와 같은 간접세 등을 통해 재정을 마련했다. 긴급한 상황이 발생하면 아테네인들은 자신의 능력에 따라 국가의 방어를 위해 돈을 기부했다. 하지만 이 같은 세금이 영원히 지속되지 않도록 했다.[80] 반대로 시러큐스의 독재자였던 디오니시우스(기원전 405~367)는 시민들에게 지나치게 중과세를 부과해 아리스토텔레스에 따르면 거의 전(全) 재산의 몰수나 다름없었다고 한다.[81] 비슷한 관행이 고대 로마에서도 유행했다. 로마인들은 직접세를 조공으로 보고 이를 오직 정복국가와 로마인 이외의 사람들에게 부과했다.[82] 로마는 토지(ager publicus)와 기타 공공시설의 사용료, 조공, 전쟁에서 얻은 약탈품 등으로 재정을 마련했다. 대부분의 생산적 부 – 사적 소유지 – 는 면세대상이었다.[83]

중세에 정기적으로 세금을 내야 하는 의무는, 그것이 정기적 세금인 한 개인의 자유 상실이나 다름없는 것으로 여겨졌다. 예를 들면, 프랑크 사람들이 그랬다.[84] 중세 프랑스 왕들은 재정자립을 유지해야만 했는데, 그런 이유로 왕실 영지의 일부라도 양도하는 것이 금지되었다. 메로뱅 왕조와 카롤링 왕조 역시 정기적 조세제도를 실시하지 못했으며 대신 행정비와 국방비를 왕실 소유의 영지에서 나오는 지대와 정복지에서 바치는 조공, 전쟁 약탈품 등으로 충당했다.[85] 농업 대신 무역과 제조업이 발달한 중세 이탈리아 도시에서는 소득세제도가 존재했다는 증거가 있다.[86] 그러나 대체적으로 고대 아테네와 마찬가지로 유럽에서도 직접세는 긴급한 전시조치로 이용되었다. 1695년 프랑스는 아우크스부르크 동맹의 전쟁이 8년이나 지속되자 전쟁비용을 위해 모든 국민에게 인두세를 부과했다.[87] 1799년 영국은 프랑스와의 전쟁비용을 충당하기 위해 누진소득세를 실시했다. 연간 소득이 60파운드 미만인 사람만 면제되고 나머지는 모두 누진세 대상이 되었다. 소득이 2백 파운드가 넘는 사람은 소득의 10%를 세금으로 내야 했다. 이 인기 없는 세금은 나폴레옹 전쟁이 종결되면서 사라졌다.[88] 얼마 후 소득세가 재등장했지만 세율은 5%로 크게 낮아졌다.

미국 역시 직접세는 전쟁의 부산물이었다. 혁명전쟁은 세금이 아닌 – 의회는 아직 세금을 산정할 권한이 없었다 – 대출로 비용을 충당했다.[89] 남북전쟁 전까지 미국정부는 주로 관세수입과 토지 매각대금으로 재정을 충당했으며 오히려 수입이 지출을 초과했다.[90] 그러나 남북전쟁이 발발하면서 정부지출은 20배나 늘어났고 결국 소득세가 도입되었다. 1861년 소득이 8백 달러 이상인 사람은 3%의 세금이 부과되었으며 5천 달러가 넘는 사람은 10%의 세금이 부과되었다. 이 누진소득세는 1872년에 폐지되었다. 1895년 대법원은 직접세일 경우 인구에 따라 주에 배분해야만 한다면서 정기 소득세를 도입하려는 법안은 헌법에 어긋난다고 판결했다.[91] 정기 소득세는 결국 헌법 수정조항 제16조에 의해 공식적으로 1913년에 채택되었다.[92]

상속세는 종종 로마를 포함해 고대 국가에서, 그리고 중세 유럽에서도 부과되곤 했다.[93] 19세기에 들어와 가장 많이 발전했으며 제1차 세계대전 당시, 그리고 그 직후에도 상당히 발전했다. 대영제국은 1894년 "데스듀티"(death duty)라는 이름의 상속세를 도입했다. 미국 역시 제1차 세계대전 기간에 정규화된 연방상속세가 등장했다.[94]

역사적 자료를 보면 대개 서양세계에서, 고대부터 20세기에 이르기까지 정기(긴급시와 구분되는) 직접세는 속국 국민을 제외하고 불법으로 여겨져 왔음을 알 수 있다. 내국인에 부과되었을 경우 사회적 지위가 열등하다는 낙인이 찍혔다. 정부는 평시의 경우 스스로 재정을 충당할 것이 기대되었다. 자립재정이 가능했던 이유는 전근대국가의 의무가 매우 제한적으로 오늘날의 사회서비스와 같은 부담이 전혀 없었기 때문이다. 대부분의 지출은 전쟁과 왕실 유지에 집중되었다. 직접세는 주로 전시에만 도입되었다. 직접세가 필요할 경우 대개 의회를 통해 납세자로부터 동의를 받아야 했다.[95] 이는 정부가 주장할 수 있는 권리가 아니라 단지 국민이 자발적으로 선사하는 선물이었다.

소득에 대한 정기 직접세와 누진세는 복지국가의 산물이다. 이 둘은 함

께 나타났으며 사회서비스를 위한 대규모 예산을 충당하는 데 필요하다는 근거로 정당화되었다.[96]

조세의 바로 그 원칙에 대한 도덕적 정당성에 의문이 제기되었다. 어느 독일 학자는 이를 "가장 큰 호기심"이라고 표현했다.

> 사람들이 어떻게 자신이 정직하게 번 수입의 절반 이상을 그에 준하는 특별한 대가 없이 세금에 굶주린 국고의 처분에 맡길 수가 있는가? 어떻게 조세당국은 조세율을 교묘히 바꾸어 화폐가치가 하락하는데도 세율을 계속 유지하면서 세수를 교묘히 늘려나갈 수 있을까?[97]

또 다른 학자는 세금을 부과하는 권한이 "보상 없이 이루어지는 토지수용권"과 같으며 따라서 "아무 이유 없는 몰수"에 다름없다고 주장한다.[98] 리처드 엡스타인 역시 이에 동의한다. "세금으로 정부는 소유를 최소한의 의미로 축소시켰으며 한때 개인에게 있던 모든 소유와 점유를 손에 넣었다.…세금은 언뜻 보기에 사적 소유를 앗아가는 것과 같다."[99]

정기세금이 사실상 "이유 없는 몰수"인지, 아니면 반대로 다른 사람의 주장대로 현대국가가 시민에게 제공하는 서비스에 대한 정당한 보상인지의 논쟁은 여기서 그만 하기로 하고 우리의 관심주제와 보다 직접적으로 관련이 있는 사적 소유의 지위와 이와 전통적으로 연관되어온 권리에 세금이 미친 영향에 대해 알아보자.

6. 국가권력의 성장

미국은 – 앞으로는 주로 미국에 대해 다루고자 한다 – 전통적으로 자립을 강조했기 때문에 유럽보다 늦게 사회복지 프로그램을 도입했다. 중세부터 사적 소유의 신성함은 서유럽의 불문법에서, 특히 영국에서 기본원칙으로 지켜져왔지만 식민지시대 북아메리카처럼 이를 충실히 따른 곳은 없을 것이다. 미국은 사적 소유를 추구한 개인들에 의해 세워졌다는 점에서 세계사에서 매우 독특한 위치를 차지하고 있다. 중산층은 "자라난" 게 아니라 국가가 탄생할 때부터 존재했다. 18세기 미국은 "중산층 세계"로 묘사되었다.[100] 북아메리카에 정착한 대다수의 이민자들은 땅을 얻기 위해 왔다. 토지는 풍부했고 식민지들은 정착민을 유치하기 위해 관대하게 이를 분배했다. 그 결과 18세기 중반 무렵 땅을 소유한 중산층 사회가 생겨났다. "대부분의 식민지 개척자들은 토지를 소유했으며 인구의 80%가 농사를 지어 먹고 살았다."[101] 소유의 보호가 정부의 주요 기능이며 또 정부가 이 임무를 다하지 못할 경우 그 권한을 박탈해야 한다는 생각은 미국인들에게 너무나 당연한 진리였다. 미국 혁명은 자유의 성채인 소유의 보호를 위해 이루어졌다. 식민지 개척자에게 이들의 동의 없이 세금을 부과하는 것은 몰수와 다름없다고 믿었기 때문이다. "1776년 이후 논란의 모든 단계에서 미국인들은 소유권을 계속해서 주장했다."[102]

하지만 식민지시대와 19세기에 미국이 무제한적 소유를 인정했던 것은 아니다. 자유방임적 미국의 과거에 대한 비전은 오래 전에 신화에 불과하다는 것이 드러났다. 토지수용권의 원칙 – 사적 소유를 강제로 공공의 용도로 사용하는 것 – 은 영국보다 독립혁명 이전과 이후에 북아메리카에서 더욱 발달했다.[103] 미국인들은 종교적 자극을 받아 모든 사람은 자기 자신과 가족을 부양하기 위해 소유권을 가짐과 동시에 궁극적으로 부는 공동체를 위해 봉사하고 따라서 공동체는 이를 규제할 도덕적 권리를 가진다는 데에 대부분 동의했다.[104] 18~19세기에 연방의회와 주의회 모두 종종 시장에 간섭해 민간기업을 규제했다.[105] 사실 유럽에선 정부가 소유했던 너무나 많은 주요 기업들이 – 예를 들면, 전력, 운송, 전화, 전신 등 – 미국에선 민간인의 손에 맡겨졌기 때문에 정부는 이들을 감시하고 규제하고 싶어했다. 하지만 집행기구가 워낙 후진적이었던 데다가 여론마저 개인주의 정신을 강력히 지지했기 때문에 한계가 있었다. 대법원은 사회적 정의보다 소유권을 선호했으며 개인의 자립을 모든 사회적, 경제적 문제의 해결책으로 제시했다.

따라서 1930년대 초 대공황으로 천2백만 명이나 되는 사람들이 일자리를 잃었을 때 당시 미국엔 실업자들을 도울 제도적 장치가 전혀 없었다. 루즈벨트의 뉴딜정책은 그 같은 제도를 마련해주었다. 뉴딜은 1935년 사회보장법(Social Security Act)을 제정하고 일부 산업에서 최저임금제와 근로시간 상한제를 도입하도록 했다. 이 같은 조치는 뒤늦게나마 미국인에게 과거 수십 년간 독일인과 영국인들이 누려왔던 사회보장의 혜택을 가져다 주었다. 이러한 제도는 분명히 필요했으며 미국사회를 붕괴의 위험으로부터 구해주었다.

하지만 뉴딜정책에 따라 통과된 법안은 빙산의 일각에 불과하다. 자본주의의 미래에 대해 매우 회의적이었던 루즈벨트와 그의 정책 자문가들은 사적 소유에 대해 보다 근본적이며 지속적인 태도의 변화를 요구했다. 긴급조치로 여겨지고 시행되었던 법은 교묘하게 혁신적 원칙으로 바뀌어 소유에 대한 정부의 태도는 물론 뒤이어 사법부의 태도까지 근본적으로 바꾸어놓았다. 기본적 "권리"의 원칙을 정치영역에서 경제분야까지 확대한 결과[106] 권리에 대한 개념이 무엇인가로부터의 "안전"이 아니라 무엇인가에 대한 "요구"로 바뀌었다. 그 과정에서 "안전"은, 루즈벨트의 말을 빌리자면 "가해자의 공격으로부터의 신체적 안전뿐만 아니라…경제적 안전, 사회적 안전, 도덕적 안전까지도" 의미하게 되었다.[107]

전통적 원칙을 준수해온 대법원이 뉴딜법안의 상당수가 위헌이라고 판결하자 루즈벨트는 새롭고 보다 진보적인 정의를 추가해 그 내용을 변경했다. 비록 1937년 "법원을 자기 사람으로 채우려는" 시도는 실패했지만 사기가 꺾인 사법부는 후퇴를 결정했다. 나이든 판사들이 은퇴하고 그 자리를 루즈벨트가 임명한 사람들이 채우면서 사법부의 철학적 기조는 상당한 변화를 겪었다.

> 뉴딜정책의 합헌성을 두고 벌인 치열한 다툼으로 소유권의 사법적 보호에 대해 지속적인 적대감이 생겨났다.…대법원이 뉴딜정책을 받아들이자 재판관들은 갑자기 경제규제분야로부터 물러났다. 이는 소유권과 기업가의 자유에 대한 법원의 태도에 획기적 변화를 의미했다. 어느 학자는 법원이 처음 생겨날 때부터 "법원은 국민과 입법가들의 약탈로부터 소유를 보호하는 것을 자신의 사명으로 여겨왔으나 1937년 이후 그 사명을 포기했다"고 했다. 그 결과 그후 30년 동안 소유권의 개념은 상당히 제한되었다.…법원은 국회와 주의회에게 경제정책의 주도권을 내주었으며 오직 개인의 소유권에 대해서 피상적 걱정만 표명하는 데 그쳤다.[108]

이러한 태도의 변화는 제2차 세계대전 발발 후 대영제국과 미국에서 실시된 야심 찬 사회개혁 정책에 반영되었다. 또 사회가 소외계층에 대해 무엇을 책임져야 하는지에 대한 인식에도 영향을 미쳤다. 전통적으로 시민의 "권리"는 부정적 의미였다. 이는 (종교적 박해, 임의적 체포, 검열 등과 같은) "무엇인가로부터의" 자유를 의미했다. 이제 자유는 (집, 의료서비스 등) 무언가에 대한 "요구"란 의미에서 긍정적 의미를 갖게 되었다. 이는 정부가 만족시켜줘야만 하는 기본요구로 인식되었다. 이 같은 재정의는 비록 조용하게 무의식적으로 일어났지만 복지국가의 발전에 새로운 계기를 마련해주었다. 이러한 태도의 변화는 토마스 페인의 《인간의 권리》(The Rights of Man)로 거슬러 올라간다. 1791년 출판된 1권에서 – 당시 최고의 베스트셀러였다 – 페인은 "권리"를 "자유, 소유, 안전, 억압에 대한 저항"으로 부정적으로 정의했다. 하지만 다음 해에 나온 2권(제5장)에서 그는 전혀 새로운 긍정적 견해를 선보였으며 급진적인 사회복지 프로그램을 주창했다. 가난한 최하위층 20%의 사람들에게 재정지원과 탁아지원, 아이들의 교육비 지원을 제공하고 노인에게는 "은혜나 선의의 문제가 아니라 권리로서" 원조를 해줘야 한다고 주장했다. 이 같은 사상은 1세기나 앞선 것으로 당시에는 큰 반향을 일으키지 못했다.

그의 주장은 1940년에 빛을 보기 시작했다. 루즈벨트 대통령은 1941년 1월 연두교서에서 복지국가의 건설을 주장했다. 여기서 그는 "네 가지 자유"를 평화의 목표로 선언했다. 이 중 표현의 자유와 종교의 자유는 전통적인 것으로 헌법에 의해 보장되어 있는 것이었다. 그러나 나머지 두 개는 – 결핍으로부터의 자유와 두려움으로부터의 자유 – 전혀 새로운 것으로 논란을 불러 일으켰다. 애매한 "두려움으로부터의 자유"라는 슬로건은 차치하고서라도 "결핍으로부터의 자유"란 사실상 자유가 아닌 권리를 의미했다. 즉, 공공지출로 기본적 생활을 유지할 수 있는 권리, 즉 자신의 것이 아닌 것에 대한 권리를 의미했다. 이에 따르면 정부는 모든 시민이 필요한 요구를 만족하도록 돌봐줘야 한다. 이 용어는 그 특징상 정확하게 정의하기 어려우며 따라서 사회가 부유해지고 특정 요구가 만족되어 다른 새로운 요구가 생겨나면 무한대로 확장할 수 있다. 진정한 자유 – 표현의 자유, 종교 선택의 자유, 참정권 – 는 비용이 거의, 혹은 전혀 들지 않는다. 하지만 특별한 권리를 집행하려면 상당한 재정지출이 필요하다. 민주적 정부는 자기 재원이 없기 때문에 돈에 대한 정부의 요구는 아무리 정당화해도 다른 동료 시민의 돈에 대한 요구나 마찬가지다. 정부는 그 과정에서 단지 돈을 전달해주는 역할만 담당할 뿐이다. 정부는 조세라는 제도적 도구를 통해 부유한 시민으로부터 가난한 시민에게로 돈을 이전시킨다. 과거에 정부는 이같은 책임과 기능을 단 한번도 담당한 적이 없었다.[109]

루즈벨트의 새로운 정책은 원래의 뉴딜원칙으로부터 결정적인 분리를 선언했다. "뉴딜에 있는 그 어떤 것도 도움을 주지 못했다. 가난이나 사회적 불리가 방해했기 때문이다."[110] 루즈벨트가 자신의 슬로건이 어떤 의미가 있는지 정확히 알고 있었는지는 확실치 않다. 〈필라델피아 인콰이어러〉(Philadelphia Inquirer)의 어느 기자가 제안한 것을 별 생각 없이 옮긴 것 같다.¹¹¹⁾ "결핍으로부터의 자유"란 공약을 듣고 이를 합리적이고 인도주의적 목표라며 치켜세웠던 사람들은 아마도 이 정책이 사적 소유권의 희생을 통해서만 가능하다는 사실을 깨닫지 못했던 것 같다.

루즈벨트의 애매한 공약은 그 다음 해 영국에서 이른바 베버리지 보고서를 통해 등장했다. 이 보고서는 정부의 요청에 따라 작성된 것으로 전후 정부에게 "다섯 가지 거대한 악" – 결핍(즉, 가난), 질병, 무지, 비위생, 나태(실업) – 을 없애야 한다고 했다.¹¹²⁾ 경제학자인 윌리엄 베버리지는 "결핍의 파괴"를 "모든 시민이 국민으로서의 의무를 다한 대가로 일할 때나 일할 수 없을 때 자신은 물론 부양가족의 생계유지에 필요한 만큼 소득을 보장해 주는 것"으로 정의했다.¹¹³⁾ 이를 위해선 국가 차원의 계획이 필요하며 국가 권한을 "전후 고용을 유지하기 위해 필요한 만큼" 확대해야 한다고 주장했다.¹¹⁴⁾ 이 같은 야심 찬 복지국가 프로그램에 소요되는 비용은 일부는 고용인, 일부는 고용주, 일부는 국가에서 부담해야 한다. 이는 "먼저 할 일을 먼저 하기 위하여, 편안한 삶을 누리기 전에 결핍부터 없애기 위해, 국민 소득의 재분배를 수반했다."¹¹⁵⁾

영국 노동당은 1945년 선거에서 전방위(全方位)적 사회주의 프로그램을 강령으로 채택하고 국정운영의 설계도로 이용했다. 노동당 정부는 "영혼을 부식시키는" 불안감을 없애기 위해 운송과 민간산업을 대대적으로 국영화했다. 비록 개인적으로 베버리지는 여성의 사회적 역할에 대해 보수적이었지만 그의 보고서는 영국에서 페미니즘 운동을 자극해 여성들은 정부에 집안일도 고용으로 인정하고 여성에게도 남성과 똑같은 경제적 권한을 인정하도록 요구했다.

이전의 사회복지 프로그램이 단지 사회의 도움을 필요로 하는 개인을 중심으로 했다면 베버리지 보고서는 이를 사회 전체의 책임으로 확대시켰다. 그의 목표는 가난 경감을 돕는 게 아니라 아예 가난이 발생하지 않도록 예방하는 데 있었다.

이 같은 생각은 추가적인 애매한 공약과 더불어 1948년 유엔이 만장일치로 채택한 준헌법적인 인권선언문을 통해 전 세계적으로 인정받기에 이르렀다. 이 인권선언은 지구상의 모든 사람에게 일할 권리와 "적당한 삶의 질"을 약속했다.

영국 노동당의 정책은 미국 케네디 대통령 행정부에 영향을 미쳤다. 케네디는 가난한 사람이 자립할 수 있도록 도와줌으로써 사회법안의 중심이 "구호에서 구호로부터의 탈출"로 옮겨가야 한다고 역설했다.[116] 하지만 케네디의 갑작스런 죽음으로 이 목표의 실행은 그의 후임자인 린든 존슨에게 맡겨졌다. 인간의 가장 유해한 욕망인 역사에 발자취를 남기겠다는 욕심에 이끌려 존슨은 1964년 "완전한 승리"를 할 목적으로 "가난에 대한 국가차원의 전쟁"을 선포했다.[117] 역사학자는 그의 화려한 공약보다 그 혼란에 더 관심을 갖는다. "전쟁"이란 정의상 폭력의 사용을 수반하기 때문에 어떻게 폭력이 가난을 경감시킬 수 있는지 이해하기 어렵다. 게다가 가난이란 용어가 상대적 의미를 가진다는 사실을 고려할 때 "완전한 승리"란 불가능하다. 사회가 부유해지건 가난해지건 간에 그에 따라 기준도 바뀌기 때문이다(멜라니 필립스의 말처럼 최근 수십년 간 평균소득이 증가하면서 "평균 이하의 사람들도 더 높은 삶의 질을 누리고 있는데 도대체 언제쯤이 되어서야 이들은 가난하지 않다고 할 수 있겠는가).[118] 미국에서 "가난 퇴치를 위한 전쟁"을 고무하는 데 가장 많은 영향을 미친 마이클 해링턴(Micheal Harrington)은 그 자신 역시 의료, 주거, 식량, 교육 등의 기본적 요구 이외에 가난을 구성하는 것이 무엇인지 정의하는 데 어려움을 느껴 "배제"와 충족되지 않은 잠재력이라는 심리학적 의미에 관한 애매모호한 용어로 일반화시키고 말았다.[119]

따라서 부정적인 개념의 전통적 "자유" – "무엇인가부터로의" 자유 – 와 더불어 서양에서 무엇인가에 대한 자유(혹은 권리)에 대한 비전이 생겨났다. 이 같은 용어의 사용은 전혀 새로운 것이 아니었다. 앞서 지적했듯이 1790년대에 이미 토마스 페인이 이를 예언한 바 있다. 하지만 단지 고독한 급진주의자의 급진적 제안에 불과했던 것이 이제는 정부정책으로 바뀌었다. 역사적으로 "권리"는 국가나 사회가 개인의 삶, 자유, 재산을 침해할 수 있다는 개인에게 주어진 보장을 의미했다. 이후 권리는 동시에 자신이 선택한 정부로부터 지배받는다는 의미도 되었다. 시민권과 정치적 권리는 자유의 일부분이었다.

사회적 "권리"는 전혀 다른 문제이다. 누군가 "결핍으로부터의 자유"를 약속한다면 그는 개인의 소유를 보호해줄 뿐만 아니라 국가의 도움으로 다른 사람의 소유에도 접근할 수 있음을 보장해야 한다. 이 같은 공약은 다양한 형태의 이해집단을 탄생시켰고 이들은 그럴싸한 권리를 마구 남발했다. 소비자, 임차인, 비흡연자, 환자, 장애인, 이민자, 동성애자 등 수없이 많은 권리가 쏟아져 나왔다. 이 모든 것은 정부의 개입을 필요로 하며 따라서 정부권한의 확대로 이어졌다. 이 같은 "권리"에는 한계가 없다. 왜냐하면 다른 사람의 돈으로 취득할 수 있기 때문이다. 모든 요구가 "권리"를 낳는다는 개념은 근대 미국에서 거의 종교적인 지위를 얻었으며 그 결과 이성적 토론이 불가능했다.[120]

예를 들어보자. 인종차별 문제를 다룬 저서의 광고에서 중년 흑인 남성이 군중에 둘러 싸여 "집은 인권이다"라고 쓴 푯말을 높이 들고 서있다. 이 슬로건은 두 가지로 해석할 수 있다. 모든 사람이 집을 사거나 임대하거나 지을 수 있는 권리가 있다는 뜻이라면 이는 너무나 당연한 것이기 때문에 광고할 필요가 없을 것이다. 따라서 그 광고 속에 있는 흑인은 다른 생각을 하고 있을 것이다. 그는 자신을 포함해 누구나 사회로부터 집을 제공받을 "권리"가 있다고 말하는 게 분명하다. 다시 말해 연방정부든 지방정부든지 간에 세금을 이용해 그에게 살 곳을 사주든지 빌려주든지 지어달라는 얘기다. 이런 면에서 "권리"란 단어는 너무나 부적절하다. 왜냐하면 어느 누구도 다른 사람의 비용으로 무엇인가를 얻을 "권리"가 없기 때문이다. 어느 누구도 택시 운전사나 도배공, 교사, 은행원, 정원사에게 – 이들 모두 세금을 낸다 - 노동을 통해 번 돈을 다른 사람에게 집을 제공하는 데 기부하라고 요구할 권리가 없다. 1996년 이스탄불에서 열린 회의에서 유엔은 "굶지 않을 권리"와 "주거의 권리"에 대한 결의문을 채택했다. 비록 집이 없고 굶주림에 시달리는 가난한 사람에 대한 무관심으로 비춰질 수 있었지만 그보다 후진국의 소송을 더욱 두려워한[121] 미국은 이를 거부했다.

"권리"란 주제가 주는 또 다른 혼란의 사례는 미국 불법 이민자에 대한 논쟁에서 찾아볼 수 있다. 캘리포니아엔 불법 이민자가 약 80만 명에 이르는 것으로 추정된다. 이들 자녀의 교육에 연간 18억 달러의 세금이 투입되고 있다. 1993년 미국의회는 주정부가 불법 이민자 자녀에게 공교육을 거부할 권리를 허용하는 법안에 대해 논의했다. 이 법안에 대해 어느 멕시코 관료는 비록 멕시코 정부가 불법이민을 찬성하지는 않지만 이들 이민자의 "권리"가 우려된다고 논평했다. 그런데 불법 이민자가 누릴 수 있는 유일한 권리들이란 모든 인류가 가진 삶, 자유, 소유에 대한 권리뿐이라는 게 상식이다. 불법 이민자는 비합법적으로 숨어 들어간 국가에서 그 국민이 낸 세금으로 자신의 자녀를 교육시킬 "권리"가 없다.

복지국가가 떠맡은 의무는 조세, 규제, 분배의 기능을 집행하는 데 필요한 대규모의 공무원 집단을 탄생시켰다. 정부(연방, 주, 지방정부 모두)는 그 어느 때보다 많은 수의 공무원을 고용하고 있으며, 이들의 월급으로 그 어느 때보다 막대한 규모의 정부예산을 지출하고 있다. 1900년 미국 정부는 국가 전체의 자본자산(도로와 거리, 대부분의 육군 및 해군장비를 제외하고) 중 7%를 차지했으며 전체 노동자 중 4%를 고용했다. 그후 50년간 이들 수치는 3배나 증가했다. 1950년 정부는 국가 자산의 20%를, 전체 노동력의 12.5%를 차지했다.[122] GDP에서 차지하는 비중은 기하급수적으로 증가해 1870년 3.9%에서 1979년엔 27%로 늘어났다.[123] 이는 주로 루즈벨트의 뉴딜정책과 제2차 세계대전 기간과 그 직후에 채택한 복지정책 때문이었다. 하지만 20세기 후반에도 여전히 증가했다. 특히 린든 존슨의 "위대한 사회"라는 복지정책이 기폭제가 되었다. 1990년대에 정부지출은 GDP의 ⅓ 수준까지 급증했다(독일의 경우 절반 이상, 영국의 경우 42%에 이른다).[124] 대략 정부지출의 절반 정도가 사회복지 명목으로 나간다. 1960년과 비교해 거의 3배에 이른다.[125] 1995년 미국 공무원 수는 1,950만 명을 돌파했다.[126] 1900년에서 1992년 사이에 미국의 인구는 3.3배가 증가한 반면(7천6백만 명에서 2억 5천만 명으로) 공무원의 수는 18.7%가 늘어 약 6배나 빠른 속도로 증가했다.

이 같은 국민의 부가 정부의 손에 집중되면서 개인의 자유는 심각한 위협을 받게 되었다. 정부는 예산을 나눠주거나 중단함으로써 상당수 국민의 행동에 영향을 미치고 의견일치를 확보할 수 있었다. 정부가 오직 국가자산의 작은 부분만을 통제했을 때 서양에서 자유가 뿌리내렸다는 사실은 결코 우연이 아니다.[127]

7. 환경보호와 사적 소유

사적 소유는 개인의 자유를 보장하는 데 전통적으로 중요한 역할을 했다. 그러다가 국가의 부가 축적되고 또 사회적 목적을 위해서라면 소유권을 간섭할 수 있다는 가정이 인기를 얻으면서 사회복지라는 가면을 쓴 국가가 자유를 위험에 빠뜨리고 있는 건 아닌지 의문이 제기되었다.

일반적으로 서양에서, 특히 미국에서 법원은 효과적으로 시민의 재산을 다른 시민의 침해로부터 보호하고 있다. 정부의 직접적이며 분명한 압류나 "수용"(takings)은 그 정당한 이유와 적절한 보상이 이루어져야만 한다. 그러나 실제로 수용은 몰수에 가까운 경우가 대부분이다. 정부는 "공공재"에 대해 매우 진보적인 견해를 가지고 있으며, 이 같은 명목하에 사회 전체보다는 개인이나 집단에 혜택이 집중되는 의심스러운 목적으로, – 예를 들면, 쇼핑몰이나 대규모 택지조성 등을 위해 – 토지를 수용한다. 또 보상은 종종 임의로 책정되며 시장가보다 낮은 경우도 있다.

오늘날 소유권에 대한 또 다른 위협은 간접적인 성격의 것으로 미국시민의 소유권을 보장한 헌법의 토대인 수정헌법 제5조와 제14조에 맞지 않는 조치들에 따른 것이다.[128] 1930년대부터 법원은 개인의 재산권에 대한 정부의 다양한 침해를 "공익"이란 이름으로 허용했다. 정부는 엄격한 의미에서 소유를 "수용"하지 않으면서 규제를 통해 소유주가 이를 사용할 수 있는 용도를 규제하기도 한다. 일부 법학자들은 이를 "규제적 수용"이라 부른다.

> 일부 규제는 소유주로 하여금 다른 사람들에게 자신의 소유지를 접근하고 진입할 수 있게 허용하도록 요구하고 있다. 토지 용도규제는 토지를 주거용, 상업용, 공업용으로 제한할 수 있다. 또 토지의 개발밀도와 특정 활동을 규제할 수 있으며 특정 분류에 따라 최저구획 규모나 최저 층, 혹은 최고 높이, 옆 뜰, 단형 후퇴 등을 구체적으로 정할 수 있다. 특정 구조물을 랜드마크로 지정해 특정 위원회의 허가 없이 건물을 전체 혹은 부분적으로 변경하거나 허물 수 없도록 할 수 있다. 상업용으로 팔 수 있는 재화와 그 판매가격을 규제할 수 있다. 규제마다 차이가 있기 때문에 그 경제적 효과나 합법성을 평가하는 게 매우 중요하다. 그러나 아무리 변화무쌍하다 하더라도 모든 규제는 결국 사적 소유의 부분적 수용에 해당한다.[129]

이 같은 소유권 침해는 18세기나 19세기처럼 폭동과 같은 심각한 저항을 불러일으키지 않았다. 대부분의 국민에게 영향을 미치지 않은 데다가 복지제도로 인해 사람들이 국가가 가져가는 것보다 무엇을 주느냐에 더 관심을 갖게 되었기 때문이다.

영국과 미국에서 자유방임주의가 절정에 달했을 시기에도 국가는 민간기업에 간섭했다. 1870년대와 1880년대에 몇몇 미국 주정부는 공익에 영향을 미치는 기업의 경우 마치 법에 따라 소유권을 제한하듯이 공익을 위해 행동하도록 하는 법안을 제정했다. 이 같은 추론은 전기와 교통요금에 대한 가격통제로 이어졌다. 1877년 먼 대 일리노이주(Munn v. Illinois) 소송에서 대법원은 시카고 곡물 엘리베이터의 소유주가 책정한 가격은 공공선에 영향을 미치기 때문에 이를 정부에서 규제할 권리가 있다는 일리노이주의 주장에 손을 들어주었다.[130] 뒤이어 법정은 펜실베니아 주정부가 인조 마가린의 제조를 법으로 금지한 조치 역시 허용했다. 이 조치는 명목상으로는 건강에 해롭다는 근거로 취해졌으나 사실 그 뒤에는 낙농업자들의 이해가 숨겨져 있었다. 이 같은 논리의 문제는 비록 원칙적으로는 바람직해 보이지만 실제 적용에서 한계가 없다는 점이다. 모든 산업이나 상업활동은 어떤 식으로든 공익에 영향을 미치기 때문이다.

대법원의 스티븐 필드(Stephen Field) 판사는 이러한 판례에서 소수의견을 냈던 인물로 두 가지 강력한 논거를 제시했다. 대중이 준 자산이 아니라면 개인의 자산은 "공익"규제를 받아서는 안 된다고 그는 주장했다. 또 "사용용도"는 소유의 핵심적 특징으로 이에 대한 규제는 보상을 필요로 하는 "수용"이라고 해석했다.[131] 대법관의 과반수는 "용도"를 부정하거나 제한하는 것이 수용이 아니라는 근거에서 다르게 생각했다. 결국 소유권의 성격과 관련해 사법부는 판결을 질질 끌기 시작했다. 대개 대법원은 개인의 권리보다 공적 권리를 점차 더 선호했다. 사용용도 제한을 허용하면서 법원은 "수용"을 헌법 수정조항 제5조에 따라 보상하지 않아도 되는 부분적 수용으로 해석하기 시작했다. 1979년 어느 중요한 소송에서 법원은 다음과 같이 판결했다.

> 전통적 소유권의 거부가 항상 수용으로 이어지는 것은 아니다. 적어도 소유주가 완전한 "묶음"의 소유권을 보유하는 경우 이 묶음 중 한 "가닥"만 없앤다고 해서 이를 수용이라고 할 수는 없다. 왜냐하면 그 전체는 여전히 하나이기 때문이다.[132]

리처드 엡스타인은 이 판결이 부분적 수용이 토지수용권 조항에 해당된다는 대법원의 보편적 의견과 상치한다고 지적했다. 그 기준은 소유주가 무엇을 보유하느냐가 아니라 무엇을 잃느냐이기 때문이다.

환경보호와 관련해 소유권 침해 이슈는 더욱 민감하다. 1970년 이후 환경보호는 거의 종교적 숭배에 가까운 지지를 얻었다. 이 중 일부 특징은 이교도의 자연숭배사상을 연상시킨다.[133] 환경에 대한 히스테리는 - 지구가 언젠간 파괴될 것이라는 태고적의 두려움으로 이전엔 핵무기와 관련되어 있었다 - 소유권 침해에 대한 매우 강력한 감정적 근거를 제공하고 있다. 왜냐하면 냉전 동안에 예상되는 핵무기로 인한 대량학살을 막을 수 있다면 소련에게 어떠한 양보라도 하는 것이 정당화된다고 종종 이야기 되었듯이 - 종종 같은 사람들이 - 오늘날 역시 지구의 생존을 위해 소유권을 희생해야만 한다고 주장하기 때문이다. 두 경우 모두 인간의 마음속 깊은 곳에 있는 지구 종말에 대한 두려움으로부터 힘을 얻고 있다.

토지와 다른 천연자원의 사적인 사용을 제한하는 주요 법안에는 대기오염방지법(Clean Air Act, 1970), 연방수질오염규제법(Federal Water Pollution Control Act, 1972), 멸종위기법(Endangered Species Act, 1973) 등이 있다. 이들 법은 연방정부 관료에게 광범위한 규제권한을 허용하고 있다. 대기와 수질오염을 막자는 환경운동에서 이 같은 사실은 충분히 인식되지 못하고 있다. 이러한 환경관련법은 닉슨 대통령이 1970년에 설립한 환경보호청(Environmental Protection Agency)에 의해 집행되었다.[134]

환경보호 법령으로 대기와 수질오염이 개선된 것은 분명하다. 하지만 그 과정에서 합당한 보상 없이 소유주의 사용용도를 지나치게 제한하는 일이 빈번하게 발생했다.

대표적 예로 습지대 보호를 위해 환경법을 적용한 사례를 들 수 있다. 1989년 부시 대통령은 1972년 수질규제법에 있는 "습지대"의 정의를 확대해 추가로 1억 에이커의 토지를 - 이 중 75%가 사유지였다 - 포함시켜 정부가 관리하는 습지의 규모를 두 배로 늘렸다. 습지대로 지정된 지역의 소

유주는 개발하지 못한 채 자연 그대로를 유지해야만 했다.[135]

이러한 법의 집행은 공수부대와 환경보호청에게 맡겨졌다. 두 기관 모두 지나치게 임의적으로 행동한다는 비난을 받았다. "습지"에 대한 명확하고 권위적 정의가 부족했던 것도 빌미를 제공했다. 정부관리가 판단하기에 법을 어긴 사람은 실형을 선고받았다.

대법원은 수년 동안 이 같은 규제조치에 지지를 보냈다. 1972년 습지를 매립지로 사용하지 못하도록 금지한 어느 지방정부의 법령이 합헌이라는 결정을 내렸다. 그 근거는 다음과 같다.

> 토지의 소유주는 자신의 토지의 기본적 자연적 특징을 바꿀 수 있는 절대적이며 무한한 권리를 갖지 않는다. 따라서 이를 자연의 상태에 맞지 않고, 다른 사람의 권리를 침해하는 목적에 사용할 수 없다.[136]

이에 대해 리처드 엡스타인은 "소유권의 전형적 묶음엔 토지의 자연적 상태를 우선시한다는 조항은 들어있지 않다"고 주장했다. "개발을 포함해 그 사용은 소유의 기본행위"라고 그는 단언했다.[137]

영국의 경우 환경보호는 "토지의 절대적 소유와 이를 소유주 마음대로 개발하고 착취할 수 있는 절대적 권리, 이 모두는 영국 법에서 완전히 사라졌다"고 계약분야의 한 저명한 권위자가 개탄할 정도로 절대적 위치에 이르렀다.[138]

습지보호 법률은 그 어떤 다른 환경 관련 조치보다도 더 정부의 사유지 간섭에 대한 전국적인 저항운동을 유발했다.[139] 농민, 목재회사, 또 보상을 받지 못한 "수용"의 피해자가 된 일반시민들은 환경 로비단체와 법학자들, 정부 규제당국과 맞섰다.[140] 이제 모든 소유-사용에 대한 규제는 사실상 수정헌법 제5조에서 말하는 수용의 형태로 이를 집행하려면 적절한 보상이 필요하다는 시각이 확산되고 있다. 전국적으로 민간단체가 토지의 자유로운 사용을 간섭하려는 정부의 시도에 저항하기 위해 연대하고 있다.[141] 이 같은 저항 때문에 정부는 결국 환경보호청장을 장관으로 격상시키려는 계획을 포기하고 말았다.

이러한 시민들의 저항은 또한 대법원에도 영향을 미쳤다. 돌란 대 티가드 시(Dolan v. City of Tigard, 1994)와 루카스 대 사우스 캐롤라이나 해안위원회(Lucas v. South Carolina Coastal Council, 1992) 판결은 그런 면에서 매우 결정적 사건이다. 돌란 판례의 경우 오리건에서 배관공급업체를 운영하던 소유주가 사업을 확장하려고 하자 시당국에서 회사 토지의 ⅒ 을 떼어내 자전거 도로와 산책로를 만들지 않으면 이를 승인하지 않겠다고 한 데서 발단되었다. 루카스 소송은 두 필지의 해변가 땅과 관련된 것으로 소유주는 해변보호법 때문에 이를 개발할 수 없었다. 그 법 때문에 거의 백만 달러나 주고 산 이 땅은 사실상 아무 쓸모가 없었다.[142] 대법원은 두 사건 모두 원고승소를 판결했다. 돌란 사건의 경우 티가드시에게 문제의 토지를 사들이도록 판결했다. 루카스 사건의 경우 해안위원회는 결국 소유주로부터 150만 달러를 주고 문제의 해변가 토지를 사들였다. 두 경우 모두 역사적 사건으로 여겨지고 있다.

1930년대 이래로 지배적이었던 추정에 의한 공익이 개인 소유주의 실제 이익보다 더 우선한다는 원칙이 이제 뒤바뀌고 있는 것이다. "50년 만에 처음으로 [대법원]은 소유권을 수정헌법 제1조(표현, 언론, 종교의 자유)와 제4조(비합법적 수색과 압류)에 의해 보호받는 개인의 권리와 동등한 위치에 올려 놓았다."[143] 하지만 여전히 일부 권위자들은 토지소유자가 일부분의 승리를 거두었을 뿐이라고 주장한다. 대법원은 오직 정부규제로 소유주가 자신의 토지를 보존하거나 개선할 수 없을 때에만 보상하도록 했기 때문이다.[144]

환경보호의 남용에 대한 저항은 제출된 법안에서도 찾아볼 수 있다. 1994년 공화당의 "미국과의 계약"이란 공약은 그해 국회의원 선거에서 공화당 후보들로부터 압도적 지지를 받으며 대단한 인기를 누렸다. 여기엔 정부규제로 그 가치가 (무효화되기보다는) 감소할 경우 사유지의 소유주에게 손해배상을 하도록 요구하는 조항이 들어 있었다. 1995년 3월 하원에서 통과시킨 사유재산권 법안(Private Property Rights Bill)은 정부규제로 토지가치가 10% 이상 하락할 경우 보상하도록 했다.[145] 그러나 두 제안 중 어느 것도 법으로 제정되지 못했다.

정부만이 부동산의 소유권을 제한하는 것은 아니다. 자택 소유자로 구성된 민간가구주조합도 거의 준정부적 기능과 권한을 행사하고 있다. 이 같은 조합들은 주로 콘도미니엄, 조합아파트, 다세대주택 등의 개발업체들이 세운 것으로 그 수가 1964년엔 5백 개 미만이었으나 1992년엔 15만 개로 급증했다.[146] 이들 조합의 목적은 부동산의 외관과 사용에 대해 엄격한 가이드라인을 강요함으로써 지역 자산 가치를 보호하는 데 있었다. 흥미로운 사실은 주택의 가치를 보호하기 위해 소유주의 권리를 침해하고 있다는 점이다. 많은 규제가 적절하고 합리적이지만 일부 지역공동체들은 지나치게 규제하고 있다. 심지어 야채 재배나 에어컨 설치를 금지하기도 하며 손자들의 방문 횟수를 제한하거나 커튼 색깔까지도 규제한다. 신문배달이나 미국국기의 게양 등도 규제한다.[147] 공동체의 규정과 규제를 어길 경우 벌금이 부과되기도 한다. 이론적으로 이와 같이 규제로 가득한 공동체 가입은 자발적이긴 하지만 많은 사람들이 가격, 위치, 혹은 기타 매력적 요인 때문에 이를 알고도 어쩔 수 없이 그 지역에 들어가 산다.[148] 일단 선택하면 자유와 심지어 프라이버시조차 상당부분 포기해야 한다.

8. 몰수

아마도 오늘날 미국에서 가장 심한 소유권 침해는 몰수라는 법적 장치를 통해 정부 대신 범죄에 연관되거나 범죄혐의가 있는 사람에게 속하는 재산을 몰수하는 경우일 것이다. 전자의 경우 무생물체는 공범으로 취급된다. 그 소유주는 몰수당해도 보상받지 못한다.[149] 몰수의 관행은 고대부터 존재했다. 고대 그리스에선 상해를 입힌 무생물체를 처벌하는 게 관례였다. 중세 유럽에선 사람을 죽인 동물을 재판에 회부한 후 죽였다. 영국 보통법은 피해를 입힌 마차와 보트를 몰수하도록 했다.[150] 이러한 관례는 최근 몇 년간 불법 마약거래 단속이라는 미명하에 사상 유례없는 지지를 받았다. 마약과의 전쟁이라는 훌륭한 목적을 위해 몰수가 이루어졌기 때문에 대중의 저항을 피할 수 있었다. 이 같은 몰수의 법적 토대는 1974년 대법원 판결이 제공했다. 당시 정부기관 요원들이 배에서 마리화나 담배 한 개비를 발견한 후 수십만 달러나 하는 임대 요트를 몰수했는데 법원이 이를 승인한 것이다.[151] 소유주가 범죄활동에 직접 개입하지 않았어도 재산을 몰수당한 다른 사례도 많다.[152]

이 같은 허가 때문에 정부기관 요원들은 유례 없는 열성을 보이며 소유주가 모르거나 승인하지 않았는데도 불구하고 불법적 목적에 사용된 자산에 대해 전쟁을 벌이고 있다.

> 형사법과 달리 대부분의 민간자산몰수 법령에 따르면 법 집행관들은 통지나 심리 없이 단지 일방적으로 해당 자산이 범죄에 연루되었다고 믿을 만한 그럴 듯한 사유를 보여주기만 하면 부동산이든 동산이든 간에 개인소유의 재산을 압류할 수 있다. 따라서 사람이 아닌 자산을 대상으로 법적 절차를 취하기 때문에 정부는 소유주나 그 어느 누구도 범죄로 기소할 필요가 없다. 이는 단지 "소유재산"에 대한 법적 조치이기 때문이다. 그 자산이 밀수대상이라거나, 범죄의 이익금으로 구입한 것이라거나(비록 소유주가 용의자가 아니라 할지라도), 범죄의 도구로 이용되었다거나, 어떤 방식으로든 범죄를 "조장"했다는 정황 등으로 "연루"를 주장할 수 있다.…일단 압류된 자산을 되찾으려면 소유주가 "무죄"를 입증해야만 한다.…최근까지 그러한 증명은 거의 불가능했다. 왜냐하면 사물이 범죄자로 여겨졌기 때문이다. 인간성이 스며들어, 사물은 그 불법적 용도에 의해 "더럽혀졌다"고 얘기된다.[153]

실례로 최근 판결에서 대법원은 부부의 공동소유로 남편이 매춘부를 사기 위해 사용한 자동차를 정부가 몰수해도 좋다는 판결을 내렸다. 아내는 남편의 행동에 대해 알지 못했으며 용서도 하지 않았기 때문에 차량의 몰수에 대해 정부로부터 손해배상을 받을 권리가 있다고 항의했다. 윌리엄 렌퀴스트(William H. Rehnquist) 대법원장은 19세기 초반까지 거슬러 올라가며 선례를 얘기한 뒤 "자산에 대한 소유주의 이익은 비록 그 소유주가 몰랐다 하더라도 그 자산의 사용이유에 따라 몰수할 수 있다"고 판결했다.[154]

이 같은 공공기관의 사유재산 몰수의 규모는 통계적으로 증명할 수 있다. 1985년에서 1993년 사이에 법무부는 17만 건의 몰수를 실시해 여기서 나온 수입 2천억 달러를 주와 지방정부 법 집행기관과 조직범죄를 담당하는 수사관들에게 주었다. 추가로 약 20억 달러 정도를 주와 지방정부의 몰수절차를 통해 벌어들였다.[155] 1993년 법무부의 자산몰수펀드는 5억 달러의 현금과 그 자산가치가 19억 달러 이상인 2만 7천 개 이상의 자산을 보유했다.[156] 이 같은 몰수에서 나오는 이익금은 법 집행 목적으로만 사용하도록 법으로 정해져 있다. 따라서 이렇게 거둬들인 돈은 상당부분 지방경찰청에 돌아간다. 일부는 이를 크리스마스 파티나 연회와 같은 사적인 용도로 유용하기도 했다.[157] 이 기금을 모으기 위해 경찰은 탐이 나는 가치 있는 건물이나 토지에 대해 함정수사를 하기도 했다. 흑인과 라틴아메리카계 사람들이 이 같은 임의적 절차에서 집중대상이 되었다. 이들 중 수중에 많은 현금을 가지고 있는 사람은 마약판매로부터 얻은 것으로 간주되어 몰수될 확률이 높다.

1993년 헨리 하이드(Henry Hyde) 하원의원은 이 같은 소유권의 침해를 줄이기 위해 민간자산몰수개혁법(Civil Asset Forfeiture Reform Act)을 발의했는데 아직까지도 법으로 제정되지 않았다.

9. 권원(entitlement)

지금까지 논의했던 소유권 침해 사례 – 세금, 환경보호 규제 몰수 – 는 "수용"으로 분류된다. 소유권이 자유의 핵심부분이기 때문에 이 같은 행동은 자유의 침해를 뜻한다. 그러나 역설적으로 오늘날 복지국가에서 자유는 "기부"에 의해서도 위협받고 있다고 말할 수 있다. 다시 말해 개인, 기업, 교육기관이 정부의 보조금이나 계약, 기타 혜택 등에 상당히, 혹은 전적으로 의지할 때 생겨나는 상황으로 여기서 이들이 얻은 모든 이익은 진정한 의미에서 소유가 아니다. 자유가 독립을 의미한다면 의존은 그 반대를 의미하기 때문이다.

1964년 예일대학 법학과 교수인 찰스 라이(Charles A. Reich)는 "신소유"(The New Property)란 제목의 논문을 발표해 학계의 주목을 받았는데, 여기서 그는 미국에서(다른 산업민주국가도 물론 해당된다) 조건적 혹은 "봉건적" 소유의 특징을 가진 소유형태가 등장했다고 주장했다. 그의 견해에 따르면 이러한 현상은 개인의 자유를 위험에 빠뜨렸다. 라이는 자신의 주장을 지지하기 위해 정부가 국민에게 미친 경제적 영향을 여덟 가지 방식으로 분류했다.[158] 그가 제공한 수치와 1990년대 초를 비교해보면 정부의 보조금에 의존하는 미국인의 수가 지난 35년간 상당히 증가했음을 알 수 있다.

1. **소득과 혜택.** 이는 공식적으로 일자리가 없는 사람에게 정부가 지급하는 것으로 사회보장비, 실업수당, 현금 및 현물 등 다양한 형태의 사회복지 혜택 등이 여기에 해당한다. 1950년에서 1980년 사이에 민간 사회복지 비용은 인플레이션을 제거한 실질 달러가치로 계산할 때 20배나 증가했다. 그동안 인구는 겨우 두 배 정도 증가했다.[159] 최근까지 사회복지 지출 중 아동부양세대 보조(Aid to Familes with Depdent Children)가 많은 부분을 차지했다(천3백만 가정에 총 250억 달러가 지급되었는데, 여기에는 한부모가정 4백

만 가구가 포함되어 있고 이 중 절반은 미혼모였다).[160] 이밖에도 저소득층과 장애자를 대상으로 한 의료보조(Medicaid), 퇴역군인 지원, 노인을 위한 소득 부조(Supplemental Security Income), 저소득층에게 배부하는 식량 배급표와 기타 식량 혜택, 저소득층 주택지원, 임대료가 싼 공영아파트, 교육지원, 장애자 훈련프로그램, 여름방학 학생 인턴십 프로그램, 저소득층 연료비 지원 등이 있다. 얼마나 많은 미국인들이 정부보조에 의존하고 있는지는 통계자료를 보면 알 수 있다. 1976년 전체 인구 중 최하위층 20%에 속하는 사람들은 소득의 거의 전부를 정부로부터 받았다. 이들이 스스로 벌어들인 돈은 고작 33억 달러인 반면 정부가 일방적으로 지출하는 "이전지출"은 758억 달러에 이르렀다. 소득기준으로 그 다음 하위층 20%의 소득은 정부의 지원 덕분에 763억 달러에서 1,197달러로 절반 이상 증가했다.[161] 이러한 수치는 미국 인구의 ⅕은 전적으로, 또 다른 ⅕은 상당히, 정부보조금에 의존하고 있음을 보여준다. 또 미국 인구 중 60%가 생산의 대부분을 담당하며 나머지 40%를 전적으로, 혹은 일부분 지원하고 있음을 보여준다.

2. **정부 일자리.** 1961년 9백만 명이 넘는 미국인들이 정부에 직접 고용되었다. 여기에다 주로 정부의 재정에 의존하는 방위산업체에서 일하는 사람이 약 3백~4백만 명에 이르렀다. 라이의 추정에 따르면 미국 노동자의 15~20% 정도가 월급의 대부분을 정부로부터 받았다. 앞서 지적했듯이 1995년 정부에 고용된 민간직원은 1,050만 명으로 두 배나 증가했으며 이 중 약 3백만 명이 연방정부에 소속되어 있다.[162] 일부 지역은 대다수의 주민들이 정부에서 일하고 있다. 알래스카의 경우 주민의 ⅓이 정부로부터 월급을 받고 있으며 알래스카의 주도인 주노의 경우 절반에서 ⅔ 정도가 연방, 주, 시정부 등에서 일하고 있다.[163]

저소득층과 정부에서 일하는 직원, 그리고 상당수의 노인들은 이른바 "고(高)세금연대"를 구성한다. 이들은 가능한 한 세금을 인상하는 데 이

권을 가진 압력단체로 1975년 당시 유권자의 44.8%를 차지했다.[164]
3. **직업 면허.** 즉, 의사에서 전당포, 장례사에 이르기까지 다양한 직업과 직종에 종사할 수 있는 허가증(이 같은 면허제도는 비록 명목상 대중을 위해 도입되었다고는 하지만 실제로는 기득권층이 접근과 경쟁을 제한하는 수단으로 이용되고 있다).[165]
4. **독점판매권.** 16~18세기에 유행했던 독점의 현대판으로 이를 소지한 사람은 특정한 경제적 특권을 누릴 수 있다. 대표적 예로 방송국 채널, 항로, 술 판매권 등이 있다. 오늘날 정부는 이 권리를 사적 소유로 인정하고 있기 때문에 이를 매매할 수도 있다.
5. **정부계약.** 이는 방위산업분야에서 특히 중요한 역할을 한다. 1996년 국방비 예산은 2,657억 달러로 이는 전체 연방정부 예산의 17%에 해당하며 이 중 489억 달러가 정부조달로 사용되었다.[166]
6. **보조금.** 농업, 해운, 국내항공사, 주택 등에 대한 보조금.
7. **공공자원의 사용.** 정부는 미국경제의 상당부분을 차지하고 있다. 수억 에이커의 공공토지를 보유하고 있으며 가치 있는 광산, 목초지, 산림, 오락시설, 교통과 통신, 라디오와 텔레비전 채널 등을 가지고 있다. 이들 자산 중 일부는 무료로 혹은 매우 낮은 가격에 민간에게 임대해준다.[167]
8. **서비스.** 이 중 대부분은 상업적 가치가 있는 것으로 예를 들면, 개인 출판물의 우편배달이나 주택건축업체의 보험 등이 있다.

이 리스트에 라이가 그의 논문을 발표한 이후 새롭게 등장한 메디케어(Medicare)와 메디케이드(Medicaid) 같은 권원도 포함시켜야 한다.

라이는 정부가 분배한 부가 국가경제에 얼마나 중요한지를 묻고는 다음과 같이 대답했다.

> 1961년 개인의 총소득이 4,169억 4,320만 달러를 기록한 반면 정부의 지출은 1,640억 8,750만 달러에 이르렀다. 정부가 직원에게 지불한 임금만도 450억 달

러에 육박했다. 이 같은 수치는 면허권, 독점판매권, 서비스, 자원 등과 같은 무형의 부를 고려하지 않은 것이다. 게다가 정부 부의 비중은 계속 증가하고 있다. 거대한 정부조직을 통해 흘러나오는 부에 조금이라도 의지 않고 사는 사람은 거의 없다.[168]

국가경제에서 정부의 역할이 차지하는 비중이 확대되고 있지만 적어도 겉으로는 미국 시민의 기본권과 자유에 해를 미치지 않는 것처럼 보인다. 표현의 자유와 통치자를 선출할 자유, 마음대로 원하는 곳에서 일하고 살고 여행할 수 있는 자유는 여전히 헌법에 의해 보장받고 법원으로부터 보호받는다. 정부는 공산주의 러시아나 나치 독일과 같이 사유재산을 (범죄의 경우를 제외하고) 몰수하지 않는다. 겉모습만 보면 권리장전에서 명시한 원칙들은 여전히 그대로이다. 사적 소유와 자유 사이의 전통적 관계가 이제 쓸모 없는 것처럼 보인다. 정부가 합법적으로 상당부분 국민의 부를 자기 마음대로 유용하고 분배하면서 여전히 시민의 자유는 해치지 않는다고 말할 수 있다면 말이다. 오늘날 미국인들은 모든 세계에서 최고를 누리며 정부로부터 다양한 지원을 받으면서 자신의 권리와 자유를 지키고 있는 것처럼 보인다.

그러나 이러한 모습은 속임수에 불과하다. 오늘날 민주국가는 부의 이전이라는 장치를 이용해 국민에 대해 상당수준의 통제권을 가지고 있다. 애매한 헌법적 타당성을 매우 다양한 방식으로 이용하면서 시민이 자신의 자산을 누릴 권리를 제한하며 동시에 정부보조를 받는 수혜자들을 위험할 정도로 의존적으로 만들고 있다. 많은 면에서 미국과 비슷한 영국의 상황에 대해 법학자인 아티야는 다음과 같이 지적하고 있다.

> 정부로부터 지원받아 집을 사고 학교에서 무료급식을 받고 버스요금을 절반만 내고 저렴한 전력요금 등의 혜택을 받은 사람은 받은 지원금을 어떻게 사용할지에 대해 그만큼 선택의 자유를 박탈당한다. 국가는 지원하면서 개인에게 어떤 형태의 지원

을 받을지 선택하거나 그 혜택을 남에게 팔 수 있는 권리를 허용하지 않는다.[169]

정부가 앞서 설명한 수단을 통해 나눠주는 것을 받음으로써 개인과 조직은 사적인 것이 아닌 공적인 목적을 추구하는 정부의 조건에 순응해야만 한다. 즉, 정부가 주는 대로 받아야 한다. 권리를 행사할 때 외부권한에 의존해야 한다면 이는 조건적 특권으로 사실상 소유주로부터 소유권을 박탈하는 것과 다름없다. 왜냐하면 무조건성은 소유의 본질적 특징 중 하나이기 때문이다. 라이는 이러한 사실을 토대로 미국에서 정부의 "혜택"이 근대적 봉건주의를 탄생시켰다고 주장했다.[170] 그의 해결책은 정부의 "아낌없는 지원"을 "새로운 소유"로, 그리고 그 혜택을 특권보다는 "권리"로 선언하는 것이었다. 이를 철회하려면 정당한 법적 절차와 보상을 따라야만 한다고 주장했다.[171]

10. 계약

개인이 구속력 있는 계약을 체결할 권리는 소유권의 결정적 특징 중 하나이다. 이는 특히 대부분의 소유가 물리적 개체뿐만 아니라 신용과 다른 무형자산을 포함하는 현대 산업사회에서 더욱 중요하다.

농업경제는 말 그대로 "소유"의 경제로 유형자산의 직접적 소유를 토대로 하는 반면 산업경제는 "계약"의 경제로 대다수의 사람들이 노동분업을 통해 공동의 목적을 추구하며 자신의 노동이나 자원을 제공한다. 이들은 자신의 성과와 직접적으로 관계 없는 미래의 이익을 희망한다. 그에 따라 "생산의 순회"가 확대된다. 기계와 원자재, 완재품의 구매는 물론 직원에게 월급을 줄 돈이 필요하다. 이 모든 비용을 지불하고 난 뒤에야 물건을 판 이윤을 챙길 수 있다. 이에 따라 신용에 의존하는 일이 일반화되었다. 산업경제는 "기대의 경제"이자 동시에 "부채의 경제"이다. 부는 더 이상 토지와 같은 유형의 파괴할 수 없는 재화와 연결되어 있지 않다. 오히려 신용이라고 부르는 무형의 대체가능한 새로운 "소유"와 더 긴밀한 관계에 있다. 산업경제는 신용의 경제이다.[172)173)]

19세기에서 20세기 초까지 미국 대법원은 여러 차례에 걸쳐 계약의 자유를 "개인의 자유와 사적 소유권의 일부"로 인정했다.[174)] 이를 근거로 계약의 자유에 간섭하려는 시도를 위헌으로 선언했다. 그러나 20세기를 거치면서 계약의 자유에 대한 태도가 변화하기 시작했다. 정부가 계약당사자 중 약자의 편을 들며 간섭할 권리를 스스로에게 부여했기 때문이다. 이 같은 관행은 도시 정부나 심지어 국가 정부가 "정당한" 가격과 "정당한" 임금을 정했던 중세시대로의 회귀를 의미한다.[175)] 오늘날 복지국가 정부는 사회와 경제의 모든 분야에서 계약당사자의 자유를 침해하고 있다. 민간기업이 민간 고용인에게 지급하는 임금의 하한선을 정하고 지주에게 누구에게 얼마에 임대해야 할지를 지시하기도 한다. 또 민간기업의 고용과 민간 고등교육기관의 신입생 선발에서 소수인종과 여성의 쿼터를 정해 강요하고 있다. 민간은행에 특정 지역의 주민과 소외계층에게 대출해주라고 압력을 넣고 있다. 그 결과 사적 계약 자유의 원칙은 위험에 빠졌으며 그와 함께 소유제도 역시 위험하다.

1) 최저임금제

미국에서 고용주와 고용인 간의 계약에 대한 법적 간섭은 1898년 대법원이 지하광산에서의 근무시간을 하루에 8시간으로 제한한 유타주 법안에 대해 합헌판결을 내리면서 본격화되었다. 이전 판례에서 이 같은 제한은 계약의 자유를 침해하는 것으로 판결되었다. 그러나 이제 대법원은 고용주와 고용인 간의 불평등한 관계를 주지하고 이 같은 법이 헌법에 위배되지 않음을 선언한 것이다. 1912년 매사추세츠주는 미국 최초로 최저임금법을 도입했다. 그러나 그 적용은 자발적인 것이었다. 그후 다른 주들은 이를 의무화했다. 이 같은 법령은 여성과 어린이의 고용에 흔했던 이른바 "착취"(sweating)의 관행을 주로 막기 위한 것이었는데, 이 용어는 생계를 이어나가지 못할 정도로 임금을 너무 적게 주는 것을 의미했다.

1923년 대법원은 소아병원 대 애드킨스(Children's Hospital v. Adkins) 사건에서 최저임금법이 "헌법 수정조항 제5조에서 보장한 정당한 절차와 관련해 계약의 자유에 대한 위헌적 간섭"이라는 콜럼비아 지방법원의 판결을 확정함으로써 이 같은 법령을 무효화했다.[176] 그러나 상황은 갑자기 바뀌었고 대법원의 합헌성이란 개념에도 변화가 일기 시작했다. 1937년 대공황이 절정에 달하자 대법원은 워싱턴주의 여성에 대한 최저임금법에 대한 판결에서 최저임금법이 헌법에 합치된다고 판결했다.[177] 이듬해 미의회는 공정근로기준법(Fair Labor Standards Act)을 통과시켰다. 이 법은 그후 최저임금제의 토대를 제공했다.

최저임금법이 법의 의도대로 노동자에게 상당한 혜택을 가져다 주고 있는지에 대한 논란은 여기서 생략하기로 한다. 단지 교육을 거의 받지 못한 사람들, 특히 흑인 청년들의 경우, 최저임금이 그들의 노동생산성보다 훨씬 높기 때문에 오히려 최저임금법은 이들이 더 낮은 임금에 일자리를 얻을 기회를 빼앗아 예상과 달리 차별을 악화시키고 있다는 증거가 있다는 사실만 지적하고 싶다.[178] 어쨌든 최저임금법의 주창자들조차 그보다 더 낮은 임금을 받는 사람이 거의 없다는 사실만으로 그 법이 아무런 해가 없다는 것 이외에는 달리 이 제도의 장점을 찾지 못하고 있다. 따라서 이는 경제적 "변호"라기보다는 정치적 변호이며 법원 역시 그렇게 판단하는 것 같다.[179]

따라서 계약의 자유에 대한 침해는 소유권에 대한 또 다른 공격 이외엔 다른 목적이 없는 것 같다.

2) 임대료 제한법

임금 통제의 혜택에 대한 논란은 계속되는 반면 임대료 제한법의 경우 거의 모든 경제학자들이 그들의 정치적 성향과 상관없이 이를 완전한 실패로 규정하며 임시적인 긴급조치의 경우를 제외하곤 전면 반대하고 있다.[180] 그럼에도 불구하고 일부 급진적 선동가들은 이를 빈민층의 "의식을 높이는" 수단으로 적극 주장하고 있다. "희망은 임차인이 임대규정에서 금융기관과 기업의 규제로, 그리고 사회 우선순위의 급진적 재조정으로 옮겨가는 것이다."[181]

임대료 제한은 제1차 세계대전 발발 후 프랑스에서 처음 도입되었는데, 당시 취지는 집주인들이 군인과 방위산업 근로자들의 가족을 착취하지 못하도록 하는 것이었다. 영국과 미국도 뒤를 따랐으며 곧 대부분의 교전국을 비롯해 심지어 중립국조차 이 제도를 도입했다. 집세 통제는 전쟁이 끝난 후에도 한동안 남아 있었으며 일부에선 1930년대까지도 지속되었다. 그러다가 제2차 세계대전이 시작되면서 부활되었다.

대부분의 미국 도시에서 집세 통제는 제2차 세계대전 이후 철폐되었다(뉴욕시는 예외였다). 그러나 여기저기서 – 특히 버클리, 캘리포니아, 케임브리지, 매사추세츠 등 주요 대학도시 – 급진적 운동권의 압력 때문에 1970년대에 다시 나타났다. 뉴욕시의 경우 "세계 집세 통제의 수도"라 불릴 정도로 임대료 제한이 심했으며 그 결과 예상치 못할 정도로 도시가 황폐화되었다. 많은 집주인들이 임대료가 낮아 그 수입으로 먹고 살 수 없게 되자 건물을 아예 방치하거나 그냥 버리고 떠나버렸기 때문이다. 이 같은 방치의 희생자들이 "사회의 급진적 재배열을" 이끌 것이라는 희망은 실현되지 않았다. 임대료 통제의 최대 수혜자는 공영주택과 개조된 아파트에 살고 있는 서민층이 아니라 중년의 중산층이었다. 이들은 저렴한 가격에 멋진 집을 빌릴 수 있었으며 그 중에는 뉴욕시장과 증권거래소 사장도 있었다.[182] 이 책을 쓸 당시 2백만 명이 넘는 사람들이, 즉 뉴욕시 인구의 약 ¼ 정도가, 임대료가 제한된, 즉 "임대료가 안정화된" 아파트에 살고 있었다. 집세 규제를 지지하는 사람들은 주장의 근거를 바꾸어 이 제도가 서민층을 돕는다기보다는 – 이 목표는 완전히 실패했다 – 뉴욕시를 더욱 "다양하게" 만들어주었다고 말한다. 컬럼비아대학의 어느 도시계획학과 교수는 임대료 규제가 "뉴욕을 살기 좋은 도시로 만들어주는 데 상당한 기여를 했다"면서 "도시를 안전하게 해주고 다양성을 보존시켜주었다"고 말했다.[183]

이런 상황에서 1968년 공정주택거래법(Fair Housing Act, 1988년에 개정됨)에 따라 살고 있는 주택을 세놓거나 매매할 때 차별을 금지하도록 한 규제 역시 눈여겨볼 만하다.[184] 이 법은 사실 실행하기가 매우 어렵다. 상당수의 임대인과 집을 팔려는 사람들이 작은 집을 소유하고 있기 때문이다. 그러나 대기업이 차별행위를 할 경우, 특히 인종을 이유로 주택의 임대를 거부할 경우 엄청난 벌금을 물어야 한다. 1997년 5월 맨해튼의 어느 연방배심원은 어느 협동주택이 건축한 아파트로부터 인종적 이유로 입주를 거부당한 혼혈인종 부부에게 64만 달러의 보상을 지급하라고 결정했다.[185]

배제의 권리는 항상 소유의 본질적 특징이었다. 이 경우 협동주택의 소유자는 어떤 이유에서건 누구에게도 임대를 거부할 수 없다고 한다면 그 건물을 더 이상 소유하고 있다고 말하기 어렵다. 이 같은 반차별 법률은 소유권의 기본토대를 흔들고 있다. 게다가 반작용도 만만치 않다. 이 법이 실시되고 난 이후 오히려 도심과 교외지역의 인종분리현상은 더욱 심해졌다.[186]

3) 은행규제와 "유보"(set asides)

민간기업에게 사회적 의무를 부과하려는 법으로 인해 오히려 해가 된 또 다른 경우는 은행규제이다.[187] 은행은 신중하게 대출함으로써 지역사회와 소유주에게 이익을 준다. 은행은 이들에게 맡겨진 다른 사람의 돈을 빌려주는 중개인 역할을 한다. 대출하는 과정에서 대출인의 신용도, 즉 이들이 이자를 지불하고 원금을 갚을 능력과 의지 이외에 다른 요인을 고려할 필요는 없다. 돈에서는 냄새가 나지 않는다(pecunia non olet)는 로마 황제 베스파시안의 말이 있다. 스위스 은행가들은 나치 독일과 손잡고 이들이 유대인으로부터 훔친 자산을 관리하는 데 아무런 양심의 가책도 느끼지 않았다. 유럽이나 미국 은행가들 역시 공산주의 정권과의 거래를 피하지 않았다. 따라서 흑인이나 여성으로부터 번 돈은 백인으로부터 번 돈만큼이나 소중하다. 따라서 은행이 특정 이웃이나 특정 집단에 대해 대출을 꺼린다면 그 이유는 아마도 과거 경험에서 이들의 위험이 너무 크다는 것을 배웠기 때문일 것이다. 역사적으로 고위험은 높은 이자율을 수반했다. 그러나 이 같은 해결책은 더 이상 사용할 수 없다. 왜냐하면 이는 차별행위로 법적 기소대상이기 때문이다. 그 결과 일부 지역과 집단은 오히려 모기지나 다른 형태의 신용을 얻기가 더 힘들어졌다.

정부는 이러한 현실을 반증이 없는 한 그것으로 충분한 차별의 증거로 해석하고 오히려 소수인종과 해당 지역에 대한 은행의 대출을 감시함으로써 이를 해결하려고 한다. 이러한 민간기업 간섭의 법적 토대는 인종, 종교, 성을 기준으로 대출의 차별을 금지한 1974년 균등신용기회법(Equal Credit Opportunity Act), 은행으로 하여금 정부에게 모든 모기지에 대해 인종, 성, 소득수준의 자세한 정보를 제공하도록 한 1975년 주택저당대출공시법(Home Mortgage Disclosure Act), 마지막으로 해당 지역 내에서만 대출하도록 한 1977년 지역사회재투자법(Community Reinvestment Act) 등이 있다.[188] 은행이 합법적으로 신용을 거절할 수 있는 분명한 근거를 법무부가 제시하지 않고 있기 때문에 잠재적으로 모든 거절은 차별로 해석될 여지가 있다.[189]

매년 연방준비위원회는 은행들을 연준법의 기준에 따라 평가한 뒤 "형편 없음"에서 "우수함"까지 등급을 매긴다. 이러한 등급은 은행간 합병이나 확장, 인수 등과 관련해 규제당국의 승인에 영향을 미치기 때문에 금전적 가치를 가진다.[190] 연방정부는 은행에 신용등급이 낮은 사람에게 돈을 대출하도록 함으로써 은행에 특별한 위험을 떠안기면서 채무불이행의 경우 발생하는 손해에 대해선 손실보전을 해주지 않는다.

인종간 평등을 목표로 내세우며 기업에 행해진 정부의 또 다른 통제는 이른바 "유보"라는 것으로, 이것 덕분에 소수인종 기업은 연방정부 계약 입찰시 우대를 받는다. 유보로 이루어진 정부계약은 연간 2천억 달러 규모로 전체 근로자의 ⅕을 고용한 약 6만 개의 기업이 그 대상에 해당된다.[191] 이 같은 상황에서 흑인과 여성이 소유한 기업은 아무리 입찰가가 낮아도 연방정부의 계약을 얻을 수 있다. 이 같은 유보는 비흑인과 남성을 역차별하며 재화와 서비스에 대해 필요 이상 많은 돈을 지불해 세금을 낭비한다는 점에서 불공평하다. 1995년 대법원은 이 같은 사례를 위헌으로 판정했다. 백인이 소유한 어느 콜로라도주의 회사가 더 낮은 입찰가에도 불구하고 라틴아메리카계가 소유한 기업에 입찰에서 밀려난 후 제기한 소송에서 대법원은 다음과 같이 판결했다. "단지 역사적 차별을 이유로 소수인종 집단의 모든 구성원들이 정부의 특혜를 누릴 전면적인 권리는 없다." 그러나 "차별을 증명할 수 있을 경우 인종을 기준으로 한 특혜"는 허용함으로써 이 같은 관행이 계속될 수 있는 여지를 남겨 두었다.[192]

"여성뿐만 아니라 민주당의 주요 유권자인 흑인, 기타 소수민족을" 만족시키기 위해, 그리고 대법원의 기준을 따르기 위해 클린턴 행정부는 유보제도를 계속 유지하기로 결정했다. "소수"인종 기업이 그들 몫의 계약을 받지 못하거나 그들의 "능력"만큼 "활용"되지 않을 경우 인종차별이 일어난다는 게 행정부의 판단이었다.[193] 소수인종 기업이 비효율적이거나 비용이 높기 때문에 "저(低)활용될" 수도 있다는 가능성은 고려되지 않았다. 결국 이 관행은 지금도 계속되고 있다. 1998년 2월 클린턴 행정부는 정부에 자동차를 납품하는 자동차 제조업체에게 "소수인종 기업으로부터의 조달목표"를 제출하라고 명령했다. 또 미국의 3대 자동차회사에 2001년까지 이들 기업으로부터의 조달을 5%, 연간 88억 달러까지 확대하도록 압력을 가했다.[194]

11. 고용차별 철폐조치

개인과 민간단체의 계약의 권리에 대한 가장 악명 높은 정부 간섭은 어퍼머티브 액션(affirmative action)이라는 고용차별 철폐조치에 의해 시행되고 있다. 이것은 1964년 이래로 "시민권"이라는 큼지막한 범주하에 제정된 일련의 법과 규정을 말한다. 존슨 대통령이 도입한 고용차별 철폐조치는 민주당과 공화당 상관없이 그의 후임자들에 의해 적용분야가 더욱 확대되었다. 처음엔 수정헌법조항 제14조와 제15조가 명시한 흑인에 대한 차별금지를 실행하는 수단으로 인식되었으나 곧 여성과 장애인을 포함해 다른 집단까지 확대되었고 결국엔 백인과 남성에게 불리한 "역차별" 수단으로 발전했다. 아무리 고귀한 의도를 가진 이상이라 하더라도 관료들이 이를 실행에 옮기면 관료주의의 특성상 이들은 목적은 무시하고 수단에 집중하는 경향이 있기 때문에 이 같은 부작용은 피할 수 없었다. 여기서 관료는 핵심세력이다. "대통령과 국회의원은 오고 가지만 연방정부기관은 남아 있기 때문이다."[195]

미국에서 – 아마도 세계 어디에서나 – 어떤 사회개혁이든지 간에 이상주의자와 비전을 가진 정치인과 지도자가 시작을 하지만 결국 이는 정부관료의 손에 맡겨진다. 이러한 운명은 두 가지 결과를 초래한다. 먼저 개혁이 끝까지 잘 이루어질 수 있다. 이상주의자들은 또 다른 대의를 찾아가지만 전문관료는 대중의 관심으로부터 멀어진 개혁분야에 남아 업무를 계속 추진한다. 하지만 또 다른 결과도 있다. 전문관료는 담당분야만 신경쓰기 때문에 점점 더 여론으로부터, 그리고 상식으로부터 멀어질 수 있다. 결국엔 자신에겐 너무나 논리적이고 필요하지만 거의 모든 다른 사람에 겐 너무나 말도 안 되는 일을 하게 된다.[196]

고용차별 철폐조치의 법적 토대는 1964년 공민권법(Civil Rights Act)과 존슨 대통령이 만든 일련의 행정명령으로 이루어져 있다. 이 조치의 집행은 균등고용기회위원회(Equal Employment Opportunity Commission)를 비롯한 여러 개의 연방정부기관이 담당하고 있다. 1964년법은 지금까지 제정된 세계의 인권법 중 가장 급진적이다.[197] 이 법은 투표와 공공시설 이용의 차별과 공립학교에서 인종분리를 금지하기 위한 수많은 멋진 조항들로 구성되어 있다. 남부지방이 주요 대상이었지만 가장 중요한 조항들은 전국적으로 영향을 미쳤다. 공민법 제6편(Title VI)은 "미국에서 어느 누구도, 인종, 피부색, 출신 국가 등으로 인해 연방정부로부터 재정지원을 받는 그 어떤 프로그램이나 활동에서 제외되거나, 혜택을 거부당하거나, 차별받지 않는다"고 명시하고 있다.[198] 이 조항은 후에 민간기업은 물론 수많은 사립대학에도 적용되었다. 2년 후 이 조항은 성차별 금지까지 확대되었으며 1973년엔 신체장애인까지 적용되었다.

제6편의 반차별 조항은 처음엔 연방정부로부터 재정지원을 받는 기관에만 적용되었다가 나중엔 거의 모든 공립학교와 대학, 그리고 상당수의 의료시설까지 확대되었다.[199] 그러나 제7편은 인종, 피부색, 종교, 성별, 출신국가 등을 근거로 한 고용차별금지 조항을 노조, 직업소개소, 직원 수가 15명 이상이고 다른 주나 연방정부와 거래하는 모든 기업에까지 확대시켰다. 단 1972년까지 1,010만 명을 고용한 주와 지방정부, 그리고 430만 명 정도를 고용한 교육기관은 예외로 했다.[200] 이 규정의 시행을 담당한 정부 관료는 이 범주에 해당하는 모든 계약자에게 "인정할 만한 고용차별 철폐 프로그램"을 제시하도록 요구했다. 그 중에는

계약자가 소수민족과 여성을 충분히 활용하지 못하는 분야의 분석과, 더 나아가서 이를 시정하기 위해 계약자의 선의의 노력이 지향해야 하는 목표와 계획표도 포함된다.[201]

1965년과 1967년에 존슨 대통령은 구체적으로 "인종, 종교, 피부색, 출신국가" [여기에 성(性)도 나중에 포함되었다]를 근거로 차별을 금지하도록 함으로써 공민권법의 조항을 실행하기 위한 행정명령에 서명했다. 이에 따라 정부와 민간기구 모두 자신의 직원들에 대해 인종, 종교, 민족, 성별 구성을 정확하고 자세히 기록해야 했다. 이 법안은 매우 광범위해져서 현재 전체 노동자 수의 약 ¼ 정도인 2천6백만 명이 일하는 약 20만 개의 기업에 적용되고 있다.[202] 1972년 이 법은 교육기관은 물론 주정부와 지방정부에까지 확대되었다.

공민법 제7편은 혁명적 조치로 수많은 반차별법과 규제에 법적 토대를 마련해주었으며 이의 집행으로 국가의 권한이 엄청나가 커진 반면 개인과 기업의 계약의 자유는 그만큼 축소되었다. 처음엔 여성에게, 나중엔 노인과 신체장애인에까지 확대되면서 이 법은 정부에 민간인들 사이의 관계에 간섭할 수 있는 유례없는 권한을 안겨주었다. 이는 반민주적 조치였다. 그 법의 수혜자인 대다수의 사람들이 이를 반대했다. 1977년 갤럽의 설문조사에 따르면 미국인들은 8 대 1로 소수인종 특별대우를 반대했다. 비백인계의 경우 2 대 1로 이를 반대했다. 갤럽에 따르면 "이처럼 논란이 많은 이슈에 고용차별 금지조치만큼 여론이 한 목소리를 낸 적은 거의 없다"면서 "단 하나의 인구집단도 이를 찬성하지 않았다."[203]

이와 관련해 "차별하다"(discriminate)라는 동사는 지나치게 정치화되어 구분하다(distinguish) 혹은 구별하다(discern)라는 원래의 의미는 온데간데 없이 사라지고 말았다. 물론 관례적 의미에서 이는 자유의 본질적 요소지만 이제 시민에게 – 정부와 달리 – 다른 사람을 차별하지 못하도록 함으로써 그들의 근본적 권리를 앗아가고 말았다.

공민법 제7편은 고용주에게 "특정 개인이나 집단에게 특별 대우"를 제공해야 할 의무로부터 면제해 줌으로써 기회의 평등을 조장하려고 했다. 이는 부정적 목표였다. 덕분에 의회에서 거센 반대에도 불구하고 공민법은 통과될 수 있었다. 하지만 존슨 대통령은 보다 긍정적인 목표를 마음에 두고 있었다. 공민법이 통과된 후 이듬해 "권리나 이론으로서가 아니라 사실과 결과로서 평등"을 원한다고 말했다. 이 목표를 염두에 두고 연방정부는 공격적인 사회공학 프로그램을 단행했다.

1964년 공민법은 1866년에 제정된 같은 이름의 법과 정반대로 실행되었다. 이전의 공민법은 개인의 소유권과 더불어 모든 사람이 법 앞에 평등하다는 것을 강조했다.[204] 1964년 공민법은 민간기업(공공숙박시설, 공공수송, 오락시설 등)에서 차별을 금지한 1875년 공민법과 훨씬 유사하다. 이 법은 1883년 대법원이 개인과 기업의 권리를 침해한다며 위헌결정을 내린 바 있다.

> 어떤 손님을 즐겁게 하고 어떤 사람을 버스나 택시나 차에 태우고 어떤 사람을 콘서트나 극장에 들어오게 하고 또 다른 사업이나 관계를 다룰 때 적합하다고 여길 모든 차별행동에 이것을 적용하는 것은 노예제도식 사고방식이다.[205]

반차별법을 시행할 때의 어려움 중 하나는 언제 위반했는지를 결정하는 데 필요한 명확한 기준을 세우지 못하는 - 이는 사실상 불가능하다 - 것이다. 법 집행관들은 의도라는 애매한 인상만으로 행동할 수 없다. 분명하고 애매모호하지 않은 기준이 있어야 하며 이것만이 결과의 통계가 될 수 있다. 공민법이 제정된 후 곧 정부기관들은 백인 남성과 소수민족(인종과 성을 기준으로)의 고용에서 존재했던 상당한 불균형을 차별로 추측하는 게 관행이 되었다.[206] 1968년에 노동부 산하 연방계약준수청(Office of Federal Contract

Compliance)은 "쿼터"(quota)라는 용어를 회피하면서 "목표와 계획표"에 대한 가이드라인을 제시했다. 1971년 12월 이러한 용어는 점차 "소수민족과 여성을 상당히 활용"하라는 의미로 해석되기 시작했다. "저활용"(underutilization)이란 소수민족이나 여성의 수가 특정 직업군에서 "공급에 비추어 합리적인 수준보다 적은 경우"로 정의되었다.[207] 균등고용기회위원회 소속의 변호사로부터 도움을 받아 하급법원에서 판례법이 마련되어 "전통적인 의도설에서 결과설로" 대체되었다.

> 이 덕분에 정부기관은 고용주의 의도에 상관없이 통계자료를 근거로 반증이 없으면 승소할 수 있게 되었으며 이를 통해 고용주에게 증거의 부담을 전가시킬 수 있게 되었다. 피해에 대한 통계자료가 있는 상태에서 이를 반증하기란 매우 어렵다.[208]

이 같은 결과설은 고용과 승진, 대학입학 중에서 비백인계와 여성이 차지하는 수치상의 쿼터로 구성된다. 그러나 쿼터는 처음부터 헌법적으로 문제가 있었다. 공민법 제7편은 쿼터제를 금지하고 있으며 1978년 대법원 역시 이를 위헌으로 판결했다. 그럼에도 불구하고 대법원은 "유연한" 고용차별금지법 기준을 허용했다. 따라서 실제로 이 프로그램을 실행하는 관료들은 "목표"라는 미명하에 쿼터제를 선호했다. 1970년 노동부는 고용주에게 "소수인종 지원자의 채용비율이 각 지역의 인구비례에 유사하거나 동일해야 한다"고 명령했다.[209]

이 제도의 문제는 고용주가 직원을 채용하거나 승진시키기 위해 시험을 보면 대부분의 경우 백인 남성과 아시아계 사람들보다 여성과 흑인, 남아메리카계 사람들의 점수가 더 낮다는 것이다. 이러한 장벽을 해결하기 위해 법원은 채용기준에 업무와 직접적 관련이 없는 자격조건(예를 들면, 고등학교 졸업장 소지자)을 포함시킬 경우 시민권에 위배된다고 판결했다. 모든 지원자에게 똑같은 시험을 보는 경우도 마찬가지다. 1971년 그릭스 대 듀크전력회사(Griggs v. Duke Power Co.) 판례에서 대법원은 고용주가 특정 직업의 수행에 필요하다고 증명할 수 없을 경우 최소한의 자격을 고용조건으로 내세워서는 안 된다고 만장일치로 판결했다(이 소송에서 듀크전력회사는 고등학교 졸업장과 적성검사 통과를 승진조건으로 요구했다).[210] 대법원은 모든 지원자에게 동일한 기준을 적용할 경우 차별이 발생한다고 판결했다. 1963년 어느 흑인 지원자가 다항선택 시험에서 성적이 너무 낮게 나와 모토로라로부터 채용을 거절당했다. 그는 일리노이주 균등고용위원회에 고충처리 신청을 했다. 위원회는 그 시험이 "환경적 차이를 고려하지 못했기 때문에 문화적으로 박탈당하고 소외된 계층에게" 불리하다고 판정했다. 그리고 모토로라에게 그 흑인 지원자를 채용하고 문제의 채용시험을 중단하도록 명령했다.[211]

워렌 버거 대법원장은 "의회는 공민권법의 취지를 단순히 동기가 아니라 고용관행의 결과에 맞추었다"고 말했다. 이는 1964년 법을 명백히 잘못 해석한 것이다.[212] 이 기준에 따르면 어떠한 일반적 요구조건도, 그리고 흑인과 백인이 서로 다른 성적으로 통과한 그 어떤 자격시험도, 반증이 없으면 승소할 수 있는 차별이 될 수 있다.[213] 즉, 기준 적용에서 비차별이 차별을 나타낸다는 의미로 이는 오웰식 신조어의 전형적 사례이다.

기업은 이제 인종과 성별을 바람직하게 혼합하고 법적 소송을 피하기 위해 소수인종 직원의 자격조건을 "향상"시킬 수 있는 간계를 생각해내야만 했다. 피부색을 무시하기 위한 노력은 인종적 쿼터와 계획표로 바뀌었다. 이제 기업은 정기적으로 정부기관에 얼마나 많은 수의 직원을 각각의 소수인종 집단에서 각 직급별로 채용하고 있는지에 대한 정보를 담은 두꺼운 자료를 제출해야만 한다. 실제이든 상상이든 간에 차별로 인한 소송은 이제 번창하는 사업이 되었다.

뭐라고 부르든지 간에 쿼터제도의 문제는 본질적으로 차별적이라는 데 있다. 개인의 능력과 성과보다는 인종, 민족, 성 집단의 구성원인가의 여부로 실적이 평가되기 때문이다. 이러한 현상은 이 법을 만든 사람들의 의도가 아니었지만 이런 방식이 아니었다면 이 법은 아예 실행자체가 불가능했기 때문에 어쩔 수 없었다.

인권법안의 적용에서 어처구니 없는 또 다른 사건은 1990년에 제정된 장애인에 관한 법률(Disabilities Act)을 시행하는 과정에서 발생했다. 1997년 이 법은 만성적 지각, 흐린 판단력, 동료와 상관에 대한 적대감 등으로 나타나는 "정신적 장애"를 겪고 있는 직원에게도 적용되는 것으로 해석되었다. 1997년 "가이드라인"에 따르면 고용주는 무례하게 행동하거나 단정치 못한 모습으로 출근한 직원에게 주의조치를 취할 수 없다. 대신 자신의 모든 권한을 다해 이 같은 직원이 "편안하게" 느끼도록 애써야 한다.[214]

1964년 이후 발전해온 반차별 관련법과 규제는 우대대상집단에 속하지 않은 사람을 차별할 뿐만 아니라 이에 영향을 받는 조직과 기관을 흔들고 있다. 기업이든 대학이든 간에 민간기관은 작은 사회로 따라서 생산성 향상이나 이익추구, 더 우월한 교육서비스 제공과 같은 조직 자체의 목적을 달성하기보다는 구성원의 개인적 요구와 필요를 만족시켜야 한다는 잘못된 전제를 가정하고 있다. "분배의 정의"는 기업이나 고등교육기관의 임용에 타당하게 적용할 수 없는데, 왜냐하면 분배정의의 고려사항들은 오직 참여자들에게 이익이나 기회를 주기 위해 존재하는 사회적 관행과 관계가 있을 뿐이기 때문이다.[215] 이러한 고려사항들은 교원임용과는 아무런 상관이 없다.

> 분명 관련이 있다는 일반적 믿음은 결함이 있는 대학교수 모형을 토대로 한다. 즉, 대학이 시민사회의 축소판이라고 생각하는 데에서 문제가 생긴다.…대학교수진은 임용된 교수나 앞으로 임용될 교수에게 이익과 기회를 주기 위해 존재하는 게 아니다. 학생을 잘 가르치고 뛰어난 연구를 하는 등 외부적 목적을 추구해야 한다. 따라서 교수임용에서 유일하게 타당한 질문은 바로 이것이다: 대학이 이러한 목표를 가장 잘 달성할 수 있는 사람을 교수로 임용하고 있는가? 다른 모든 고려사항들은 관

련이 없거나 부차적인 것이다.[216]

이 같은 논거는 기업의 채용 및 승진관행에도 적용된다.

쿼터제가 대학의 "다양성"을 증대시킨다는 주장 역시 별로 근거가 없다. 인종과 성이라는 기준 이외에도 매우 많은 종류의 "다양성"이 존재한다. 1989년 카네기교육증진재단이 실시한 연구조사에 따르면 인문학과 교수 중 단 4%만이, 또 사회과학을 가르치는 교수 중 2.2%만이 자신을 "보수주의자"라고 한 반면 같은 단과대학의 40%가 넘는 교수들이 "진보주의자"라고 했다. 그러나 인종과 성을 기준으로 "다양성"을 적극적으로 추구하는 미국대학교수연합은 "단 한번도 보수주의자나 비중이 낮은 다른 견해를 가진 교수들을 고용하기 위해 '목표와 계획표'를 정함으로써 이 같은 상황을 해결해야 한다고 주장한 적이 단 한번도 없다." "정치적 견해에 대해서는 교수진이 다양성 기준을 토대로 판단내릴 권리를 승인하지 않겠다"는 게 이유였다.[217]

고용차별금지법은 매우 위험한 방식으로 고용과 신입생 선발의 특권을 민간기관으로부터 국가, 즉 정부관료에게 넘겨주었다.

> 반차별법은 누구나 좋은 이유든, 나쁜 이유든, 아무런 이유가 없든지 간에 상관없이 자신이 좋아하는 사람과 거래할 수 있다는 원칙을 천명한 계약의 자유와 상치한다. 계약적 제도하에서 국가의 주요 역할은 모든 사람이 자신의 힘으로 재산을 소유하고 계약을 하고 소송을 하고 소송을 당하고 증거를 제공하도록 하는 것이다. 따라서 국가가 인정하고 보호하는 권리는 쉽게 보편화되며 동시에 모든 사람이 누릴 수 있다.…국가는 모든 국민을 위해 공격과 사기로부터 안전한 자유지대를 마련해주어야 한다.…반차별 원칙은 이 같은 계약의 자유와 이에 수반되지만 제한된 국가의 역할에 대한 견해에 강력한 제동을 걸었다.[218]

1964년 공민권법의 제7편은 더욱 왜곡되어 이제 국가가 직장에서 표현의 자유에 간섭하기에 이르렀다. 비록 원래 법조문에는 이에 대한 언급이 전혀 없었지만 정부기관과 의회는 법 조항을 마음대로 해석해 "인종주의자," "성차별주의자"의 표현마저 금지시켰다. 심지어 동료직원의 기분을 상하게 할 수 있는 종교적 의견조차 금지대상이 되었다. 1988년 미국 항소순회법원은 다음과 같이 선언했다.

> 공민권법 제7편은 고용주에게 완고하고 독선적인 모든 백인 노동자를 해고하라고 명령하진 않지만 고용주에게 이처럼 편견을 가진 사람이 자신의 의견을 말함으로써 동료직원을 욕하거나 감정을 상하게 하지 못하도록 신속한 조치를 취할 것을 요구한다. 사람들에게 공적인 자리에서 인종주의자나 성차별주의자적 의견을 말하는 것이 받아들여질 수 없는 행위라는 사실을 알림으로써 많은 이들이 결국 이 같은 견해가 사석에서도 바람직하지 못하다는 것을 깨닫게 될 것이다. 따라서 제7편은 우리 사회에서 편견과 선입견을 없애는 데 기여할 것이다.[219]

이 판결은 법이, 이 경우 인종이나 종교, 성을 기준으로 고용차별을 금지하도록 한 법이, 원래 의도를 벗어나 표현의 자유를 제한하고 사회행동을 바꿀 정도로 확대될 수 있음을 보여주는 전형적 사례이다.

12. 고등교육기관의 인종 및 성차별 금지

새롭게 확보한 재정권한 덕분에 정부가 시민의 계약의 권리를 어떻게 침해할 수 있게 되었는지를 잘 보여주는 사례는 고등교육에서도 찾아볼 수 있다. 정부가 연구지원비, 학자금 지원, 세금면제 등의 형태로 대학에 관대한 재정을 지원한 덕분에 미국 고등교육은 급속도로 팽창할 수 있었다. 인구 대비 대학 졸업생의 수는 1870년에서 1992년 사이에 10배가 증가했으며 최근 몇 년간 고등학교 졸업생 중 33~45%가 학사학위를 취득했다(1900년엔 18~21세의 청년 중 겨우 4%만이 대학에 다녔다).[220] 비록 연방정부가 1862년부터 고등교육을 지원하기 시작했지만 – 당시엔 대학에 토지를 무상으로 제공했다 – 제2차 세계대전까지 워싱턴은 대학이나 대학생들의 재정지원에 소극적이었다. 1930년대 중반까지만 해도 연방정부의 대학지원은 미국에서 고등교육에 지출되는 돈의 5%에도 미치지 못했다.[221] 제2차 세계대전이 끝나면서 상황은 급변했다. "지아이빌"(GI Bill)로 알려진 제대군인원호법(Serviceman's Readjustment Act)이 1944년에 의회를 통과했고 여러 차례 개정되면서 제대군인에게 대학 입학금과 생활비를 지원하기 시작했다. 그 결과 대학생 수는 1940년 천5백만 명에서 1950년 2천7백만 명으로 급증했다.[222]

1957년 소련이 인류 최초의 인공위성인 스푸트니크호를 발사해 세계를 놀라게 했을 때 가장 많은 충격을 받은 나라는 다름 아닌 미국이었다. 그동안 단 한번도 물리적으로 적국으로부터 위협받은 적이 없었던 미국에게 스푸트니크호는 소련 군대가 세계 어디에나 핵무기를 장착한 미사일을 쏠 수 있다는 것을 의미했다. 미국은 이 업적을 이룰 수 있는 능력이 충분히 있었다. 미사일 경쟁에서 졌다면 그것은 의도적으로 그렇게 결정했기 때문이었다. 과학자들의 조언에 따라 탄도미사일은 군사적 목적으로 충분히 정밀하게 만들 수 없다고 판단한 미국은 대신 대륙간 폭격기를 핵심 핵억지 수단으로 선택했다. 그럼에도 불구하고 계속되는 히스테리 속에서 교육계는 러시아의 기술업적은 미국보다 뛰어난 교육 때문에 가능했다는 주장으로 미국 대중과 의회를 설득하는 데 성공했다. 1958년 국가방위교육법(National Defense Education Act)이 제정되면서 막대한 연방정부의 지원이 학생들에게 일부는 보조금으로, 일부는 대출금으로 제공되었다. 수십억 달러가 대학의 방위 관련 연구에 투입되었다. 계속해서 연방정부의 교육예산은 증가했다. 존슨 대통령의 위대한 사회프로그램의 일환으로 1965에 제정된 고등교육법(Higher Education Act)은 모든 미국인이 대학을 다닐 수 있도록 하겠다는 야심 찬 포부를 밝혔다. 1977년 연방정부는 대학에 약 140억 달러를 지출했다.[223] 최근엔 대학생의 학자금 지원 중 75%가 연방정부의 국고에서 나온다.[224]

이처럼 아낌없는 연방정부의 지원이 미국 교육의 질에 미친 영향과 – 긍정적인 면과 부정적인 면이 모두 존재한다 – 고등교육기관의 재정적 상태는 이 책의 관심분야가 아니다.[225] 우리의 관심사는 정부가 이 같은 재정적 권한을 이용해 고등교육, 특히 학생선발과 교수임용에 간섭했다는 사실에 있다. 이런 면에서 볼 때 정부의 재정지원은 늘 해가 되었다.

1964년 공민권법이나 그와 관련된 어떤 법도 고등교육기관에서 "인종차별금지"를 요구한 적이 없다. 사실 1950년대 이후로 미국의 기본교육법은 "미국의 모든 부서, 기관, 관료, 공무원이" 학교와 대학의 교육 프로세스에 대해 "어떠한 지시나 감독, 통제"를 행사하지 못하도록 금지하고 있다. 그 이유는 어느 권위자의 말을 빌리면 "연방정부의 (교육계) 통제는 불법"이기 때문이다.[226] 하지만 보건건강복지부는 인종과 성별 쿼터제에 준하는 기준을 세워 대학에서 차별행위가 일어나고 있는지를 판단했다. 정부의 재정지원을 받는 모든 대학은 – 약 2천 개가 넘는다 – 현재 정기적으로 정부 통계국에 학생과 교수진의 인종, 성별 정보를 제출해야 한다. 과거엔 이 같은 통계자료를 만든 적이 없다. 만약 "불만족스럽다"고 판정될 경우 성별, 인종간 불균형을 시정하기 위해 엄청난, 그리고 증명해 보일 수 있는 노력을 해야 한다. 그렇지 않으면 연방정부로부터 재정지원이 중단된다. 정부가 대학의 신입생 선발과 교수채용에 간섭하는 데서 법적 정당성은 면세혜택을 받는 이들 교육기관이 간접적 세금보조금을 받고 있다는 사실에서 기인한다. 게다가 학교와 학생 모두 정부로부터 직접 보조금을 지원받고 있다.

고등교육기관들은 교수를 임용하거나 승진시킬 때 점점 더 연방정부의 눈치를 보게 되었다. 이들은 정부지원금을 잃게 될까 봐 두려운 나머지 정부의 요구에 순응했다. 1939~1940학년도에 사립대학은 전체 수입 중 0.7%를 연방정부로부터 받았는데 1969~1970학년도에 그 비중은 22.5%로 증가했다.[227] 컬럼비아대학은 한때 연간 예산의 절반을 워싱턴으로부터 받았다. 연구와 훈련에 대한 정부의 보조금은 1968년 하버드 예산 중 38%를 차지했다.[228] 미국에서 세 번째로 큰 대학재단을 가진 프린스턴대학은 1991년 수입의 32.4%를 정부계약과 보조금으로부터 받았다. 재단이 벌어들인 수입보다 약 ⅓이 더 많은 액수였다.[229] 전문대학은 운영자금은 물론 학생보조금 때문에 독자적 기준과 판단에 따라 학생을 선발하고 교수를 임용하고 승진시킬 권리를 주장함으로써 연방정부의 재정지원을 포기할 여력이 없다. 지금까지 단 두 개의 대학만이 – 이들의 학생수는 모두 합쳐 5천 명에 불과했다 – 용기를 낸 적이 있다.

1996년에 미국엔 남자들만 다니는 대학이 단 3개만 남았다(하지만 여자 사립대학은 84개나 된다).[230] 최근 정부와 법원은 두 개의 유명한 사관학교인 버지니아 사관학교(Virginia Military Institute)와 시타델(Citadel)에게 남학생만 선발하는 전통적 정책을 포기하도록 강요했다. 버지니아 사관학교가 여학생도 입학을 허용해야 한다는 대법원 판결 이후 안토닌 스칼리아(Antonin Scalia) 판사는 반대의견에서 "오늘날 천명되고 적용되는 헌법의 원칙하에서 단성(單性) 공교육은 위헌"이라고 진술했다.[231]

인종차별금지법은 불가피하게 "역차별"을 초래했다. 백인이거나 남자는 흑인이거나 여성인 지원자보다 능력이 똑같거나 더 훌륭한데도 대학입학이나 교수임용에서 탈락되곤 한다. 1970년대 초 코넬대학장은 이례적으로 솔직하게 "많은 면에서 자질이 부족하거나 조금 뒤처지더라도 소수민족과 여성을 더 채용하도록" 교수진에게 지시하자 많은 교수들이 이를 암묵적으로 따랐다고 말했다.[232]

마찬가지로 소수인종 지원자들을 위해 입학기준을 낮추는 일도 생겼다.

1997년 캘리포니아대학이 흑인과 라틴계 지원자들을 위한 인종차별금지 제도를 포기한다고 발표한 뒤 이 두 집단의 지원자들의 입학율이 크게 떨어지자 법무부는 대학당국에게 표준입학시험을 적용할 경우 백인학생들이 유리하다며 연방공민권법을 침해했는지 조사하겠다고 통보했다. 만약 이 대학이 이 법을 어겼다고 – 즉, 차별하지 않음으로써 차별한 – 판정될 경우 이 대학은 110억 달러의 정부지원금을 잃게 되었다.[233] 다행히 연방정부는 아직까지 대학에 입학시험처럼 표준화된 과목평가시험을 폐지하라고 요구하지는 않았다. 쿼터제 덕분에 미국대학에 입학한 흑인과 다른 소수인종의 학생들 중 상당수가 졸업하지 못했다. 1993년 이들의 중퇴율은 72%에 육박했다.[234]

대학의 신입생 선발에서 인종차별금지 정책의 헌법적 측면은 대법원으로부터 도전을 받았다. 대법원은 "소수인종이 아닌 사람이 인종만을 기준으로 다른 사람에게 주어진 특혜 때문에 불리한 건 아닌지" 의문을 제기했다.[235] 이와 관련해 대법원에서 가장 중요하다고 여기는 판례 중 하나는 1978년의 캘리포니아대학 학생부장 대 바크(Regents of the University of California v. Bakke) 사건이다. 원고인 알렌 바크는 데이비스에 있는 캘리포니아대학의 의과대학에 지원했다가 낙방했다. 그의 고등학교 성적과 의대입학시험 점수 모두 "유보" 규정에 따라 합격한 일부 흑인학생들보다 더 좋았는데도 말이다. 바크는 소송을 제기했고 인종 때문에 차별받았으며 이는 동등한 보호를 보장하는 수정헌법 제14조에 위배된다고 주장했다. 이 사건은 모든 인종차별금지제도에 영향을 미칠 수 있었기 때문에 언론과 여론으로부터 이례적 관심을 끌었다. 대법원은 5 대 4로 바크의 손을 들어주었으며 캘리포니아대학에게 그의 입학을 허가하도록 했다. 하지만 법원의 판결은, 비록 엄격한 쿼터제는 위법이라고 했지만 인종적 특혜를 완전히 금지하진 못했으며 향후 남용의 여지를 남겨두었다. 반대의견을 낸 4명의 판사들은 바크가 이전에 소수인종 지원자들보다 우대를 받지 않았다면 그들보

다 "더 뛰어나지" 않았을 수도 있다고 주장했다.[236]

대학이 백인 남학생을 차별하는 또 다른 방법은 바람직한 "균형"을 맞추기 위해 입학시험을 교묘히 조작하는 것이다. 대개 남학생들은 대학 입학시험인 SAT의 수학과목에서 여학생보다 더 높은 점수를 받으며 흑인과 비교할 때 언어와 수학점수 모두 뛰어나다. 1993년 SAT 모의고사에서 남학생의 합격률이 여학생의 2배를 넘었다. 수학점수가 월등히 좋았기 때문이다. 여학생에게 더 나은 기회를 주기 위해 여학생과 남학생의 점수가 비슷하게 나온 언어영역의 가산점을 두 배로 높였다. 이 임의적 조정으로 일반적으로 남학생 모두, 특히 아시아계 남학생들이 피해를 보았다. 아시아계 학생의 경우 남학생과 여학생 모두 수학영역에서 높은 점수를 받는 반면 언어영역의 점수는 상대적으로 낮은 편이었기 때문이다.[237] 하지만 이 같은 조작에도 불구하고 원하는 결과나 나오지 않자 다른 수단들이 동원되었다. 국비장학생에 여학생을 더 많이 선발하기 위해 공민권청(Office for Civil Rights)은 1997년 10월 SAT를 주관하는 칼리지 보드(College Board)에게 새로운 "쓰기 영역"을 추가하도록 했다. "쓰기는 여학생들이 남학생보다 더 우수하기 때문에 여학생의 총점이 올라갈 거라고 예상"했기 때문이다. 이 정책은 여학생들의 성적을 어느 정도 향상시켜주었지만 충분하진 않았다. 바람직한 결과를 얻기 위해 또 다른 형태의 시험제도가 도입될 가능성이 있다.[238]

필요한 "균형"을 이루기 위해 일부 고등교육기관은 무식할 정도로 역차별을 단행해 백인 남학생과 아시아계 지원자를 제한하고 있다. 흑인과 라틴계 학생들은 합격선만 되면 모두 받아들인 반면 아시아계와 백인은 거의 만점에 가까운 점수를 받아야 한다.[239]

13. 버스통학 혼합학군제(school busing)

학생들을 강제로 혼합학군으로 버스를 태워 보냈던 정책만큼 인종간 평등이란 명목 아래 사회의 삶에 대한 국가의 간섭이 자유를 파괴하고 역효과가 났던 것은 없을 것이다. 인종차별금지제도와 마찬가지로 버싱(busing) 역시 처음엔 너무나 잘못된 문제를 제한적인 범위에서 해결하겠다는 의도로 시작되었다. 그러나 사회정의에 대한 요구가 강해지자 곧 공적 생활의 다른 부분에까지 확대되었다. 연방정부의 예산은 역시 여기에서도 중요한 역할을 했다.

1964년 공민권법은 주로 엄격하게 인종분리정책을 시행했던 남부지방의 학교를 대상으로 했다. 1965년 초등 및 중등교육법(Elementary and Secondary Education Act)이 통과되면서 학교에 대한 연방정부 지원이 대규모로 이루어졌다. 막강해진 재정권한을 손에 쥔 정부는 남부지방의 학교에 인종분리를 못하도록 강요할 수 있었다. 북부지방의 경우 인종분리가 의도적 정책 때문이 아니라 백인과 흑인, 라틴계 사람들이 각기 공동체를 이루어 살기 시작해서 공립학교가 사실상 분리된 자연적 현상의 결과였기 때문에 남부와 전혀 상황이 달랐고 따라서 이를 금지하는 게 훨씬 어려웠다.

이 문제를 해결하기 위해 강제버스통학제도가 실시되었다. 북부의 경우 1974년 보스턴에서 처음 시작해 다른 도시로 확대되었다. 버싱제도는 대법원의 승인으로 수립되었고 자신의 결심에 따라 성공이 결정된다고 믿는 열성적인 사회개혁가들에 의해 실행되었다. 대다수의 미국인들은, 백인과 흑인 모두 강제버스통학을 반대했다. 1970년대에 이 제도의 수혜자인 흑인의 70%가 연방정부의 학군통합정책에 반대했다.[240] 강요된 평등의 시도는 결국 자유의 심각한 침해로 이어졌다. 아이들은 어느 누구도 인종이나 출신국에 따라 배정된 학교에서 "빠져나올" 수 없었다.[241] 이는 힘없는 아이들을 대상으로 한 강제징집이나 마찬가지였다.

이는 결국 실패로 끝나고 말았다. 북부 도시에서는 오히려 인종분리가 심해졌다. 아이가 가축처럼 이리저리 버스에 실려 다니는 것을 원치 않은 백인 부모들이 자녀를 사립학교에 입학시키거나 교외지역으로 이사갔기 때문이다. 1972년 강제통학버스제도가 실시되기 전에 보스턴 공립학교 학생 중 약 60%가 백인이었다. 1995년에 비(非)라틴계 백인은 18%로 감소했다.[242] 1997년에 발표된 하버드 교육대학원의 연구조사에 따르면 이러한 수치는 예외가 아니라 전국적 현상이었다. 1990년대에 백인들이 버싱제도를 피해 대도시를 떠난 결과 흑인과 라틴계 학생들의 인종분리는 점차 증가했으며 앞으로도 계속 그럴 것이다.[243]

14. 결 론

20세기는 소유권과 그에 수반된 모든 권리에 그리 우호적이지 않았다. 전체주의와 민주주의 간의 경쟁에서 민주주의와 소유권이 결국 승리를 거두었지만 민주사회에서조차 소유의 개념은 상당한 변화를 겪었다. 절대적 지배로부터 멀어져 조건적 점유에 더 가까워졌으며 그 결과 개인의 재산권은 계속해서 체계적으로 침해당했다. 민주적 절차를 통해 정부를 선출한다고 해서 개인의 시민권은 자동으로 존중된 게 아니었다. 증거가 필요하다면 나폴레옹 3세를 떠올려보자. 보통선거를 통해 프랑스 최초의 군주로 선출되었던 그는 정당하게 얻은 권력을 이용해 언론의 자유를 탄압하고 정당한 절차 없이 시민을 체포하고 추방했으며 독재정권을 행사했다. 사실 민주주의는 "비자유적"일 수도 있다.[244]

그런데 사회적 소외계층의 사정을 상당히 개선시킬 수 있다면 개인의 자유는 어느 정도 희생할 수 있다고 주장하는 사람도 있을 것이다. 하지만 문제는 이 같은 개선이 명백하지 않다는 데 있다. 사실 기본적 요구보다 더 많은 것을 주려고 하는 복지정책이 오히려 가난을 부추기고 있는 것처럼 보인다.

앞서 보았듯이 최저임금, 임대료 규제, 강제버스통학 통합학군제 등과 같은 제도는 문제를 그대로 두거나 상황을 개선시키지 못했다. 오히려 가난을 철폐하고 평등을 이룩하겠다는 화려한 복지정책이 부작용을 낳았다는 더욱 우려할 만한 지표들이 있다.

> 1965년 가난에 대한 전쟁이 시작된 이후 연방정부와 주정부, 지방정부 모두 여기에 총 5.4조 달러를 퍼부었다. 5.4조 달러는 얼마나 큰 돈인가? 이는 미국이 제2차 세계대전에 지출했던 것보다 70%가 더 많다. 5.4조 달러면 〈포천〉지 선정 500위 기업과 미국에 있는 모든 농지를 사들일 수 있다. 그러나…빈곤률은 1965년보다 현재(1996년) 더 높다.[245]

위대한 사회란 복지정책이 시작된 1965년부터 1993년에 이르기까지 빈곤선 아래에 있는 인구의 비중은 약 12.5%에서 15%로 늘어났다. 바로 이 시기에 복지예산은 연 5백억 달러에서 3,240억 달러로 증가했다.[246] 이같이 예상치 못한 상황이 벌어진 것은 복지제도가 의존성을 키우고 의존성이 가난을 키웠기 때문이다. 이러한 경향은 부양 자녀를 가진 세대에 대한 보조제도에서 가장 분명히 나타난다. 원래 아이가 있는 과부를 지원하기 위한 것이었으나 후에는 미혼모를 부추기는 효과를 초래했으며 이들이 낳은 사생아 역시 정부가 부담하고 있다. 1960년에 사생아 비율이 5.3%에 불과했으나 1990년엔 28%로 급증했다. 흑인의 경우 사생아 비율은 65.2%에 이른다. 생계비를 받는 저소득층 가정 중 92%가 한부모가정이다.[247] 수혜자가 통제할 수 없는 긴급한 상황에 한정되지 않고 이들에게 (프랭클린 루즈벨트의 말을 빌리자면) "편안한 생활"을 제공하기 위해 아낌없이 주겠다는 복지정책은 자유와 뗄 수 없는 관계에 있는 소유의 원칙에 해가 될 뿐만 아니라 자기파멸로 치달을 뿐이다.

소유의 권리는 그 자체만으로 시민권과 자유를 보장하지 않는다. 그러나 역사적으로 볼 때 이는 이 두 가지를 얻을 수 있는 가장 효과적인 수단이었다. 소유권은 자치영역을 만들어 내며 국가나 사회 모두 상호간의 동의하에 이를 침해하지 않는다. 공적 분야와 사적 분야에 선을 그음으로써 소유권은 그 소유주를 공동 주권자로 만들어준다. 따라서 논란의 여지는 있지만 이는 투표권보다 더 중요해졌다.[248] 사회복지란 명분하에 부를 분배하고 "시민권"을 위해 계약의 권리를 침해함으로써 소유권이 약화되자 대부분의 선진 민주주의 국가에서 자유가 흔들리고 있다. 비록 평화 속에서 부가 축적되고 민주적 절차가 준수되는 모습을 보면 아무 이상이 없는 듯이 보이지만 말이다.

맺음말

> 모든 사람이 자유롭고 동등한 세계는 아마도 낙원일 것이다. 이 같은 세상은 실현하기 어렵다. 억지로 선택해야 한다면 아마도 평등보다 자유를 우선으로 꼽을 것이다. 자유가 없으면 반드시 불평등과 부정의가 초래되며 결국 독재정치로 이어지기 때문이다. 그러나 불평등이 반드시 자유의 부재로 이어지는 것은 아니다.
>
> – 칼 포퍼(Karl Popper)[1]

지금까지 우리는 소유의 개념과 제도의 발전과정을 살펴보고 영국과 러시아라는 상반된 사례를 통해 소유와 그의 후손인 법이 자유와 얼마나 긴밀한 관계에 있는지를 증명했다. 소유와 법은 자유를 위한 필요조건이긴 하지만 충분조건은 아니다. 마지막 장에서는 20세기에 소유와 자유를 불안케 하는 일련의 변화들을 설명하고 이로 인해 이른바 사회정의와 "공공선"이라는 명분하에 정부가 소유권을 없애거나 침해하고, 따라서 개인의 자유를 때로는 없애고 자주 제한했음을 보여주는 증거를 제시했다.

20세기가 끝나고 있는 가운데 자유와 소유에 대한 전통적 위협은 더 이상 커지지 않고 있다. 공산주의의 붕괴로 이에 대한 가장 직접적이고 위험한 도전이 사라졌다. 사회주의의 경제적 실패로 생산수단에서 사적 소유를 없앨 경우 모든 사회악이 해결될 거라는 이상은 환상임이 밝혀졌다. 비록 사적 소유를 전혀 허용하지 않는 독재자가 여전히 여기저기서 권력을 유지하고 있지만 이들은 고립되거나 점차 시대의 정신에 굴복하고 있다. 오늘날의 화두는 민주주의와 사유화이다.[2]

이러한 변화가 반갑긴 하지만 그렇다고 해서 자유의 미래가 밝은 것만은 아니다. 자유는 전혀 다른 새로운 곳으로부터 위협받고 있다. 오늘날 자유를 위협하는 것은 폭정이 아니라 평등이다. 동일한 보상으로 정의되는 평등 말이다. 이는 안전의 추구와 관련이 있다.

자유는 그 성격상 비평등주의적이다. 왜냐하면 사람은 힘, 지능, 야심, 용기, 인내심 등 성공의 모든 요소에서 차이가 있기 때문이다. 기회의 평등과 법앞의 평등은(모세를 통해 이스라엘인들에게 전해진 하나님의 말씀을 빌리자면 《레위기》 24장 22절 "외국인에게든지 본토인에게든지 그 법을 동일히 할지니, 나는 너희 하나님 여호와임이라") 자유와 양립할 수 있으며 또 자유에 필수적이다. 그러나 보상의 평등은 그렇지 않다. 이러한 종류의 평등이 동물세계에서나 원시인들 사이에서 존재한 적이 없기 때문에 이는 비자연적인 것으로 간주되어야 하며 따라서 강압적 수단을 통해서만 이룩할 수 있다. 그렇기 때문에 모든 유토피아가 전제적 권한을 가정하고 모든 독재자가 백성의 평등을 주장하는 것이다.[3] 월터 배젓(Walter Bagehot)이 1세기 전 지적했듯이 "인간이 동시에 자유롭고 평등할 수 있는 방법은 없다."[4]

아이러니하게도 평등의 실행은 자유는 물론이고 평등 자체마저 파괴한다. 공산주의 경험에서 볼 수 있듯이 사회평등을 추구하는 임무를 맡은 사람들이 일반인보다 더 높이 올라설 수 있는 특권을 주장하기 때문이다. 또 부패가 확산된다. 재화와 서비스를 독점한 엘리트 계층은 이를 똑같이 배분하는 게 임무임에도 불구하고 그에 대해 보상을 기대하기 때문이다.

하지만 "내 것과 네 것"이란 개념이 존재하지 않아 모든 것이 평등했던 황금시대의 이상은 늘 인류를 매료시켰다. 이는 영원히 지속되고 아마도 절대로 파괴되지 않을 미신 중 하나이다. 평등과 자유 사이의 경쟁에서 전자는 훨씬 우월한 위치에 있다. 왜냐하면 자유는 이를 상실할 때만 느낄 수 있기 때문이다. 하지만 불평등의 고통은 삶의 매 순간에 나타난다.

근대의 추세는 민주주의 국가의 시민들이 별 생각 없이 사회적 평등(그와 더불어 경제적 안전)을 얻기 위해 자신의 자유를 포기할 의지가 있는 것처럼 보인다. 그 결과에 대해선 잘 모르는 게 분명하다. 개인이 자신이 벌고 소유한 것을 보유하고 사용할 권리, 마음대로 누군가를 고용하고 해고할 권리, 자유롭게 계약을 체결할 권리, 그리고 심지어 생각을 표현할 권리조차 사유재산을 재분배하고 개인의 권리를 집단의 권리에 복종시키고 싶어하는 정부에 의해 점진적으로 침해당하고 있다. 20세기 후반에 생겨나기 시작한 복지국가란 개념은 그 자체가 개인의 자유와 양립할 수 없다. 왜냐하면 공동의 요구를 가진 다양한 집단들이 힘을 합쳐 사회 전체의 희생을 대가로 이를 만족시킬 권리를 주장할 수 있기 때문이다. 그 과정에서 국가의 권력은 점점 더 비대해지며 국가 역시 자신을 위해 행동한다.[5] 이 같은 현실은 현재 평화의 시기에 전 세계적으로 가동되는 산업경제가 창출한 어마어마한 부에 의해 가려져 있다. 하지만 경제상황이 급격히 나빠지고 국가가 번영의 시기에 확보한 통제권을 이용해 자유를 희생시키고 사회안정을 회복시킬 경우 그 고통은 분명해질 것이다.

복지를 수많은 "권원"과 피상적 "권리"들을 가진 복지를 없애고 20세기 이전처럼 사회지원의 책임을 가족이나 민간 자선단체에 되돌려 보내야만 이 같은 고난을 해결할 수 있다. 하지만 이 해결책은 현실성이 없다. 정부가 아무 일도 하지 않는 자유지상주의는 정부가 모든 것을 통제하는 유토피아적 사회만큼이나 비현실적인 이상이다. 자유방임주의가 절정에 달했을 때조차 세계의 모든 정부는 어떤 형태로든 경제와 사회문제에 간섭했다. 수동적 국가란 개념은 원시 공산주의와 같이 신화에 불과하다.

하지만 이 두 극단적 입장에 대해 합리적인 대안을 찾을 수 있어야 한다. 국가권력의 범위를 다룰 때 문제는 모 아니면 도라는 식의 사고방식보다는 더 많이 혹은 더 적게 식으로 되어야 한다. 19세기에 대법원이 – 상당한 망설임 끝에 – 사적 계약체결에 간섭할 필요가 있다고 여겼을 때 "합리적"이란 경계의 형용사가 뒤따랐다. 국가는 오늘날 그 어느 때보다 규제를 더 많이 하지만 시민의 경제적 권한(소유권)이 시민권(동등한 대우를 받을 권리)만큼이나 필수적이며 사실상 이 둘은 분리할 수 없는 것이라는 사실을 주지하고 최소한 필요한 만큼만 개입해야 한다. 동등한 보상에 대한 권리라는 목표는 달성할 수 있는 게 아니며 어떤 경우든지 간에 진정한 사적 권리를 파괴한다.

계몽운동에 뿌리를 두고 평등주의란 이상에 필요 불가결한, 인간은 무한하게 영향을 받기 쉬운 존재라 교육, 세뇌, 입법 등을 통해 길들이면 도덕적 완성에 도달할 수 있다는 사상을 이제는 버려야만 한다. 역사와 문화인류학 모두 외부압력에도 바뀌지 않는 인간본성의 단단한 핵이 지속됨을 시사한다. 인간행동을 근본적으로 또 영원히 바꿀 수 있다는 잘못된 믿음으로부터 출발한 현대의 광기 어린 법안들은 이에 상치된다. 특히 인간의 행동과 사상을 통제하려던 인류역사상 가장 결의에 찬 시도를 감행했던 소련 공산주의가 무너진 후에는 더욱 그렇다. 법은 영원하며 불변의 것으로 오직 해석만 필요하다는 전근대적 사고방식이 더 이상 맞지 않는다면, 법은 아무것도 아니며 단지 법과 그 기능은 사회공학일 뿐이라는 벤담식 사고방식 역시 옳지 않다. 인간행동의 일부 요소는 변화에 영향받지 않는다는 게 이젠 상식이 되었다. 이는 언제 어디서나 나타나기 때문이다. 제임스 해링턴(James Harrington)이 350년 전 지적했듯이 "항상 그러했으며 지금도 늘 그러한 것은 늘 똑같으며 바뀌지 않을 것이다."[6] 이는 법과 지시가 아무리 강압이 수반된다 하더라도 그 목표를 이루는 데는 한계가 있음을 의미한다. 무엇보다도 사회적 시기나 혹은 인종간 반목에다 동성애에 대한 적대감을 없애는 것을 의미한다. 이러한 목적을 위해 강제적 법과 지시를 사용하려는 시도는 반작용을 유발할 가능성이 있다.

인간본성에서 법과 교육의 조작에 굴복하지 않는 것 중 하나가 바로 소유본능이다. 당신은 인간의 소유욕이 식탐이나 사랑에 대한 욕망과 똑같은 탐욕이라는 나의 주장을 어느 정도 받아들였을 거라고 믿는다. 소유본능은 모든 살아 있는 생물의 공통점이다. 동물이나 아이, 모든 문명단계에서의 성인에 다 해당되므로 이는 도덕화할 수 있는 것이 아니다. 가장 초보적인 수준에서 이는 생존본능의 표현이다. 하지만 이를 넘어서면 인간 개성의 기본적 특징이 되어 성취와 취득은 자기완성의 수단이 된다. 자아성취가 자유의 정수인 한 자유는 소유와 그로 인한 불평등을 강제로 제거할 경우 피어날 수 없다. 19세기 어느 영국 정치학자의 말을 빌리자면 "사적 소유는 불평등의 기본핵심"이며 동시에 재산을 취득하는 것은 자유 중에서 가장 중요하다.[7]

소유는 번영과 자유 모두에 필요 불가결한 요소이다.

소유와 번영 간의 긴밀한 관계는 역사를 통해 증명되었다. 서양이 세계경제의 중심에 설 수 있었던 주요 이유 중 하나는 소유제도 덕분이었다. 소유제도는 서양에서 생겨나 가장 많이 발전했다. 이 사실은 노스와 토마스, 랜데스, 베텔과 같은 많은 학자들의 저서에서 증명되었다.[8] 그것은 현재 세계에 대해 통계적으로도 증명이 가능하다. 이러한 종류의 통계가 엄밀하게 과학의 기준이 되긴 어렵지만 – 항목의 선택에 따라 그 성격이 주관적이 될 수 있기 때문에 – 그럼에도 불구하고 그 결과는 그 일관성에서 주목할 만하다. 헤리티지재단과 〈월스트리트저널〉이 공동으로 후원한 연구조사는 소유권을 포함해 경제적 독립을 가장 확실히 보장하는 나라는 거의 예외 없이 선진국임을 시사하고 있다. 이들 국가는 동시에 최상의 공무원제도와 사법제도를 갖추고 있다. 이는 유럽뿐만 아니라 일본, 한국, 홍콩, 칠레, 대만 등의 경우에서도 볼 수 있다. 반대로 소유권과 시장자유에서 최저점을 받은 나라는(쿠바, 소말리아, 북한) 경제적 부 역시 바닥을 기록했다.[9]

소유와 자유의 관계는 훨씬 복잡하다. 번영과 달리 "자유"는 두 가지 이상의 의미를 가지고 있기 때문이다("정의" 편 참조). 정치적 권리, 즉 참정권 없이도 경제적 자유, 즉 소유권을 누릴 수 있다. 서유럽에서 소유권은 참정권이 생겨나기 훨씬 이전부터 존중받았다. 오늘날 부유한 국가 중 일부는(예를 들면, 싱가포르, 홍콩, 대만) 소유권을 가장 확실히 보장하면서도 독재정권이 들어서 있다. 미국정부가 외교문제에서 자유를 단지 민주주의로만 정의하는 것은 너무나 심각한 실수이다. 왜냐하면 앞서 지적했듯이 일반시민은 정부선출권 없이도 개인적 권리와 함께 상당한 범위의 법적, 경제적 자유를 누릴 수 있기 때문이다.[10] 이는 아마도 영국 헌법제도를 물려받고 그 혜택을 받는 미국인들이 이 같은 자유와 권리를 너무나 당연시 여겨 자유를 대의적 정부와 동일시하기 때문일 것이다. 역사적 사례를 보면 소유는 전제적 정권과 심지어 압제적 정권과도 공존할 수 있다. 하지만 민주주의는 소유 없이는 존재할 수 없다.

비록 소유와 자유의 관계는 공생적이지만 국가는 소유물에 대해 그 사용을 합리적으로 제한하곤 하며 최하층민의 기본적 생활수준을 보장해주기도 한다. 확실히 사람들은 소유권을 환경을 마구 파괴하거나 실업자, 아픈 사람, 노인의 기본적 요구를 무시할 수 있는 허가증으로 해석하지는 않는다. 거의 어느 누구도 이 같은 전제에 이의를 제기하지는 않을 것이다. 심지어 국가의 경제간섭을 가장 많이 반대했던 프리드리히 하이에크조차 국가가 모든 시민을 위해 "건강을 유지할 수 있을 정도로 최소한의 의식주와 일할 수 있는 능력을 제공해야 한다"는 데 동의했다.[11] 하지만 그렇다고 해서 국가에 마음대로 계약의 자유를 침해하고 부를 재분배하며 특정 선거구민이 자기 마음대로 "권리"의 비용을 국민의 일부에게 부담하도록 강요할 수 있는 권한을 부여해야 한다는 뜻은 아니다. 공익을 위해 소유의 사용을 제한할 경우 이는 "수용"으로 해석되어야 하며 반드시 적절한 보상을 해야 한다. 돌란 판결에서 대법원은 "우리는 수정헌법 제5조에서 명시한 수용에 관한 조항이 수정헌법 제1조나 제4조만큼 권리장전의 일부로서 빈약한 관계의 지위로 강등되어야 할 이유를 찾을 수 없다"¹²⁾고 천명했다. 소유의 권리는 사회평등과 포괄적인 경제적 안전이라는 달성 불가능한 이상에 더 이상 희생당하지 말고 가치기준에서 제자리를 찾아야 한다. 이를 위해선 사법부의 수뇌부부터 태도를 바꿔야 한다. 1930년대 말 이후 대법원은 "인권과 소유권을 분명히 구분할 수 있으며 인권은 소유권보다 더 많은 사법적 보호를 받아야 한다"고 말했다.¹³⁾

우리가 자유를 소중히 여긴다면 시민권과 소유권 간의 균형은 재설정되어야 한다. 무제한의 사용보다는 배타적 점유란 의미가 더욱 강조되는 소유권은 가능한 한 원래의 포괄적 의미를 되찾아야 한다. 마찬가지로 시민권에 대한 전체적 개념 역시 재조명이 필요하다. 1964년 공민권법은 민간기업이 직원을 채용하거나 대학이 신입생을 선발할 때 할당을 정할 허가증을 정부에게 부여한 적이 없다. 그럼에도 불구하고 연방정부 관료들은 허가증을 받은 것처럼 행동한다. 마찬가지로 직장에서 표현의 자유에 개입할 권한도 법에서 허용한 적이 없다. 소유권의 적용범위는 점진적으로 줄어든 반면 "시민권"의 범주는 더욱 확대되어 일부 권리를 희생하거나 심지어 비용을 치르도록 함으로써 동료 시민의 희생을 토대로 특정 집단이 재화와 서비스를 주장할 수 있게 되었다. 1960년 민주당 강령에 있는 "인쇄의 권리"를 지적하며 아인 랜드(Ayn Rand)는 이러한 "권리"가 "누구의 비용"으로 보장되어야 하는지 묻고 있다. 일자리, 의식주, 오락, 의료서비스, 교육 등 이 모든 것이 "자연에서 자라는 것이 아니므로" 이는 누군가 제공해야만 한다. 그렇다면 이는 "권리"가 아니라고 랜드는 말한다.

> 만약 누군가 다른 사람의 노동의 대가에 대해 "권리"를 가진다고 한다면 그 다른 사람은 권리를 박탈당하고 노예로 전락하게 된다. 다른 누군가의 권리를 침해해야만 하는 인간의 모든 "권리" 주장은 권리가 아니며 권리가 될 수 없다. 어느 누구도 상대편이 선택하지 않은 의무나 보상이 없는 책무, 비자발적 봉사를 다른 사람에게 강

요할 권리는 없다.…권리란 다른 사람에 의한 그 권리의 물질적 실행을 포함하지 않으며 단지 자기 자신의 노력을 통해 그것을 실행할 자유만 있다."[14]

따라서 이 같은 "계급권리"란 망상에 불과하다. "인간의 권리 이외의 권리란 존재하지 않으며 그럴 수도 없다. 다시 말해 모든 인간에게 개인으로서 진정으로 보편적인 권리, 그리고 인종, 종교, 피부색, 직업 등에 상관없이 모두에게 적용되는 그런 권리만이 존재한다."[15]

권리란 모든 의미에서 자연적 권리를 뜻하며 법적 명령에 의해 부여된 것이 아니다.[16] 오늘날 이른바 "사회적 권리"란 "권리"도 "권원"도 아니다. 어느 누구도 다른 사람의 희생을 대가로 그 무엇에 대해서 요구할 자격을 가질 수 없기 때문이다. 이는 사회에 대한 주장으로 이를 줄지 안 줄지는 사회에 달려 있다. 하지만 근대 산업민주주의 국가에서 수많은 시민들이 다른 사람을 부양하기 위해 일하고 있다. 이런 면에서 가장 역행적 국가인 스웨덴의 경우 봉급생활자 한 명당 부분적으로 혹은 완전히 세금으로 먹고 사는 사람이 1.8명에 이른다. 독일과 영국의 경우 그 비율은 1:1이며 미국은 1:0.76이다.[17] 국가에 의존하는 사람은 대부분 노인들인 반면 납세자는 젊은 봉급 생활자이기 때문에 복지사회에서 노령화가 진행될수록 위험한 세대간 갈등이 생겨날 수도 있다.

개인의 권리 대신 집단의 권리로 사고하는 근대의 습관은 또 다른 위험을 수반한다. 그것은 특정 혜택을 받을 수 있는 사람을 골라내는 데 사용될 수 있듯이 특정 처벌대상을 골라내는 데에도 사용될 수 있다. 스탈린의 "청산," 즉 대량학살, "굴라크," 그리고 히틀러의 유대인과 집시 대량학살 등은, 사람은 개인의 행동이 아닌 사회적으로나 인종적, 민족적으로 지정된 집단의 구성원이라는 사실로 판결되고 다루어져야 한다는 잘못된 개념에 의해 정당화되었다.

최대한 신경을 써서 소유권을 보호하지 않으면 우리는 꼭 독재정권은 아니라 할지라도 자유를 구속하는 정권 아래 살게 될 것이다. 미국 헌법 제정자들은 이 같은 가능성을 예측하지 못했다. "그들은 사람들을 그들 자신이 아닌 통치자로부터 보호하려고 했다."[18] 즉, 그들은 자신이 알고 있는 유일한 위협인 절대왕정으로부터 자유를 방어하려고 했다. 그러나 오늘날 복지중심의 민주주의하에서 이제 위협은 아래로부터, 즉 점점 더 정부의 지원에 의지하고 일반적 자유보다 개인의 안전에 더 신경을 쓰는 동료 시민들로부터 생겨날 수 있다. 브랜다이스 판사는 다음과 같이 적고 있다.

> 경험은 우리에게 정부의 목적이 자선적일 때, 자유를 보호하기 위해 경계해야만 한다고 가르친다. 자유를 타고난 인간은 사악한 통치자가 자신의 자유를 침해할 경우 자연적으로 이를 뿌리친다. 자유에서 가장 큰 위험은 열정과 선의를 가진, 하지만 상황을 이해하지 못하는 사람에 의한 잠행적 침해에 있다.[19]

그 이유는 독재정권이 두 개의 가면을 쓰고 나타날 수 있기 때문이다. 절대군주나 독재자는 국민에 의해 선출되지 않고 헌법이나 의회에 구속되지 않는다. 한편 한 집단이 다른 집단에 대한 민주사회에서의 독재도 있다. 즉, 소수에 대한 다수의 독재인데, (선거에서 다수가 간발의 차로 이길 경우) 반대로 다수에 대한 소수의 독재도 가능하다. 제정러시아는 전통적인 독재정권의 극단적 사례를 보여준다. 차르는 누구든지 정당한 절차 없이 구속하거나 투옥하거나 추방할 수 있었으며 재산도 몰수할 수 있었다. 마음대로 필요에 따라 법도 제정했다. 하지만 실제로 러시아 대중은 정부와 별로 접촉할 일이 없었으며 따라서 간섭받고 있다고 느끼지 않았다. 왜냐하면 정부활동의 범위가 워낙 좁아 주로 조세징수, 징병, 질서유지 등에 국한되었기 때문이다. 오늘날 정부활동의 범위는 거의 무한대이다. 정부는 물론 선출되지만 시민의 삶에 대한 간섭 역시 그 어느 때보다 포괄적이다.

하이에크가 지적했듯이 정부 범위의 확대는 그 자체만으로 전통적 전제정치만큼이나 독재정권의 불씨를 가지고 있다. 하이에크의 가장 큰 관심은 서양의 민주주의 국가에서 국가경제를 계획하려는 막을 수 없는 추세로부터 자유를 보호하는 것이었다. 이러한 추세는 필연적으로 독재로 이어질 거라고 하이에크는 경고했다. 그의 이러한 두려움은 현실화되지 않았다. 하지만 정부조직의 확대에 따른 위험에 대한 그의 고찰은 유효하다.

> 국가활동의 범위가 확장되면서 국민의 상당수가 특정 방향에 대해 동의할 확률은 낮아지고 있다.…민주적 정부는 널리 믿듯이 국가의 기능이 다수가 진정한 합의를 이룬 분야에만 한정될 때에 성공했다. 민주제도를 위해 우리는 합의가 가능한 분야에만 정부의 행동을 제한해야 한다. 합의의 필요를 자유사회에서 존재하는 의견의 다양성과 양립할 수 있는 최소한도로 축소할 수 있다는 것이 자유주의적 사회의 큰 장점이다.[20]

이러한 추론은 일반시민의 삶에 정부가 개입하는 것이, 아무리 의도가 좋다고 하더라도 왜 자유를 해치는지 그 이유를 설명한다. 정부의 간섭은 존재하지 않는 합의를 전제한 뒤 이를 강요한다. 앞서 지적했듯이 현대 복지국가는 불가능한 목적을 달성하기 위해 다양한 방식의 강압에 의존한다.

하지만 선의의 부권(父權)주의 역시 자유에 내포된 기업가 정신을 박탈함으로써 사람들의 기력을 약화시킬 수 있다. 장기간 복지국가에 의존함으로써 어떤 해로운 결과가 초래될지는 소비에트 연방의 붕괴를 보면 알 수 있다. 소련의 경우 갑자기 전폭적인 국가의 지원이 사라지고 자급자족에 익숙하지 않은 상당수의 사람들이 다시 독재정권의 굴레로 되돌아가고 싶어했다.

문제는 학교에서 역사를 제대로 가르치지 않기 때문에, 특히 법과 헌법 역사는 아예 제외하기 때문에, 오늘날 대다수의 시민들은 자신이 누리고 있는 자유와 번영이 무엇에 기인하는지 잘 모르고 있다. 이는 오랫동안의 권리를 위한 성공적 투쟁의 결과이며 이 중에서 소유권이 가장 기본적이다. 따라서 사람들은 소유권의 제한이 장기적으로 자신의 삶에 얼마나 해가 될지 알지 못한다.

귀족정치가였던 토크빌은 150년 전 민주국가인 미국과 자신의 고국인 부르주아적 프랑스를 고찰한 후 근대세계가 이전엔 알지 못했던 자유에의 위협에 직면해 있다고 경고했다. "폭군 통치자를 만나는 것은 두렵지 않다. 하지만 보호자는 무섭다."[21] 그에 따르면 "보호자"는 시민들의 욕구를 채워준 뒤 이러한 관대함에 의지하도록 함으로써 사람들로부터 자유를 앗아갈 것이다. 그는 "수많은 사람들이 모두 평등하고, 자신의 삶을 사소한 쾌락으로 가득 채우려고" 끊임없이 노력하는 민주주의적 폭정을 경고했다.[22] 관대한 가부장적 정부 – 근대복지국가 – 는 이들 위에 군림한다.

그들의 행복을 위해 이 같은 정부는 자발적으로 노력한다. 그러나 자신만이 유일한 행복의 결정자라고 주장한다. 그들에게 안전을 제공하고, 그들의 필요를 예견하여 공급하며, 그들의 쾌락 달성을 쉽게 하고, 그들의 주요 관심사를 관리하며, 그들의 산업을 지도하고, 재산상속을 규제하며, 그들의 유산을 쪼갠다. 그들에게서 모든 생각의 걱정과 모든 생활의 수고를 덜어준다면 그 외에 무엇이 남겠는가?

"평등의 원칙은 인간에게 이러한 것들에 대비하여 종종 이것들을 혜택으로 여기게 했다."

사회의 모든 구성원을 손아귀에 쥐고 마음대로 조정할 수 있게 된 후 절대권력은 공동체 전체에 손을 뻗친다. 사회의 표면을 사소하고 획일적인 작고 복잡한 규칙들의 망으로 뒤덮는다. 아무리 창의적이고 열정적인 사람이라 하더라도 이를 뚫고 군중의 앞에 나설 순 없다. 인간의 의지는 부서지지 않지만 약해지고 굽혀지며 국가의 의도에 끌려간다. 인간은 국가에 의해 행동을 강요받지는 않지만 계속해서 행동하지 못하도록 구속받는다. 이 같은 절대권력은 파괴하진 않지만 존재를 미리 막는다. 폭정을 하진 않지만 사람들을 억누르고 기운을 약화시키며 정열을 빼앗고 무감각하게 만든다. 결국 국가는 기껏해야 소심하고 근면한 가축 무리에 불과한 존재로 추락하며 여기서 정부는 양치기가 된다.[23]

이것이 우리가 원하는 것인가?

NOTES

서문

1. William Blackstone, Commentaries on the Laws of England, II(London, 1809), p.2.
2. A. N. Wilson, Tolstoy(London, 1988), p.365.
3. Marcus Cunliffe, The Right to Property: A Theme in American History (Leicester University Press, 1974), p.5.
4. The Writings of James Madison, ed. Gaillard Hunt, VI(New York and London, 1906).
5. Jacob Burckhardt, Weltgeschichtliche Betrachtungen(Munich, 1978), p.16.
6. C. B. Macpherson, ed., Property: Mainstream and Critical Positions (Oxford, 1978), p.3.
7. 어원학상으로 "property"란 단어는 한 개인에게 속해 있는, 혹은 '고유한'이란 뜻의 라틴어 proprius에서 유래했다. 여기에서 비잔틴 법학체계는 proprietas 혹은 "소유"(ownership)란 단어를 끌어냈다.
8. Stephen R. Munzer, A Theory of Property(Cambridge, 1990), p.17.
9. Morris Cohen in Cornell Law Quaterly 13, No.1(December 1927), p.12.
10. Isaiah Berlin, Two Concepts of Liberty(Oxford, 1958), p.14.

제1장

1. Lewis Mumford, The Story of Utopias(New York, 1922), pp.13~14.
2. 논의를 서양으로 한정시킨 이유는 기존의 2차 문헌자료가 주로 이 지역에 집중되어 있기 때문이다. 게다가 내가 잘 모르는 다른 문명을 다루는 것도 자신이 없다. 하지만 이 주제는 중국은 물론 다른 비유럽권 문명에서도 오랜 역사를 가지고 있다. Arnold Kunzli, Mein und Dein: Zur Idee der Eigentumsfeindschaft(Koln, 1986), pp.43~60. 서양의 고전뿐만 아니라 이란, 바빌로니아, 인도, 중국 신화 등에 투영된 소유의 개념에 대해서는 Bodo Gatz, Weltalter, goldene Zeit und sinnverwandte Vosrstellungen (Hildesheim, 1967) 참조. 소유에 대한 이슬람 국가의 법적 사고에 대해서는 Sohrab Behdad in Review of Social Economy 47, No.2(1989), pp.185~211 참조. 서양의 태도를 가장 총체적으로 다룬 것은 Richard Schlatter의 Private Property: The History of an Idea(New Brunswick, N.J., 1951)가 있다. 또 Alexander Gray의 The Socialist Tradition: From Moses to Lenin(London etc., 1947)은 사회주의 사상가들과 그들의 선조들의 견해를 다루고 있다.

3   Kenneth R. Minogue in Nomos, No.22(1980), p.3.
4   Before the Common Era의 약자[북미와 호주의 많은 학교가 '예수 탄생 이전'(Before Christ)을 뜻하는 BC와 '주님의 해'(Anno Domini)를 뜻하는 AD의 사용을 중단하고 기독교 색채를 없앤 '공동연대'(Common Era) 이전과 이후를 뜻하는 BCE와 CE를 사용하고 있다 - 역자 주].
5   Rigobert Günther and Reimar Müller, Das Goldene Zeitalter(Stuttgart, 1988), pp.19~20; Arnold Künzli, Mein und Dein(Köln, 1986), p.65; Frank E. Manuel and Fritzie P. Manuel, Utopian Thought in the Western World(Cambridge, Mass., 1979), pp.66~70. 헤시오도스는 자신의 유산을 형인 페르세스에게 빼앗겼다고 생각했다.
6   The Dialogues of Plato, ed. B. Jowett, III(Oxford, 1892), pp.156~157.
7   위의 책, p.159.
8   Plato's Republic, ed. and trans. I. A. Richards(Cambridge, 1966), Book VIII, Nos.550~551, p.146.
9   Dialogues of Plato, V.121~122.
10 Aristotle, Politics, 1266a and 1266b. The Student's Oxford Aristotle, ed. And trans. W. D. Ross, VI(London ETC., 1942).
11 Richard McKeon in Ethics I8, No.3(April 1938), pp.304~312.
12 Aristotle, Politics, 1328a.
13 위의 책, 1263a, p.40.
14 위의 책, 1266b, pp.29~30.
15 위의 책, 1263b, p.13.
16 위의 책, 1295b, pp.35~36, 41.
17 Aristotle, Nicomachean Ethics, pp.1134~1135; cf. Frederick Pollock, Essays in the Law(London, 1922), pp.32~33.
18 G. H. Sabine and Stanley B. Smith, Introduction to Cicero's On the Commonwealth(Columbus, Ohio, 1929), p.22.
19 Richard Schlatter, Private Property: The History of an Idea(New Brunswick, N.J., 1951), p.11.
20 Virgil, Georgis, I, pp.126~129, trans. L. P. Wilkinson(Hanmondsworth, 1982), p.61.
21 Ovid, Metamorphoses, I, pp.134~136, trans. David R. Slavitt(Baltimore and London, 1994), p.4.
22 Kunzli, Mein und Dein, p.134. 스토아학파는 초기 그리스도에 지대한 영향을 미쳤지만 스토아 철학자들은 귀족계층이었으며 미래를 내다보고 천국을 믿었던 초기 기독교인들과 달리 과거로 올라가 잃어버린 황금시대를 믿었다.
23 Seneca, Ad Lucilium Epistulae Morales, Loeb Classical Library, I (London and New York, 1917), pp.19, 111, 123, 145 등 참조.
24 Marx Beer, A History of British Socialism, I(London, 1919), p.4에서 발췌.
25 R. Besnier in Annales d'historie économique et sociale, No.46(1973년 7월 31일), p.328.
26 Utendi란 사용할 수 있는 권리를 말하며 abutendi는 소비, 즉 처분할 수 있는 권리를 말한다(일부에서는 "남용"으로 오역하고 있다). 근대학자들에 따르면 소유에 대한 이 유명한 정의는 로마시대에서 유래한 게 아니라 16세기에 생겨났다고 한다. 하지만 그 개념은 고대 로마인들에게 매우 익숙했다. Vittorio Scialoja, Teoria della proprieta nel diritto romano, I (Rome, 1928), p.262. "어떤 고대 법전에도 소유에 대한 로마의 정의는 없다"고 말한다. Alan Rodger, Owners and Neighbors in Roman Law (Oxford, 1972), p.1.

27 이 주제에 대해서는 Vittorio Scialoja, Teoria della proprietá nel diritto romano, 2 Vols.(Rome, 1928~1931).
28 C. Reinold Noyes, The Institution of Property(New York, 1936), p.84. 로마법은 possession(불확실한 토지보유권), usufructus(종신 토지보유권) 등 후에 봉건시대 유럽에서 채택했던 다른 형태의 소유도 인정했다.
29 James Bryce, Studies in History and Jurisprudence, II(New York, 1901), p.585.
30 Schlatter, Private Property, p.23. 노예문제는 해결되지 않았다. 노예는 고대세계에서 보편적이었지만 자연과 상반된다고 여겨졌다. James Bryce, Studies in History and Jurisprudence, II(New York, 1901), p.583. 로마 법학자인 울피안(Ulpian)은 한 가지 해결책을 제시했는데, 노예의 경우 모든 인간이 동등하다는 자연법을 적용하는 대신 노예에게 어떤 권리도 허용하지 않는 시민법을 따르자는 것이었다. John Hine Mundy in R. W. Davis, ed., The Origins of Modern Freedom in the West (Stanford, Calif., 1995), p.120.
31 Schlatter, Private Property, pp.26~32.
32 Cicero, De Officiis, Loeb Classical Library, II(New York, 1913), pp.20~23.
33 《마가복음》10:25, 6:8~9, 10:21;《마태복음》10:9~10.
34 Martin Hengel, Property and Riches in the Early Church(London, 1974), pp.26~28; Otto Schilling, Reichtum und Eigentum in der altkirchlichen Literatur(Tübingen and Freiburg, 1908), pp.17~18.
35 R. W. and A. J. Carlyle, A History of Medieval Political Theory in the West, I(Edinburgh and London, 1927), p.132; Hengel, Property and Riches, p.84.
36 Ernst Troeltsch, The Social Teaching of the Christian Churches, I (Chicago and London, 1976), p.61. 하브록 엘리스(I lavelock Ellis)는 니체를 언급하며 나음과 같이 말했다. 예수는 "단 한번도 세계와 국가, 문화, 노동을 부인하지 않았으며 단지 그들의 존재를 몰랐거나 깨닫지 못했다.···그에게 유일한 현실은 내적인 것으로 따라서 인간이 '천국'과 '영원'을 느끼도록 하며 이것이 바로 '구원'이다." Affirmations(Boston and New York, 1915), p.49.
37 위의 책, I, p.62.
38 "소유는 아무것도 아니라는 잦은 훈계와 공동소유에 대한 그 모든 얘기는 오직 활발한 기부활동에 장애물이 될 뿐이었다. 이러한 논의에서 사적 재산의 소유는 항상 인정받았다." Troeltsch, Social Teaching, I, p.115~116. 이와 관련해 돈에 대해 사도 바울의 서간(《디모데서》6:10)에 있는 자주 인용되는 구절은 거의 항상 잘못 인용된다는 사실을 주지해야 한다. 사도 바울은 돈이 "모든 악의 근원"이라고 말하지 않았다. "돈에 대한 사랑", 즉 탐욕이 악의 근원이라고 했다. 이 문구는 고대사회에서 상투적으로 사용되었으며 투시디데스, 데모크리투스, 프로페르티우스, 플루타르크 등 수많은 고전작가들의 작품에서 찾아볼 수 있다. C. Spicq, Saint Paul: Les epitres pastroales, 4th ed., I(Paris, 1969), pp.563~565.
39 Bede Jarrett, Social Theories of the Middle Ages, 1200~1500(Westminster, MD., 1942), p.122.
40 《마태복음》19:16~21에 따르면 누군가 예수에게 어떻게 영생을 얻느냐고 묻자 예수는 10계명을 따르라고 말했다. 그러면서 "완벽"해지고 싶다면 자신의 소유물을 모두 팔고 이를 가난한 사람에게 주라고 했다.
41 Alfons Heilmann, ed., Texte der Kirchenväter, III(Munich, 1964), p.208.
42 Edward L. Surtz in Sir Thomas More, Utopia, ed. Robert B. Adams (New York and London, 1992), pp.170~171.
43 Hengel, Property and Riches, pp.20~21.
44 위의 책, p.17.
45 모세오경은 지나친 부의 축적을 제한하는 조항이 있다. 특히 토지의 소유를 제한했다. 이론적으로 모든 땅은 하나님의 것이므로 인간이 사서 영원히 가지고 있을 수 없으며 최장 49년까지 보유하다가 이른바 희년이

되면 아마도 급해서 땅을 팔았을 원주인에게 되돌려주어야 한다(《레위기》25:10, 23~28). 이 명령은 단 한번도 실행되지 않았다. Max Weber, Gesammelte Aufsatze zur Religionssoziologie, III(Tubingen, 1921), p.77.

46 《신명기》26:12.
47 B. W. Dempsey in St. Thomas Aquinas, Summa theologica, III(New York, 1948), p.3357.
48 Summa theologica, II, Question 66, Articles 1 and 2(New York, 1947), pp.1476~1477.
49 위의 책, Article 1.
50 Carlyle and Carlye, Medieval Political Theory, V(Edinburgh and London, 1928), pp.145~146. 이 주제에 대해선 Schilling, Reichtum und Eigentum, passim 참조.
51 Alexander Gray, The Socialist Tradition: Moses to Lenin(London, 1963), pp.42~60.
52 Gordon Leff, Heresy in the Later Middle Ages, I(Manchester and New York, 1967), p.9.
53 위의 책, I, pp.51~166, 특히 164~166.
54 Henri Lepage, Pourquoi la Propriété(Paries, 1985), pp.54~55.
55 O. S. Brandt, ed., Der grosse Bauernkrieg(Jena, 1925), p.265.
56 Troeltsch, Social Teaching, II, pp.641~650.
57 Schlatter, Private Property, pp.64~65; McKeon in Ethics, pp.329~330.
58 Schlatter, Private Property, pp.65~67; McKeon in Ethics, pp.330~332; Carlyle and Carlyle, Medieval Political Theory, V.420~425.
59 Tracatus de potestate regia et papali, 1303년, McKeon in Ethics, p.331에서 발췌.
60 "교황의 통치권에 대한 반박은 지구상에 더 우월한 자가 없는 군주들을 대표해 과도한 그럴듯한 권한에 힘을 얻어 자연법은 그 뛰어난 논리적 효과와 함께 다급할 때 등장해 구해주는 신과 같다는 주장에 근거가 되었다.…하지만 모두가, 심지어 극단주의자들조차 교황과 황제 모두 자연법을 따라야 한다는 점은 시인했다.…" F. Pollock, Essays in the Law(London, 1922), pp.45~46.
61 Arturo Graf, Miti, Leggende e Superstizioni del Medio Evo, I(Bologna, 1965).
62 Manuel and Manuel, Utipian Thought, p.59.
63 Gilbert Chinard, L'extoisme américain dans la litteraute française au XVIe siécle(Paris, 1911), xii~xv. 그러나 Cecil Jane[Select Documents Illustrating the Four Voyages of Columbus, I(London, 1930), lxxxix~xl]은 다이의 영향에 대해 의심하고 있다. 그 작품의 출판시기가 정확하지 않기 때문이다. 콜럼버스가 첫 항해를 마치고 되돌아온 직후에 나왔을 수도 있다.
64 1610년 이전에 프랑스에서 출간된 아메리카, 아프리카, 일부 동인도 섬을 탐험하고 돌아온 사람들이 쓴 수백 권의 여행일지를 연구한 어느 문학 역사학자는 당시 나체가 가장 지배적인 주제였다고 말했다. Geoffroy Atkinson, Les nouveaux horizons de la Renaissance française(Paris, 1935), pp.63~73.
65 Cecil Jane, ed., Select Documents Illustrating the Four Voyages of Columbus, I(London, 1930), p.8.
66 위의 책, p.14.
67 Howard Mumford Jones, O Strange New World(New York, 1964), p.14. 아이를 마치 새끼돼지처럼 잡아먹기 위해 키웠던 야만적인 원주민과 자주 접촉했지만 이 목가적 풍경은 여전히 강렬해 심지어 지식인이었던 몽테뉴조차 에세이 "The Cannibals"에서 냉소적으로 원주민들이나 유럽인들이나 비슷하다고 말했다.
68 "고결한 야인"이란 표현은 드라이든의 희곡 The Conquest of Granada (1670)에 맨처음 등장했던 것으로 알려져 있다. "나는 자연이 처음 만든 사람처럼 자유롭네/천한 노예의 법이 시작되기 전에/야생에서 고결한 야인이 뛰어다닐 때처럼." Karl Heinz Kohl, Entzauberter Blick(Berlin, 1981), p.34. 하지만 그 개념은

훨씬 오래되었다. 그리스 지리학자인 스트라보(Strabo, 기원전 63~기원후 24)는 스키나이인들이 전쟁에서 이기면 적의 몸을 먹는 야만인이라고 기술하면서, 하지만 이들은 소유란 걸 몰랐고 아내와 아이를 포함해 모든 것을 나눠가졌으며 "가장 솔직하고 절대로 남에게 해를 끼치지 않은" 민족이었다고 말했다. The Geography of Strabo, H. L. Jones, III(Cambridge, Mass. and London, 1961), Book VII, pp.3, 7~9, 195~209.

69 Gilbert Chinard, L'amérique et la rêve exotique(Paries, 1934), p.431. 루소의 가능한 출처 목록은 Karl Heinz, Kohl, Entzauberter Blick (Berlin, 1981), p.283. n.233. 루소에 대해선 pp.41~42 참조.
70 The First Four Voyages of Amerigo Vespucci(London, 1893), pp.7~11.
71 Edward Arber, ed., The First Three English Books on America (Birmingham, 1885), p.78.
72 Lewis Hanke, The Spanish Struggle for Justice in the Conquest of America(Philadelphia, 1949), p.122.
73 Thomas Ortiz는 Lewis Hanke, The First Social Experiments in America (Cambridge, Mass., 1935), pp.51~52에서 인용.
74 Kohl, Entzuberter Blick, pp.48~50.
75 Manuel and Manuel, Utopian Thought, p.427.
76 Howard Mumford Jones, O Strange New World(New York, 1964), pp.50~61.
77 Louis de Bougainville, A Voyage Round the World(Amsterdam and New York, 1967), pp.252~253.
78 Supplément au voyage de Bougainville(1796), ed. Gilbert Chinard (Paris etc., 1935).
79 Kohl, Entzuberter Blick, p.224.
80 Robert B. Adams in Sir Thomas More, Utopia, ed. Robert B. Adams (New York and London, 1992), viii.
81 토마스 무어는 고행을 위해 속에 아무것도 입지 않고 거친 조직의 마모직 셔츠를 입고 채찍을 갖고 다니며 자신이 설교한 내용을 직접 실천했다.
82 R. W. Chambers, 위의 책, p.145.
83 Edward Surtz and J. H. Hexter, eds., The Complete Workds of St. Thomas More, IV(New Haven and London, 1965), pp.241, 243.
84 4백 년 후 토마스 무어의 유토피아를 본받아 레닌은 공산주의가 전 세계적으로 승리할 경우 금은 오직 세계 대도시의 거리에 있는 화장실을 짓는 데나 사용될 것이라고 약속했다. V. I. Lenin, Polnoe sobranie sochinenii, Vol.44(Moscow, 1964), p.225.
85 R. W. Chambers, in Robert B. Adams, ed., Sir Thomas More, Utopia(London, 1935), p.125. 그레이(Gray)는 "어떤 유토피아도 제정신인 사람이 어떤 조건이라도 받아들이겠다는 곳은 없었다"고 말했다. Socialist Tradition, p.62.
86 "The City of the Sun," in Ideal Empires and Republics(New York and London, 1901), pp.273~317.
87 Richard Pipes, Russia Under the Bolshevik Regime(New York, 1994), p.314.
88 Hans Baron, In Search of Florentine Civic Humanism, I(Princeton, 1988), p.232. 배론의 저서는 르네상스 시대 부와 가난이라는 이상간의 충돌을 주로 다루고 있다.
89 Werner Sombart, Der Bourgeois(Munich and Leipzig, 1913), p.283.
90 Spinoza, Ethics, Part iv, Proposition xx. "사용의"(of use)란 단어는 종종 "개인의 고유한 이윤"(his own profit)으로 번역되곤 한다.
91 Bryce, Studies, II, pp.593~597; Pollock, Essays, p.40.

92   Bryce, Studies, II, p.597.
93   Renée Neu Watkins, The Family in Renaissance Florence(Columbia, S. C., 1969), pp.12~14.
94   위의 책, p.148.
95   Jean Bodin, The Six Bookers of a Commonweale, 1606년 영어판. 1962년에 Havard University Press, Cambridge, Mass에서 재출판.
96   위의 책, p.85.
97   위의 책, p.110. 이 문구는 세네카의 On Benefits, Book VII, Chapter iv: "Ad reges potestas omnium pertinet, ad singulos proprietas."
98   Six Bookes, p.11.
99   McKeon in Ethics, p.342.
100 Six Bookes, p.653. Quetin Skinner, The Foundations of Modern Political Thought, II(Cambridge, 1978), pp.293~294.
101 J. Barbeyrac, The Rights of War and Peace(London, 1738).
102 Hugo Grotius, The Jurisprudence of Holland, 2Vols., ed. And trans. R. W. Lee(Oxford, 1926~1936).
103 Richard Tuck, Natural Rights Theories(Cambridge, 1979), p.73.
104 Grotius, Rights of War and Peace, p.136.
105 Grotius, Jurisprudence of Holland, I, p.79.
106 Grotius, Rights of War and Peace, p.11.
107 Roger Lockyer, ed., The Trial of Charles I(London, 1959), p.135.
108 Karl Olivercrona in Archiv für Rechts und Sozialphilosophie 61, No.1 (1975), pp.109~115; Journal of the History of Ideas 35, No.2(1974), pp.211~230.
109 B. W. Dempsey in St. Thomas Aquinas, Summa theological, iii(New York, 1948), p.3357; 플라톤의 경우 Antony Flew in Colin Kolbert, ed., The Idea of Property(Glasgow, 1997), p.124; 키케로는 Giorgio del Vecchio, Die Gerechtigkeit(Basel, 1958), pp.79~80, n.27.
110 Hobbes's Leviathan(Oxford, 1943), p.110(Part I, Charpter xv); cf. Karl Olivercrona in Archiv für Rechts und Sozialphilosophie, No.1 (1975), p.113; Tuck, Natural Rights, 29 and passim.
111 Grotius, Jurisprudence of Holland, I, pp.71, 73.
112 J. W. Allen, English Political Thought, 1603~1660, I(London, 1938), p.27.
113 위의 책, p.18.
114 Thomas Edwards, cited in C. H. Firth, ed., The Clarke Papers, I (London, 1891), 1x~1xii.
115 Tuck, Natural Rights Theroies, p.150; Howard Nenner in J. R. Jones, ed., Liberty Secured? Britain Before and After 1688(Stanford, Calif., 1992), pp.94~95.
116 De Cive, in Sir William Molesworth, ed., The English Works of Thomas Hobbes, II(London, 1841), vi~vii.
117 Hobbes, Leviathan, p.165(Part II, Chapter xxi).
118 James Harrington, The Commonwealth of Oceana, A System of Politics, ed. Pocock J. G. A.(Cambridge, 1992). 이 책은 사적 소유를 인정한 보기 드문 유토피아를 그리고 있다.
119 James Harrington, The Commonwealth of Oceana; and A System of Politics, ed. J. G. A. Pocock(Cambridge, 1992), Chapter II, Article 10.
120 위의 책, Chapter II, Article 8.

121 위의 책, pp.271~272.
122 그렇다고 해서 해링턴이 일부 역사학자들의 주장처럼 마르크스를 "예견"했다고는 할 수 없다. 마르크스는 생산수단이라는 형태의 소유가 정부의 특징과 행동을 결정한다고 했다. 그에게 소유주는 무력한 존재였다. 해링턴은, 나중에 마르크스도 마찬가지였지만, 소유의 분배가 정부의 성격과 정책을 결정한다고 했다. 그러나 그에게 정부는 자급자족할 수 있는 존재였다. 마르크스에게 국가는 개인이 이해를 추구하는 데 필요한 도구에 불과했으나 해링턴에게 국가는 개인의 경쟁자였다.
123 C. B. Macpherson, The Political Theory of Possessive Individualism: Hobbes to Locke(Oxford, 1962), p.165.
124 Paschal Larkin, Property in the Eighteenth Century(London, 1930), p.56.
125 Caroline Robins in Two English Republican Tracts(Cambridge, 1969).
126 Diayr[sic!] of Thomas Burton, Esq., III(London, 1828), p.133.
127 Robbins, Two English Republican Tracts, pp.89~90.
128 위의 책, pp.133~135.
129 위의 책, p.130.
130 존 아담스는 해링턴이 정치적 "균형"을 발견했다며 그를 혈액의 순환을 발견한 윌리엄 하비와 필적하는 위대한 인물로 치켜세웠다. The Works of John Adams, ed. Charles Francis Aadams, IV(Boston, 1851), p.428. 그는 "해링턴은 권력이 항상 소유를 뒤따른다는 사실을 증명했다"고 적고 있다. 위의 책, IX(Boston, 1854), p.376.
131 H. F. Russell Smith, Harrington and His Oceana(Cambridge, 1914), pp.141~168.
132 근대학자들에 따르면 로크의 《정부론》은 명예혁명이 발발하기 10년 전인 1679~1680년에 씌여졌다. Peter Laslett in John Locke, Two Treatises of Government, ed. Peter Laslett(Cambridge, 1960), p.35.
133 John Locke, Two Treatises of Government, ed. Peter Laslett (Cambridge, 1960), pp.368, 401.
134 이 개념은 누구도 법 절차에 의하지 않고 생명, 자유, 재산을 박탈당하지 아니한다는 미국 헌법 수정조항 제5조에 채택되었다.
135 Peter Laslett in Lock, Two Treaties, pp.99~100.
136 Locke, Two Treaties, p.286.
137 위의 책, pp.368~369.
138 Locke, Two Treatises, pp.305~306. 이 주장은 로크가 처음 발표한 게 아니라 약 50년 전 수평주의자인 리처드 오버톤(Richard Overton)에 의해 제기되었다. Schlatter, Property, pp.132~133. 그보다 훨씬 전, 약 2천 년 전에 페리클레스는 모든 아테네인이 "자기 자신을 소유하며…자기만으로도 충분하다"고 말했다. Robert Nozick, Anarchy, State and Utopia(New York, 1974), 171ff.
139 로크의 소유이론 중 반자본주의적 의미에 대해서는 Max Beer, A History of British Socialism, I(London, 1953), pp.102~103, 107, and passim; C. H. Driver in F. J. C. Hearnshaw, ed., The Social and Political Ideas of Some English Thinkers of the Augustine Age, A.D.1650~1750(London, 1928), p.91.
140 Jeremy Waldron, The Right to Private Property(Oxford, 1988), p.137.
141 Beer, British Socialism, I, pp.65~71.
142 Manuel and Manuel, Utopian Thought, pp.349~355, 574.
143 Firth, ed., Clarke Papers, I, lxix~lxx.
144 H. T. Dickinson, Liberty and Property(New York, 1977), p.88.
145 제2장 참조.

146 David Hume, Essays Moral, Political and Literary, II, "Concerning the Principles of Morals: iii. Of Justice," in The Philosophical Works, IV(London, 1882), p.191.
147 Adam Smith, The Wealth of Nations, ed., Edwin Cannan, Modern Library(New York, 1994), p.418(Book III, Chapter ii).
148 "평등주의는 프랑스에 집중되었으며 18세기 영국이나 유럽의 다른 나라에는 별다른 영향을 미치지 않았다. 이들 지역에서는 1789년까지 사적 소유에 대한 직접적 공격이 거의 전무했다." Frank E. Manuel and Fritzie P. Manuel, Utopian Thought in the Western World(Cambridge, Mass., 1979), p.357.
149 Gilbert Chinard: L'exotisme américain dans la literature française au XVIe siècle(Paris, 1911), and L'Amérique.
150 Chinard, L'Amérique, v.
151 Boswell on the Grand Tour: Germany and Switzerland, 1764(New York etc., 1953), pp.223~224.
152 Morelly, Code de la Nature(Paris, 1910), pp.15~16.
153 위의 책, p.85.
154 위의 책, p.9.
155 Jean Jacques Rousseau, Discourse on the Origin of Inequality (Indianapolis, 1992), p.44. 같은 해에 나온 Morelly의 Code de la Nature(Paris, 1910), p.34 역시 비슷한 주장을 했지만 루소만큼 유창하진 않다. 독자는 Vigil과 Ovid 모두 어느 누구도 소유의 경계를 모르는 황금시대에 대해 얘기했다는 사실을 기억할 것이다.
156 Jean Jacques Rousseau, Discourse on the Origin of Inequality (Indianapolis, 1992), p.17.
157 Jean Jacques Rousseau, On the Social Contract, ed. Donald A. Cress(Indianapolis, 1983), p.179.
158 위의 책, p.29(Book I, Chapter 9).
159 2백 년 후 영국 사회역사학자인 타우니(R. H. Tawney)는 루소와 거의 비슷한 주장을 펼쳤다: "개인은 절대적 권리를 갖지 않는다.…모든 권리는…조건적이며 파생적이다.…권리가 존재하는 사회의 목적이나 목표로부터 생겨나는 것으로 오직 그 목표의 달성에 기여할 때만 사용될 수 있는 조건을 갖는다. 사회의 목표를 방해해서는 안 된다. 건강한 사회가 되려면 사람들은 자신을 권리의 소유주로 생각해서는 안 되며 기능을 맡길 수 있는 하수인이나 사회적 목적을 달성하는 데 필요한 도구로 여겨야 한다." The Acquisitive Society(New York, 1920), p.5. 히틀러 역시 소유권을 포함해 인간의 권리에 대해 같은 견해를 가졌다. 위의 책 pp.221~222.
160 Edward L. Walter in Introduction to Jean Jacques Rousseau, The Social Contract(New York, 1906), xlviii.
161 Franco Venturi, Utopia and Reform in the Enlightenment(Cambridge, 1971), pp.97~98.
162 Jean Touchard, Histoire des idées politiques, II(Paris, 1959), p.411.
163 Charles Gide and Charles Rist, Histoire de Doctrines Économiques, I (Paris, 1947), p.27.
164 Touchard, Histoire, II, p.412.
165 Larkin, Property, p.213.
166 위의 책, p.216.
167 Code Civil, Articles 544~545.
168 Guido de Ruggiero, The History of European Liberalism(Boston, 1959), pp.27~28.
169 Pierre Joseph Proudhon, What Is Property?(New York, 1966), p.66.
170 Beer, British Socialism, I, p.100.

171 Larkin, Property, p.217.
172 Pierre Joseph Proudhon, What Is Property?(New York, 1966), p.66.
173 Manuel and Manuel, Utipian Thought, p.557.
174 Filippo Buonarroti, Conspiration pour l'égalité dite de Babeuf(Paris, 1957); Bronterre, ed., Buonarroti's History of Babeauf's Conspiracy for Equality(London, 1836).
175 Gaxotte, French Revolution, p.292.
176 Babeuf's Conspiracy, pp.314~315.
177 Lock, Two Treaties, p.322.
178 William Godwin, Political and Philosophical Writings, ed., Mark Philip, III(London, 1993).
179 멜더스(Malthus)는 1798년 The Essay on the Principle of Population이란 저서에서 가드윈을 반박하며 증가하는 인구를 먹여 살릴 정도로 식량이 충분하지 않기 때문에 평등주의가 현실적으로 불가능하다고 주장했다.
180 위의 책, p.464.
181 William Godwin, Political and Philosophical Writings, III(London, 1993), p.465. 막스 비어(Max Beer)는 가드윈이 사실은 칼뱅주의자였다면서 "사회에 대한 역사적 견해는 철학적 견해와 비교해 전혀 쓸모 없다"고 보았으며 철학적 견해가 "더 고귀하며 중요하다"고 설명했다. A History of British Socialism, I(London, 1919), p.115. 사실 가드윈은 칼뱅교 사제훈련을 받았다.
182 Gray, Socialist Tradition, 제6장에서 제10장.
183 Pierre Joseph Proudhon, Qu'estce la propriètè(Paris, 1840).
184 Alan Macfarlane, The Origins of English Individualism(Cambridge, 1979), p.39.
185 George Hanssen, Agrarhistorische Abhandlungen, I(Leipzig, 1880), pp.1~76.
186 August von Haxthausen, Studien über die inneren Zustände, das Volksleben und insbesondere die ländlichen Einrichtungen Russlands, 3 Vols.(Hanoever, 1847~1852).
187 Karl Dickopf, Georg Ludwig von Maurer(Kallmünz, 1960), pp.160~166.
188 Sumner Maine, Lectures on the Early History of Institutions(London, 1875), pp.1~2.
189 Josef Kulischer, Allgemeine Wirschaftsgeschichte, I(Munich and Berlin, 1928), pp.29~30.
190 Karl Marx and Frederick Engels, Selected Works, I(Moscow, 1962), p.47.
191 마르크스와 엥겔스의 추종자인 E. J. Hosbawm은 그들의 역사에 대한 지식이 "선사시대, 원시공동체 사회, 발견되기 전의 아메리카 대륙의 경우 희박했으며 아프리카에 대해선 거의 아는 게 없었다"고 인정했다. "고대나 중세 중동 역시 마찬가지였지만 아시아의 일부 지역은, 특히 인도의 경우 그래도 상황이 나았지만 일본에 대해선 잘 몰랐다." Introduction to Marx's Pre-Capitalist Economic Formation(London, 1964), p.26.
192 Shlomo Aavineri, The Social and Political Thought of Karl Marx (Cambridge, 1968), p.109.
193 Karl Marx and Frederick Engels, The German Ideology(New York, 1947), pp.9~11.
194 위의 책, pp.11~13.
195 Frederick Engels, Herr Eugen Dühring's Revolution in Science(New York, 1939), pp.179~180(Part II, Section ii). 이미 1845~1846년에 The German Ideology(pp.52~53)에서 분업을 사적 소유의 원인이라고 지적한 바 있다. 엥겔스는 교역에 참가하는 사람들은 상호 이윤을 추구하는 동업자가 아니라 한쪽이 얻으면 다른 쪽은 잃기 때문에 자연적 적이라고 했다. "한마디로 교역은 합법화된 사취이다." Marx Engels Gesamtausgabe, Part I, Vol.3(Berlin, 1985), p.473. 이같이 미숙한 허튼 소리를 공산주의자들은 엄숙하게 마르크스와 엥겔스에 대한 연구논문에서 재생산해냈다.
196 Schlomo Avineri, The Social and Political Thought of Karl Marx (Cambrdige, 1968), p.110. 어떤

경제사학자들은 위의 문장에서 마르크스와 전혀 다른 결론을 내리기도 했다. 공산권의 몰락을 지켜보며 "소비재를 거의 생산하지 않고 지나치게 자본만 축적할 경우 경제성장률이 하락할 수도 있다"고 지적했다. Nathan Rosemberg and L. E. Birdzell, Jr., How the West Grew Rich(New York, 1986), p.168.

197 K. Marx and F. Engels, The Holy Family(Moscow, 1956), p.51(4장).
198 Marx, Capital, I(Moscow, 1961), 19장, section 9, "The Factory Acts."
199 Marx and Engels, German Ideology, p.53.
200 Gray, Socialist Tradition, p.327.
201 Boris Chicherin, Opyty po istorii russkogo prava(Moscow, 1858), pp.1~58.
202 Denman W. Ross, The Early History of Land holding Among the Germans(Boston, 1883), p.39.
203 Fustel de Coulanges, The Origin of Property in Land(London, 1891), 원래 Revue des Questions Historiques, No.45(1889), pp.349~439에 먼저 발표됨.
204 Coulanges, Origin of Property in Land, p.17.
205 위의 책, p.150.
206 John Stuart Mill, Principles of Political Economy, ed., Sir William Ashley(London, 1909), Book II, 1~2장, pp.199~237.
207 위의 책, p.208.
208 위의 책, pp.227~228.
209 위의 책, pp.231~233.
210 John Stuart Mill, Principles of Political Economy(London, 1909), p.235. 여기서 밀은 토마스 제퍼슨에게 선수를 빼앗겼다. 프랑스혁명 전야에 프랑스에서 잠시 지냈던 제퍼슨은 토지를 놀리는 것은 비도덕적 행위라고 결론내렸다. 하지만 소유의 신성함에 대한 자신의 주장과는 조화를 찾지는 못했다. William B. Scott, In Pursuit of Happiness(Bloomington, Ind., 1977), p.42.
211 P. S. Atiyah, The Rise and Fall of Freedom of Contract(Oxford, 1979), pp.628~629.
212 Léon Duguit(1905), citied in Lepage, Pourquoi la propriétè, p.436.
213 Carl N. Degler, In Search of Human Nature(New York, 1991), pp.32~34. 2장 참조.
214 Charles Letourneau, Property: Its Origin and Development(London, 1892), x, p.365.
215 Margaret Mead and Ruth L. Bunzel, eds., The Golden Age of American Anthropology(New York, 1960), p.8.
216 C. R. Carpenter, cited by Edmund Leach in New York Review of Books, II, No.6(October 10, 1968), p.24.
217 Theodosius Dohzhansky, cited by Roger D. Masters in Social Science Information 14, No.2(1975), pp.14, 24.
218 A. Irving Hallowell in Quarterly Review of Biology, No.31(1956), p.91.
219 John Rawls, A Theory of Justice(Cambridge, Mass., 1971).
220 "질서가 잘 잡힌" 사회(혹은 국가)란 개념은 플라톤의《국가론》(p.6)으로 거슬러 올라간다.
221 위의 책, p.3.
222 위의 책, p.62.
223 위의 책, p.305. G. Hardin in Garrett Hardin and John Baden, eds., Managing the Commons(San Francisco, 1977), p.7. 이 책을 "마르크스에 대한 긴 주석"이라고 불렀다.
224 위의 책, pp.73~74.
225 John Rawls, A Theory of Justice(Cambridge, Mass., 1971), pp.101~102. 이 제안은 그동안

잊혀졌던 개인의 지적 능력이 사회에 귀속된다는 캄파넬라와 가드윈의 주장을 되살렸다.
226 위의 책, p.84.
227 위의 책, pp.106~107.
228 위의 책, pp.101, 107, 530~541.
229 John Christman, The Myth of Property: Toward an Egalitarian Theory of Ownership(New York and Oxford, 1994).
230 Erich Fromm, To Have or to Be?(New York, 1976).
231 위의 책, p.16.
232 위의 책, p.170.
233 Alfred Marshall, Principles of Economics, 8th ed.(New York, 1948), p.48.
234 Manuel and Manuel, Utopian Thought, p.159.
235 두 경제체제는 완전히 극과 극을 이룬 것은 아니었다. 공산주의 국가들은 농업에서 소규모 민간농장을 인정했으며(폴란드의 경우 민간 농업분야는 국가가 운영하는 농장보다 규모가 훨씬 컸다) 이른바 "2차 경제"라 불리는 암시장도 암암리에 생겨났다. 한편 산업민주국가에서는 조세나 반독점법, 기타 규제수단을 통해 지나친 부의 양극화를 막고 민간기업의 과도한 확장을 통제했다. 그렇다 하더라도 양 체제는 근본적으로 전혀 다른 원칙에 따라 경제를 운용했다.
236 Alan Ryan, Property(Stony Stanford, England, 1987), p.55.
237 Douglas North and R. P. Thomas, The Rise of the Western World (Cambridge, 1973). North, Structure and Change in Economic Histor (New York and London, 1981).
238 North and Thomas, Rise of the Western World, pp.2~3, 8.
239 North, Structure and Change, pp.158~166. Tom Bethell, The Noblest Triumph(New York, 1908).

제2장

1 Émile de Laveleye, De la propriété et ses formes primitives(Paris, 1874); Wilhelm Schumidt, Das Eigentum auf den ältersten Stufen der Menschheit, I(Münster in Wwestfalen, 1937), pp.4~17.
2 John P. Powelson, The Story of Land: A World of History of Land Tenure and Agrarian Reform(Cambridge, Mass., 1988).
3 L. T. Hobhouse, Property: Its Duties and Rights(London, 1913), p.34.
4 "근접학"이란 용어는 에드워드 홀(Edward T. Hall)이 만들어낸 것으로 사람들이 다른 인종과 같은 인종에 속한 사람들을 – 동물에게까지 확대해서 – 지켜보는 거리에 대해 다룬다. Edward T. Hall, The Hidden Dimension(Garden City, N.Y., 1966).
5 Robert Ardrey, The Territorial Imperative: A Personal Inquiry into the Animal Origins of Property and Nations(New York, 1966).
6 P. Leyhausen in K. Lorenz and P. Leyhausen, eds., Motivation of Human and Animal Behavior(New York, 1973), p.99.
7 Edward T. Hall, The Hidden Dimension(Garden City, N.Y., 1966), pp.10~14.
8 H. Eliot Howard, Territory in Bird Life(London, 1920), pp.4~5. 이 저서가 출판된 후 특정 종류의 조류, 특히 비철새류들도 겨울에 자신의 서식지를 방어한다는 사실이 발견되었다. Torsten Malmberg, Human

Territoriality(The Hague etc., 1980), p.33.
9   H. Eliot Howard, Territory in Bird Life(London, 1920), pp.15, 180~186.
10 위의 책, p.74.
11 V. C. Wynne Edwards, Animal Dispersion in Relation to Social Behavior(New York, 1962).
12 Ernest Beaglehole, Property: A Study in Social Psychology(London, 1931), pp.31~63.
13 Richard S. Miller in Advances in Ecological Research 4(1967), pp.1~74, cited by E. O. Wilson in J. F. Eisenberg and W. S. Dillon, eds., Man and Beast: Comparative Social Behavior(Washington, D.C., 1971), p.194.
14 N. Tinbergen, Social Behavior in Animals(London, 1953), pp.152~157.
15 Ardrey, Territorial Imperative, p.3.
16 C. B. Moffat in Irish Naturalist 12, No.6(1903), pp.152~157.
17 Heini P. Hediger in Sherwood L. Washburn, Social Life of Early Man (Chicago, 1961), pp.36~38.
18 Monika Meyer Holzapfel, Die Bedeutung des Besitzes bei Tier und Mensch(Biel, 1952), p.3.
19 위의 책, 18n. 참고: The American Heritage Dictionary of the English Language(New York, 1970), s.v. "nest."
20 Meyer Holzapfel, Die Bedeutung, p.3.
21 Edward W. Soja, The Political Organization of Space, Commission on College Geography, Resource Paper 8(Washington, D.C., 1971), p.23.
22 Edward O. Wilson, Sociobiology: The New Synthesis(Cambridge, Mass., 1975), p.565. Nicholas Peterson, American Anthropologist 77 (1975), p.54.
23 N. Tinbergen, The Study of Instinct(Oxford, 1951), p.176.
24 Hall, Hidden Dimension, pp.16~19.
25 Wilson, Sociobiology, pp.256~257.
26 Beaglehole, Property, p.56.
27 Konrad Lorenz, On Aggression(New York, 1966); Tinbergen, Science 160, No.3, 835(1968), pp.1411~1418과 Tinbergen의 Study of Instinct 참조.
28 Ashley Montagu, Man and Aggression(New York, 1968), p.9.
29 Academic Questions 8, No.3(Summer 1995), pp.76~81.
30 Stephen Jay Gould, The Mismeasure of Man(New York, 1981), p.28.
31 Carl N. Degler, In Search of Human Nature(New York, 1991), pp.318, 321.
32 Leonard Berkowitz, American Scientist 57, No.3(Autumn 1969), p.383.
33 Herbert Croly, The Promise of American Life(Cambridge, Mass., 1965), p.400. 초판은 1909에 출판됨.
34 Soja, Political Organization of Space, p.3.
35 Jeremy Waldron, The Right to Private Property(Oxford, 1988), pp.377~378.
36 William James, The Principles of Psychology, I(New York, 1890), Chapter x, pp.291, 293. 대개 무시되곤 하지만 그 반대의 경우도 역시 사실이다. 즉, 물려받거나 노력 없이 얻은 불로소득은 불안감과 죄의식을 낳는다. "부자 카운슬러와 테라피스트"라는 직업이 생겨난 걸 보면 이 문제는 확실히 심각하며 보편적이다. 이 같은 전문가들의 리스트는 Barbara Blouin, ed., The Legacy of Inherited Wealth(Halifax, N.S., 1995), pp.179~180 참조.
37 Jean Baechler, Nomos, No.22(1980), p.273.

38 Richard Pipes, Russia Under the Bolshevik Regime(New York, 1994), pp.290~291.
39 Richard H. Tawney, The Acquisitive Society(New York, 1920), pp.73~74.
40 The International Journal of Psycho Analysis 34, part 2(1953), pp.89~97; N. Laura Kemptner in Journal of Social Behavior and Personality 6, No.6(1991), p.210.
41 Arnold Gesell and Frances I. Ilg, Child Development(New York, 1949), pp.417~421.
42 Helen C. Dawe in Child Development 5, No.2(June 1934), pp.139~157, 특히 150.
43 Melford E. Spiro, Children of the Kibbutz(Cambridge, Mass., 1958), pp.373~376.
44 Lita Furby in Political Psychology 2, No.1(Spring 1980), pp.30~42.
45 위의 책, pp.31, 35.
46 위의 책, pp.32~33.
47 Bruno Bettleheim, The Children of the Dream(London, 1969), p.261. 이 연구결과는 이 같은 환경에서 자란 아이들이 "좀처럼 친밀감이나 깊이 있는 우정을 보이지 않는다"는 스피로의 연구결과와 일치한다. Melford E. Spiro, Children of the Kibbutz(Cambrdige, Mass., 1958), p.424.
48 Spiro, Children of the Kibbutz, pp.397~398.
49 Torsten Malberg, Human Territoriality(The Hague, 1980), pp.59, 308.
50 Carol J. Guardo in Child Development 40, No.1(March 1969), pp.143~151.
51 미국 성인들 중 "사회적 거리"와 "친밀한 거리"를 구분하는 "개인적 거리"는 18~30인치 사이에 이른다. Hall, Hidden Dimension, pp.112~114.
52 이는 러시아어 – 대부분의 역사에서 생산수단에 대한 사적 소유를 전혀 몰랐던 사람들의 언어 – 에 왜 "프라이버시"란 단어가 없는지를 설명한다.
53 Melville J. Herkovitz, Economic Anthropology(New York, 1952), p.327.
54 E. Adamson Hoebel, Man in the Primitive World, 2nd ed.(New York, etc. 1958), p.431.
55 Edward Westermarck, The Origin and Development of Moral Ideas, II (Freeport, N.Y., 1971), pp.1, 20. 부족사회 대신 고대 법전을 연구했던 A. S. Diamond는 그의 저서 Primitive Law(London etc., 1935)에서 "원시법은 '소유'란 개념이 없었다"고 주장했다(p.261). 하지만 바로 뒤에서 도둑질에 대한 원시법의 처벌에 대해 설명하고 있다(pp.299, 328~329).
56 Carleton Coon은 Hunting Peoples(London, 1972)에서 현대인들이 지구의 산소를 고갈시키고 있으며 쓸데없이 달로 여행을 가고 있다고 비난했다. 하지만 이 책의 주제인 원시 수렵꾼의 영토권 주장이나 재산 소유에 대해선 별다른 논의가 없었다. 1990년까지도 "원시 공산주의"를 변호하는 저서들이 출판되었다는 사실은 놀라운 일이다. Richard B. Lee in Steadman Upham, ed., The Evolution of Political Systems(Cambridge, 1990), pp.225~246.
57 C. Daryl Forde, Habitat, Economy and Society(London and New York, 1934), p.461.
58 Max Weber, General Economic History(New Brunswick, N.J., 1981), p.38.
59 Robert Lowie in Yale Law Journal 37, No.5(March 1928), p.551.
60 Malmberg, Human Territoriality, p.86, from P. A. Sorokin, C. C. Zaimmerman, and C. J. Galpin, eds., A Systematic Source Book in Rural Sociology, I(Minneapolis, 1930), pp.574~575. 두 번째 책은 초기 토지 소유관행에 관한 다양한 이론을 다루고 있다(pp.568~576).
61 Beaglehole, Property, pp.145~147.
62 L. T. Hobhouse, G. C. Wheeler, and M. Ginsberg, The Material Culture and Social Institutions of the Simpler Peoples(London, 1915), p.243.
63 Beaglehole, Property, p.134.

64 Bronislaw Malinowski, Crime and Custom in Savage Society(New York, 1951), p.60.
65 Beaglehole, Property, pp.158~166.
66 Ernest Beaglehole, Property: A Study in Social Psychology(London, 1931), pp.158~163. 이 원칙은 원시사회에만 한정된 게 아니다. 17세기 영국에서 유부녀는 "특정 목적을 위해 남편의 소유물로 여겨졌으며" 당시 어느 영국 작가는 아내의 부정이 남편의 소유권 침해라고 주장했다. Howard Nenner in J. R. Jones, ed., Liberty Secured? Britain Before and After 1688(Standford, Calif., 1992), p.95.
67 이 관습은 초기 독일 부족들에게도 있었다. C. Reinold Noyes, The Institution of Property(New York, 1936), p.65.
68 위의 책, pp.215~216.
69 Robert H. Lowie in Yale Law Journal 37(March 1928), pp.551~563; "그린랜드인이나" 안다만 섬 주민들은 다른 사람의 허락 없이 그의 노래를 부르지 못하게 되어 있다." Robert H. Lowie, An Introduction to Cultural Anthropology(New York, 1940), p.282.
70 위의 책, pp.140~142.
71 Robert H. Lowie, Primitive Society(New York, 1920), pp.235~236; Walter Nippold, Die Anfünge des Eigentums bei den Naturvölkern und die Entstehung des Privateigentums(The Hague, 1954), p.82; Beaglehole, Property, pp.140~142.
72 Herskovitz, Man and His Works, p.283.
73 Colin Clark and Margaret Haswell, The Economics of Subsistence Agriculture, 3rd ed.(New York, 1967), pp.28~29.
74 Robert McC. Netting in Steadman Upham, ed., The Evolution of Political Systems(Cambridge, 1990), p.59.
75 Terry L. Anderson and P. J. Hill, Journal of Law and Economics 18, No.1(1975), pp.175~176.
76 Edwin N. Wilmsen in Journal of Anthropological Research 29, No.1 (Spring 1973), p.4.
77 Lowie, Primitive Society, p.213; Raymond Firth, Primitive Economics of the New Zealand Maori(New York, 1929), p.361.
78 Paul Guiraud, La Propriété Foncière en Grèce(Paris, 1893), p.32; J. B. Bury, A History of Greece, 3rd ed.(London, 1956), p.54.
79 Leyhausen in Lorenz and Leyhausen, Motivation, p.104.
80 Jomo Kenyatta, Facing Mount Kenya(London, 1953), p.21. Daniel Biebuyck, ed., African Agrarian Systems(London, 1963).
81 Peter J. Usher in Terry L. Anderson, ed., Property Rights and Indian Economics(Lanham, Md., 1992), p.47.
82 Herskovitz, Economic Anthropology, p.365; Armand Cuvillier, Manuel de sociologie, II(Paries, 1956), pp.505~506. M. I. Finley, Economy and Society in Ancient Greece(London, 1981), p.71에 따르면 고대 아테네인 역시 토지를 소유하고는 있었지만 거의 거래를 하지 않았다. 토지는 진정한 의미에서 상품이 아니었다. 인디언들이 맨해튼을 네덜란드 사람에게 60길더에 "팔았다"는 유명한 얘기는 오해가 있다. "인디언들은 토지가 개인이나 부족의 소유라는 개념이 없었다.…아무도 맨해튼에 살고 있지 않았다. 이들은 단지 거기서 사냥을 하고 고기잡이를 했다. 인디언들은 백인들이 필요하다고 한다면 가끔씩 그 섬의 일부를 내어줄 수 있다고 생각했다. 완전히 거기서 쫓겨날 거라고는 상상도 못했다." Edward Robb Ellis, The Epic of New York City(New York, 1966), pp.25~26. 인디언들이 토지소유에 대해 전혀 몰랐다는 주장은 옳지 않지만—만약 그랬다면 처음부터 네덜란드인의 접근을 허용하지 않았을 것이다—다음의 내용은 틀림없다. "네덜란드 사람들은 알곤킨족을 속였다고 자랑한 적이 없다. 이들은 단순히 원주민들을 회유하고 그들 옆에 살 수 있는 권리를 가질 수 있는 방법을 찾고 있었다. 게다가

인디언들은 그 섬을 버린 적이 없다. 계속해서 자유롭게 마을로 들어왔고 권한이양이라는 개념이 없었다." Anka Muhlstein, Manhattan(Paris, 1986), pp.23~24. 비슷한 거래는 캐나다의 에스키모인들에게서도 발견된다. 이들 역시 이방인이 종종 자신들의 땅에 접근하는 것을 허용했을 뿐이다. Peter J. Usher in Terry L. Anderson, ed., Property Rights and Indian Economies(Lanham, Md., 1992), p.47.

83   인디언 땅의 몰수를 정당화하기 위해 자주 사용되는 서양의 주장 중 하나는 원주민들이 떠돌아다니며 수렵생활을 했기 때문에 땅을 개선시키는 데 아무런 노력도 하지 않았으며 따라서 그에 대한 권리가 없다는 것이다. 이 주장은 이미 식민지시대 북아메리카에서도 있었다. Wilcomb E. Washburn in James Morton Smith, ed., Seventeenth Century America (Chapel Hill, N.C., 1959), pp.22~23. 1823년에 인디언 부족들이 백인 정착민들을 상대로 연방법원에 제기한 소송에서 백인들은 인디언들이 소유권을 세우기 위해 땅을 개선시키지 않았으며 항상 옮겨 다녔기 때문에 그들의 주장의 타당성을 증명할 "자취가 거의 없다"고 주장했다. Carol M. Rose in University of Chicago Law Review 52, No.1(1985), pp.85~86.

84   Frank A. Pitelka in Condor 61, No.4(1959), p.253.

85   "향수병" 현상에 대해서는 Ina Maria Greverus, Der territoriale Mensch (Frankfurt am Main, 1972) 참조.

86   Jules Issac, The Teaching of Contempt(New York, 1964), p.45. 인용문은 Augustine의 The City of God, Book 18, 46장에서 발췌.

87   Issac, Teaching of Contempt, pp.39~73.

88   Samuel Hazzard Cross and Olgerd P. Sherbowitz Wetzor, The Russia Primary Chronicle: Laurentian Text(Cambridge, Mass., 1953), p.97.

89   Nippold, Die Anfünge, p.84.

90   Ardrey, Territorial Imperative, p.102.

91   Richard Pipes, The Russian Revolution(New York, 1990), p.113.

92   John E. Pfiffer, The Emergence of Society(New York, 1977), p.28.

93   Richard B. Lee and Irven DeVore, eds., Man the Hunter(Chicago, 1968), p.3.

94   Lowie, Primitive Society, pp.211~213.

95   Wilmsen in Journal of Anthropological Research, No.29/1(1973), pp.1~31.

96   University of Pennsylvania, University Bulletin, 15th Series, No.4, Pt. ii, University Lectures(Philadelphia, 1915), p.183. 하지만 이 같은 증거는 케임브리지대학의 사회인류학자 교수의 다음 주장을 막진 못했다. "어떤 인간사회도, 고대든 현대든, 원시사회든 문명사회든 간에, '영토적 행동'의 전형과 아주 가깝게라도 관습을 발전시키지 못했다." Edmund Leach in New York Review of Books II, No.6(October 10, 1968), p.26. 원시사회에서 끊임없이 일어난 잔인한 전쟁에 대한 기록을 무시한 채 리치는 호전성이 단지 "냉정한 경쟁사회에서 잔인하게 행동하도록 문화적으로 조건화된 서양 산업사회의 인간"에게만 해당된다고 주장했다. 위의 책 p.28. 이 같은 잘못된 주장을 수정한 것은 Lawrence H. Keeley의 War Before Civilization(New York, 1996)으로 킬리는 이 책에서 인류학자들이 전통적으로 무시해왔던 원시시대 전쟁의 야만성을 증명했다. 원시사회에서 전쟁에서 희생된 사람의 수는 근대전쟁의 희생자 수보다 몇 배나 많았다(p.xi). "원시사회에서 전쟁 희생자의 수는 근대의 가장 호전적인 국가가 일으킨 전쟁에서 죽은 사람들보다 거의 항상 많았다"(pp.88~89). 킬리는 원시인들이 영토에 무관심했다는 오래된 믿음을 반박했다. 사실상 원시인들 사이에서 일어났던 무력분쟁의 원인은 대개 영토 때문이었다(pp.108~109).

97   Eleanor Leacock in American Anthropologist 56, No.5, Part 2, Memoir 78(1954), pp.1~59.

98   Schmidt, Das Eigentum, I, pp.290~291.

99   Harold Demsetzz in American Economic Review 57, No.2(May 1967), pp.352~353.

100 Schmidt, Das Eigentum, I, pp.294~295.

101 이 사실은 소아시아에서 직접 관찰한 결과로 놀랍게도 1세기 이전에 Hyde Clark이 Journal of the Anthropological Institute of Great Britain and Ireland 19, No.2(November 1890), pp.199~211에 이미 보고한 바 있다. Cf. Melville J. Herskovits, Man and His Works(New York, 1952), p.283.

102 René F. Millon in American Anthropologist 57(1955), pp.698~712. 인간행동은 놀라울 정도로 보편적이어서 중세 독일법을 보면 "초지와 숲, 과실수와 마찬가지로 건물 역시 그것이 위치해 있는 땅의 일부분일 필요는 없으며 고유의 법적 존재를 가진 독립적 개체"라고 비슷한 규정이 있다. Rudolf Hübner, Grundzüge des deutschen Privatrechts, 2nd ed. (Leipzig, 1913), p.384.

103 Forde, Habitat, Economy and Society, pp.332~334; W. Schmidt, Das Eigentum, II(Münster in Westfalen, 1940), pp.192~196, cited in Malmberg, Human Territoriality, p.77.

104 Irven DeVore in Eisenberg and Dilon, eds., Man and Beast (Washington, D.C., 1971), p.309.

105 예를 들어 Leacock, in American Anthropologist, pp.2~3.

106 Lowie, Primitive Society, p.210.

107 Helmut Schoeck in Envy(New York, 1970), pp.30~31. 그는 사냥감을 공유했던 주요 이유가 시기심을 부추기기 위해서였다는 흥미로운 주장을 했다. 시기심은 많은 원시부족들 가운데에서 매우 발달했다. 이 설명은 어느 멕시코 마을을 집중적으로 연구한 결과 시기심이 매우 지배적이었다는 사실을 발견한 인류학자로부터 지지를 얻었다. 이탈리아와 인도에서도 시기심은 "사람들의 지배적 성격"이었음이 발견되었다. George M. Foster, Tzintzuntzan(Boston, 1967), p.153.

108 Max Ebert, ed., Reallexikon der Vorgeschichte, II(Berlin, 1925), p.392; Beaglehole, Property, pp.208~209; Hoebel, Man in the Primitive World, pp.435, 442~443; Carleton Coon, Hunting Peaples (London, 1972), pp.176~180.

109 Vernon L. Smith in Journal of Political Economy, 83, No.4(1975), p.741; Douglas C. North in Structure and Change in Economic History(New York and London, 1981), p.80.

110 Demsetz in American Economic Review 57, No.2(May 1967), pp.354 ~356; Garrett Hardin in Science 162(December 13, 1968), I , pp.243~248. 하딘은 William Foster Lloyd, Two Lectures on the Checks on to Population(1833)을 참고했다고 한다. 하지만 이 주장은 공동(common)과 공동체(communal) 사용을 구분하지 못하고 많은 원시인들에게서 볼 수 있듯이 공동자원에 대한 개인의 사용을 감시한 공동체의 규제역할을 간과했다는 비판을 받았다. Peter J. Usher in Terry L. Anderson, ed., Property Rights and Indian Economies(Lanham, Md., 1992), pp.50~51.

111 Ralph Hamor, A True Discourse of the Present State of Virginia (London, 1615; reprinted in Richmond, Va., 1957), p.17. 이 경험은 플라이마우스에서도 되풀이되었다. William B. Scott, In Pursuit of Happiness(Bloomington, Ind., 1977), p.12.

112 Edella Schlager and Elinor Ostrom in Terry L. Anderson and Randy T. Simmons, eds., The Political Economy of Customs and Culture (Lanham, Md., 1993), pp.13~41.

113 Robert C. Ellickson, Order Without Law(Cambridge, Mass., 1991), pp.191~206. Herman Melville의 모비딕, 89장 참조(이러한 단순한 규정을 잘 요약하고 있으며 하버드법대 Charles Fried 교수가 알려주었다).

114 James A. Wilson in Garrett Hardin and John Baden, eds., Managing the Commons(San Francisco, 1977), pp.96~111.

115 John Umbeck in Explorations in Economic History, 14, No.3(July 1977), pp.197~226.

116 위의 책, pp.214~215.

117 John Baden in Hardin and Baden, eds., Managing the Commons, p.137.

118 "농경사회로의 전환에서 지배적인 역사적 동기는 인구의 증가였다." Mark N. Cohen in Steven Polgar, ed., Population, Ecology, and Social Evolution(The Hague and Paris, 1975), p.86. 코헨은 페루

해변가에서 발견된 고대 유물로부터 수집한 증거를 토대로 이를 주장했다. 이 주제에 대해선 Ester Boserup, The Conditions of Agricultural Growth(Chicago, 1965) 참조.
119 Wilson, Sociobiology, p.564.
120 Hugh Thomas, A History of the World(New York, 1979), pp.12~13.
121 Clark and Haswell, Subsistence Agriculture, pp.26~27.
122 Vernon L. Smith in Journal of Political Economy 83, No.4(1975), pp.727~755. 반대의견에 대해서는 Robert J. Wenke, Patterns in Prehistory(New York and Oxford, 1984), pp.152, 154.
123 Charles E. Kay in Human Nature 15, No.4(1994), pp.359~398, and in Western Journal of Applied Forestry, October 1995, pp.121~126.
124 Matt Ridley, The Origins of Virtue(New York, 1996), pp.213~225.
125 작물을 추수한 후 태워버리곤 하는 유목농업은 예외이다(아래 p.161 참조). 이 경우 소유권 주장은 땅이 아닌 작물을 대상으로 했다. 하지만 이 비효율적 경작법은 초기 농업 단계에서만 시행되었을 뿐 인구증가로 땅이 부족해지면서 사라지고 말았다.
126 Beaglehole, Property, p.211; Schmidt, Eigentum, I, p.292.
127 Hobhouse, Wheeler, and Ginsberg, Material Culture, Appendix I, pp.255~281.
128 Jomo Kenyatta, Facing Mount Kenya(London, 1953), pp.21, 25. 제 2장에서 저자는 이 같은 사회에서 얼마나 복잡한 형태의 토지소유가 가능한지 설명하고 있다. 뉴질랜드 마오리족의 경우도 마찬가지다. Raymond Firth, Primitive Economics of the New Zealand Maori(New York, 1929), pp.360~375. 농업사회에서 소유의 발달을 설명하는 복잡한 여러 요인 중 하나는 원시적 경작방식하에서 경작가능한 농지가 오랫동안 미개간 상태로 남아 있어서 소유에 혼선을 불러일으켰다는 사실로부터 기인한다. "유휴지제도하에서 특정 영토를 지배하는 부족의 모든 구성원은 영토 내 토지를 경작할 수 있는 포괄적 권리를 가졌다.…이 포괄적 권리는 경작하는 가정의 모든 구성원에게 해당되었다.…이 경우 자신이 개간하고 경작한 토지는 수확을 거둘 때까지 그 가정이 배타적 권리를 가졌다. 하지만 이 배타적 권리가 추수 후 얼마나 더 지속되는지는 특정 영토의 토지사용 패턴에 달려 있었다. 대개 한 가정이 휴지기 동안 과거 경작의 모든 자취가 사라지기 전까지 특정 구역을 경작할 수 있는 권리를 보유했다. 하지만 정상적 휴지기가 끝나면 그 가정은 그 땅을 더 이상 다시 경작하지 못하며 이 토지에 대한 권한을 모두 잃는다. 대신 영토 내 다른 토지를 개간할 수 있는 포괄적 권리를 갖는다." Boserup, The Conditions of Agricultural Growth, pp.79~80. 이 책은 현재 아프리카와 아시아 사회에 대한 깊이 있는 연구를 토대로 하고 있다.
129 Lowie, Primitive Society, pp.231~233.
130 최근까지도 그래왔다. 1950년대에 생겨난 "정치인류학"이란 새로운 분야가 그 갭을 메우기 시작했다. Morton H. Fried, The Evolution of Political Society(New York, 1967); Georges Balandier, Political Anthropology(London, 1970). 안타깝게도 50년 전에 출판된 "사회과학" 분야의 다른 저서와 마찬가지로 이들 역시 장황한 설명을 늘어놓고 형식적 방법론에 의존해 일반적 단어의 타당성에 대해 논박하고 서로를 끊임없이 인용할 뿐 명확한 결론에 도달하지 못했다.
131 Philips C. Salzman in Proceedings of the American Philosophical Society III, No.2(April 1967), pp.115~131.
132 국가의 탄생에 관한 많은 이론들의 소개는 Elman R. Service, Origins of the State and Civilization(New York, 1975)에서 발견할 수 있다. 서비스는 이 중 어떤 이론도 편들지 않았다. Henri J. M. Claessen and Peter Skalnik, eds., The Early State(The Hague, 1978), pp.533~596 참조.
133 Robert H. Lowie, The Origin of the State(New York, 1927).
134 Sir Henry Maine, Ancient Law(New York, 1864), pp.124, 126.
135 Lewis Henry Morgan, Ancient Society(Tucson, Ariz., 1985), pp.6~7.
136 J. E. A. Jolliffe, The Constitutional History of Medieval England, 4th ed.(London, 1961),

pp.59~60.
137 위의 책, p.24.
138 Lowie, Origin of the State, pp.12~19.
139 Chester G. Starr, Individual and Community(New York and Oxford, 1986), pp.42~46.
140 North, Structure and Change, p.23.
141 Douglass C. North and Robert Paul Thomas, The Rise of the Western World: A New Economic History(Cambridge, 1973), p.8; Frederick C. Lane in Journal of Economic History 35, No.1(1975), pp.8~17.
142 Karl Wittforgel, Oriental Despotism(New Haven, Conn., 1957). 마르크스는 종종 "아시아식 생산방식"에 대해 말하곤 했다. 위트포겔은 이를 토대로 "동양적 전제주의"라는 개념을 개발했다. 이는 개간과 홍수예방을 위해 나일강이나 유프라테스 강처럼 큰 수원지를 규제해야만 하는 필요와 관련이 있다. 하지만 이 설명은 오직 역사상 몇몇 시대에 몇몇 지역에만 해당된다.
143 Marc Bloch, Feudal Society, I(Chicago, 1964), p.115.
144 Douglass North in Svetozar Pejovich, The Codetermination Movement in the West(Lexington, Mass., 1978), p.128.
145 Max Weber, Grundriss der Sozialökomomik: III Abt., Wirtschaft und Gesellschaft, 3rd ed., II(Tübingen, 1947), pp.679~723. 베버는 이 범주에 잉카제국과 17세기 파라과이의 예수회 국가도 포함시켰다. 이 리스트에 무스코비 러시아도 추가할 수 있다.
146 Max Weber, Grundriss der Sozialökonomik: III Abt., Wirtschaft und Gesellschaft, 3rd ed., II(Tübingen, 1947), p.679.
147 L. Delaporte, Mesopotamia(New York, 1970), pp.101~112.
148 I. M. Diakonoff, in Acta Antiqua Academiae Scientiarum Hungaricae, XXII, Fasc. 1~4(1974), p.51. 이에 대한 반대의견은 Robert C. Ellickson and Charles DiA. Thorland in The Chicago Kent Law Review 71, No.1(1995), pp.321~411. 여기서 저자들은 "4백만 년 전 고대인들은 토지소유권을 오늘날의 무조건적 토지상속권처럼 묶음으로 주었으며 거래에도 참여했다.…이는 현대의 부동산 변호사도 쉽게 알아볼 수 있을 정도였다"(p.410). 이 극단적 주장은 많은 지지를 받지 못했다.
149 Christian Meier, The Greek Discovery of Politics(Cambridge, Mass., 1990), p.13.
150 M. I. Finley, Economy and Society in Ancient Greece(London, 1981), pp.71~72; Starr, Individual and Community, p.28.
151 Alfred Zimmern, The Greek Commonwealth, 4th ed.(Oxford, 1924), pp.287~288.
152 Toutain, Economic Life, p.14; Gustave Glotz, Ancient Greece at Work: An Economic History of Greece(London and New York, 1926), pp.8~9.
153 Finley, Economy and Society, p.217.
154 위의 책, p.218.
155 M. Rostovtseff, Social and Economic History of the Hellenistic World, I(Oxford, 1941), p.273.
156 Starr, Individual and Community, vii.
157 Victor Davis Hanson, The Other Greeks(New York, 1995), p.3.
158 그리스어로 자유인이란 뜻의 eleutheroi란 단어는 원래 재정적 의미로 세금을 면제받은 사람에게 사용되었다. Ellen M. Wood, Peasant Citizen and Slave(London and New York, 1988), p.130.
159 Cambridge Ancient History, VI(Cambridge, 1933), p.529.
160 Rostovtseff, Social and Economic History, pp.207~212.
161 Stephen Hodkinson in Classical Quaterly, n.s., 36, No.2(1986), p.404.

162 어떤 물체는 "내 마음대로 이를 처분하거나 보유할 수 있는 권한이 있을 때 '내 것'이 된다. '처분한다'는 말은 이를 그냥 주거나 매각한다는 것을 의미한다." Aristotle, Rhetoric, 1361a, pp.21~23.
163 Toutain, Economic Life, p.113.
164 A. Bouché Leclercq, Historie des Lagides, Vol.iii, Part I(Paris, 1906), p.179.
165 위의 책, pp.191~192.
166 Rostovtseff, Social and Economic History, p.300; Bouché Leclercq, Historie des Lagides, Vol.iii, Part I, pp.237~271.
167 Reinold Noyes, The Institution of Property(New York, 1936), pp.27~220.
168 Tenney Frank, An Economic History of Rome, 2nd ed.(Baltimore, 1927), pp.14~15.
169 Noyes, Institution of Property, pp.44~49, 78~79.
170 Jeremy Bentham, Principles of the Civil Code, in Works, I (Edinburgh, 1843), p.309. 벤담은 소유권이 자연법이 아니라 국가권력으로부터 기인했다는 자신의 주장을 지지하기 위해 이를 지적했다. 하지만 그가 발표한 원칙은 소유의 기원에 대한 견해에 상관없이 유효하다. Heinrich Altrichter, Wandlungen des Eigentumsbegriffs und neuere Ausgestaltung des Eigentumsrechts(Marburg Lahn, 1930), p.16.
171 P. S. Atiyah, The Rise and Fall of the Freedom of Contract(Oxford, 1979), p.110.
172 Toutain, Economic Life, pp.272~274.
173 Rosovtseff, A History of the Ancient World, II(Oxford, 1927), p.47. Moses Finley는 이 지배적 견해를 반박하며 이탈리아와 로마제국의 다른 영토에서 토지가 어떻게 배분되었는지에 대해 전혀 알 수 없다고 주장했다. M. I. Finley, ed., Studies in Roman Property(Cambrdige, 1976), p.3.
174 Henri Lepage, Pourqui la propriété(Paris, 1985), p 44.
175 Abbot Payson Usher, A History of Mechanical Inventions, rev. ed. (Cambridge, Mass., 1954), p.32.
176 Maxime Kowaleswsky, Die Ökonomische Entwicklung Europas bis zum Beginn der kapitalistischen Wirtschaftsform, I(Berlin, 1901).
177 "봉건주의의 이상이 완벽히 실현되기 위해선 우리가 공법이라고 부르는 모든 것이 사법과 합쳐져야 한다. 법적 관할권, 관직, 왕권 모두 소유가 되어야 한다. dominum이란 단어 역시 소유와 지배를 의미해야 한다." Frederick Pollock and Frederick William Maitland, The History of English Law, 2nd ed., I(Cambridge, 1923), p.230.
178 유럽식 봉건주의와 유사한 정권이 존재했던 일본의 경우도 상호책임이란 원칙은 없었다.
179 Bloch, Feudal Society, I, p.228.
180 Helen Cam, England Before Elizabeth(New York, 1952), p.97.
181 Bloch, Feudal Society, I, pp.190~192.
182 위의 책, pp.197~198.
183 F. W. Maitland, Domesday Book and Beyond(Cambridge, 1921), p.154, n.1. 이 문구를 인용하며 J. C. Holt는 "봉건주의(feudalism)란 단어는 노르만 영국의 시초부터 상속을 의미했다. 비상속적 봉토란 의미가 상충한다"고 말했다. Past and Present, No.57(1972), p.7. 참조: Theodore F. T. lucknett, A Concise History of the Common Law, 5th ed.(Boston, 1956), p.524.
184 위의 책, pp.208~210.
185 Birgit Sawyer, Property and Inheritance in Viking Scandinavia: The Runic Evidence(Alingsas, Sweden, 1988), p.16.
186 Nathan Rosenberg and L. E. Birdzell, J., How the West Grew Rich (New York, 1986), p.50.

참조: Max Weber: "돈의 특징에서 개인소유의 특징에 없는 것은 하나도 없다." General Economic History(New Brunswick, N.J., 1981), p.236.
187 Henri Pirenne, Medieval Cities(Princeton, 1946), pp.131~132.
188 1215년에 채택된 대헌장은 일반적으로 근대 자유의 초석으로 여겨지고 있다. 일부 근대학자들은 이를 도시 거주민들이 처음 확보한 권리의 복사본으로 보고 있다. 사실 봉신들의 주장에 따라 왕은 대헌장에서 런던을 비롯한 다른 도시의 자유를 인정했다. 중세 자유도시의 모델은 헝가리의 황금칙서헌장(1222년)에서도 발견된다. 여기서 가난해진 왕은 의회를 매년 소집하고 귀족을 임의로 구금하지 않으며 가신과 성직자에게 세금을 부과하지 않고 토지소유권을 존중하기로 약속했다. Robert von Keller, Freiheitsgarantien für Person und Eigentum im Mittelalter(Heidelberg, 1933), pp.76~77, 82.
189 John Hide Mundy in R. W. Davis, ed., The Origins of Modern Freedom in the West(Stanford, Calif., 1995), p.113.
190 Ernst Pitz, Europäsches Städtewesen und Bürgertum(Darmstadt, 1991), p.392. 하지만 제4장에서 지적하고 있듯이 중세시대에, 그리고 모스코비츠에 의해 함락되기 전까지 북부 러시아의 도시국가였던 노브고로드는 비록 유럽 변방에 위치해 있었지만 서부유럽 내륙의 공동체 조직과 상당히 유사했다.
191 Robert von Keller, Freiheitsgarantien für Person und Eigentum im Mittelalte(Heidelberg, 1933), pp.86~238; Weber, Wirtschaft und Gesellshcaft, II, pp.576~579.
192 John H. Mundy, Introduction to Henri Pirenne, Early Democracies in the Low Countries(New York, 1963), xxvi.
193 Weber, General Economic History, p.318.
194 George H. Sabine, A History of Political Theory, rev. ed.(New York, 1955), pp.403~404.
195 J. H. Elliott, Imperial Spain, 1469~1716(London, 1963), p.73.
196 Jean Bodin, The Six Bookes of a Commonweale(Cambridge, Mass., 1962), pp.651~653.
197 Reinhold Schmid, Die Gesetze der Angelsachsen(Leipzig, 1858), p.506.
198 Barbara Suchy in Uwe Schultz, ed., Mit dem Zehnten fing es an (Munich, 1986), p.116.
199 Ingvar Andersson, Schwedische Geschichete(Munich, 1950), p.237.
200 J. P. Sommerville, Politics and Ideology in England, 1603~1640 (London, 1986), pp.160~163. 이 책 제3장 참조.
201 J. L. M. de Gain Montagnac, ed., Mémoires de Louis XIV, écrits par lui même, I(Paris, 1806), p.156.
202 Sir William Blackston, Commentaries on the Laws of England, Book I, Chapter 2, 15th ed.(London, 1809), p.170.
203 Kirk H. Porter, A History of Suffrage in the United States(Chicago, 1918), pp.2~3; Chilton Williamson, American Suffrage(Princeton, 1968).
204 "난 어느 정도 노력했지만 1770년대 전에 즉각적인 혹은 조기의 모든 사람 또는 거의 모든 사람에게 인정되는 (남성) 참정권의 정당성에 대한 믿음을 진정으로 확인시켜주는 단 하나의 사례도 찾지 못했다." Jacob Viner, Canadian Journal of Economics and Political Science, 29, No.4 (1963), p.549.
205 Charles Seymour and Donald Paige Frary, How the World Votes, I (Springfield, Mass., 1918), pp.64~180.
206 Porter, History of Suffrage, pp.7~13.
207 위의 책, p.109.
208 Jennifer Nedelsky, Private Property and the Limits of American Constitutionalism(Chicago and

London, 1990), pp.18~19.
209 James A. Henretta, The Evolution of American Society(Lexington, Mass., 1973), pp.88~112; Williamson, American Suffrage, pp.20~61.
210 Guido de Ruggiero, The History of European Liberalism(Boston, 1961), pp.159, 177.
211 Karl Marx and Frederick Engels, "The Class Struggles in France, 1848~1850," Part I, in Selected Works, I(Moscow, 1962), p.142.
212 Peter Christian Witt in Schultz, ed., Mit dem Zehnten, pp.191~193; G. Schmölders in Schultz, ed., Mit dem Zehnten, p.248.
213 Thomas Erskine Holland, The Elements of Jurisprudence, 12th ed. (Oxford, 1916), p.82.
214 M. I. Finley, The Ancient Economy(Berkeley and Los Angeles, 1972), p.28. 19세기 서양의 문명에 처음 노출된 일본인의 경우 "자유"란 단어를 번역하는 데 상당히 애를 먹었다. 마침내 jiyu란 단어를 찾아냈는데 이는 "방탕함"을 의미했다. 중국과 한국의 경우도 마찬가지다. Orlando Patterson, Freedom(New York, 1991), p.x. 이슬람 작가들도 비슷한 어려움에 직면했다. "이슬람 세계에서 자유란 단어를 명확히 정치적 의미로 사용한 첫 번째 사례는 18세기 말과 19세기 초 오토만제국이었으며 이는 주로 유럽의 영향 때문이었다. 때로는 유럽 문헌을 직접 번역하기 위해 사용되곤 했다.…이슬람 작품에서 자유에 대한 초기 언급은 적대적이었으며 이를 난봉, 방탕, 무질서 등과 동일시 했다." Bernard Lewis, Islam in History(New York, 1973), pp.267, 269.
215 Orlando Patterson, Freedom, I(New York, 1991), p.48. 패터슨에 따르면 이 관계에 대해 처음으로 관심을 가진 학자는 Max Pohlenz이다. 위의 책, p.79.
216 Herodotus, Persian Wars, Book V, Chapter 78.
217 Thucydides, History of the Peloponnesian War, II, xli, trans. Charles Forster Smith, Loeb Classical Library(Cambridge, Mass., 1991), I, p.331.
218 Finley, Ancient Economy, pp.28~29.

제3장

1   Edmund Burke, speech, "Conciliation with the Colonies," in The Works of…Edmund Burke, III(London, 1823), p.50.
2   A. F. Polland, The Evolution of Parliament, 2nd ed.(London, 1926), pp.3~4.
3   J. Churton Collins, Voltaire, Montesquieu and Rousseau in England (London, 1908), p.158.
4   Voltaire, Letters Concerning the English Nation(London, 1926), Letter viii, pp.41~42.
5   1931년 H. Butterfield의 The Whig Interpretation of History가 발표된 이후 일부 영국 역사학자들 사이에서 의회 권한이 끊임없이 발전했다는 이론을 당파적이며 오류가 있다고 바라보는 시각이 유행했다는 사실을 난 알고 있다. 이 책은 수정주의 학파의 뛰어난 대표작이었지만 설득력은 없다. 50년 후 이 책을 다시 읽은 G. R. Elton은 이 책이 "위험할 정도로 빈약하고 내용이 부족하며 특히 역사에 대한 지식이 부족한 단순한 에세이"에 불과하다고 비평했다. Studies in Tudor and Stuart Politics and Government, IV(Cambridge, 1992), p.273. 많은 전통적 역사학자들이 자신의 주장을 과대 포장하는 경향이 있어서 의회 역사를 단순히 왕권과의 권력투쟁으로 설명하고 모든 장점이 의회에 집중되어 있었던 것으로 보았다고 치자. 그렇더라도 외부에서 비전문가가 영국의 헌법 발전사를 지켜보았다면, 예를 들어 러시아의 시각에서, 이러한 전통적 해석이 매우 설득력 있다고 느낄 것이다. 대부분의 "수정주의"가 가진 문제는 이탈과 예외를 현상의 부수적인 것으로 보지 않고 본질로 바라본다는 데 있다. 그러므로 대안적 해석보다는 대개 정지경고문 정도에서 멈추곤 한다. 수정주의자였던 J. P. Kenyon은 "휘그당적 해석"이 "논리적"

대안으로 대체되지 못했다고 인정했다. Stuart England(London, 1978). 영국 내전에 대한 수정주의적 시각 역시 마찬가지다. Richard Cust and Ann Hughs, eds., Conflict in Early Stuart England(London and New York, 1989), p.11. 이 책에서 편집자가 쓴 서문은 영국 역사의 수정주의에 대해 좋은 비판을 제공하고 있다.

6　Frederic Milner, Economic Evolution of England(London, 1931), p.248.
7　Hans W. Kopp, Parlamente: Geschichte, Grösse, Grenzen(Frankfurt am Main, 1966), p.16.
8　Sidney J. Madge, The Domesday of Crown Lands(London, 1938), p.14.
9　위의 책, pp.14~15, 19~20.
10　이 원칙은 세계 다른 지역의 원시적 공동사회에서도 적용되었다. 여기에 대해 어느 인류학자는 "이 같은 정부의 기계적 업무는 새로운 선례를 만들기보다는 전통적 사용에 대한 복종을 강요하는 수준이었다"고 말했다. Robert H. Lowie, Primitive Society(New York, 1920), pp.358~359.
11　wita란 "현명한"이란 뜻이며 gemot은 "회합"을 의미한다.
12　F. M. Stenton, Anglo Saxon England, 3rd ed.(Oxford, 1971), pp.550~554.
13　F. W. Maitland, The Constitutional History of England(Cambridge, 1946), pp.55~56; J. E. A. Jolliffe, The Constitutional History of Medieval England, 4th ed.(London, 1961), pp.25~29; Helen Cam, England Before Elizabeth(New York, 1952), p.48. "게르만"과 "독일"을 혼동해서는 안 된다. 게르만은 로마제국을 정복한 다양한 민족집단을 통합해 부르는 포괄적 용어로 이들의 후손 중에는 근대의 독일인뿐만 아니라 영국, 프랑스, 스칸디나비아 사람 등이 포함되어 있다.
14　F. W. Maitland, The Constitutional History of England(Cambridge, 1946), p.60; J. E. A. Jolliffe, The Constitutional History of Medieval England, 4th ed.(London, 1961), 55F.
15　Jolliffe, Constitutional History, pp.23~24, 41~42. Herbert Butterfield는 그의 저서 Whig Interpretation, p.32에서 이 견해를 17세기 법학자인 에드워드 콕 경이 조작해낸 "신화"라며 무시했다.
16　Robert H. Lowie, Primitive Society(New York, 1920), pp.383~388.
17　Richard Thurnwald in The Encyclopedia of the Social Sciences, XI(New York, 1944), pp.390~391.
18　Jacques Ellul, Histoire des Institutions, I(Paris, 1995), pp.649~650.
19　Helen Cam, England Before Elizabeth(New York, 1952), p.47.
20　Marc Bloch, Feudal Society, I(Chicago, 1964), pp.111~112. Henry Maine의 인용문은 제2장, pp.95~96 참조.
21　Keith Feiling, A History of England(New York, etc., 1950), pp.67~68. 이는 기원전 7세기 스파르타에서 일어났던 변화와 똑같았다. Chester G. Starr, Individual and Community(New York and Oxford, 1986), pp.55~56. 이는 또 가문보다는 사는 지역을 기준으로 시민의 책임을 규정했던 아테네의 클레이테네스 개혁(기원전 570~508년)과도 유사하다.
22　Jolliffe, Constitutional History, pp.57~58.
23　위의 책, pp.72~73.
24　Maitland, Constitutional History, p.1.
25　Cam, England Before Elizabeth, pp.55~56.
26　Stephen Dowell, A History of Taxation and Taxes in England, I (London, 1888), p.7.
27　Sally Harvey in Joan Thursk, ed., The Agrarian History of England During the Early and Middle Ages, I(London, 1867), p.669.
28　C. W. Previté Orton, The Shorter Cambridge Medieval History, I (Cambridge, 1953), pp.584~586.

29　Dowell, History of Taxation, I, p.7.
30　Madge, Domesday, p.29.
31　H. P. R. Finberg, The Agrarian History of England and Wales, IV (Cambridge, 1967), p.256. 복귀 재산이란 군주나 다른 봉건영주가 유언을 남기지 않거나 합법적 상속인이 없이 죽은 백성의 토지와 또 봉건적 의무를 다하지 못했거나 반역, 중죄로 몰수당한 재산을 가질 수 있는 권리를 말한다. 후견이란 봉건영주의 자녀가 너무 어릴 경우 영지를 관리할 수 있는 왕의 권리를 말한다.
32　Gordon Batho in H. P. R. Finberg, The Agrarian History of England and Wales, IV(Cambridge, 1967), p.256.
33　Maitland, Constitutional History, p.179; Cam, England Before Elizabeth, p.123.
34　Stephen Dowell, A History of Taxation and Taxes in England, I (London, 1888), p.211. 강조어는 추가한 것이다. 이 원칙에는 단 두 가지 예외가 있었다. 봉건영주는 왕과의 관계에 따라 빚을 졌을 경우 "지대" 혹은 토지 사용세를 내야 했다. 또 유대인들은 "왕의 허락을 받고 이곳에 머물게 되었기 때문에 왕에게 무제한적인 재산 헌납의 의무가 있었다." 위의 책, pp.210~211.
35　Maitland, Constitutional History, p.180.
36　Cam, England Before Elizabeth, pp.104~105.
37　P. S. Atiyah, The Rise and Fall of Freedom of Contract(Oxford, 1979), p.91.
38　Maitland, Constitutional History, p.62.
39　Kopp, Parlamente, p.12.
40　K. Smellie in Encyclopedia of the Social Science, IX(New York, 1944), p.369.
41　J. H. Baker, An Introduction to English Legal History, 3rd ed. (London, 1990), pp.296~317.
42　Cam, England Before Elizabeth, pp.89~90.
43　Alan Macfarlane, The Origins of English Individualism(Cambridge, 1979).
44　후에 영국 여성들은 남편에게 소유의 법적 권리를 빼앗기게 되며 1881년이 되어서야 이를 되찾았다.
45　Alan Macfarlane, The Culture of Capitalism(Oxford, 1987), p.192.
46　Donald R. Denman, Origins of Owneship(London, 1958), p.150. Donald N. McCloskey, cited in T. Eggertsson, Economic Behavior and Institutions(Cambridge, 1990), pp.285~286. "중세 농민들 사이에서는 토지매매 시장이 매우 활발했다"는 증거가 충분히 있다.
47　R. H. Tawney, The Agrarian Problem in the Sixteenth Century(London, 1912), pp.98~99.
48　Kopp, Parlamente, pp.14~15.
49　Cam, England Before Elizabeth, pp.125~126.
50　Maitland, Constitutional History, pp.185~187.
51　위의 책, pp.256~257; G. R. Elton, Studies in Tudor and Stuart Politics and Government, II(Cambridge, 1974), pp.29~30.
52　Maitland, Constitutional History, p.195.
53　Sir John Fortescue, De Laudibus Legum Angliae, ed. and trans. S. B. Chrimes(Cambridge, 1949), pp.24~25.
54　William Holdsworth, Some Makers of English Law(Cambridge, 1938), Chapter iii.
55　Paul Brand, The Origins of the English Legal Profession(Oxford, 1992).
56　J. H. Baker in R. W. Davis, ed., The Origins of Modern Freedom in the West(Standford, 1995), p.191. 베이커의 논문은 보통법이 영국에서 개인의 자유에 미친 영향을 집중적으로 다루고 있다.
57　Frank Smith Fussner, ed., in Proceedings of the American Philosophical Society 101,

No.2(1957), p.206.
58 Arthur R. Hogue, Origins of the Common Law(Bloomington, Ind., 1996), p.107.
59 위의 책, p.232.
60 P. S. Atiyah, The Rise and the Fall of Freedom of Contract, p.95. Roscoe Pound in Encyclopedia of the Social Sciences, IV(New York, 1944), p.53.
61 James A. Williamson, The Tudor Age(London and New York, 1979), p.439.
62 John R. Commons, Legal Foundations of Capitalism(New York, 1924), p.233. J. G. A. Pocock, The Ancient Constitution and the Feudal Law (New York, 1967), passim.
63 J. P. Sommerville, Politics and Ideology in England 1603~1640 (London and New York, 1986), pp.87~92.
64 William S. Holdsworth, Essays in Law and History(Oxford, 1946), p.49.
65 David Harris Sacks in Philip T. Hoffman and Kathryn Norberg, Fiscal Crises, Liberty and Repressive Government, 1450~1789(Stanford, Calif., 1994), p.16, Charles Gray 인용.
66 Commons, Legal Foundations, p.50.
67 A. L. Rowse, The England of Elizabeth(New York, 1951), pp.333~336.
68 Michael J. Braddick, The Nerves of State(Manchester and New York, 1996), pp.91~95.
69 tonnage는 와인 관세를, poundage는 모직 관세를 말한다.
70 Dowell, History of Taxation, I, p.194.
71 Williamson, Tudor Age, pp.1~3.
72 Batho in Finberg, Agrarian History, IV, p.256.
73 Madge, Domesday, p.29.
74 Williamson, Tudor Age, p.140.
75 Joyce Yowings in Finberg, Agrarian History, IV, pp.332~333.
76 Dowell, History of Taxation, I, pp.135~136.
77 Williamson, Tudor Age, p.157.
78 위의 책.
79 Sacks in Hoffman and Norberg, Fiscal Crises, p.39.
80 Batho in Finberg, Agrarian History, IV, pp.265~266.
81 Sacks in Hoffman and Norberg, Fiscal Crises, p.39.
82 Williamson, Tudor England, p.344.
83 위의 책, p.421.
84 Kenyon, Stuart England, p.54.
85 Ivor Jennings in Encyclopedia Britannica(Chicago, 1970), XVII, p.378.
86 Kenyon, Stuart England, p.31; Maitland, Constitutional History, p.240.
87 Williamson, Tudor England, p.438.
88 Maitland, Constitutional History, pp.248~249; Williamson, Tudor Age, p.438의 수치는 약간 다르다.
89 Kenyon, Stuart England, p.32.
90 위의 책, p.34.
91 Williamson, Tudor Age, pp.101~105, 243.

92 위의 책, p.439.
93 Elton, Studies, I, p.283; Williamson, Tudor Age, pp.9, 437.
94 George H. Sabine, A History of Political Theory(New York, 1938), pp.395~397.
95 Feiling, History of England, p.445.
96 Kenyon, Stuart England, p.71.
97 Lawrence Stone, The Crisis of the Aristocracy 1568~1641(London, 1965), pp.65~128.
98 Frederick C. Dietz, English Public Finance, 1558~1641, II(New York, 1964), p.299; Madge, Domesday, p.50.
99 Batho in Finberg, Agrarian History, IV, p.273.
100 C. V. Wegwood, The King's Peace, 1637~1641(New York, 1956), pp.153~154; Christopher Clay in Thirsk, ed., Agrarian History, V, Vol.2, p.154.
101 Sommerville, Politics and Ideology, p.147.
102 위의 책, p.151.
103 Robert Zaller in J. H. Hexter, ed., Parliament and Liberty from the Reign of Elizabeth to the English Civil War(Stanford, Calif., 1992), p.202.
104 Barry Coward, The Stuart Age, 2nd ed.(London and New York, 1992), p.202.
105 Wedgewood, King's Peace, pp.153~154; Coward, Stuart Age, p.108.
106 Dietz, English Public Finance, II, p.299.
107 Conrad Russel, Parliaments and English Politics, 1621~1629(Oxford, 1979), p.19.
108 Perez Zagorin, The Court and the Country: The Beginning of the English Revolution(New York, 1971), pp.98~99.
109 위의 책, p.90.
110 Coward, Stuart Age, p.95; Sommerville, Politics and Ideology, p.116.
111 Zagorin, Court and the Country, pp.120~131.
112 "The Form of Apology and Satisfaction"은 J. P. Kenyon, ed., The Stuart Constitution, 1603~1688, 2nd ed.(Cambridge, 1986), pp.29~35 참조. "The Humble Answer"는 Jack Hexter in J. H. Hexter, ed., Parliament and Liberty(Stanford, Calif., 1992), pp.28~32.
113 J. H. Hexter in Hexter, ed., Parliament and Liberty, pp.11~12. 이 주제는 같은 책, Johann P. Sommerville, pp.56~84에서 자세히 다루고 있다.
114 J. W. Allen, English Political Thought, 1603~1660, I(London, 1938), p.26.
115 위의 책, p.32.
116 Dowell, History of Taxation, I, p.195. 하지만 이 모든 돈이 국고로 들어간 것은 아니었다. 왜냐하면 관세를 징수해 줄 유능한 공무원이 없었기 때문에 왕은 이 임무를 상인조합에게 맡겼는데, 조합에서 세금의 상당부분을 챙겼기 때문이다. Barry Coward, The Stuart Age, 2nd ed. (London and New York, 1994), p.109.
117 S. Reed Brett, John Pym, 1583~1643(London, 1940), p.86.
118 위의 책, pp.81~82, 86.
119 Samuel R. Gardiner, ed., The Constitutional Documents of the Puritan Revolution: 1625~1660, 3rd ed.(Oxford, 1936), p.69.
120 위의 책, p.67.
121 Hexter in Hexter, ed., Parliament and Liberty, p.1.

122 1624년 하원은 독점을 불법으로 선언했지만 왕은 이를 무시하고 "특허권"이라고 이름만 바꾸어 새롭고 가치 있는 제조방법을 고안해낸 사람에게 독점권을 계속 팔았다. 얼마 후 1648년에 메사추세츠는 "국가에 이로운" 새로운 발명에게만 독점권을 허용했다. James W. Ely, Jr., The Guardian of Every Other Right, 2nd ed.(New York and Oxford, 1998), p.19. 지적 소유권은 15세기 베니스에서 유래한 것으로 보인다.
123 Brett, Pym, p.82.
124 Dietz, Public Finance, II, pp.262~263.
125 Feiling, History of England, p.457.
126 Zagorin, Court and the Country, p.116.
127 Sommerville, Politics and Ideology, p.159.
128 The Trial of John Hamden, Esq…in the Great Case of Ship Money Between His Majesty K. Charles I. and That Gentleman(London, 1719), p.31. 존은 Sir Herbert Crofts가 25년 전 하원에서 했던 말을 그대로 따라 했다. "왕이 절대권력으로 부과한다면 어느 누구도 자신이 무엇을 갖고 있는지 확신하지 못할 것이다. 이는 모두 왕의 뜻에 달려 있기 때문이다." J. P. Sommerville, Politics and Ideology in England, 1603~1640 (London and New York, 1986), p.154. 이는 당시 그러한 생각이 얼마나 확산되어 있었는지를 보여준다.
129 Clive Halmes in Hexter, ed., Parliament and Liberty, pp.135~136.
130 John Adair, A Life of John Hampden(London, 1976), p.3.
131 Brett, Pym, pp.225~226.
132 Dowell, History of Taxation, I, p.222.
133 Wedgwood, King's Peace, p.383.
134 Kenyon, Stuart England, p.125; Maitland, Constitutional History, p.293.
135 Kenyon, Stuart England, p.127; Maitland, Constitutional History, p.294.
136 Madge, Domesday, pp.63~66.
137 Christopher Clay in Thirsk, ed., Agrarian History, V, Vol.2, pp.119~154.
138 Feiling, History of England, p.507.
139 M. J. Braddick, Parliamentary Taxation in Seventeenth Century Eng-land(Woodbridge, Suffolk, 1994), 292, 293n.
140 Madge, Domesday, pp.262~263; George Clark, The Later Stuarts, 1660~1714, 2nd ed.(Oxford, 1955), p.5.
141 C. D. Chandaman, The English Public Revenue, 1660~1688(Oxford, 1975), p.111.
142 Joan Thirsk in Journal of Modern History 26, No.4(December 1954), pp.315~328.
143 Chandaman, English Public Revenue, III.
144 Milner, Economic Evolution, p.249; Clark, Later Stuarts, pp.6~7; Wedgewood, King's Peace, p.155.
145 C. D. Chandaman, The English Public Revenue, 1660~1688(Oxford, 1975), pp.263~264. 의회는 1610년 먼저 왕에게 봉건적 특권을 없앤 대신 수당을 주겠다고 제안했으나 거절당했다. Gordon Batho in Finberg, ed., Agrarian History, IV, p.273.
146 Dowell, History of Taxation and Taxes, II, pp.41~42.
147 Chandaman, English Public Revenue, 2, p.138.
148 Braddick, Nerves of State, p.10.

149 Jones in Hoffman, Fiscal Crises, pp.70~71.
150 Coward, Stuart Age, p.290.
151 Chandaman, English Public Revenue, p.277.
152 위의 책, p.278.
153 Coward, Stuart Age, pp.333, 355.
154 Madge, Domesday, p.275.
155 Howard Nenner in J. R. Jones, ed., Liberty Secured? Britain Before and After 1688(Stanford, Calif., 1992), p.92.
156 Kenyon, Stuart England, p.228.
157 Lois G. Schwoerer, The Declaration of Rights, 1689(Baltimore and London, 1981).
158 David Ogg, England in the Reigns of James II and William III(Oxford, 1955), p.242.
159 Dowell, History of Taxation, II, p.42.
160 Clark, Later Stuarts, pp.56~57, 149; Coward, Stuart Age, pp.348~349.
161 Coward, Stuart Age, pp.375~376.
162 위의 책, pp.379, 454.
163 위의 책, p.453.
164 Maitland, Constitutional History, pp.312~313.
165 Élie Halévy, A History of the English People in the Nineteenth Century, I, England in 1815(London, 1949), p.6.
166 A. R. Myers in Parliaments and Estates in Europe to 1789(London, 1975) 대의적 제도에 관한 몇 안 되는 비교연구이다.
167 뒤에서 설명하겠지만 이 과정은 폴란드에서 일어나지 않았다. 폴란드에선 의회 의원들이 자신의 지역을 대표했으며 자신의 위임장에 반하는 법안을 거부해야 할 의무가 있었다.
168 세계에서 가장 오래된 의회는 930년경 생겨난 아이슬란드의 국회, Althing이라고 주장하는 사람도 있다. 하지만 그 명칭에서 알 수 있듯이[thing이나 ding은 "회합"(assembly)이란 뜻이다] 이는 단지 대중적 모임이었을 뿐 대의기관은 아니었다.
169 Myers, Parliaments, p.24.
170 Antonio Marongui, Medieval Parliaments: A Comparative Study (London, 1968), p.100.
171 J. E. Elliott, Imperial Spain, 1469~1716(London, 1963), p.18.
172 Frederick Powicke, cited in Relazioni of the Tenth International Congress of the Historical Science, Rome, 1955, I(Florence, 1955), p.18.
173 R. Jalliffier, Histoire des États Généraux(1302~1614)(Paris, 1885), p.84.
174 Maurice Rey, Le Domaine du Roi…sous Chales VI, 1388~1413 (Paris, 1965), p.35.
175 Elliott, Imperial Spain, pp.80~81, 193~194.
176 Roger Bigelow Merriman, The Rise of the Spanish Empire, IV(New York, 1962), p.301. 프레스콧은 이를 "산업과 기업에 족쇄를 채운 정부가 고안해낸 가장 성공적 수단 중 하나"라고 했다. William H. Prescott, History of the Reign of Ferdinand and Isabella, the Catholic, III(Boston, 1838), 438n.
177 위의 책, pp.80~81.
178 Douglas C. North and Robert P. Thomas, The Rise of the Western World(Cambridge, 1973), pp.129~131.

179 C. B. A Behrens, The Ancient Régime(London, 1972), p.90.
180 George Edmundson, History of Holland(Cambridge, 1922), p.112.

제4장

* 이 장의 역사적 배경에 대해서 알고 싶다면 저자의 Russia Under the Old Regime(London and New York, 1974) 참조.

1 Polnoe Sobranie Zakonov Rossiiskoi Imperii, s 1649 goda, 1st ed., 45Vols.(St. Petesburg, 1830), Vol.iv, No.1857, June 20, 1701, pp.169~170. 이후로는 PSZ로 줄여서 부르기로 한다.

2 이론상으로 일부 서양의 군주들도 "세습적" 권한이 있었다. 영국을 정복한 윌리엄 1세는 모든 영토가 자신의 것이라고 주장했다. 카스티아의 이사벨라 여왕은 1474년 즉위 당시 자신의 왕국을 소유한 군주(reina proprie-taria)라는 칭호를 받았다. 프랑스의 루이 14세는 1666년에 자식들에게 프랑스의 왕은 국가의 부를 모두 소유한 "절대적 봉건군주"라고 가르쳤다. 하지만 이는 공허한 외침에 불과했다. 유럽 전역에서 국왕들은 의회를 통해 백성들로부터 세금을 거둬들였다. 만약 진정한 세습군주였다면 그렇게 할 필요가 없었을 것이다.

3 초기에 러시아인들은 북부 침엽수림지대에서만 살았다. 남부의 대초원 지대는 유랑민족인 투르크족이 차지하고 있었다. 이들은 자신의 영토에 농민을 허용하지 않았다. 러시아인들은 이슬람의 칸인 카잔과 아스트라칸을 정복한 후 16세기 중반이 되어서야 이 초원지대에 들어와 이를 식민화했다.

4 John P. Powelson, The Story of Land(Cambridge, Mass., 1988), pp.308~309. 저자에 따르면 러시아와 유사한 상황이 중국, 중동, 동남아시아에서 20세기까지도 지배적이었다. 위의 책, p.309.

5 M. N. Tikhomirov, Drevnerusskie goroda, 2nd ed.(Mowcow, 1956).

6 M. F. Vladimirskii Budanov, Obzor istorii russkogo prava, 4th ed.(St. Petersburg and Kiev, 1905), p.524; G. F. Shershenevich, Uchebnik russkogo grazhdanskogo prava, 7th ed.(St. Petersburg, 1909), p.242.

7 V. B. Kobrin, Vlast' I sobstvennost' v srednevekovoi Rossii(XV~XVIvv) (Mowcow, 1953), pp.32~33; S. V. Veselovskii, Feodal'noe zemlevladenie v severovostochnoi Rusi, I(Moscow and Leningrad, 1947). 그는 1350년 전까지 사유토지의 존재를 증명하는 문서가 전혀 존재하지 않는다는 사실을 토대로 이 같은 소유가 "매우 보편적"이었다고 결론내렸다(p.8).

8 Alan Macfarlane, The Origins of English Individualism(Cambridge, 1979), 제5장.

9 V. O. Kliuchevskii, Kurs russkoi istorii, I(Mowcow, 1937), Lecture xviii, pp.327~328; A. E. Presniakov, Obrazovanie velikorusskogo gosundarsta(Petrograd, 1918), pp.26~27.

10 이웃나라인 폴란드에서 최초의 왕조인 피아스트 역시 영토를 세습재산으로 여겨서 자기들끼리 나눠가지다가 1139년에 국가의 핵심은 왕에게 있어야 한다는 원칙이 도입되었다. Stanislaw Kutzeba, Historia ustriju Polski v zarysie, I, 3rd ed.(Lwów, 1912), pp.19~20. 폴란드에서는 토지소유의 발달로 세습정치가 일찍 막을 내렸다.

11 A. N. Nasonov, Mongoly I Rus'(Moscow and Leningrad, 1940), p.10.

12 위의 책, pp.77~78.

13 B. Chicherin, Opyty po istorii russkogo prava(Moscow, 1858), pp.232~375. Sergei Soloviev는 치체린보다 더 먼저 왕족령이 공작의 사적 소유였다고 주장했다: Ob Otnosheniiakh Novgoroda k velikim kniaz'iam (Mowcow, 1846), pp.17~22. 법역사학자인 M. F. Vladimirskii Budanov[Obzor istorii russkogo prava, 4th ed.(St. Petersburg and Kiev, 1905), pp.161~162].

14 위의 책, pp.28~29.

15 Aleksandr Lakier, O votchinakh I pomestii'iakh(St. Petersburg, 1848), p.132.
16 Klaus Zernack, Die burgstädtischen Volksversammlungen bei den Ost und Westslaven, in Giessener Abhandlungen zur Agra und Wirt schaftsforschung des Europ schen Ostens, Reihe I, Band 33(Wiesbaden, 1967).
17 M. Bogoslovskii, Zemskoe samoupravlenie na russkom severe v XVII v., I(Moscow, 1909), p.56.
18 I. M. Kulisher, Istoriia russkogo narodnogo khoziaistva, II(Moscow, 1925), p.46; Bogoslovskii, Zemskoe samoupravalenie, p.48.
19 Ia. E. Vodarskii, Dvorianskoe zemlevladenie v Rossii v xvii pervoi polovine xix v.(Moscow, 1988), p.3.
20 M. Diakonov, Ocherki obshchestvennogo I gosudarstevennogo stroa drevnei Rusi, 4th ed.(St. Petesburg, 1912), pp.244~247.
21 Ivan Andreevskii, O dogovore Novagoroda s nemetskimi gorodami I Gotlandom(St. Petesburg, 1855), p.4.
22 A. L. Khoroshkevich, Torgovlia Velikogo Novgoroda v XIV~XV vekakh (Moscow, 1963).
23 Marc Szeftel, Russian Institutions and Culture up to Peter the Great (London, 1975), Part IX, p.624. 그는 노브고로트에서 민주적 정치제도가 발달할 수 있었던 것은 한자동맹에 속한 자유도시와의 교류 덕분이었다고 주장한다. 하지만 이 설명은 신빙성이 없다. 베체가 한자동맹과의 협정 체결보다 앞서서 생겨났으며 나중에 얘기하겠지만 노크고로트는 독일 무역상들을 고립시켜놓았기 때문이다. 내가 보기엔 이들 민주적 제도는 서양과 마찬가지로 도시 상업문화의 부산물로서 자연적으로 생겨난 것 같다.
24 N. L. Podvigina, Ocherki sotsial'no ekonomicheskoi I politicheskoi istorii Novgoroda Velikogo v XII~XIII vv.(Moscow, 1976), p.106.
25 위의 책, p.38.
26 Istoriia SSSR, I(Moscow, 1948), p.126.
27 S. N. Valk., ed., Gramoty Velikogo Novgoroda I Pskova(Moscow and Leningrad, 1949), pp.9~10.
28 Podvigina, Ocherki, pp.12~13, 115~116.
29 S. V. Iushkov, Istoriia gosudarstva I prava SSSR, I(Moscow, 1940), pp.200~201.
30 Podvigina, Ocherki, p.114.
31 A. V. Artsikhovskii in Istoricheskie Zapiski, No. 2(1938), pp.122, 125~126; O. V. Martyshin, Vol'nyi Novgorod(Moscow, 1992), pp.87~88.
32 A. M. Gnevushev, Ocherki ekonomicheskoi I sotsial'noi zhizni sel'skogo naseleniia novgorodskoi oblasti posle prisoedineniia Novgoroda k Moskve, I (Kiev, 1915), p.310.
33 Artsikhovskii in Istoricheskie Zapiski, No.2(1938), pp.114~116.
34 Zernack, Die burgstäädtischen Volksversammlungen, p.189.
35 Pamiatniki russkogo prava, II(Moscow, 1953), p.212; George G. Weickhardt in Russian Review 51(October 1992), pp.467~468.
36 A. Nokitskii, Ocherk vnutrennei istorii Pskova(St. Petesburg, 1873), pp.120~121, 126.
37 Nasonov, Mongoly, p.94.
38 위의 책, p.128.
39 위의 책, p.114.
40 아래 책, p.182.
41 Patriarshaia ili Nikonovskaia Letopis' in Polnoe Sobranie Russkikh Letopisei, XII(St. Petesburg,

1901), p.181. Pipes, Russian Under the Old Regime, pp.80~82. gosudarstvo란 현대 러시아어로 "국가"를 의미하며 gosudar'(주인)란 단어에서 유래했다.

42 반대로 반세기 후 영국에서는 헨리 8세가 수도원의 재산을 몰수했을 때 그에 대한 소유권은 의회에 의해 국왕에게 부여되었다. 게다가 대부분의 토지는 곧 매각되거나 분배되었기 때문에 그 소유권은 국왕의 손에서 백성의 손으로 넘어갔다. 러시아의 경우 교회의 토지는 세습군주의 영토에 귀속된 후 계속 그의 소유로 남았다.

43 V. N. Bernadskii, Novgorod I novgorodskaia zemlia v XV veke(Moscow Leningrad, 1961), pp.321~324.

44 Kulisher, Istoriia, II, p.50; Veselovskii, Feodal'noe zemlevladenie, pp.288~290.

45 Diakonov, Ocherki, pp.256~258; V. Sergeevich, Lektsii I issledovaniia po drevnei istorii russkogo prava, 4th ed.(St. Petesburg, 1910), p.543.

46 Pamiatniki russkogo prava, VI, Sobornoe ulozhenie tsaria Alekseia Mikhailovicha 1649 goda(Moscow, 1957), p.223.

47 S. V. Rozhdestvenskii, Sluzhiloe zemlevladenie v moskovskom gosudarstve XVI veka(St. Petesburg, 1897), pp.8~9. Veselovskii는 보몌스찌예가 이반 3세 이전에 생겨났다는 주장에 이의를 제기했다. Feodal'noe zemlevladenic, p.55.

48 Veselovskii, Feodal'noe zemlevladenie, p.55.

49 A. A. Zimin, Oprichnina Ivana Groznogo(Moscow, 1964), pp.306~359; R. G. Skrynnikov, Tsarstvo terrora(St. Petesburg, 1992).

50 R. G. Skrynnikov, Nachalo Oprichniny(Leningrad, 1966), pp.278~297.

51 G. Peretiakovich, Povolzhe v XV i XVI vekakh(Moscow, 1877), pp.246~271.

52 Giles, Fletcher, Of the Russe Commonwealth(1591)(Cambridge, Mass., 1966), 26~26v.

53 Istoriia Rossi s drevneishikh vremen, III(Moscow, 1960), pp.705~706.

54 Rozhdestvenskii, Sluzhiloe zemlevladenie.

55 하지만 이러한 관행이 훨씬 오래되었으며 이미 13세기 초에 모스크바의 대공은—이론상으론 다른 공국의 귀족들을 자신에게 끌어들이기 위해 이들의 자유로운 이동을 허용했지만—자신의 영토 안에서 봉사책무를 포기한 귀족의 보뜨치나를 모두 몰수했다는 증거가 있다. Nikolai Zagoskin, Ocherki organizatsii I proiskhozhdeniia slushilogo sosloviia v do Petrovskoi Rusi(Kazan, 1876), p.69; M. Diakonov, Ocherki obshchestvennogo I gosudarstvennogo storia drevnei Rusi, 4th ed.(St. Peterburg, 1912), pp.249~250. 이는 모스크바 대공이 모든 러시아의 통치자로서 실행했던 정책들에서 선례가 되었다.

56 Diakonov, Ocherki, pp.255~256.

57 Polnoe sobranie russkikh letopisei, XIII(St. Petesbourg, 1904), pp.268~269; Rozhdestvenski, Sluzhiloe zemlevladenie, pp.51~52.

58 Veselovskii, Feodal'noe zemlevladenix, p.89.

59 반대로 봉건 영국에서 왕에 대한 봉사책무는 연간 40일로 제한되어 있었다. Stephen Dowell, A History of Taxation and Taxes in England, 2nd ed., I(London, 1888), p.20.

60 Rozhdestvenskii, Sluzhiloe zemlevladenix, p.59, iii.

61 E. D. Stashevskii, Zemlevladenie moskovskogo dvorianstva v pervoi polovine XVII veka(Moscow, 1911), pp.26~27.

62 위의 책, p.17.

63 Shershenevich, Uchebnik, pp.201~202.

64 Pamiatniki russko prava, VI, Sobornoe elozhenie, p.228.
65 E. I. Indova in E. I. Pavlenko, ed., Dvorianstvo I krepostnoi stroi Rossii XVI~XVII vv.(Moscow, 1975), 275n.
66 Fletcher, Russe Commonwealth, 46v~47.
67 급진적 수정주의 학자인 미국의 빅하르트는 거의 모든 러시아 역사학자들이 신봉하는 이 가설에 동의하지 않는다. 그는 무스코비 러시아가 "점차 영국의 '단순 봉토권'(fee simple)과 비슷한 사유토지 개념을 발전시켰다"고 주장한다. George G. Weickhardt, Slavic Review, 52, No.4(1993), p.665. (영국법에 따르면 단순 봉토권은 절대적 소유권으로 상속이나 처분에 의한 권리 이전에 아무런 제약이 없다.) 이 주장은 두 가지 문제가 있다. 먼저 그는 의도적으로 "관행"보다는 "선포된 법적 원칙"만을 다루었다(p.666). 또 토지의 상속과 이전을 다룬 법조문에 집중한 결과 그러한 행위가 국가의 허가를 받아야만 했다는 사실은 무시했다(p.178). 게다가 무엇보다 국가가 대개는 봉사책무의 불이행을 이유로, 혹은 아무런 이유 없이 사유지를 몰수할 수 있었으며 실제로 그랬다는 사실도 간과했다. 서양의 전제군주시대 관행을 유추해 러시아에 적용한 것은 옳지 않다. 그 자신도 인정했듯이 프랑스, 프러시아, 스웨덴, 스페인의 전제정치는 귀족들로부터 봉사책무를 얻어냈지만 이는 "강압적인 것이 아니었다"(p.678). "강압"이 이 모든 차이를 가져왔다. 이에 대한 나의 주장은 Slavic Review, 53, No.2(1994), pp.524~530 참조.
68 Pavel Smirnov, Goroda moskovskogo gosundarstva v pervoi polovine xvii veka, Vol.I, Part 1(Kiev, 1919), p.352.
69 위의 책, p.77.
70 위의 책, p.12.
71 위의 책, pp.14~15.
72 Otto Brunner, Neue Wege der Verfassungs und Sozialgeschichte, 2nd ed.(Göttingen, 1968), pp.235~236.
73 S. M. Soloviev, Istoriia Rossii s drevneishikh vremen, VII(Moscow, 1962), p.46.
74 Heiko Haumann in Jahrbücher für die Geschichte Osteuropas, Neue Folge, Vol.27, Heft 4(1970), p.486; Vladimirskii Budanov, Obzor, p.245.
75 J. Michael Hittle, The Service City(Cambridge, Mass., 1979), p.34.
76 Smirnov, Goroda, I/1, p.20.
77 V. O. Kliuchevskii, Letter to the Editor, Russkie vedomosti, No.125 (May 9, 1887).
78 Smirnov, Goroda, I/2, pp.351~352; a. m. Sakharov, Obrazovanie I razvitie rossiiskogo gosudarstva v XIV~XVII v(Moscow, 1969), p.77.
79 Iu. R. Klokman, Sotsial'no ekonomicheskaia istoriia russkogo goroda (Moscow, 1967), p.31; Brunner, Neue Wege, p.226; Keith Feiling, A History of England(London, 1950), p.509에 따르면 1640년 영국은 "아마도" 인구의 절반 이상이 농업 이외의 산업에 종사했다.
80 Alexander A. Tschuprow[Chuprov], Die Feldgemeinschaft(Strassburg, 1902), 제2장.
81 이 주제에 대해서는 나의 저서 Russia Under the Old Regime, pp.144~157 참고. 농노제는 중세 말에 영국에서 사라졌으나 거의 같은 시기에 러시아에서 생겨났다. J. H. Baker in R. W. Davis, ed., The Origins of Modern Freedom in the West(Stanford, Calif., 1995), pp.184~191.
82 V. N. Latkin, Uchebnik istorii russkogo prava perioda imperii, 2nd ed. (St. Petersburg, 1909), p.205; S. F. Platonov, Ocherki po istorii smutty v moskovskom gosudarstve XVI~XVII vv., 3rd ed.(St. Petersburg, 1910), p.155.
83 Ia. E. Vodarskii in Voprosy voennoi istorii Rossii(Moscow, 1969), pp.237~238.
84 PSZ, Vol.v, No.2, 789, March 23, 1714, pp.91~94.

85 PSZ, Vol.viii, No.5, 653, December 9, 1730, pp.345~347. 이 칙령은 1714년 법이 부당할 뿐만 아니라 실현될 수 없다고 선언했다. 돈이나 다른 형태의 동산은 1714년 법조항에 해당되지 않았기 때문에 일부 드보리안은 영지를 팔아 모든 자식에게 똑같이 나눠주었다. 이는 현실이 이론과 달랐음을 말해 준다. 18세기 초까지도 부동산 매각에 대한 금지조항을 피하는 게 가능했다.

86 A. Romanovich Slavatinskii, Dvorianstvo v Rossii(St. Petersburg, 1870), p.239.

87 V. Iakushkin, Ocherki po istorii russkoi pozemel'noi politiki v XVIII i XIX v. I(Moscow, 1890), p.5; Indova in Pavlenko, ed., Dvorianstvo, pp.279~280. "soul"이란 인두세를 내야 하는 평민 남성들만이 여기에 해당되었다.

88 PSZ, Vol.iv, No.1, 950, November 19, 1703, p.228. V. Iakushkin, Ocherki po istorii russkoi pozemel'noi politiki v XVIII i XIX v. I (Moscow, 1890), pp.16~37. 이 칙령은 1782년 예카테리나 2세에 의해 철회되었다. 이는 철강산업을 제외하고 강 유역 14마일 반경 이내에서 자라는 참나무를 비롯한 나무의 벌채를 금지했던 1559년 엘리자베스 여왕이 세습한 법을 모방했다. James A. Williamson, The Tudor Age(London and New York, 1979), p.274.

89 N. N. Efremova in Rossiiskaia Akademiia Nauk, Institut Gosudarstva i Prava, Sobstennost': Pravo i Svoboda(Moscow, 1992), p.47.

90 Iakushkin, Ocherki, I, pp.38~44. 영국법의 경우 "토지 소유는 그 위로는 무한대로, 그 아래로는 지구 중심까지 확대된다"는 원칙이 지배적이었다. F. H. Lawson and Bernard Rudden, The Law of Property, 2nd ed. (Oxford, 1982), p.21. 하지만 1688~1689년에 와서야 사유지에 묻힌 금과 은을 제외한 모든 광물은 땅 주인의 소유로 인정받기 시작했다. P. S. Atiyah, The Rise and Fall of the Freedom of Contract(Oxford, 1979), p.87.

91 Entsiklopedicheskii Slovar'Obshchestva Brogkauz iEfron, Vol.XXVIIA, p.187.

92 S. P. Luppov, Kniga v Rossii v xvii veke(Leningrad, 1970), p.28.

93 A. Sergeev in Knizhnoe Obozrenie, No.18(May 2, 1995), p.21.

94 Efremova in Sobstvennost', p.47.

95 Richard Pipes, Russia Under the Old Regime(London and New York, 1974), p.210.

96 Helen Cam, England Before Elizabeth(New York, 1952), p.119.

97 Latkin, Uchebnik, pp.201~202.

98 PSZ, Vol.xv, No.11, 444, February 18, 1762, pp.912~915.

99 Pipes, Russia Under the Old Regime, p.178.

100 O. A. Omelchenko, "Zakonnaia monarkhiia" Ekateriny Vtoroi (Moscow, 1993), pp.29, 211. A. Kizevetter in Istoricheskie siluety: liudi isobytiia(Berlin, 1931), pp.47~48에 따르면 러시아 지주들은 이 토지조사를 반겼다.

101 PSZ, Vol.xviii, No.13, 235, January 19, 1769, p.805.

102 PSZ, Vol.xxi, No.15, 447, June 28, 1782, pp.613~615 and No.15, 518, September 22, 1782, p.676.

103 PSZ, Vol.xxii, No.16, 187, April 21, 1785, pp.344~358. Basil Dmytryshyn, ed., Imperial Russia: A Source Book, 1700~1917, 2nd ed.(Hinsdale, Ill., 1974), pp.108~111.

104 V. N. Latkin, Zakonodatel'nye kommissii v Rossii v XVIII st., I(St. Petersburg, 1887), pp.303~304.

105 Omelchenko, "Zakonnaia monarkihiia," pp.178~179.

106 Heinrich Altrichter, Wandlungen des Eigentumsbegriffs und neuere Ausgestaltung des Eigentumsrechts(Marburg and Lahn, 1930), pp.1~2.

107 PSZ, Vol.xviii, No.12, 950, July 30, 1767, Art. 10, p.282.
108 N. D. Chechulin, ed., Nakaz Imperatritsy Ekateriny II(St. Petersburg, 1907), p.86.
109 마지막 조항은 세습적 보뜨치나 소유주의 친척들에게 40년 안에 이방인에게 매각한 토지를 다시 사들일 수 있도록 한 고대 전통을 따르고 있다. 제22조에서 언급한 제한조건은 1823년이 되어서야 법적으로 정의되었다. V. N. Latkin, Uchebnik istorii russkogo prava perioda imperii, 2nd ed.(St. Petesburg, 1909), pp.538~539. 18~19세기 당시 상속인의 처분권에 대한 복잡한 규정과 이를 무조건적 사적 소유로 개정하려고 했던 러시아 법학자들의 시도에 대해서는 William G. Wagner, Marriage, Property, and Law in Late Imperial Russia(Oxford, 1994), pp.227~377 참조.
110 러시아에선 법에 대한 존중이 워낙 발달하지 않았기 때문에 예카테리나 여제의 손자인 알렉산더 1세 당시 정부는 군인들이 평화시엔 농사로 생계를 이을 수 있도록 하기 위해 대규모로 토지를 차지하고 이들 지역에 영지를 소유한 지주들을 강제로 다른 곳으로 이주시켰다. Richard Pipes, Russian Observed(Boulder, Colo., 1989), p.88.
111 V. I. Semevskii, Krest'ianskii vopros v Rossii v XVIII i pervoi polovine XIX veka, I(St. Petersburg, 1888), pp.196~222.
112 P. A. Khromov, Ekonomicheskoe razvitie Rossii(Moscow, 1967), p.77.
113 Iakushkin, Ocherki, p.192.
114 Vladimirskii Budanov, Obzor, p.247; Omelchenko, "Zakonnaia monarkhiia," pp.236~238.
115 예카테리나의 아들인 파벨 1세는 이 조항을 중지시키고 범죄로 기소된 귀족에게 형벌을 명령했다. 귀족 지위를 박탈함으로써 자동적으로 귀족헌장에서 명시한 귀족의 특권을 누리지 못하게 했다.
116 A. F. Pollard, The Evolution of Parliament, 2nd ed.(London, 1926), pp.169, 171.
117 Robert von Keller, Freiheitsgarantien für Person und Eigentum im Mittelalter(Heidelberg, 1933), p 68.
118 William H. Riker in Ellen Frankel Paul and Howard Dickman, eds., Liberty, Property, and the Future of Constitutional Government(Albany, N.Y., 1990), pp.51~52.
119 I. K. Luppol, Deni Didro(Moscow, 1960), p.107.
120 Richard Wortman in Olga Crisp and Linda Edmondson, eds., Civil Rights in Imperial Russia(Oxford, 1989), p.16.
121 Plan gosundarstvennogo preobrazovaniia Grafa M. M. Speranskogo (Moscow, 1905), p.305.
122 S. S. Tatishchev, Imperator Aleksandr II: ego zhizn'i tsarstvovanie, I (St. Petersburg, 1903), p.308.
123 Latkin, Uchebnick, pp.213~232; Vladimirskii Budanov, Obzor, pp.245~247.
124 PSZ, Vol.vi. No.3, 669, October 29, 1720, p.252.
125 PSZ, Vol.xv, No.11, 166, December 13, 1760, pp.582~584와 No.11, 216, March 13, 1761, pp.665~666.
126 PSZ, Vol.xvii, No.12, 311, January 17, 1765, p.10.
127 농민이 경작지를 소유하는 게 바람직하다고 한 예카테리나의 훈령에 대해 보수파 지도자인 쉬체르바토프(M. M. hcherbatov) 공작은 다음과 같이 말했다. "러시아 농민들은 지주의 노예이고 또 그들이 경작하는 땅은 그들 주인의 것이며 농민의 개인소유 재산도 모두 지주에게 소유권이 있지만 어느 누구도 농민의 재산과 토지를 억지로 빼앗지 않을 것이다. 지금까지 농민들은 이것들이 자신의 소유라고 생각하지 않았다. 이 같은 주장은 요즘 일어난 푸라초프의 반란을 포함해 여러 폭동의 원인이 되었으며 많은 지주들이 농민에 의해 죽임을 당하고 있다." M. M. Shcherbatov, Neizdannye proizvedeniia(Mowcow, 1935), pp.55~56.

128 Khromov, Ekonomicheskoe razvitie, pp.69~70.

129 Geoffrey Hosking, Russia: People and Empire, 1552~1917(Cambridge, Mass., 1997), p.200.

130 예외가 있다면 진보주의자인 치체린이 있었다: Boris Chicherin, Sobstvennost' I gosudarstvo, 2Vols.(Moscow, 1882~1883) 참조. 그러나 매우 박식하고 주로 과장된 산문을 썼던 치체린은 여론에 영향을 미치지 못했다. 당시 사적 소유가 워낙 인기가 없었기 때문이다. 소유에 대한 러시아 사상가들의 태도는 K. Isupov and I. Savkin, eds., Russkaia filosofiia sobstvennosti XVIII~XX vv.(St. Petesburg, 1993) 참조.

131 Victor Leontovitsch, Geschichte des Liberalismus in Russland(Frankfurt am Main, 1957), p.165.

132 O. Iu. Iakhshiian in Mentalitet i agrarnoe razvitie Rossii(XIX XX vv.)(Moscow, 1966), p.92.

133 PSZ, Vol.xxii, No.156, 188, April 21, 1785, pp.358~384(PSZ 초판에서는 이 칙령을 귀족헌장과 똑같이 제16, 187조로 잘못 기록했다).

134 Klokman, Sotsial'no ekonomicheskaia istoriia, p.119.

135 Peter Miljukoff in Vierteljahreschrift für Sozial und Wirtschaftsgeschi-chte XIV, No.1(1916), p.135. 막스 베버에 따르면 "농노제가 폐지되기 전까지 모스크바 같은 도시는 디오클레티안 시대의 동양의 큰 도시와 비슷했다. 지주와 농노가 내는 지대와 관청의 수입이 전부였다." Grundriss der Sozialökonomik: III, Wirtschaft und Gesellschaft, 3rd ed., Vol.2 (Tübingen, 1947), p.585.

136 Joseph Bradley in Russian History, VI, Pt. I(1979), p.22.

137 Pipes, Russia Under the Old Regime, pp.212~215.

138 G. R. Elton, The Tudor Revolution in Government(Cambridge, 1953), p.415.

139 Stanislaw Kutzeba, Historia ustroju Polski v zarysie, 3rd ed., I(Lwow, 1912), p.204.

140 PSZ, Vol.xxiv, No.17, 906, April 5, 1797, pp.526~569.

141 Latkin, Uchebnik, pp.204~205.

142 N. M. Druzhinin, Gosudarstvennye krest'iane i reforma P. D. Kiseleva, II(Moscow, 1958), p.76.

143 Olga Crisp in Crip and Edmondson, Civil Right, p.44.

144 V. M. Kabuzan, Izmeneniia v razmeshchenii naseleniia v Rissii (Moscow, 1971), p.12.

145 Sbornik Imperatorskogo Russkogo Istoricheskogo Obshchestva, LXXXIV (1891), p.199. 1827년 11월 니콜라스 1세가 임명한 위원회는 토지를 제외한 농노해방을 요구하는 프로젝트를 논의했다. 위의 책, pp.198~201.

146 Khromov, Ekonomicheskoe razvitie, pp.77~78.

147 Olga Crisp and Edmondson, Civil Rights, p.37; A. A. Kizevetter, Istoricheskie ocherki(Moscow, 1912), p.486.

148 M. Polievktov, Nikolai I(Moscow, 1918), p.304.

149 Kizevetter, Istoricheskie Ocherki, pp.481~483; Polievktov, Nikolai, p.313.

150 Kizevetter, Istoricheskie Ocherki, pp.480~482.

151 P. P. Semenov Tian Shanskii, Memuary, III, Epokha osvobozhdeniia krest'ian(Petrograd, 1915), pp.230~231.

152 캐나다 에스키모인들의 토지에 대한 태도는 이 책 제2장을 참조하기 바란다.

153 Teodor Shanin, The Awkward Class(Oxford, 1972), 30~31, 220n; Macfarlane, Origins, pp.19~20.

154 소작농이 사유지를 매입하면서 동시에 토지의 사적 소유를 거부했다는 것은 모순으로 보일 것이다. 농민들이 소유주가 직접 경작한 토지에 대해서만 권리를 인정했다는 사실을 고려할 경우 이들의 태도는

모순이 아니다. 농민들은 토지의 사적 소유를 소유주가 토지를 마음대로 할 수 있는 추상적 권리로 인정하지 않았다.
155 I. F. Gindin, Russkie kommercheskie banki(Moscow, 1948), p.63.
156 Richard Pipes, The Russian Revolutoin(New York, 1990), p.78.
157 Gosudarstvennaia Duma, Stenograficheskii Otchet(1906), I, i, p.2. 1906년 5월 13일.
158 Geoffrey A. Hosking, The Russian Constitutional Experiment(Cambridge, 1973), p.61.

제5장

1 Richard A. Epstein, Takings(Cambridge, Mass., 1985), x.
2 Charles A. Reich in Yahle Law Journal 75, No.8(July 1966), p.1269.
3 Charles A. Reich in Yale Law Journal 73. No.5(1964), pp.785~787; C. B. Macpherson in Dissent, No.24(Winter 1977), pp.72~77. Goldberg v Kelly 사건에서 대법원은 복지란 "권리"이며 따라서 정당한 절차 없이 수혜자에게 거부해서는 안 된다고 판결했다. Michael Tanner, The End of Welfare(Washington, D.C., 1996), p.54.
4 Pipes, Russian Revolution(New York, 1990), 제15, 16장 참조(pp.671~744); Russia Under the Bolshevik Regime(New York, 1994), 제8장, pp.369~435.
5 Vladimir Brovkin, Beyond the Front Lines of the Civil War(Princeton, 1994).
6 Richard Pipes, ed., The Unkown Lenin(New Haven, Conn., 1996), pp.60~61.
7 1938년 통계자료는 Strany mira: Ezhegodnyi Spravochnik(Moscow, 1946), p.129.
8 D. E. Tagunov in Sovetskoe gosudarstvo i pravo vii(1981), p.130.
9 David Hume, "Of Justice," in The Philosophical Works, IV(London, 1882), p.453.
10 뒤에서 설명하겠지만 소련과 비슷한 특징을 가진 비슷한 비중의 미국인들은 거의 모두 복지프로그램을 통해 제공되는 정부지원에 의존하고 있다. 현재 러시아는 이 같은 사회 안전망이 부족하다.
11 Leonid Luks, Enstehung der kommunistischen Faschismustheorie(Stuttgart, 1984).
12 Pipes, Russian Revolution, pp.674~679.
13 A. James Gregor, The Fascist Persuation in Radical Politics(Princeton, 1974), pp.176~177.
14 Opera Omnia di Benito Mussolini, XXVI(Florence, 1958), 256; Erwin von Beckerath, Wesen und Werden des faschistischen Staates(Berlin, 1927), pp.143~144.
15 Karl Dietrich Bracher, Die deutsche Dikatur, 2nd ed.(Frankfurt, 1979), p.59.
16 위의 책, p.156.
17 F. A. Hayek, The Road to Serfdom(London, 1976), 22n.
18 G. Feder(1923), Axel Kuhn, Das faschistische Herrschaftssystem und die moderne Gesellshaft(Hamburg, 1973), p.80.
19 Hermann Rauschning, Hitler Speaks(London, 1939), pp.48~50.
20 H. A. Turner, Jr., German Big Business and the Rise of Hitler(New York, 1985), p.345.
21 Walther Hofer, ed., Der Nationalsozialismus: Dokumente 1933~1945 (Frankfurt am Main, 1957), pp.28~31.
22 Bracher, Die deutsche Diktatur, pp.235, 394; Pipes, Russia Under the Bolshevik Regime, p.275.

23   Johannes Darge in Der deutsche Volkswirt 10(December 20, 1935), p.537, Samuel Lurie, Private Investment in a Controlled Economy: Germany, 1933~1939(New York, 1947), 5n. 강조한 단어는 추가한 것이다. "강력한 경제"(power economy)란 Machtwirtshaft를 번역한 것인데 사실 영어에는 이에 적합한 단어가 없다.
24   Frieda Wunderlich in Social Research 12, No.1(February 1945), p.68.
25   David Schoenbaum, Hitler's Social Revolution(Garden City, N.Y., 1967), p.147. 이 책의 제4장은 "제3제국과 기업"을 자세히 다루고 있다.
26   Edouard Calic, Ohne Maske(Frankfurt am Main, 1968), p.37.
27   Schoenbau, Hitler's Social Revolution, p.147.
28   Avraham Barkai, Nazi Economics(New Haven and London, 1990), p.37. 국가사회주의를 지지한 어느 법학자는 이 정책에 다음과 같은 부연설명을 했다. "소유는 국가 지배의 또 다른 기본적 발판이다. 마르크스주의와 볼셰비키 원칙에서 소유는 절도와 마찬가지기 때문에; 생산수단을 사회에 이전시킴으로써 이를 없애야 했다. 새로운 헌법의 기초인 독일 사회주의의 경우 마르크스-볼셰비키 이론과 정반대로 소유를 국가조직의 필수요소로 인정한다. 하지만 사적 소유의 부패된 자유적 개념은 공산주의만큼이나 강하게 거부한다.…독일 사회주의에서 모든 소유는 공동소유이다(Gemeingut)." Ernst Huber, Verfassungsrecht des Grossdeutchen Reiches, 2nd ed. (Hamburg, 1939), pp.372~373.
29   Avraham Barkai, From Boycott to Annihilation(Hanover, N.H., and London, 1989).
30   Samuel Lurie, Private Investment in a Controlled Economy: Germany 1933~1939(New York, 1947), pp.47~73.
31   제2차 세계대전 직전인 1938~1939년에 독일의 국방비는 전체 예산의 61%를, 국내총생산의 19.7%를 차지했다. Wolfram Fischer, Deutsche Wirtschaftspolitik, 1918~1945, 3rd ed.(Opladen, 1968), p.68. 이는 1991년 붕괴 당시 소련의 군사비 비중과 비슷했다.
32   Wolfram Fischer, Deutsche Wwirtschaftspolitik, 1918~1945, 3rd ed. (Opladen, 1968), p.77.
33   Avraham Barkai, Nazi Economics(Oxford, 1990), p.237.
34   Lurie, Private Investment, p.51.
35   위의 책, pp.200~201.
36   위의 책, pp.131~136.
37   Barkai, Nazi Economics, p.204.
38   R. J. Overy, War and Economy in the Third Reich(Oxford, 1994), p.99 외. 국영인 Hermann Göring의 Reichswerke는 처음엔 철강 카르텔이었으나 후에 유럽 최대의 기업체가 되었다. 철광석, 철, 석탄, 광석은 물론이고 기계와 해운까지 손을 뻗쳤다. 이는 민간기업 통제정책의 예외적인 경우였다.
39   위의 책, p.230; Lurie, Private Investmnet, pp.54~56.
40   Barkai, Nazi Economics, p.229; Lurie, Private Investmnet, pp.56~58.
41   Wunderlich in Social Research 12, No.1(February 1945), pp.60~76; J. E. Farquharson, The Plough and the Swatiska(London, 1976).
42   Barkai, Nazi Economics, p.231.
43   Schoenbaum, Hitler's Social Revolution, pp.150, 114. Élie Halévy, Historie du socialisme européen(Paris, 1948), pp.279~281.
44   Morris Cohen in Cornell Law Quaterly 13, No.1(December 1927), p.29.
45   P. S. Atiyah, The Rise and Fall of Freedom of Contract(Oxford, 1979), p.239.
46   George Jacob Holyoake in The Nineteenth Century, June 1879, 1115. 18~19세기 영국에서 가난에 대한 견해는 Karl Polanyi in The Great Transformation(New York, 1944), pp.86~129 참조.

47 The Writings and Speeches of Grover Cleveland(New York, 1892), p.450.
48 Atiyah, Rise and Fall, pp.241~244.
49 위의 책, p.91.
50 Élie Halévy, The Growth of Philosophical Radicalism(Boston, 1955), p.35.
51 Atiyah, Rise and Fall, pp.254~255.
52 1932년 대통령 선거운동 기간에 루즈벨트는 너무나 뻔한 불합리한 추론을 바탕으로 "모든 인간은 삶의 권리를 가지며 이는 편안한 삶을 영위할 권리를 가진다는 것을 의미한다"고 주장했다. Carl N. Degler, Out of Our Past(New York, 1959), p.413.
53 하이에크의 견해에 대해선 Albret O. Hirschman, The Rhetoric of Reaction(Cambridge, Mass., 1991), p.112 참조.
54 Clint Bollick, The Affirmative Action Fraud(Washington, D.C., 1996), pp.43~45. 미국의 경우 Micheal Harrington, The Other America(New York, 1962)와 Christopher Jencks, Inequality(New York and London, 1972) 참조. 하지만 이는 사회주의 이데올로기에 기초하고 있다.
55 Marx, "Critique of the Gotha Programme"(1875) in Karl Marx and Frederick Engeles, Selected Works in Two Volumes, II(Moscow, 1962), p.24.
56 Hugh Davis Graham, The Civil Rights Era(New York, 1990), p.174. 빌 모이어스에 따르면 이 연설은 Daniel Patric Moynihan과 Richard Goodwin이 작성했다. 이 개념은 이미 루즈벨트 대통령의 연설에서도 함축되어 있었다. Richard A. Epstein, Social Philosophy and Policy 15, No.2(Summer 1998), p.420.
57 Kent Greenawalt, Discrimination and Reverse Discrimination(New York, 1983), p.34.
58 C. Reinold Noyes in Journal of Legal and Political Sociolagy I, No.3~4 (April 1943), p.91.
59 Charles K. Rowley, Introduction to Chales K. Rowley, ed., Property Rights and the Limits of Democracy(Aldershot, England, and Brookfield, Vt., 1993), p.20. 하이에크는 "대다수의 기부자가 불행한 소수에게 무엇을 줘야 할지 결정하는 게 아니라 대다수의 수혜자가 소수의 부자로부터 무엇을 받을지 결정하는" 제도의 윤리성에 대해 의문을 제기했다. F. A. Hayek, The Constitution of Liberty(Chicago, 1960), p.289.
60 Charles A. Reich in Yale Law Journal 73, No.5(April 1964), p.733.
61 New York Times, 1996년 8월 11일자, Section 4, pp.1, 14.
62 달리 말하지 않으면 미국의 경우 "정부"란 주정부가 아닌 연방정부를 의미한다.
63 Al Gore, ed., Creating a Government That Works Better and Costs Less (New York, 1993), p.32.
64 Mark L. Pollot, Grand Theft and Petit Larceny(San Francisco, 1993), xxvi; F. A. Hayek, The Constitution of Liberty(Chicago, 1960), p.258.
65 Dan Usher, The Economic Prerequisites to Democracy(New York, 1981), p.90.
66 Francis S. Philbrick in University of Pennsylvania Law Review 86, No.7(May 1938), p.692.
67 Adolf A. Berle and Gardiner C. Means, The Modern Corporation and Private Property, rev. ed.(New York, 1968), vii~viii.
68 위의 책, viii~x.
69 제2차 세계대전 직전 프랑스에서 출판된 에세이 L'homme et la propriété (Paris, 1939)에서 벌리는 무솔리니의 "코포레이트 국가"(corporate state)와 유사한 제도를 옹호했다. 그에 따르면 사회는 "핵심주제를 중심으로 조직되어야" 하며 그 주제는 생산성이 되어야 한다. 모든 시민이 "사회적 의무를 다하는 것은 그가 노예라는 신호가 아니라 자유를 확인시켜주는 기회"이다(p.56). 1930년대 혼란에 빠진

자유주의자들은 놀랍게도 이러한 사상을 쉽게 받아들였으며 심지어 파시즘과 공산주의식 발언도 서슴지 않았다.

70　Berle Means의 저서에 대한 논평은 Journal of Law and Economics 26, No.2(June 1983) 참조.
71　위의 책, p.390.
72　Nathan Rosenberg and L. E. Birdzell, Jr., How the West Grew Rich (New York, 1986), p.205; Henri Lepage, Pourquoi la propriété(Paris, 1985), p.143.
73　Thomas C. Grey in Nomos, No.22(1980), pp.69~85.
74　Economist, 1993년 9월 11일자, p.12.
75　George J. Stigler and Claire Friedland in Journal of Law and Economics 26, No.2(June 1983), p.259.
76　"직접"세는 사람에게 부과되며 "간접"세는 사물, 서비스, 거래에 부과된다. 따라서 소득세는 직접세인 반면 부동산세, 관세, 소비세는 간접세에 해당된다.
77　Uwe Schultz in Uwe Schultz, ed., Mit dem Zehnten fing es an (Munich, 1986), pp.7~8.
78　Forrest McDonald, Novus Ordo Seclorum: The Intellectual Origins of the Constitiution(Lawrence, Kans., 1985), pp.24~25.
79　A. R. Myers, Parliaments and Estates in Europe to 1789(London, 1975), p.104.
80　M. I. Finley, Economy and Society in Ancient Greece(London, 1981), p.90, and The Ancient Economy(Berkeley and Los Angeles, 1973), pp.95~96.
81　Aristotle, Politics, 1313b.
82　Dietwulf Baatz in Schultz, Mit dem Zehnten, pp.38~50.
83　Noyes in Journal of Legal and Political Socialogy, p.74.
84　Elsbet Orth in Schultz, ed., Mit dem Zehnten, p.78.
85　Henri Pirenne, Medieval Cities(Princeton, 1946), pp.40, 42.
86　16세기 역사학자인 Francesco Guicciardini에 따르면 플로렌스의 메디치가는 누진세를 실시했다. Hayek, Constitution of Liberty, pp.515~516.
87　Arthur Tilley, ed., Modern France(Cambridge, 1922), pp.298, 303.
88　Élie Halévy, A History of the English People in 1815(London, 1924), pp.326~328.
89　Edward C. Kirkland, A History of American Economic Life, 3rd ed. (New York, 1951), pp.262~263. 미국 정부는 1787~1788년에 채택된 연방헌법에 의해 처음으로 세금을 부과할 수 있는 권한을 갖게 되었다.
90　위의 책, p.267.
91　U.S. Constitution, Article I, Section 9, No.4.
92　미국은 해외에 사는 국민에게도 세금을 부과하는 유일한 나라이다. 비록 이들이 이론상으로 자신이 내는 세금의 혜택을 받지 못하는데도 말이다. 최근 어느 법원판결에 따르면 시민권을 포기할 경우 그후 10년간 연방소득세를 내야 한다.
93　William J. Shultz in Encyclopedia of the Social Sciences, VIII(New York, 1944), pp.43~44.
94　위의 책, p.44.
95　식민지 미국인도 마찬가지였다. "의회가 없이는 세금이란 없다"는 슬로건은 미국인들이 참정권만 있으면 세금을 기꺼이 내겠다는 뜻이 아니라 "동의 없이 부과된 세금은 소유권을 파괴하는 일종의 몰수"라는 것을 의미했다. James W. Ely, Jr., The Guardian of Every Other Right, 2nd ed. (New York and Oxford, 1998), p.27.

96 그러나 소득세율이 늘어나도 전체 세수는 아주 조금 늘거나 아예 그대로거나 심지어 줄어드는 경우도 있었기 때문에 세금 인상은 경제나 사회 전체의 이익을 위해서라기보다는 주로 사회적 불만을 잠재우는 수단으로 이용되곤 한다. Helmut Schoeck, Envy(New York, 1966), pp.325~326. 하이에크 역시 이에 동의한다. Constitutional Liberty, pp.311~312.

97 Günter Schmölders in Uwe Schultz, ed., Mit dem Zehnten fing es on (Munich, 1986), p.245. 저자는 인플레이션 때문에 서민층은 실제 소득이 그만큼 늘어나지 않는데도 더 높은 단계의 소득계층으로 올라가 세금을 더 내게 된다고 말한다.

98 Noyes in Journal of Legal and Political Sociology, p.92.

99 Richard Epstein, Takings(Cambridge, Mass., 1985), p.100. 이 주장과 더불어 복지국가에 대한 엡스타인의 비판은 "학계에서 거의 무시당했다. 왜냐하면 정치적 좌파의 입맛에 맞지 않는 결론을 말하고 있기 때문이다.…" Calvin R. Massey in Harvard Journal of Law and Public Policy 20, No.1(1996), pp.85~86. 메세이는 세금은 일반적으로 합법적이지만 "누진세"는 그렇지 않다고 믿는다. 이는 "다수의 혜택을 위해 소수에게 짐을 지우는 것으로" 미국의 헌법 수정조항 제5조에 위배된다고 주장한다. 이 조항에 따르면 "공적 부담은 선택된 소수가 아닌 전체 국민이 공유해야 한다." 위의 책, p.88.

100 Richard Hofstadter, America at 1750(New York, 1970), p.131.

101 James W. Ely, Jr., The Guardian of Every Other Right(New York and Oxford, 1998), p.16.

102 P. J. Marshall in Joh Brewer and Susan Staves, eds., Early Modern Conceptions of Property(London and New York, 1995), p.533. 식민지 미국에서 사적 소유를 가장 중요시했다는 사실을 고려할 때 많은 학자들은 왜 미국 헌법이나 권리장전이 소유의 신성함을 인정하지 않았는지 의아해했다. 아마도 그 이유는 당시 "행복"이란 단어가 "소유"를 포함했기 때문이었던 것 같다. "소유의 취득과 행복의 추구는 너무나 긴밀하게 연결되어 있어서 헌법 제정자들은 이 중 하나만 언급해도 충분하다고 생각했다." Willi Paul Adams, The First American Constitutions(Chapel Hill, N. C., 1980), p.193. 이는 1784년 뉴햄프셔 헌법에 분명히 명시되어 있다. "모든 사람은 자연적, 본질적, 내재적 권리를 가진다. 삶과 자유를 즐기며 보호하고 재산을 취득하고 소유하며 보호할 권리, 즉 한마디로 말해 행복을 추구하고 획득할 권리를 가진다." James W. Ely, Jr., The Guardian of Every Other Right, 2nd ed.(New York and Oxford, 1998), p.30.

103 James W. Ely, Jr., in James W. Ely, Jr., ed., Property Rights in American History(New York and London, 1997), pp.67~84.

104 William B. Scott, In Pursuit of Happiniess(Bloomington, Ind., 1977), pp.15~23.

105 Ely, Guardian of Every Other Right, pp.59~100.

106 Ayn Rand, Capitalism: The Unkown Ideal(New York, 1996), p.290.

107 Franklin D. Roosevelt, Nothing to Fear(Freeport, N.Y., 1946), p.389; Richard A. Epstein in Social Philosophy and Policy 15, No.2 (Summer 1998), pp.412~436.

108 Ely, Guardian of Every Other Right, pp.132~133. Leo Pfeffer, This Honorable Court(Boston, 1965), p.322.

109 John Hospers는 사회 평준화 과정을 다음과 같이 설명한다. "국가는 사람들이 혜택, 특히 경제적 혜택을 원한다는 사실을 잘 알고 있다. 국가는 사회의 안정을 위해, 그리고 민주국가의 경우 유권자로부터 표를 얻기 위해 이를 제공하려고 노력한다. 하지만 국가는 이러한 혜택을 충당할 자기 재정이 없기 때문에 문제가 발생한다. 오직 다른 국민으로부터 부를 빼앗아야지만 필요한 사람에게 줄 수 있다. 누군가 공짜로 무언가를 얻으려면 다른 이는 자신의 것을 내어주고도 아무것도 받지 못한다. 그러나 시민-유권자의 관심은 매력적인 공약에 치중하기 때문에 정치인에겐 아무것도 없다는 사실을 잊곤 한다. 당선된 이후에도 역시 아무것도 없기 때문에 결국 특정 이해집단의 수익을 빼앗아(40%의 정부 수수료를 제외하고) 이를 다른 집단에게 나눠줘야 한다. "The Nature of the State" in The Personalist 59, No.4(October 1978), p.399.

110 Charles Murray, Losing Ground(New York, 1984), p.17.

111 Robert E. Sherwood, Roosevelt and Hopkins(New York, 1948), p.231.
112 Sir William H. Beveridge, The Pillars of Security and Other War time Essays and Addresses(New York, 1943), pp.49, 91~92. 이 같은 정책은 이미 1920년 나치당의 프로그램에 나와 있었다. 위의 책, pp.220~221.
113 Sir William H. Beveridge, The Pillars of Security and Other War time Essays and Addresses(New York, 1943), pp.49~50.
114 위의 책, p.58.
115 위의 책, p.65.
116 Murray, Losing Ground, p.23.
117 Public Papers of the Presidents of the United States: Lyndon B. Johnson, 1963~1964, I(Washington, D.C., 1965), p.376. Charles Murray는 경제성장 가운데서 "구조적 가난"을 국가의 문제로 지적한 것은 1963년의 일이라고 주장한다. 그에 따르면 "가난은 가난한 사람들의 잘못이 아니라 시스템 잘못"이다. Losing Ground(New York, 1984), pp.26~27, 39. 이 같은 사고형성에 지대한 영향을 미친 것은 2년 전에 발표된 마이클 해링턴(Micheal Harrington)의 The Other America이다.
118 Melanie Philips in Frank Field, Stakeholder Welfare(London, 1996), p.99.
119 Michael Harrington, The Other America(New York, 1962), p.179.
120 Garrett Hardin and John Baden, eds., Managing the Commons(San Francisco, 1977), x. Rand, Capitalism, p.162.
121 New York Times, 1996년 11월 18일자, A3면 기사.
122 Solomon Fabricant, The Trend of Government Activity in the United States Since 1900(New York, 1952), pp.3, 7.
123 William Petersen in Commentary, 1998년 1월, p.3.
124 Financial Times, 1996년 6월 19일자, p.2.
125 Welt am Sonntag(Berlin), 1996년 12월 15일자, p.65.
126 Statistical Abstract(1997), 표 506, p.321. 이 중 290만 명이 연방정부 직원이다.
127 "1688년이나 혹은 1685년에 프랑스와 영국에서 중앙정부의 지출은 GDP의 약 7% 정도였다." Frederick C. Lane in Journal of Economic History 35, No.1(March 1975), p.16.
128 미국 수정헌법 제5조는 다음과 같이 명시하고 있다. "누구라도 정당한 법 절차에 의하지 아니하고는 생명, 자유 또는 재산을 박탈당하지 아니한다. 또 정당한 보상 없이, 사유재산이 公共用으로 수용당하지 아니한다." 제14조는 개별 주정부가 이 원칙을 어기지 못하도록 금지하고 있다.
129 Epstein, Takings, p.101. 현재 미국의 소유권 규제를 분석하면서 엡스타인은 정부가 토지의 소유권을 존중하고 일반적으로 수용에 대해 보상하고 있지만 "반대로 토지를 사용하거나 처분할 개인의 자유는 종종 극도로 제한하고 있다"고 지적했다. Social Philosophy and Policy 15, No.2 (Summer 1998), p.424.
130 Scott, Pursuit of Happiniess, p.140.
131 위의 책, pp.140~141.
132 Epstein, Takings, p.76.
133 앨 고어 부통령을 포함해 적극적 환경운동가들은 두와미시족의 지도자였던 시애틀 추장이 1854년에 했던 연설을 인용하길 좋아한다. 이 연설에는 "지구가 인간에게 속해 있는 게 아니라 인간이 지구에게 속해 있다"는 구절이 있다. 이는 비록 원시인들의 공통된 생각이었지만 이 연설은 1971년 ABC의 방송작가가 드라마를 위해 만들어냈다. Matt Ridley, The Origins of Virtue(New York, 1996), pp.213~214.
134 Afred Marcus in James Q. Wilson, ed., Politics of Regulation(New York, 1980), pp.267~268.
135 Nancie G. Marzulla in Bruce Yandle, ed., Land Rights(Lanham, Md., 1995), p.17. 위의 책, Karol

J. Ceplo, pp.103~149. Tom Bethell, The Noblest Triumph(New York, 1998), p.306.
136 Epstein, Takings, p.122.
137 위의 책, p.123.
138 Atiyah, Rise and Fall, p.729.
139 Richard Miniter in Policy Review, No.70(Fall 1994), p.40; Tom Bethell in American Spectator, August 1994, pp.16~17.
140 Ceplo in Yandle, ed., Land Rights, p.103.
141 William Perry Pendley, It Takes a Hero(Belleuvue, Wah., 1994), and Yandle, ed., Land Rights, 이외.
142 루카스 판결에 대해선 James R. Rinehart and Jeffrey J. Pompe in Yandle, ed., Land Rights, pp.67~101 참조.
143 Theodore J. Buotrous, Jr., in Wall Street Journal, 1994년 6월 29일자, A17. 1937년에서 1985년 사이에 대법원 판결의 반소유적 경향에 대해선 Charles K. Roley in Nicholas Mercuro, Taking Property and Just Compensation(Boston etc., 1992), pp.79~124 참조. 로울리는 이 같은 반소유적 경향을 재판관의 자질 부족과 특정 이해집단의 압력 탓으로 돌렸다. 그에 따르면 대법원은 "정치적 이해관계 때문에 이중 잣대를 만들어 겉으로는 개인과 시민의 권리를 우선시하면서 사실상 헌법에서 보장하는 경제적 권리는 무시하거나 심지어 무효로 만들었다"(p.95).
144 Erin O'Hara in Yandle, ed., Land Rights, pp.50~51. David L. Callies in David L. Callies, ed., Takings(Chicago, 1996), pp.10~11.
145 New York Times, 1995년 5월 15일자, p.1.
146 Evan McKenzie, Privatopia(New Haven and London, 1994), p.11.
147 위의 책, pp.13~15. Michell Pacelle in Wall Street Journal, 1994년 9월 21일자, A1, A6.
148 McKenzie, Privatopia, p.25.
149 잘 알려지지 않은 이 분야에서 최고의 권위자는 Leonard W. Levy, A License to Steal(Chapel Hill, N.C., and London, 1996). Henry J. Hyde, Forfeiting Our Property Rights(Washington, D.C., 1995). 저자는 공화당 출신 하원의원으로 현재 하원사법위원회 의장이다.
150 William A. Robson, Civilisation and the Growth of Law(New York, 1935), pp.84~87.
151 Calero Toledo v. Pearson Yacht Leasing Co., in Hyde, Forfeiting Our Property Rights, p.71; Levy, A License to Steal, pp.82~85.
152 모든 민간 몰수사건에서 법원은 소유권에 대한 침해를 심각하게 고려하지 않는다.
153 Roger Pilon in Hyde, Forfeiting Our Property Rights, viii.
154 New York Times, 1996년 3월 5일자, A21.
155 Levy, License to Steal, p.139.
156 Hyde, Forfeiting Our Property Right, p.30.
157 Levy, License, pp.144~160은 이 같은 남용에 대한 많은 사례를 소개하고 법집행관들에게 미친 부정적 영향에 대해 논의하고 있다.
158 Reich in Yale Law Journal 73, No.5, pp.734~737.
159 Murray, Losing Ground, p.14.
160 New York Times, 1996년 8월 9일자, A27면 기사 참조. 1935년 사회보장법의 일부로 진행된 이 프로그램은 원래는 아이가 어린 과부를 돕기 위한 것이었으나 시간이 지나면서 한부모가정에까지 확대되었다. 1996년 복지제도 개혁으로 이 프로그램은 단계적으로 폐지될 예정이다.

161 Usher, Economic Prerequisites, pp.122, 154.

162 New York Times, 1996년 11월 18일자, A3.

163 Jim Dufresne, Alaska, 4th ed.(Hawthorn, Australia, 1994), pp.29, 179.

164 Usher, Economic Prerequisites, p.155.

165 Paul T. Heyne, Private Keepers of the Public Interest(New York, etc., 1968), pp.82~84. 의사면허증 제도는 1519년까지 거슬러올라갔다. 당시 영국의 헨리 8세는 런던에 있는 의사들에게 면허증을 내주었으며 이는 하원의 승인을 거친 것으로 이를 받은 의사는 런던과 외곽지역에 있는 다른 의사들의 자질을 판단할 자격이 있었다. John R. Commons, Legal Foundations of Capitalism(New York, 1924), pp.227~228. 17세기에 영국 법정은 이 같은 규제를 철회했다. 위의 책, p.228.

166 Statistical Abstract(1997), 표 518, p.334, 표 520, p.336.

167 Robert H. Nelson, Public Lands and Private Rights(Lanham, Md., 1995), pp.340~345.

168 Reich in Yale Law Journal 73, No.5, p.737.

169 Atiyah, Rise and Fall, p.580.

170 Reich in Yale Law Journal 73, No.5(April 1964), p.770. "공익을 추구하는 국가의 특징은 매우 다양하지만 그 기저에 이들을 하나로 묶는 철학이 있다. 이는 바로 정부로부터 흘러나오는 부는 그 수혜자에게 조건적으로 주어지며 최고의 권위를 가진 국가의 이해에 따라 언제라도 몰수될 수 있다." 위의 책, p.768.

171 위의 책, pp.785~787; 같은 책, No.8(July 1966), p.1266. 그러나 로버트 넬슨(Robert H. Nelson)은 Public Lands and Private Rights (Lanham, Md., 1995)에서 "민영화" 과정이 라이가 말하는 "새로운 소유"의 대부분을 이미 바꾸어 놓고 있다고 지적했다. 마치 중세시대 후반에 조건적 보유가 직접적 소유로 발전했듯이 말이다(pp.334~337).

172 Lepage, Pourquoi la proprieté, pp.113~114.

173 로스코 파운드(Roscoe Pound)에 따르면 상업세계에서 "부는 대부분 약속으로 이루어져 있다." Introduction to the Philosophy of Law(New Haven, Conn., 1922/1954), p.133.

174 F. S. Philbrick in University of Pennsylvania Law Review, 86, No.7 (May 1938), p.720.

175 영국 튜터 왕조 당시 지방법원이 임금을 정했다. Keith Feiling, History of England, pp.509~513; Atiyah, Rise and Fall, p.74.

176 Willis J. Nordlund, The Quest for a Living Wage(Westport, Conn., 1997), pp.21~22.

177 위의 책, p.26.

178 New York Times, 1996년 7월 9일자, D1, D18; Alan Walters in Financial Times, 1997년 3월 25일자, p.14.

179 Nordlund, Quest, pp.201~203.

180 Walter Block and Edgar Olsen, eds., Rent Control: Myths and Realities(Vancouver, B.C., 1981), xiv.

181 Ted Dienstfrey in Walter Block and Edgar Olsen, eds., Rent Control: Myths and Realities(Vancouver, B.C., 1981), p.7. 이 전술은 1890년대 러시아 급진주의자들을 모방한 것으로 이들은 정치적으로 무감각한 노동자들을 선동하기 위해 임금 인상과 근무시간 단축을 요구했다. 기존의 정치와 경제체제하에서 이러한 요구가 실현되지 않을 거라는 사실을 깨닫게 되면 노동자가 급진적 세력으로 바뀔 거라고 믿었기 때문이다. 이들의 시도는 실패로 끝나고 말았다. Richard Pipes, Social Democracy and the St' Petesburg Labor Movement, 1885~1897(Cambridge, Mass., 1963), pp.57~75.

182 Lawrence M. Friedman, Government and Slum Housing(Chicago, 1968), p.128. 이는 복지국가의 비판가들이 지적한 전형적인 주장으로 이들에 따르면 복지제도는 부자와 가난한 사람들을 희생시키고

중산층에게만 혜택을 주고 있다. Albert O. Hirschman, The Rhetoric of Reaction (Cambridge, Mass., 1991), p.60.
183 Boston Globe, 1997년 4월 28일자, A4.
184 Nathan Glazer, Affirmative Discrimination(New York, 1974), p.133.
185 NewYork Times, 1994년 9월 29일자, D2.
186 Glazer, Affirmative Discrimination, p.136.
187 Bob Zelnick, Backfire(Washington, D.C., 1996), pp.317~338.
188 New York Times, 1994년 9월 29일자, D2.
189 Zelnick, Backfire, p.320.
190 위의 책, p.320.
191 Associated Press, 1996년 9월 2일 보도. 1995~1996년에 이 같은 유보는 640억 달러로 거의 대부분 소수인종이나 여성이 소유한 약 6천 개의 기업이 혜택받았다. New York Times, 1997년 8월 15일자, A1면 기사.
192 New York Times, 1997년 5월 6일자, A1, A27.
193 위의 기사.
194 New York Times, 1998년 2월 19일자, A16.
195 Hugh David Graham, The Civil Rights Era(New York, 1990), p.7.
196 Glazer, Affirmative Discrimination, p.77.
197 "affirmative action"이란 용어는 1961년 3월 케네디 대통령의 행정명령에 처음 나타났다. 이는 존슨 부통령에 의해 부각되었으며 그는 1935년 전국노동관계법이라는 와그너법으로부터 아이디어를 얻었다. Graham, Civil Rights Era, pp.27~28, 33~36.
198 강조는 추가한 부분임.
199 Jeremy Rabkin in Wilson, ed., Politics of Regulation, p.307.
200 Graham, Civil Rights Era, p.421.
201 Steven M. Cahn, ed., Affirmative Action and the University(Philadel-phia, 1993), p.1.
202 Zelnick, Backfire, p.29.
203 The Gallup Poll: Public Opinion, 1972~1977, II(Wilmington, Del., 1978), pp.1057~1059.
204 Greenwalt, Discrimination, p.92.
205 위의 책, pp.102, 104.
206 Graham, Civil Rights Era, 244ff.
207 Glazer, Affirmative Discrimination, p.49.
208 Graham, Civil Rights Era, p.250.
209 David G. Savage in Los Angeles Times, 1995년 2월 22일자, A1, A8.
210 Murray, Losing Ground, p.94; Graham, Civil Rights Era, pp.383~384.
211 Zelnick, Backfire, p.74.
212 Graham, Civil Rights Era, p.387.
213 Glazer, Affirmative Discrimination, p.52.
214 New York Times, 1997년 3월 30일자, A1, A20.
215 Jeffrie G. Murphy in Steven M. Cahn, ed., Affirmative Action and the University(Philadelphia, 1993), p.168.

216 Jeffrie G. Murphy in Steven M. Cahn, ed., Affirmative Action and the University(Philadelphia, 1993), pp.165, 168. 모든 직업이나 조직이 인종과 성의 기준으로 사회 전체의 구성을 닮아야 한다는 이 어처구니 없는 주장은 유대인 소수민족을 대표한 다음의 놀리는 듯한 요구에서 위안을 찾았다. "유대인의 문화는 운동을 무시한다. 어빙은 워낙 숙제가 많고 음악수업을 많이 듣기 때문에 놀이터에서 놀 시간이 없었다. 그는 이제 25살이지만 아직도 야구를 할 줄 모른다. 하지만 '배우고 싶어한다.' 결국 유대인변호연맹은 뉴욕시에게 유대인 인구가 24%에 이르므로 야구팀 역시 유대인의 비중을 24%로 해야 한다고 주장하고 있다." George C. Roche, The Balancing Act(La Salle, Ill, 1974), pp.27~28.

217 Stephen H. Balch and Peter N. Warren in Chronicle of Higher Education, 1996년 6월 21일자, A44; in National Association of Scholars, Newslatter: Update 7, No.3(1996), pp.2~3.

218 Richard A. Epstein, Forbidden Grounds(Cambridge, Mass., 1992), pp.3~4.

219 Jonathan Rauch in New Republic, 1997년 6월 23일자, p.26.

220 John D. Millett, Financing Higher Education in the United States(New York, 1952), p.38.

221 George Roche, The Fall of the Ivory Tower(Washington, D.C., 1978), p.10.

222 Millet, Financing Higher Education, pp.38~39.

223 Chester E. Finn, Jr., Scholars, Dollars, and Bureaucrats(Washington, D.C., 1978), p.10.

224 Roche, Fall, p.50.

225 Roche, Fall of the Ivory Tower. Dinesh D'Souza, Illiberal Education: The Politics of Race and Sex on the Campus(New York, 1991).

226 Finn, Scholars, p.140.

227 위의 책, p.14.

228 Richard M. Freeland, Academia's Golden Age(New York and Oxford, 1992), p.384.

229 Philips G. Altbch and D. Bruce Johnstone, The Funding of Higher Education(New York and London, 1993), p.74.

230 New York Times, 1996년 8월 21일자, B7.

231 New York Times, 1996년 7월 3일자, A23.

232 New York Times, 1972년 1월 6일자, A36.

233 New York Times, 1997년 7월 16일자, A19; Boston Sunday Globe, 1997년 7월 27일자, A8.

234 Clint Bolick, The Affirmative Action Fraud(Washington, D.C., 1996), p.79. "10년 전 캘리포니아대학이 실시한 연구에 따르면 버클리에 다니는 백인과 아시아계 학생 중 65~75%가 4년 만에 대학을 졸업한 반면 5년 만에 졸업한 학생 중 흑인은 18%, 라틴계 학생은 22%에 달했다. 흑인과 라틴계 학생 중 30%는 1학년 때 중퇴했다." William L. O'Neill in New York Times, 1998년 4월 7일자, A30면 기사 참조.

235 Ralph A. Rossum, Reverse Discrimination(New York, 1980), p.1.

236 Thomas Sowell, Civil Rights: Rhetoric or Reality?(New York, 1984), p.23.

237 David W. Murray in Academic Questions 9, No.3(Summer 1996), pp.10~17.

238 New York Times, 1998년 1월 14일자, C27.

239 John H. Bunzell in Wall Street Journal, 1988년 2월 1일자, A26.

240 Glazer, Affirmative Discrimination, p.84; Graham, Civil Rights Era, p.565.

241 Glazer, Affirmative Discrimination, p.109.

242 Alan Lupo, Boston Sunday Globe, 1995년 9월 10일자, "City Weekly," pp.2, 4; 같은 신문 David Warsh, 1996년 9월 8일자, E1.

243 Harvard University Gazette, 1997년 4월 10일자, pp.1, 4.
244 Fareed Zakaria in Foreign Affairs, 1997년 11~12월호, pp.22~43.
245 Michael Tanner, The End of Welfare(Washington, D.C., 1996), p.69.
246 위의 책, p.70.
247 Tanner, End of Welfare, 70, p.63. 독일의 경우 50만 명의 어린이가 아버지가 아닌 국가가 주는 돈으로 살고 있다. Vera Gaserow in Die Zeit, No.51(1996년 12월 13일자), p.67.
248 "미 국무부는 민주주의를 인권의 중요한 기준으로 삼고 있다. 1995년 실시한 인권현황조사에서 국무부는 중국을 "권위주의적 국가"라면서 공산당이 "의사결정권을 독점하고 있다"고 비난했다. 이는 부정확한 주장이다. 상당부분의 의사결정 권한은—사람들이 직업을 선택하고 또 재배, 추수, 물물교환 등을 결정할 때—국민 개인에게 위임되었다. 오직 삶을 정치의 삶으로만 본다면 미 국무부의 견해가 옳다." Tom Bethell, The Noblest Triumph(New York, 1998), p.335. 더 이상 여기서 이에 대해 논의하기는 어렵지만 이 주장은 일리가 있다.

맺음말

1   Frankfurter Allgemeine Zeitung, 1976년 12월 24일자.
2   과거 공산주의였던 국가들이 러시아를 포함해 민주주의와 사유화를 시도하면서 서양의 모델을 채택하는 데 상당한 어려움을 겪고 있지만 이 말은 사실이다. 이들 국가의 공산당조차 더 이상 과거 소비에트 모델로의 회귀를 주장하지 않고 있다는 사실을 염두에 두어야 한다. 이들은 민주주의와 시장을 사회복지정책과 일정 정도 정부의 경제개입과 혼합하려고 하는데 아주 불가능한 일은 아니다.
3   이 문제를 의식한 일부 근대 정치학자들은 "평능"을 자유와 양립할 수 있도록 하기 위해 재정의하려고 했다. Micheal Walzer, Spheres of Justice (New York, 1983)는 "단순한" 평등 – 일반적 의미의 평등 – 과 "복잡한 평등 – 사람마다 다른 영역에서 차이가 있기 때문에 지배권을 가질 수 없다는 의미 – 으로 구분했다. 따라서 지배권을 없애는 것이 정치적 평등주의의 목표라고 했다(xiii). 이러한 구분은, 이론적 매력이 무엇이든지 간에 "단순한" 평등만이 중요한 일상생활에 별로 큰 의미가 없다. 저자는 자신의 계획을 설명하면서 "이 같은 사회를 어떻게 만들어야 할지"에 대해서는 설명을 못하겠다고 시인했다(xiv).
4   The Collected Works of Walter Bagehot, IV(Cambridge, Mass., 1968), p.94.
5   Albert O. Hirschman, in Rhetoric of Reaction(Cambridge, Mass., 1991). 저자는 프랑스혁명에서부터 현재에 이르기까지 토크빌을 포함해 민주주의와 복지국가에 대한 비판세력에 도전장을 던졌다. 그는 "진보적" 개혁이 의도했던 것과 정반대의 결과를 초래하거나, 혹은 아무것도 이룩하지 못하며 늘 자유를 위험에 빠트린다는 핵심주제가 주요한 변화가 제안될 때마다 지루할 정도로 정기적으로 반복됨을 증명했다. "진보적" 변화(정확한 정의는 내리지 않았다)에 대한 반대에 맞서려는 그의 시도는 실패하고 말았다. 그 비판이 정당한지 의도적으로 묻지 않았기 때문이다. "내 목적은 사회복지정책에 대한 다양한 반대주장의 내용을 논의하는 것이 아니라 이 같은 '반동적' 에피소드를 주창하는 사람들이 어떻게 계속해서 똑같은 추론에 매달렸는지를 보여주는 것이다"(p.35). 하지만 그 자신도 인정했듯이(pp.164, 166), 똑같은 형식의 추론이 반복되었다는 사실은 아무것도 증명하지 못하며 그 결과를 무료로 만들지도 못한다. 오히려 그 주장이 견고하다는 것을 증명했을 뿐이다.
6   James Harrington, Politicaster(London, 1659), Charles Blitzer, An Immortal Commonwealth(New Haven, Conn., 1960), p.93에서 인용. "해 아래는 새 것이 없나니"라는《전도서》1장 9절의 성경구절과 비슷하다.
7   James Fitzjames Stephen, Liberty, Equality, Fraternity(Cambridge, 1967), pp.174~175.
8   Douglass C. North and Robert Paul Thomas, The Rise of the Western World(Cambridge, 1973); David Landers, The Wealth and Poverty of Nations(New York, 1998); Tom Bethell, The Noblest

Triumph(New York, 1998).
9   Bryan T. Johnson, Kim R. Holmes, and Melanie Kirkpatrick, eds., 1998 Index of Economic Freedom(Washington, D.C., 1998).
10 위의 책, p.281.
11 F. A. Hayek, The Road to Serfdom(London, 1976), p.90.
12 Richard Miniter in Policy Review, No.70(1994), pp.45~46.
13 William H. Riker in Ellen Frankel Paul and Howard Dickman, eds., Liberty, Property and the Future of Constitutional Development(Albany, N.Y., 1990), p.49. "소유권"과 "인간의 권리" 사이의 가상적 대조는 1910년 테어도어 루즈벨트에 의해 시작되었으며 1936년 프랭클린 루즈벨트에 의해 더욱 강조되었다. Tom Bethell, The Noblest Triumph(New York, 1998), pp.174~176.
14 Ayn Rand, Capitalism: The Unknown Ideal(New York, 1966), pp.290~291. "이런 맥락에서 미국 헌법을 제정한 사람들의 지적 정확성을 보라. 이들은 행복을 추구할 권리라고 했지 행복권이라고는 말하지 않았다. 즉, 인간은 자신의 행복을 성취하기 위해 자신이 필요하다고 생각하는 행동을 취할 권리는 있지만 다른 사람이 그를 행복하게 만들어줘야 한다는 뜻은 아니다"(p.291).
15 Henri Lepage, Pourquoi la propriété(Paris, 1985), p.328; Rand, Capitalism, p.292; "오직 인간의 권리만이 있다. 모든 개인과 모든 인간이 개인으로서 소유한 그런 권리만 있다."
16 Roger E. Meiners in Bruce Yandle, ed., Land Rights: The 1990's Property Rights Rebellion(Lanhm, Md., 1995), p.272.
17 Jan Herin in Financial Times, 1997년 2월 7일자, p.10.
18 Roscoe Pound in Yale Law Journal 18, No.7(1909), p.467.
19 F. A. Hayek, The Constitution of Liberty(Chicago, 1960), p.253.
20 F. A. Hayek in Contenporary Review 153(April 1938), pp.437~438.
21 Alexis de Tocqueville, Democracy in America, II(Cambridge, 1862), p.391(Book 4, 제4장).
22 위의 책.
23 위의 책, pp.392~393.

찾아보기

용어

ㄱ~ㄴ

강제 카르텔법 279
개봉칙허장(Letters Patents) 184
개신교 199, 202
개혁법(Reform Act) 75
"검은색"의 땅 215
게르만법(barbarian codes) 142
결핍으로부터의 자유 301, 304
고결한 야인 43~44, 46
고등교육법(Higher Education Act) 335
공공재 306
공공회계위원회(Public Accounts Committee) 191
공동소유 78, 126
공동시민권(common citizenship) 147
공민권법(Civil Rights Act) 327, 334
공민권청(Office for Civil Rights) 339
《공산당 선언》(Communist Manifesto) 82

공산당 인터내셔널(Communist International) 274
공산주의 9, 20, 37, 64, 73, 78~79, 82, 85~87, 92~93, 105, 108, 112, 136, 234, 238, 264~265, 267, 269, 272~274, 281, 286, 318, 324, 346
공유지(ager publicus) 141
공정근로기준법(Fair Labor Standards Act) 321
공정주택거래법(Fair Housing Act) 323
과도기적 물건(transitional objects) 108
과학적 사회주의 80, 82
관습에 따른 권리(prescription) 19
《국가론 6권》(Six Books of the Commonwealth) 53
《국가론》(Republic) 28~29
국가방위교육법(National Defense Education Act) 335

찾아보기 403

국가보험법(National Insurance Act) 285
《국가의 기원》(The Origin of the State) 131
국가재산부(Ministry of State Properties) 252
국가채무(National Debt) 195
국제법 36, 54, 249
권리선언(Declaration of Right) 72, 194
권리장전(Bill of Rights) 194
권리청원(Petition of Right) 185
권원(entitlements) 264, 315, 347, 352
귀족은행(Noble Bank) 257
귀족헌장 245
규제적 수용 307
균등고용기회위원회(Equal Employment Opportunity Commission) 327, 330
균등신용기회법(Equal Credit Opportunity Act) 324
그릭스 대 듀크전력회사(Griggs v. Duke Power Co.) 판례 330
《근대 법인 기업과 사유재산》(The Modern Corporation and Private Property) 291
근접학(proxemics) 98
나치당 277
나폴레옹 헌법(Code Civil) 72
네덜란드 54, 145, 196~197, 201~202
《노동과 나날》(Works and Days) 27
노동자보상법(Workmen's Compensation Acts) 285
노령연금법(Old Age Pension Act) 285
노예제 252

노인을 위한 소득 부조(Supplemental Security Income) 316
농노해방 251
농노해방 칙령 252, 254~255
농민 코뮌 234
농민반란 242, 268
누진세 75, 295
뉴딜정책 299~300, 305
《니코마커스 윤리학》(Nicomachean Ethics) 33

ㄷ~ㄹ

다민족제국(multinational empire) 32
단기 의회 188
대공황 280
대기오염방지법(Clean Air Act) 309
대의적 의회(cortes) 196
대헌장(Magna Carta) 143, 167, 194
도미니움(dominium) 19, 35, 222, 282
도시국가 138, 217
도시헌장 249~250
돌란 판결 350
동물행동학(ethology) 11, 98
듀마(Duma) 229
드보리안(dvoriane) 223
디거파(Diggers) 64
띠아글로(tiaglo) 215
러시아제국의 도시 권리와 혜택에 관한 헌장 249
로마의 12표법 112

로마의 시민법(jus civile) 36
리베룸베토(liberum veto) 203

ㅁ~ㅂ

마그데부르크(Magdeburg) 146
마케도니아제국 32
만민법 36
만인의 만인에 대한 전쟁(war of all against all) 58
먼 대 일리노이 주(Munn v. Illinois) 소송 307
메디케어(Medicare) 317
메디케이드(Medicaid) 317
멸종위기법(Endangered Species Act) 309
명예혁명 62, 193
모스크바 공국 206, 213~214, 217, 201
몰수 185, 297, 312, 315
몰수청(Chancery of Confiscations) 237
무스코비 왕조 207, 220, 256
무주지(res nullius) 114
미르(mir) 81, 234
민간자산몰수개혁법(Civil Asset Forfeiture Reform Act) 314
민소재판소(Common Pleas) 172
민족국가(national state) 32
민회(folkmoot) 164, 166
발도파 41
방토즈법(ventose 法) 77

백년전쟁 174, 198
버스통학 혼합학군제(school busing) 340
버지니아 컴퍼니(Virginia Company) 126
《법률》(Laws) 25, 30
베버리지 보고서(Beveridge Report) 277, 302
베체(veche) 209, 213~214, 217~219, 222, 231
벼락황제 224
변증법 80
보뜨치나 214, 226~227, 236
보통법(common law) 171~173
복지국가 277, 281, 302, 320
볼셰비키당 80, 266
봉사책무 226, 231, 235
부역의 의무(tiaglo) 249
뽀메스찌예 224, 226, 237

ㅅ~ㅇ

사과와 만족의 형식(The Form of Apology and Satisfaction) 182
사유재산권 법안(Private Property Rights Bill) 312
사적 소유 20, 82~85, 133, 135, 206, 249, 281, 306
사전 검열제도 238
《사회계약론》(The Social Contract) 71
사회보장법(Social Security Act) 299
사회보험제도 284

찾아보기 405

사회생물학 26, 92, 98, 103~104
《사회심리학 개론》(Introduction to Social Psychology) 90
삼년회기법(Triennial Act) 189
삼부회(Estates General) 197, 199
상속세 75, 296
상업은행(Commercial Bank) 257
상환보상금(redemption payments) 255
생득권(birthright) 58~59, 287
생물 진화론 91
생물학적 결정주의 104
《선동과 분쟁에 대하여》(Of Seditions and Troubles) 180
선박세 58, 181, 186~188
성법원(Star Chamber) 189
성 페테스부르크 자유경제학회(Free Economic Society) 244
《세계의 상》(Imago Mundi) 44
소금세(gabelle) 199
소보르 229
소수민족차별금지(affirmative action) 288
소아병원 대 애드킨스(Children's Hospital v. Adkins) 사건 321
소외(alienation) 83~84
소유(property) 8, 15, 19~20, 51, 57, 59, 62~64, 71~72, 75, 82~85
소유권(dominium 또는 proprietas) 54, 77
《소유냐 존재냐》(To Have or to Be?) 93
《소유의 이론》 80
소치에타스(societas) 132

수용(takings) 306~308, 310, 315, 350
수정주의학파 139
수정헌법 307, 310~311, 338, 350
수평파(Leveller) 58
수호자(Guardians) 29
숨(suum) 19, 57, 62
스웨덴 150, 154, 196~197, 200~202, 208
스토아학파 31~33, 35, 52
스튜어트 왕조 173, 178, 180, 190
스파르타 28
스페인 149, 181, 198, 200
스푸트니크호 335
시민(ecclesia) 137
신경제정책(New Economic Policy) 268
《신세계》(De Orve Novo) 45
신소유(The New Property) 315
《신의 도시》(The City of God) 120
신인간(New Man) 93
신자유주의 88
《신학대전》(Summa Theologica) 39
신형군(New Model army) 189
실업노동자법(Unemployed Workmen Act) 285
아동부양세대 보조(Aid to Familes with Depdent Children) 315
〈아반티〉(Avanti) 275
아테네 21, 31, 137~138, 294
알카발라(alcabala) 199
암시장 267
앗시리아 법전 112앙시앵레짐(ancient

régime) 52
애저 로마누스(ager Romanus) 141
양도할 수 없는 권리 157
에스파냐 의회(Cortes Generales) 199
《역사》 159
연방계약준수청(Office of Federal Contract Compliance) 329
연방수질오염규제법(Federal Water Pollution Control Act) 309
《영국법 주해》(Commentaries on the Laws of England) 151
영성파(Spirituals) 41
영토적 공동체(communitas terrae) 198
영토적 요구(territorial imperative) 99
영토학(territorology) 98
영혼세 237
예리코(Jericho) 128
《오시아나 공화국》(Oceana) 59
오프리치니나 224
왕실 노예(kniazheskie kholopy) 223
왕위계승법(Act of Settlement) 174
왕족령(appanage) 212, 226
왕회(curis Regis) 168
《원시인의 마음》(The Mind of Primitive Man) 90
위대한 사회 305
유스 겐티움(jus gentium) 36
《유토피아》(Utopia) 47~49
《윤리학》(Ethics) 52
의료보조(Medicaid) 316

의회 내의 군주(King in Parliament) 177
의회(parliament) 167
의회개혁법 152
인간과 시민의 권리선언(Declaration of Rights of Man and the Citizen) 72
《인간 불평등 기원론》(Discourse on the Origin of Inequality) 44, 70
《인간에 대한 오해》(The Mismeasure of Man) 104
《인간오성론》(The Essay on Human Understanding) 68
《인간의 권리》(The Rights of Man) 374
인공위성 335
인두세 141, 240
인민은행 267
인본주의자 51
임대료 제한법 322
임페리움(imperium) 282
잉글랜드 공화국(Commonwealth) 190, 201

ㅈ~ㅊ

자문협의회(witena gemot 혹은 witan) 164, 229
자산(propriety) 19, 57, 157
자연법 32~33, 36, 47, 52~53, 66, 72
《자연의 법전》(Code de la nature) 69
자연적 정의(natural justice) 58
자유(freedom) 20, 146

자유농민법 253
자유로운 군주국의 진정한 법*[True (Trew) Law of Free Monarchies]* 178
《자유론》*(On Liberty)* 88
자유인*(eleutheroi)* 136
자주적 지방의회*(sejmiki)* 202
자코뱅당 77~78, 269
장기 의회 188~189
장애인에 관한 법률*(Disabilities Act)* 332
재무재판소*(Court of Exchequer)* 172
재산 7, 9, 29, 43, 58, 61~62, 136, 291
재산권 5, 7~9, 307, 341
재세례 교도 41
저작권법 238
전시 공산주의*(War Communism)* 267
《전쟁과 평화의 법》*(On the Law of War and Peace)* 54~55
절대적 소유*(quiritarian property)* 141
점유*(possession)* 19~20
정교회 212
정기 직접세 296
《정부론 2편》*(Two Treatises of Government)* 62
《정의론》*(A Theory of Justice)* 92
《정치경제론》*(The Discourse on Political Economy)* 71
《정치경제학의 원리》*(Principles of Political Economy)* 88
《정치적 정의에 관한 고찰》*(An Enquiry Concerning Political Justice)* 79
《정치학》 30, 40
제3제국 가격형성위원회 279
제국의회*(Reichstag)* 154, 197
제대군인원호법*(Serviceman's Readjustment Act)* 335
제정 독일 154
젠트리*(gentry)* 181
젬스키 소보르*(Zemskii Sobor)* 229
종교재판 49
《종의 기원》*(Origin of Species)* 113
주권*(imperium 혹은 potestas)* 54
주택저당대출공시법*(Home Mortgage Disclosure Act)* 324
중앙계획경제 271~272
지상낙원 27
지아이빌*(GI Bill)* 335
지역사회재투자법*(Community Reinvestment Act)* 324
집단농장 269, 271
철의 시대 27, 34
철학적 사회주의 68
초등 및 중등교육법*(Elementary and Secondary Education Act)* 340
최저임금법 285, 288, 321
최저임금제 320
취득성*(acquisitiveness)* 89~90, 97~99, 105~106, 110, 260

ㅋ~ㅌ

카예 데 돌레앙스(Cahiers de doléances) 72
컨벤션 의회(Convention Parliament) 194
컨벤추얼회(Conventuals) 41
코뮌(commune) 230, 234, 248, 259, 266~267
쿨라크(kulak) 266
쿼터제 338
크레믈린(kreml) 230, 233
크롬웰 혁명 56
크리미아 전쟁 254, 257
클레로스(kleros) 136
키부츠 109~110
키비타스(civitas) 132
키에프 공국 211~212
키쿠유(Gikuyu 혹은 Kikuyu) 118
타이유(taille) 198, 294
《태양의 도시》(City of the Sun) 49
테르미도르(Thermidor) 269
템플기사단 150
토지대장(Doomsday Book) 144
튜더 왕조 59, 168, 172, 175~177
특권인가장(Privilige of Koszyce) 202
특설고등법원(Court of High Commission) 189
특허법 116, 238

ㅍ~ㅎ

파시스트당 275
파시즘 104, 273~274, 276
페체네그 210
펠레폰네소스 전쟁 28
평등을 위한 음모 77
포르투갈 181, 195, 197
폴란드 195~197, 202~203, 227
폴리스(polis) 32, 135, 137
《프랑스혁명에 대한 회고》(Reflection on the French Revolution) 79
프스코프 220, 225
플라톤 28, 31
피아스트 왕조 202
하무라비 법전 112
한자동맹 223
행동주의 심리학 91
향신계급 181, 183
환경보호청(Environmental Protection Agency) 309
황금군단 211
황금시대(Golden Age) 13, 27
"흰색"의 땅 215

기 타

12월 당원(Decembrist) 260
25개조 당강령 277
3부회(Estates General) 72

찾아보기

인명

ㄱ~ㄴ

게오르그 폰 마우러(Georg von Maurer) 81, 83, 86
게오르그 한센(Georg Hanssen) 80
그로버 클리브랜드(Grover Cleveland) 283
그린 다이이(d'Ailly) 추기경 44
글렙 유스펜스키(Gleb Uspenskii) 121
나폴레옹 72, 295
나폴레옹 3세 153, 341
니콜라스 1세 252, 253, 254, 257
니콜라스 팀버겐(Nikolaas Timbergen) 98, 103~104
니콜라스 황제 252,

ㄷ~ㄹ

다윈 89, 91, 113,
더글라스 노스(Douglass North) 95
데니스 디드로(Denis Didero) 246
덴만 로스(Denman W. Ross) 86
디오니시우스 295
라바예(Bêarde de l'Abbaye) 244
레닌 50, 78, 260, 266~269, 274~275
레오나르도 브루니(Leonardo Bruni) 51
레온 바티스타 알베르티(Leon Battista Aalberti) 51
로버트 로위(Robert Lowie) 114, 116, 131
로버트 오웬(Robert Owen) 79
로버트 필머(Robert Filmer) 62
로베스피에르(Robespierre) 89
루돌프 폰 합스부르크(Rudolf von Hapsburg) 150
루이 14세 151, 200
루이 18세 153
루이 드 생쥐스트(Louis de Saint Just) 77

루이스 드 부겐빌(Louis de Bougainville) 46
루이스 멈퍼드(Lewis Mumford) 25
루이스 모건(Lewis Morgan) 82, 122
루이스 블랑(Louis Blanc) 79
루이 필리프 153
루즈벨트 285, 299, 301~302, 305, 342
루터 41
리처드 엡스타인(Richard A. Epstein) 263, 297
리처드 워트먼(Richard Wortman) 246
리처드 타우니(Richard Tawney) 107
리쿠르구스 28, 32
리타 퍼비(Lita Furby) 109
린든 존슨(Lyndon Johnson) 286, 303, 305

ㅁ~ㅂ

마가렛 미드(Margaret Mead) 90
마르크스 20, 76, 80, 82~85, 133, 153, 266~267, 275
마블리 79
마이클 해링턴(Micheal Harrington) 303
마크 블로크(Marc Bloch) 143
메르시에 드 라 리비에르(Mercier de la Rivière) 72
메리 셜리(Mary Shelley) 79
메리 여왕 177
메리먼(Merriman) 200

메리 울스톤크래프트(Mary Wollstonecraft) 78
메이트랜드(Maitland) 144, 164~165
멜포드 스피로(Melford Spiro) 109
모렐리(Morelly) 69, 79
모리스 코헨(Morris Cohen) 282
모세스 핀리(Moses Finley) 136
몽테스키외 162
미라보(Mirabeau) 73
미하일 스페란스키(Michael Speransky) 246
민즈(Gardiner C. Means) 291~293
바실리 3세 231
버질(Virgil) 34
벌리(Adolf A. Berle) 291~293
베니토 무솔리니(Benito Mussolini) 6, 273~274
벤자민 프랭클린(Benjamin Franklin) 51~52
볼테르 162
브루노 베틀하임(Bruno Bettleheim) 110
블라디미드 대공 120
블라디미르 솔로비예프(Vladimir Soloviev) 41
블랙스톤(Blackstone) 14
비스마르크 284

ㅅ~ㅇ

사뮤엘 퍼차스(Samuel Purchas) 46

사우디*(Southey)* 79
생시몽*(Saint Simon)* 79
섬너 마인*(Sumner Maine)* 81, 83
성 아우구스티누스 38, 120
세네카*(Seneca)* 34, 54~55, 149
세르게이 란스코이 246
세르게이 위테*(Sergei Witte)* 257
소크라테스 29
세르게이 솔로비에프*(Sergei Soloviev)* 9, 225
스탈린 104, 111, 119, 121, 265, 269, 271, 352
스테판 제이 굴드*(Stephen Jay Gould)* 104
스티븐 필드*(Stephen Field)* 308
스피노자 52
시몽 드 몽포르*(Simon de Montfort)* 169
아담 스미스 66
아리스토텔레스 26, 31~33, 40, 53, 96, 137, 139, 155, 295
아메리고 베스푸치 44~45
아우구스트 폰 학스타우젠*(August von Haxthausen)* 81, 83
아인 랜드*(Ayn Rand)* 351
아티야*(P. S. Atiyah)* 172, 318
안토닌 스칼리아*(Antonin Scalia)* 337
알렉산드르 1세 252~254
알렉산더 네프스키*(Alexander Nevskii)* 214
알프레드 대제 165
알프레드 마샬*(Alfred Marshall)* 94

애쉴리 몬테규*(Ashley Montagu)* 103
앨런 맥파레인*(Alan Macfarlane)* 168
어니스트 비글홀*(Earnest Beaglehole)* 101
어빙 할로웰*(A. Irving Hallowell)* 91
에기디우스 로마누스*(Aegidius Romanus)* 42~43
에드먼드 버크*(Edmund Burke)* 79, 161
에드워드 1세 167
에드워드 3세 170, 174
에드워드 4세 167
에드워드 고해왕 150
에드워드 윌슨*(Edward O. Wilson)* 103~104
에리히 프롬 93
에밀 드 라블리*(Emil de Laveleye)* 97
에설버트*(Ethelbert)* 왕 165
엘리엇 하워드*(Eliot Howard)* 100
엘리자베스 여왕 171, 173~174, 176~178
엘베시우스*(Helvétius)* 69, 79
엘튼*(G. R. Elton)* 177
예카테리나 여제 240~244, 247, 249~250, 253~254
오비드*(Ovid)* 34
올리버 세인트 존*(Oliver Saint John)* 187
워스워드*(Wordsworth)* 79
월터 배젓*(Walter Bagehot)* 10, 346
위니콧*(D. W. Winnicott)* 108
윌리엄 1세 168
윌리엄 3세 194

윌리엄 가드윈(William Godwin) 78, 79
윌리엄 렌퀴스트(William H. Rehnquist) 314
윌리엄 맥도갈(William McDougall) 89
윌리엄 베버리지 302
윌리엄 제임스(William James) 89, 106, 110, 270
윌리엄 캠든(William Camden) 171
윌리엄 피트(William Pitt) 284
이반 3세 212, 216~217, 221~224, 226, 231,
이반 4세 224~226
이반 고레미킨(Ivan Goremykin) 258
이반 칼리타(Ivan I Kalita) 212, 214

ㅈ~ㅊ

자일스 플레처(Giles Fletcher) 225
자콥 부르크하르트(Jacob Burckhardt) 18
자크 피에르 브리소(Jacques Pierre Brissot) 77
잔노초(Giannozzo) 53
장 보댕(Jean Bodin) 36, 42, 53~55, 59, 62, 149, 178,
장 자크 루소(Jean Jacques Rousseau) 44, 47, 67~68, 70~71, 79, 97
제노(Zeno) 33
제랄드 윈스탠리(Gerrard Wwinstanley) 64
제레미 벤담(Jeremy Bentham) 141, 284
제임스 1세 171, 173, 178~180
제임스 2세 62, 179, 192~194
제임스 매디슨(James Madison) 15, 153
제임스 보스웰(James Boswell) 67
제임스 해링턴(James Harrington) 59, 162, 348
조모 케냐타(Jomo Kenyatta) 118
조지 3세 195
존 로크(John Locke) 62~64, 68, 72, 78, 80, 114, 264
존 롤스(John Rawls) 92~93
존 스튜어트 밀(John Stuart Mill) 88
존 엘리엇 경(Sir John Eliot) 183
존 왓슨(John B. Watson) 91
존 왕 167
존슨 대통령 326~329, 335
존 포르테스큐 경(Sir John Fortescue) 161, 170
존 핌(John Pym) 188
존 햄던(John Hampden) 184
졸리프(J. E. A. Jolliffe) 165
찰스 1세 56, 58, 151, 173, 175, 179~186, 188~189, 191~192
찰스 2세 190~192
찰스 라이(Charles A. Reich) 315
찰스 르투르노(Charles Letourneau) 90
챔버스(R. W. Chambers) 49
보리스 치체린(Boris Chicherin) 86, 212

ㅋ~ㅌ

카시미르 대제 202
칼뱅 41~42, 52
필리베르 코메르송(Philibert Commerson) 47
콘라드 로렌즈(Konrad Lorenz) 98
콜럼버스 43~45
콜리지(Coleridge) 79
콩도르세 94
에드워드 쿡(Edward Coke) 172, 185
크롬웰 56, 65, 189~190
클리우체프스키(Kliuchevski) 210
키케로 33, 36, 57
테오도시우스 도브잔스키(Theodosius Dobzhansky) 91
토마스(R. P. Thomas) 95
토마스 모어 47, 74
토마스 스미스 경(Sir Thomas Smith) 161, 177
토마스 아퀴나스 39~40, 42, 53, 57
토마스 캄파넬라(Tommaso Campanella) 49, 74
토마스 페인 173, 300, 303
토우니(Tawney) 169
토크빌 355

ㅍ~ㅎ

파리의 존(John of Paris) 43
파벨 키슬로프(Paul Kiselev) 252, 254
폴라드(A. F. Pollard) 161
폴 지로(Paul Guiraud) 117
푸가초프(Emelian Pugachev) 241
푸리에(Fourier) 79
퓌스텔 드 쿨랑지(Fustel de Coulanges) 87, 117~118, 136
프란시스 드레이크(Francis Drake) 176
프란시스 베이컨 179
프란츠 보아스(Franz Boas) 90~91, 104
프랑소와 노엘 바뵈프(François Noël Babeuf) 8, 77~79
프랑코 벤추리(Franco Venturi) 71
프랭크 스펙(Frank G. Speck) 122
프리드리히 엥겔스 80, 82~85, 266
프리드리히 하이에크 6, 50, 285, 350, 353~354
플라톤 7, 13, 26, 28~33, 47, 54, 57, 60, 68, 96, 107, 137, 281
피에르 조셉 프루동(Pierre Joseph Proudhon) 74, 79
피터 대제 236~237, 240
피터 마터 앙기에라(Pietro Martyr de Anghiera) 45
피터 스톨리핀(Peter Stolypin) 258~259
필리포 부오나로티(Filippo Buonarroti) 77
필리프 4세 42~43
해롤드 뎀세츠(Harold Demsetz) 292
헤겔 83, 106

헤로도투스 158~159
헤르난도 데 소토(Hernando de Soto) 293
알렉산드르 헤르젠(Alexander Herzen) 260
헤시오도스 27
헨리 3세 167, 169
헨리 7세 60~61, 175
헨리 8세 60, 176~177, 251
헨리 네빌(Henry Neville) 60, 61

헨리 메인(Henry Maine) 131
헨리 아이어턴(Henry Ireton) 65
헨리 피렌(Henri Pirrene) 145
헨리 하이드(Henry Hyde) 314
홉스, 토마스(Hobbes, Thomas) 66
홉하우스(Hobhouse, L. T.) 116
휴고 그로티우스(Hugo Grotius) 42, 55, 62
흄, 데이비드(Hume, David) 76, 111, 337